高等学校房地产开发与管理系列教材

城市与房地产

URBAN AND REAL ESTATE ECONOMICS

经济学

杜冰　薛立 / 主编

王大伟 / 副主编

大连理工大学出版社
Dalian University of Technology Press

图书在版编目(CIP)数据

城市与房地产经济学 / 杜冰，薛立主编. -- 大连：
大连理工大学出版社，2025.1(2025.1重印)
高等学校房地产开发与管理系列教材
ISBN 978-7-5685-1771-3

Ⅰ. ①城… Ⅱ. ①杜… ②薛… Ⅲ. ①城市经济学②
房地产经济学 Ⅳ. ①F290②F293.30

中国版本图书馆 CIP 数据核字(2018)第 259305 号

CHENGSHI YU FANGDICHAN JINGJIXUE

大连理工大学出版社出版

地址:大连市软件园路 80 号　　邮政编码:116023
营销中心:0411-84708842　84707410　　邮购及零售:0411-84706041
E-mail:dutp@dutp.cn　　　　　URL:https://www.dutp.cn
大连天骄彩色印刷有限公司印刷　　　大连理工大学出版社发行

幅面尺寸:185mm×260mm	印张:16.5	字数:445 千字
2025 年 1 月第 1 版		2025 年 1 月第 2 次印刷

责任编辑:邵　婉　张　娜　　　　　　　责任校对:王　洋
封面设计:奇景创意

ISBN 978-7-5685-1771-3　　　　　　　　　定　价:59.00 元

房地产对于国民经济健康发展的重要性毋庸赘述。房地产产品的固定性,使房地产市场的区域性尤其明显,因此房地产市场对于城市经济的发展显得更为重要。本教材从城市经济学的角度入手,介绍城市与房地产经济学的主要理论和研究方法,研究房地产领域的各种市场现象及其运行规律。

由于我国房地产市场发展的时间较短,关于房地产市场相关理论的研究相对匮乏,目前理论界对于房地产市场研究的专业性著作和教材品种不多,水平也是参差不齐,还需要进一步的理论探索。本教材在吸收借鉴原有教材和相关学术著作的基础上,力求在理论方法和结构体系上有所突破。本教材首先对城市经济学的基础理论进行简要回顾与总结,在此基础上,紧密结合我国房地产经济发展的理论前沿和实践的社会问题展开分析,在普及房地产经济学基本知识的同时,解释我国房地产市场的特殊经济现象,起到揭示我国房地产市场发展规律的作用。本教材可供城市经济学、房地产经济学和住房经济学领域的教师、学者、研究生和高年级本科生使用,也可供城市规划、城市管理、土地管理、房地产经济、房地产开发经营与管理、住房政策及相关领域的专业人员参考使用。

本教材具有如下特点:

第一,注重科学性与整体性。

本教材对基本概念、原理和观点的阐述,力求科学严谨。在本教材的编写中,力求将经济学的基本原理和分析方法贯穿其中,形成有机的整体,将本教材植根于深厚的经济学土壤之中。

第二,注重前沿性与时效性。

本教材在将城市经济学和房地产经济学普遍接受的概念、原理和观点阐述清楚的基础上,注意引用近年较有影响的学术前沿成果,以弥补传统研究的某些空白。同时注意引用数据和资料的前沿性和时效性。

第三,注重实用性与灵活性。

本教材注重理论联系实际,层次结构清晰,文字通俗易懂,使读者在较短时间里掌握城市和房地产经济学的基本分析方法,初步形成分析解决城市和房地产经济学的能力。在内容上,章节之间相对独立,使读者能够根据具体需要灵活选择相关内容进行阅读和学习。

　　全书共分为 13 章。第 1 章到第 5 章对城市结构、城市经济、城市管理和城市土地市场经济学概念、原理和观点等基本理论进行阐述。第 6 章至第 7 章重点阐述房地产及房地产业的概念、房地产需求供给与市场均衡、房地产价格等微观理论。第 8 章至第 10 章从中观层面阐述房地产投资、房地产产权与住房制度、房地产税收等相关内容。第 11 章到第 13 章从宏观层面阐述房地产经济周期与泡沫、住房保障的制度安排与经济抉择、房地产市场失灵与政府干预等相关内容。

　　本书由沈阳建筑大学杜冰和沈阳建筑大学薛立担任主编,中冶京诚工程技术有限公司王大伟担任副主编。具体写作分工如下:沈阳建筑大学杜冰撰写第 1、2、3、5、8 章,沈阳建筑大学薛立撰写第 4、10、12、13 章,中冶京诚工程技术有限公司王大伟撰写第 6、7、9、11 章。

　　本教材在撰写的过程中,得到了沈阳建筑大学管理学院全体教师的鼎力支持,也参考了诸多同人的成果与文献,在此一并表示感谢。

　　由于编者的能力和学术积累有限,教材中一定有一些认识不够全面、阐述不够清晰之处,恳请广大读者给予批评和建议,以帮助我们不断进步。

编　者

2024 年 9 月

目录 Contents

第1章

绪　论

　　本章作为《城市与房地产经济学》全书的绪论,分别从基本概念、学科的产生与发展、学科性质三个方面对城市经济学和房地产经济学进行概述。随后,本章从城市化进程的角度出发,深入探讨城市化与我国房地产市场之间相互促进、协同发展的内在联系。通过学习本章内容,学生能够熟悉城市经济学和房地产经济学的基本概念和知识体系,并深刻理解城市化进程与中国房地产经济发展之间的相互作用与影响。

1.1　城市经济学

1.1.1　基本概念

1. 城市

　　城市,也叫城市聚落,是指由非农业产业和非农业人口集聚形成的较大规模的居民点。人口较稠密的地区被称为城市,一般包括住宅区、工业区及商业区,它们承载着行政管理的职能。城市的行政管辖范围可能超越其物理边界,涵盖更广泛的区域,其中包括居民区、街道、医院、学校、公共绿地、写字楼、商业卖场、广场、公园等。

随着人类社会的发展,城市自身也在不断进步和演化,不同的学者从不同的研究角度出发,对城市作出了多样化的解读。

从城市本质特征的角度出发,恩格斯认为,"城市本身表明了人口、生产工具、资本、享乐和需求的集中,而在农村里所看到的却是完全相反的情况:孤立和分散。"①

从人口的角度出发,吴晓军认为,"城市是有一定人口规模,并以非农业人口为主的居民集居地,是聚落的一种特殊形态"。②

从文化的角度出发,美国著名城市理论家刘易斯·芒福德认为,"城市不只是建筑物的群体,它更是各种密切相关并经常相互影响的各种功能的集合体——它不单是权力的集中,更是文化的归极。"③

从自然地理的角度出发,王志锋、蔡方认为,"城市是发生于地表的一种普遍宏观现象,有一定的空间性、区域性和综合性;城市是有中心性能的区域焦点,是第二、三产业人群集中区域,是国民经济与劳动人口的投入点和结合点。"④

从系统的角度出发,王志锋、蔡方认为,"一个空间地域系统,是城市内部各组成部分之间通过相互联系和制约而形成的有一定地域范围的有机体。它包含着微观与宏观、静态与动态、内部与外部、时间与空间、物质与精神的多种组成因素。这些因素相互关联、相互作用,构成城市系统的整体性。"⑤

从城市的特征和功能的角度出发,毛曦先生认为,"城市是一定区域范围内政治、经济、文化、宗教、人口等的集中之地和中心所在,是伴随着人类文明的形成发展而形成发展的一种有别于乡村的高级聚落"。⑥

2. 城市经济

城市经济是以城市为载体和发展空间,二、三产业繁荣发展,经济结构不断优化,资本、技术、劳动力、信息等生产要素高度聚集,规模效应、聚集效应和扩散效应十分突出的地区经济。

城市经济的特点包括:①人口、财富和经济活动在空间上的高度集中;②非农业经济在整个经济活动中占支配地位;③经济活动具有显著的对外开放性。

城市经济是人类社会发展到一定阶段的产物,是随着第二次社会大分工——农业与手工业的分离和商品交换的发展,引起城乡分离而产生的。城市经济的发展不仅受整个社会生产力水平和生产关系性质的制约,而且总是同城乡关系的变化联系在一起。

在前资本主义社会,不论欧洲还是亚洲的城市,多数都扮演着当时社会的政治、军事、文化和宗教中心的角色,同时也是商业和手工业的聚集地。城市经济在很大程度上带有消费性经济的特征。资本主义的发展极大地加速了城市化的进程。随着机器大工业的出

---

① [德]马克思,恩格斯.马克思恩格斯全集:第3卷.北京:人民出版社,1960:57.

② 吴晓军.复杂性理论及其在城市系统研究中的应用[D].西安:西北工业大学,2005:1.

③ 刘易斯·芒福德.城市发展史——起源、演变和前景[M].宋俊岭,倪文彦,译.北京:中国建筑工业出版社,2005:19.

④ 王志锋,蔡方.现代城市管理概论[M].北京:清华大学出版社,2008:3.

⑤ 王志锋,蔡方.现代城市管理概论[M].北京:清华大学出版社,2008:3.

⑥ 毛曦.试论城市的起源和形成[J].天津:天津师范大学出版社:社会科学版,2004(2):38.

现,工业日益集中,城市规模不断扩大,城市与外界的经济联系也得到了加强。这一进程促成了国内市场和世界市场的形成,并引起了城市性质、结构和功能的深刻变化。城市逐渐成为工业生产、商业活动、金融服务以及交通运输的中心。资本主义使城市经济达到了空前的繁荣和强大。然而,这种城市经济的发展是建立在剥削和掠夺农村经济基础之上的。因此,它的发展过程也伴随着城乡对立和矛盾的日益加剧。

1.1.2 城市经济学的产生与发展

城市经济学是一门研究城市产生、成长以及城乡融合的整个发展过程中的经济关系及其规律的经济学科。20 世纪以来,特别是第二次世界大战之后,在世界各国,大量农村人口转入城市,城市规模迅速扩大,城市经济结构也发生了重大变化。这些变化带来了城市的一系列社会经济问题,这在经济发达的工业化国家中尤为突出,如人口膨胀、失业增加、贫富悬殊、交通拥挤、住宅紧张、地价昂贵和环境恶化等。一些经济学家、社会学家为了探索产生这些问题的根源,并寻求解决的方法,开始把城市作为一个整体进行系统的分析研究。正是在这样的背景下,城市经济学应运而生。

城市经济学的发展大致可分为三个阶段:

(1)产生阶段。20 世纪初,德国学者率先涉足城市问题的研究。其中,社会学家韦伯于 1909 年发表了《区位原论》的第一部分"论工业区位"。随后,美国也展开了城市研究,1924 年,费特在《经济学季刊》上发表了《市场区域的经济规律》一文,论述了城市区位问题。到第二次世界大战末期,城市经济问题已成为区域经济学中一个相对独立且十分重要的内容。研究范围涉及城市房地产市场、级差地租、土地价格、土地的合理利用、企业布局、空间距离、运输成本等。

(2)早期发展阶段。20 世纪 60 年代,城市经济学作为一门真正独立的学科得到了较快的发展。一些国家成立了专业的学术团体,大学开设了城市经济学系,并创办了专业刊物,出版了专业书籍。其中,1965 年,美国汤普森的《城市经济学导言》一书公开出版。

(3)当代发展阶段。20 世纪 70 年代以来,有关城市经济的教科书、专著和文集大量出版,学术交流也广泛开展,城市经济学已成为一门综合性较强的新经济学科。在美国、英国等发达的西方国家中,城市经济学的研究如火如荼,而在苏联等社会主义国家中,城市经济学的研究也正处于创立和发展的时期。

城市经济学诞生于 20 世纪 60 年代,这一学科的诞生与经济理论从微观经济学到宏观经济学,再到中观经济学的发展历程紧密相连。1965 年,美国汤普森的《城市经济学导言》一书问世,标志着城市经济学在美国首先诞生。作为中观经济学的重要学科之一,城市经济学虽然只是经济学体系中的后来者,但自诞生之日起就体现出蓬勃发展的生机和对城市发展的重要指导意义。此后,城市经济学作为一门新兴学科在欧美各国、日本以及苏联得到较快发展。

20 世纪 80 年代,城市经济学开始在我国兴起和传播。经过几十年的风雨历程,城市经济学在中国已经得到长足发展,不论在理论上还是在实践上,都取得了突破性进展。随着我国城市化进程的飞速推进,我国学者对城市经济学中出现的新现象和新问题进行了积极探讨,推动我国城市经济学的研究达到了一个全新的高度。

1.1.3　城市经济学的知识体系

城市经济学以城市的产生、成长直至城乡融合的整个历史过程及其规律为研究对象,同时深入探讨城市内外经济活动中的各种生产关系。其研究内容广泛,主要包括:①城市经济的基本理论,如城市概念,城市化进程,城市规模、类型、性质、功能、地位和作用等;②城市经济产生和发展的基础、条件、过程、特点,以及在不同生产方式下的具体表现;③城市经济的外部关系、城乡对立运动及其规律;④城市经济的内部结构、空间结构和经济关系;⑤城市中的公共经济、市政建设和城市财政等;⑥其他城市经济问题,如城市住宅、土地利用、交通和就业问题等。

根据研究对象的不同,可以将城市经济学划分为理论城市经济学与应用城市经济学。前者侧重于从理论上研究城市的经济活动,了解问题的现象与实质,不涉及解决问题的方法及政策方面的研究,其主要内容有:城市化理论、城市发展理论、土地利用及地租理论、城市空间结构理论、城市规模理论等。这些理论有助于我们深入了解城市经济现象和问题,是城市规划前必须研究的内容。后者则侧重研究如何改善和解决城市问题,增进居民福利的对策及具体办法,研究内容聚焦于城市问题与城市发展政策,如住宅拥挤且质量不佳、交通堵塞、失业、种族歧视、贫民窟等问题。理论城市经济学是应用城市经济学的前提。

根据社会制度的不同,可以将城市经济学划分为西方城市经济学和社会主义城市经济学。西方城市经济学主要研究城市内的各类市场(如土地市场、房产市场、资金市场、劳动力市场、交通市场)以及现代大城市中存在的各类社会问题,并寻求解决方案。而社会主义国家的城市经济学则着重研究城市经济体系的建立、发展和完善过程,探讨在现代化建设中如何发挥城市的作用,分析城市中的各种经济关系,研究城市发展过程中出现的各种矛盾及其解决办法,以及缩小城乡差别,最终实现城乡融合的过程等。

城市经济学的研究对象为城市系统,尤其是城市经济系统。而城市经济系统是多层次的,它包括微观城市经济系统、宏观城市经济系统和城市经济管理系统。研究对象的多层次性决定了城市经济学是一门内容丰富、边界宽广的学科。它是把许多的部门经济学应用到城市经济系统之内,并对其内涵和外延加以丰富和发展所形成的综合性学科。城市经济学的诞生为传统的工业、商业、建筑业、金融业等部门经济注入了新的内涵和外延,使研究从条条式的局部研究转向在城市这一综合有机整体下的全面、系统的研究。城市经济学将许多部门经济学难以解决的问题纳入其研究的范畴,以探求应对良策。同时,城市经济学又与各部门经济学密切而有机地结合起来,成为一门跨学科、跨部门的边缘学科。

1. 城市经济学是空间经济学

城市经济学的诞生弥补了传统经济学对空间因素的忽视,它深入探讨了空间要素在城市经济中的重要作用,并在空间范围内对城市进行综合研究,以实现经济要素在空间的合理布局。城市经济学格外重视对经济要素之间的相邻效益、布局效益、网络效益和城市区域的聚集效益的研究,而这些城市空间结构效益具有比部门经济效益更深远、更广泛的意义。对城市空间结构的研究是城市经济学在发展一般经济学过程中所作出的重大贡献。

2. 城市经济学是公共经济学

由于出发点和侧重面不同,马克思主义政治经济学、西方经济学以及各部门经济学对公共经济的涉及和涉及程度比较浅显,而城市经济学克服了各种经济学不重视城市公共经济发展的缺陷,对公共经济进行了全面深入的研究。城市经济学以其独特的视角,不仅从企业角度出发,而且更侧重于从城市和区域经济整体运行的角度来研究经济问题。城市经济学重点研究城市公共经济的地位、作用、内容体系,并提出调控的方法和公共经济政策,如通过对城市土地的开发与利用、城市基础设施、城市文化设施、公共福利设施、公共卫生设施和住宅建设等问题的研究,为政府配置公共经济资源,提高公共经济效益提供理论和决策依据。

3. 城市经济学是市场经济学

城市是一个由无数单个经济主体组成的复杂集合体,它的经济关系远比单个经济主体更为复杂多变。因此,对城市的研究不能局限于微观经济学对单个经济主体的研究。城市经济学所要研究的变量更为广泛和复杂,它不仅关注劳动、资金、技术等传统市场经济学研究的因子,还深入研究由无数单个经济主体组成的经济系统的运行、形成的各种经济关系及其规律,并通过这些规律寻求城市经济资源的最佳配置途径,实现城市经济效益、环境效益和社会效益的最大化。此外,城市经济学还强调,在城市这一经济集合体中,绝不能片面追求经济效益,而是要兼顾环境效益和社会效益,而且环境效益和社会效益是不能用货币来衡量的。因此,城市经济学站在比微观经济学更高的层次上研究市场经济。

4. 城市经济学是管理经济学

城市经济管理既不等同于以企业为核心的微观经济管理,也不等同于以国民经济管理为内容的宏观经济管理,而是将两者有机地结合起来。城市经济管理通过定位城市政府职能、进行城市经济社会综合规划、确定城市发展战略和目标、完善管理人才的培养、选拔和任用机制等方式,对城市进行"计划、组织、指挥、协调、控制"。

城市经济管理的"导引、规范、治理、服务、经营"五大职能对传统管理职能进行了创新。城市导引是对城市经济、社会、文化的发展进行方向性引导;城市规范是通过法规和主动引导对城市个体进行的有形和无形的约束;城市治理是针对城市中存在的经济、社会、环境方面的问题,采取多种措施进行"整治、矫正、调理";城市服务是通过制度、政策的调整和物质、文化条件的创造和改善,进行供给和帮扶的公益性管理;城市经营是通过城市资产资本化和市场化运作,保证城市整体和部门公共财产保值增值,从而实现经济、社会、环境效益最大化,提升城市竞争力的城市经济管理职能。

5. 城市经济学是文化经济学

城市不仅为人类提供了生产和生活的物质环境,还为人类提供了活的文化载体。城市承载着文化,文化是城市的灵魂,赋予城市鲜明的个性和独特的魅力。不论是城市经济的持续发展还是城市管理的有效实施,都离不开城市文化这片土壤。从总体上说,先进的城市文化将有力地推动城市经济的发展,成为城市竞争力的重要决定因素;而落后的城市文化则会制约和阻碍城市经济的发展。

城市文化对城市管理的影响主要体现在两个方面:一方面,管理者的价值观念、价值取向、文化模式、文化素养等决定其观念和行为,进而影响城市管理水平;另一方面,城市文化还通过市民的道德规范、文明程度、文化修养以及对城市的认同感和归属感,塑造着城市的精神风貌,并决定着城市管理措施的实效。将城市文化纳入城市经济学的研究范畴,不仅进一步丰富了城市经济学的内容,也使城市经济学成为一种先进文化的经济学。

6. 城市经济学是应用经济学

城市经济学是通过研究城市系统的经济运行、经济关系及其规律,来指导城市经济和城市管理实践的一种经济学。研究城市发展规律,是通过对城市化基本规律的揭示,探寻城市发展的一般条件、动力及过程,这对于制定城市发展战略具有重要意义。研究城市经济结构,是通过对城市三次产业结构、产业技术结构、组织结构以及空间结构的分析,以期对城市经济结构进行不断的调整和优化,这对于确定城市的发展方向、规模以及功能定位具有重要意义。研究城市经济环境,是通过对城市人居环境、人文环境和生态环境全面、系统的阐述,提高人们对人与自然、经济与自然协调发展的认识,这对于城市规划和建设以及城市可持续发展具有重要意义。研究城市经济效益,是通过对城市经济整体效益、城市土地效益、城市规模效益或定量或定性的分析,来探索提高城市经济效益的途径和方法,这对于提高城市的综合效益具有重要意义。研究城市经济区域,是通过对城市经济区域形成与发展的剖析,寻求城市与区域共同发展的机制,这对于区域经济的发展和建设具有重要意义。研究城市经济管理,旨在探索城市政府管理和社会管理的职能、方法、途径,这对于提高城市的管理水平和效率具有重要意义。研究城市文化,旨在通过对城市文化与城市经济、城市管理之间关系的梳理,实施有效的城市文化发展战略,这对于提高城市的竞争力具有重要意义。

1.2　房地产经济学

1.2.1　基本概念

1. 房地产

对于房地产的概念,应该从两个方面来理解:房地产既是一种客观存在的物质形态,也是一项法律权利。

作为一种客观存在的物质形态,房地产是指房产和地产的总称,包括土地及其上的永久建筑物,及其由此衍生的权利。房产是指建筑在土地上,可以作为财产的各种房屋,如住宅、工业厂房、办公用房、商业楼宇、服务设施、文化场所、医疗机构、体育场馆等。地产则是指土地及其上下一定的空间,包括地下的各种基础设施和地面道路等。从法律意义上讲,房地产本质上是一种财产权利,这种财产权利涉及房地产实体中的各种经济利益以及由此而形成的各种权利,如所有权、使用权、抵押权、典权、租赁权等。

需要说明的是,房地产是在我国独有的概念,国际上一般称之为不动产(Real Estate)。不动产是指不能移动的物体,一旦移动会改变原来的性质、形状,并失去原有的价值。如土地、建筑物和构筑物等,其法律意义在于,不动产产权转移时,必须到国家指定的机关进行登记,其转移才具有法律效力。

在我国香港,房地产又称为物业。香港人对物业的解释是:物业是单元性不动产,一个住宅单位是一个物业,一个工厂楼宇是一个物业,一个农庄也是一个物业。物业可大可小,大物业可分割为小物业。我国香港的"物业"一词是从英国"Property"一词翻译过来的。在英国,"Property"就是指房地产。

2. 房地产市场

房地产市场是指房地产商品交换的领域和场所。房地产作为商品生产出来后,必须通过流通领域进行市场交换,才能进入消费环节。从房地产再生产过程来看,房地产市场属于房地产流通领域。同时,房地产商品的交换必须在一定的场所内进行,例如在售楼处或房地产交易中心,买卖双方签订成交协议,办理相关手续。从这个意义上说,房地产市场也是房地产商品交易的场所。

从更深层次来讲,房地产市场是房地产商品一切交换和流通关系的总和。其内涵既包括土地、房产及相关的劳务服务的交易行为,又涵盖土地所有权和使用权的有偿转让、房地产买卖交易以及租赁、典当、抵押等各类经济活动。从经济关系分析,房地产市场是所有这些交换和流通关系的综合体现,反映了市场中当事人之间错综复杂的经济利益关系。

房地产市场是房地产经济运行的载体。健全的房地产市场是房地产业赖以生存和发展的基础和前提,是房地产企业运行不可缺的外部环境,是完善社会主义市场经济体制、促进社会经济健康发展的重要保障。可以说,没有房地产市场,就不可能有真正意义上的房地产业。20 世纪 80 年代以后,市场化导向的改革明确了房地产的商品性,房地产市场日渐繁荣,推动了房地产业的大发展,有力地促进了国民经济增长。这一事实充分印证了房地产市场的重要性。

从房地产市场在市场体系中的地位来看,房地产市场与生产资料市场、生活资料市场、金融市场、劳动力市场、技术市场和信息市场一样,都是社会主义市场体系中不可或缺的重要组成部分,发挥着其他市场不可替代的重要作用。

3. 房地产业

房地产业是指从事房地产开发、经营和管理等各类经济活动的行业,是国民经济中具有生产和服务两种职能的独立产业部门。它体现了房地产经营过程中各种参与者之间的经济关系。

房地产业的主要经济活动贯穿于房地产生产、交换、分配、消费等各个环节。具体来说,在生产过程中,主要是房地产投资开发活动,包括:土地开发和再开发、房屋开发和供应等。在流通过程中,主要是房地产市场交易活动,包括地产和房产的买卖、租赁、抵押、典当等经营活动。在分配过程中,主要是通过房地产市场交换,使其产品进入消费领域。

这里所说的分配,不是指房地产实物分配,而是指国民收入分配和再分配实现的重要途径。例如,工业厂房、仓库等通过交换进入生产经营单位,实现房地产生产要素的分配;住宅通过市场购买进入家庭使用,实现工资分配中属于个人的住房消费资料分配等。在消费过程中,主要是指房屋使用过程中的物业管理活动,包括房屋的养护、维修、绿化、保洁等服务性管理。

此外,由于房地产生产经营活动的特殊性,必然存在与此紧密相关的各类中介服务,如房地产咨询、房地产经纪、房地产评估等。随着房地产业的发展,房地产中介服务业也迅速发展起来,成为房地产业的重要组成部分。同时,由于房地产是价值量巨大的产品,其开发经营活动更需要金融业的支持,如开发贷款、购房抵押贷款和住房公积金制度等。因此,房地产金融也成为房地产业的有机组成部分。

综上所述,广义的房地产业的内涵应包括土地开发经营业、房产开发经营业、房地产中介服务业、房地产金融业和物业管理服务行业。

正是由于房地产业经济活动的复杂性、多样性和特殊性,在经营活动中必然涉及多方面的利益,从而体现了房地产生产、交换、分配、消费等各个环节中复杂的经济权利关系。现实生活中涉及较多的经济利益矛盾,也正是这些复杂关系及其特殊性引起的。因此,在理解房地产业这个概念时,不能仅仅从其经营对象出发,而应从更深层次上理解和掌握其所体现的经济关系。

1.2.2　房地产经济学的知识体系

房地产经济学是房地产经济运行过程的理论化和系统化,旨在揭示和反映房地产经济运行规律,是应用经济学的一个分支学科门类。在经济学中,中观经济学是学术界探讨的一个重要方向,有学者认为中观经济学的基本范畴由空间、结构、环境、效益、公益、发展、规划和管理等构成(饶会林、崔卫华、张明贵,2000)。从这个角度看,房地产业也有着自己的特性,它以房地产投资、开发和营销为主线,整合了多个相关行业和企业,涉及政府、银行、社区、家庭、企业等多个利益主体,并由此产生了专门的主管机构、法律体系和房地产产业政策等。同时,其产品具有空间固定性。

房地产经济学拥有独特的研究视角,其研究对象分为三个层次:微观层次,从个人、企业和市场的角度揭示房地产经济运行的规律,探讨房地产经济决策问题;中观层次,从行业和产业发展角度研究房地产业企业与行业的经济活动对产业及市场的影响;宏观层次,研究影响整个房地产市场和房地产业发展的因素,如利率、房地产周期、宏观经济发展、城市化进程等,并通过宏观调控实现房地产资源的更高效配置。

综上所述,房地产经济学是通过解释房地产经济现象,揭示房地产经济运动形式与规律,最大限度地实现资源配置效益的学科。而房地产经济学的研究体系相应地分为微观房地产经济学、中观房地产经济学和宏观房地产经济学三部分。

房地产经济学是多学科的交汇,所以涉及的理论不仅多且复杂,大体可分为相互关联、相互依存的三个层面:一是核心理论层,如地租理论、房价理论、区位理论等;二是直接支配房地产运行的一般理论或内层理论,如房地产投资、房地产开发建设、房地产市场等理论;三是间接影响房地产经济运行的外延交叉理论,如外部性理论、宏观经济周期理论、泡沫经济理论、产业经济学理论、制度经济学理论等。这种分类可能不够严谨,但其目的在于凸显不同理论在支配和影响房地产经济运行时的地位和作用差异,也揭示和反映了房地产经济运行的特点和规律的差异。

目前,房地产经济学主要有以下几个研究方向:一是遵循经济学的基本假设和分析方法,解释房地产经济运行现象;二是探讨房地产资源配置,解决现实问题;三是研究房地产业的政策与房地产经济活动,注重从产业经济学和部门经济学的视角分析问题。

1.2.3 房地产经济学的学科性质

房地产经济学是一门应用性质的经济学,它的主要目的是研究如何对房地产资源进行更加高效的配置,以满足人们的生产和生活需要。首先,大量的微观经济分析模型在房地产研究中得到广泛应用,同时,一些宏观经济分析的原理也在房地产理论研究中逐步得到推广。简而言之,房地产经济学是经济学原理在房地产这一特定领域中的应用。其次,由于房地产经济学的研究内容、对象和领域被严格限定在与房地产有关的经济学领域中,因此,房地产经济学既是有关房地产的部门经济学、产业经济学,也是关于房地产的行业经济学。最后,房地产经济学还是房地产学科体系的理论基础,为房地产金融、房地产投资、房地产经营与管理、房地产估价、房地产法、房地产政策等提供坚实的理论支撑。

现代经济学主要研究如何利用和配置稀缺的社会资源进行生产,以及如何把社会产品分配给社会成员以供他们消费。社会资源包括土地、劳动和资本等生产要素,因为社会资源的稀缺性,人们需要考虑如何充分利用现有的社会资源,需要考虑生产什么,怎样生产和为谁生产的问题。随着社会经济的迅速发展,人们对土地和房屋的需求在数量和质量上不断地提高。作为经济学的一个分支,房地产经济学自然将关注点放在房地产生产要素的优化配置上,并将房地产资源配置的基本经济理论列为重点研究对象。

房地产业作为国民经济的重要组成部分,其正常运行不仅涉及房地产经济活动与国民经济的相关性,还涉及房地产自身的特殊运行规律。这两方面共同构成了房地产经济活动运行规律的核心内容。因此,房地产经济活动运行规律也是房地产经济学的重要研究对象。

在房地产经济活动运行过程中,经济主体之间权利、利益的合理分配与调整等经济关系问题,是保证房地产经济活动正常运行的必要条件。房地产经济活动运行过程中所发生的经济关系作为房地产经济学的一个重要内容,有必要被列为房地产经济学的研究对象。

房地产经济学的研究范围与内容,与其研究对象紧密联系,是研究对象的具体化。具体来讲,其研究内容主要分为以下三个方面:

(1)房地产经济的基本理论,如产权理论、区位与地租理论、地价理论等。

(2)房地产经济活动及其运行的基本规律和相互关系,如房地产业与国民经济的相互关系、房地产市场运行规律、房地产业经济活动的基本规律、资金运行规律，以及房地产产权关系、市场供求关系、收益分配关系等。

（3）房地产运行的制度保障与政策环境，如土地制度、住房制度、房地产产权制度，以及配套的金融、税收、价格、市场政策等。

房地产经济学既不是一般经济学，也不是房地产实践的单一课题。房地产经济学是从一般经济学和房地产实践中提取原理，并将它们结合起来，用来研究房地产经济活动的变化，其关系如图 1-1 所示。

图 1-1　一般经济学、房地产经济学和房地产实践的关系

由此可以看出，房地产经济学与经济学之间是特殊与一般的关系，它作为一门部门经济学，在整个房地产专业学科体系中占据先导和基础的地位。房地产经济学的上述基本特性决定了房地产经济学的学科性质，我们可以着重从以下三个方面来认识：

（1）房地产经济学是整个经济科学的一个分支体系，是一门相对独立的经济学科。在学科性质上，它属于部门经济学的范畴，与农业经济学、工业经济学、建筑经济学、商业经济学等部门经济学并列。它应用经济学原理研究房地产及房地产业的基本运行规律。

（2）房地产经济学是整个房地产经济学科的理论基础。房地产经济学既是理论型经济学科，又是应用型经济学科。因此可以说，它是一门应用型的理论学科，是一门综合性的涉及房地产业整个经济运动过程的基础理论学科。其他房地产经营与管理学科，如房地产市场营销、房地产价格评估、房地产投资分析、房地产经营管理、房地产金融、房地产物业管理等，都以房地产经济学作为理论基础。

（3）房地产经济学属于实证经济学的范畴。它主要研究在房地产经济运行过程中出现的各种客观事实，并同时对其作出解释，进而揭示其客观的运动规律，预测其未来的发展趋势。

1.3　中国城市化进程与房地产市场发展

1.3.1　城市化的内涵

随着工业化的发展，人口在空间上从农村向城市迁移，城市化进程也随之开始。然而，随着社会经济发展多样性与复杂性的增加，城市化的内涵已经不再局限于简单的农村人口向城市的迁移。由于城市化具有多维度、多领域的特性，不同的学科对其理解存在着很大的差异。在经济学领域，城市化以产业集聚、资源禀赋为出发点，强调生产要素流动在城市化过程中的作用。农村人口持续向城市地区集中，本质上是农业向非农业活动的经济结构的转化,这一过程伴随着生活方式的转变。地理学则以空间结构为出发点,强调区域对人类活动的影响及相互关系。地理学认为,城市化是在生产力发展到一定阶段时,乡村区域向城市区域转化的过程,这一过程伴随着城市空间结构和城市体系的深刻变化。社会学领域则以人际关系网络为出发点,着重强调居民生活方式和生产方式由农村向城市的转化过程。人口学领域则着眼于人口结构的变化,重点分析城市人口数量、城市人口比例及人口规模等指标的变化,将其看作是农村人口不断向城市地区集聚的过程,并探讨这些变化带来的经济和社会影响。

综上所述,城市化是城市生活方式生成、深化和扩大的过程,表现为人口向城市集中、城市数量和规模的上升以及城市现代化水平的提升。城市化概念的内涵也可以从以下五个方面来理解:①城市化是城市人口增加的过程,即农村人口不断向城市集聚,城市人口所占比重不断上升。②城市化是空间扩展的过程。城市数量的增多和城市规模的扩大是通过占用农村土地而实现的。③城市化是产业结构升级的过程。随着生产力水平的提高,第二、三产业快速发展,劳动力逐渐由第一产业转向第二、三产业。④城市化是消费结构不断变化的过程。城市使人们对消费产品的种类和品质需求发生变化,低消费群体在城市化进程中逐渐向高消费群体转移。⑤城市化是现代文明向农村扩散的过程。城市文化、价值观、生产方式以及生活方式不断向农村渗透,城市化不只是城市的发展,而是要达到城乡一体化。因此,城市化不应只理解为农村人口向城市的大量转移,而是通过经济结构转变、产业结构升级、城市文明的传播与扩散,来实现城乡一体化发展的综合性、动态化过程。

1.3.2 城市化的动力机制

城市化的进程取决于城市化的动力机制。城市化的动力机制是指推动城市化发生和发展所必需的动力的产生机理,以及维持和改善这种作用机理的各种经济关系、组织制度等所构成的综合系统的总和。在市场经济条件下,产业的发展是驱动城市化前进的原动力。随着经济发展水平的提高,经济社会依次经历了农业经济、工业经济和第三产业经济阶段,城市化的动力机制也相应发生了变化。农业、工业、第三产业分别构成了城市化的初始动力、根本动力和后续动力。[①]

在城市化发展的初期,工业化的兴起促进了城市化的启动,在某些农业生产力达到一定水平的地区,出现了农业生产力和农业资本剩余,这为工业化提供了必要的条件。工业化在农业生产力持续上升的基础上,主要通过赋税、价格、储蓄及财产剥夺四种途径,获得了其所必需的粮食、劳动力及货币资金。劳动密集型轻工业吸纳劳动力要素及资本要素的能力非常强,从而对城市化的发展产生了显著的影响。随着工业化的深入,农业对城市化的推动作用逐渐减弱,工业化替代了农业,成为推动城市化发展的主要力量。在城市化发展中期,工业化进程的加快、工业门类及企业规模的迅速扩张为农村大量剩余劳动力提供了充足的工作岗位。同时,城乡收入差距的扩大也增强了城市对农村人口的吸引力,极

---

① 盛广耀.城市化模式及其转变研究[M].北京:中国社会科学出版社,2008:23.

大改变了城市的就业结构。然而,随着重工业的发展,工业化对城市化的带动作用逐渐减弱。与此同时,与工业化配套的、具有劳动密集型特征的服务业也迅速成长壮大,同样也吸纳了大量的剩余劳动力,并在一定程度上取代了传统工业的地位。这表现为工业比重先升后降,而服务业对城市化进程的推动作用开始显现。在城市化发展的后期,服务业比重持续上升并位居核心主导地位。由于工业化进程基本完成,工业比重持续降低。同时,随着生产效率的提高,传统工业的信息化、高科技化和机械化使得其劳动力吸纳能力进一步减弱。因此,第三产业,尤其是服务业,开始成为推动城市化进程的核心动力机制。

1.3.3 城市化水平的测量

城市化水平是衡量城市化进程最常用的指标,通常用城市人口占总人口的比重来表示。由于城市化本身的复杂性,其中不仅涉及人口,而且还涉及土地、经济、社会等许多方面的内容,单一的人口城市化指标不能全面地反映城市化的内涵。因此,学术界通常使用单一指标法与复合指标法来衡量城市化的发展进程。

1. 单一指标法

单一指标法是通过一些表征性强的、具有本质意义、便于统计分析的指标来表示城市化水平。由于人口与非农经济活动的空间集聚是城市化的重要特征,因此,城市人口、非农从业人员、城市土地面积成为测度城市化水平的关键指标。

(1)城市人口比重测度法

城市人口比重测度法是通过某地区城市人口占本区域总人口的比重来衡量城市化水平,用公式表示为:

$$Y = \frac{U}{U+R} = \frac{U}{N} \tag{1-1}$$

式中,Y 表示城市化水平,R 表示农村人口,U 表示城市人口,N 表示区域人口。

城市人口比重测度法的局限性在于:其一,尽管数据较易得到,但方法过于简单。由于各国设市的人口数量标准有很大的差异,从而在经济发展水平、地理位置、人口规模等方面相近的国家,城市化水平出现不合理反差。其二,政治、社会等突发性因素,也很可能导致城市人口规模的骤变,使城市化水平出现非连续性变化。

(2)城市非农业人口测度法

城市非农业人口测度法是通过非农业人口占某地区总人口的比重来表示城市化水平,用公式表示为:

$$Y = \frac{V}{V+M} = \frac{V}{N} \tag{1-2}$$

式中,Y 表示城市化水平,V 表示非农业人口,N 表示区域内人口,M 表示农业人口。

这一方法将城市经济结构、产业结构和就业结构作为城市化测度指标,能够较为科学地反映生产力、生产方式、生产要素等在城市化进程中的正面意义。

(3)城市土地面积比重测度法

城市土地面积比重测度法是通过城市建成区土地面积占本地区总面积的比重来反映

城市化水平。全世界各地对城市用地指标均作了不同规定,按特点和功能进行城市土地的配置,形成工业区、居住区、商务区、文化区、旅游区等。城市用地指标现状和用地指标对比,能够反映某地城市化水平及进程。该方法的局限性在于忽视了人口密度因素,容易造成城市土地的粗放性征用。

2. 复合指标法

单一指标法存在局限性,很难全面、动态而又准确地测度城市化进程水平。因此,可以采用复合指标法进行综合分析,将若干方面作为测度城市化水平的因子。

(1)城市化成长力系数测度法

1971 年,日本东洋经济新报社提出了以 10 个复合指标来衡量城市化水平的方法,这些复合指标被称为"城市成长力系数",具体包括:地区总人口、制造业从业人数、地方财政年度支出额、商业从业人数、工业生产总值、住宅建筑总面积、商业批发总额、储蓄率和电话普及率。具体计算方法为:选取不同时期,将上述 10 个指标的变化量除以全部指标的国内均值,再对其进行标准算术平均,所得到的结果就是该城市的"成长力系数"。

(2)城市度测量法

日本城市学家于 1960 年在研究东京郊区城市化的演进过程中,提出了"城市度测量法",具体包括如下指标:以人口、面积、离市中心的时间与距离表示的城市区位地域规模;以年财政收入、商品销售率、工业产品率、电话普及率、耕地面积率等表示的城市经济活动;以从事三产的人口、管理人口比率、雇用人口比率等静态指标表示的城市就业;以人口增长率、通勤率及就业率等静态人口结构指标表示的城市人口增长。正因为指标较多,城市度的计算方法非常烦琐,可表示为:先将上述指标值按正态分布予以标准化,然后计算相关系数,并将其排列成矩阵,求出该矩阵的转置矩阵与逆矩阵,再求出二者积矩阵,最后根据该矩阵各因子在城市地域中表现的内容,命名"城市度"因子,并在坐标图上将不同观测点上的城市度值标点连线,做出等值线图,根据此图可以推知该地区城市化进程。[①]

1.3.4 世界城市化演变进程及规律

1. 世界城市化演变进程

第一次工业革命用机器生产代替手工生产,显著提升了生产效率,并伴随着生产要素和劳动力向城市的转移,从而开启了城市化进程。

纵观世界历史,城市化进程大致可以分为三个阶段:

(1)兴起阶段(1760—1851 年)。在这一阶段,城市化进程主要在英国进行,其城市化率超过了 50%,其他国家也开始效仿英国的城市化模式,但由于当时工业革命的影响范围尚小,这些国家的城市化水平提升并不显著。这一阶段城市化的基本特征是:生产力的提升促进了城市性质的改变,由相对封闭转变为相对开放的经济中心;城市的生产和生活方式不断向农村渗透,既提高了农业生产水平,又加速了农业发展;同时,大量农村剩余劳

---

① 王胜今,景跃军. 人口·资源·环境与发展[M].吉林人民出版社,2006:114-117.

动力和生产要素开始源源不断地向城市转移。

(2)扩张阶段(1851—1950年)。在这一阶段,城市化进程在欧洲和北美快速发展,而城市化发展较早的英国已处于城市化的高速发展时期。同时,发展中国家的城市化进程也开始起步。到1950年,世界城市人口已经占总人口的28.4%,全球正处在加速城市化的重要节点上。这一阶段城市化进程得以迅速扩张的主要推动力是第二次科技革命。技术的进步和知识的积累促进了经济结构的优化升级,第二、三产业蓬勃发展,交通体系和对外贸易也迅速扩展,这些因素共同促进了城市内专业化分工的形成。

(3)加速阶段(1950年—)。在这一阶段,世界上大多数国家的城市化水平都得到了普遍提高,这主要得益于第三次科技革命的发生。新技术和新能源的使用推动了产业结构的升级,发达国家逐渐由产业社会向信息社会转变。城市功能得到加强,城市化发展速度趋于平稳,完成了城市化过程中量的积累,进入了质变的阶段。而发展中国家城市化水平也在快速增长,在量的积累的同时也在推进质的提升。

2. 世界城市化演变规律

美国地理学家诺瑟姆于1979年提出:全球各国的城市化轨迹可以看成是一条被拉平的"S"形曲线,公式为

$$Y=\frac{1}{1+C_e-rt} \tag{1-3}$$

式中:Y代表城市化水平,t代表时间,C_e代表城市化起步的时间,r是一个积分常数,代表城市化的速度。

诺瑟姆将城市化的发展进程划分为三个阶段:

①阶段Ⅰ:城市化初级阶段。城市化率在30%以下,城市化推进速度非常慢,农业成为城市化的主要驱动力。

②阶段Ⅱ:城市化中级阶段。在工业化及服务业的推动之下,城市化呈现快速推进态势,城市化率在30%~70%。

③阶段Ⅲ:城市化成熟阶段。产业结构日渐成熟,城市化率已上升到70%之上,城市化推进速度再次放缓甚至停滞。

总体来说,城市化过程依次经历了起步、加速、完善三个阶段。如图1-2所示。

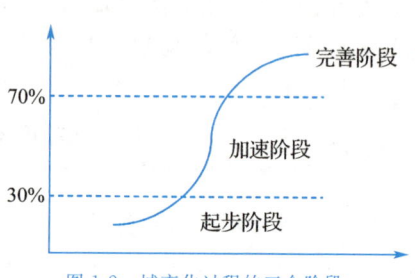

图1-2 城市化过程的三个阶段

1.3.5 我国城市化的特点

我国是一个人口大国,国土面积辽阔,但也存在地区之间的经济发展不平衡问题。改革开放之前,我国经济发展一直处于计划经济时代,人口流动力度受到政策限制。自1978年我国实行改革开放政策以来,市场经济开始逐渐发挥重要作用,大量农村人口涌向城市寻找工作机会,甚至在城市中定居、生活。

随着我国社会经济的全面发展和城市化战略的实施,城市基础设施得到完善,人口聚

集效应显著,大量人口向城市聚集,城市化水平逐年提高,呈现出稳定的增长态势。1979
年,我国城镇人口数为 1.85 亿,农村人口数为 7.90 亿,城市化水平仅为 18.96%。2011
年我国城镇人口数达到了 6.91 亿,农村人口数降为 6.57 亿,城镇人口首次超过农村人
口,城市化水平达到 51.27%。截止到 2017 年年底,我国城镇常住人口 91347 万人,乡村
常住人口 57661 万人,城镇人口占总人口比重(城镇化率)为 61.3%。

另外,我国城市化一个突出的特点是不同地区之间巨大的差异性,东西部地区城市化
水平差距悬殊。

1.3.6 我国房地产市场的发展历程

当代中国的房地产市场是随着改革开放和现代化建设的进程而逐步发展的。党的十
一届三中全会召开以来,我国房地产市场经历了复苏、初步发展和快速发展等主要阶段,
正处在从不成熟逐步走向成熟的过程中。

1. 第一阶段:房地产市场的复苏阶段(1979—1984 年)

这一阶段的主要特点有:

(1)初步明确房地产的商品性,并迈出住房体制改革的步伐。1978 年年底,党的十一
届三中全会确立了改革开放和以经济建设为中心的基本方针,1979 年经济体制改革开始
启动。1980 年,邓小平在关于发展建筑业和住房制度改革的谈话中首次提出了住房可以
买卖的商品经济思想,这一思想引发了全国范围内关于住房商品性的大讨论,最终明确了
住房商品化的道路,为房地产业的发展逐步扫清思想障碍。同年 6 月,中共中央、国务院
在批转《全国基本建设工作会议汇报提纲》中,正式提出实行住房商品化政策,允许私人建
房、私人买房,允许私人拥有自己的住宅,并进行公有住房出售的试点。这些政策的实施
标志着我国房地产经济体制的改革正式启动。

(2)房地产作为商品开始经营性运作。20 世纪 80 年代初,深圳、广州、上海、北京等
一些大城市的政府主管部门开始试验性地组建房地产开发公司,商品房开发经营主体开
始出现。同时,住房建设投资主体也开始向多元化发展,国家、地方、企业、个人都积极参
与其中,广开门路,加快住宅建设,鼓励个人购建住房。截至 1985 年,全国已有 27 个省、
自治区、直辖市中的 160 个城市和 3 000 个县进行了公有住房补贴出售试点工作,大约有
1 000 万平方米公有住宅出售给了城镇职工。此外,还从统建住房中又拨出部分新建住
宅,以优惠价出售给职工,住房的商品性经营开始启动。

(3)住宅建设恢复性启动,出现新的生机。为解决多年累积的职工住房困难,各城市
政府开始重视职工住宅建设,成立住宅建设办公室或房地产开发经营公司,划拨资金建
房,一些企事业单位也纷纷自筹资金、自建住宅。这些住宅一部分以优惠价补贴出售给职
工,一部分以市场价向社会出售。

从总体上看,这一阶段突破了长期以来计划经济的禁锢,使房地产业从停滞萎缩的状
态中开始复苏。

2. 第二阶段：房地产市场的初步发展阶段（1985—1991 年）

1984 年 10 月，党的十二届三中全会作出《关于经济体制改革的决定》，将改革的重点由农村转向城市，逐步明确了市场化导向改革的思路，为土地使用制度改革和住房制度改革指明了方向，推动了房地产业的初步发展。

这一阶段的主要特点是：

（1）土地使用制度改革起步，土地供应一级市场开始形成。土地是房地产的物质载体，土地市场也是房地产市场的基础性市场，改革开放的展开势必涉及土地使用制度。改革的内容是，在坚持城市土地国家所有的前提下，实行所有权与使用权分离，并转让土地使用权，逐步变无偿、无期限使用为有偿、有期限使用。这一改革，首先是从中外合资、合作企业收取土地使用费开始的。1985 年，在外资经济进入较早的深圳、广州、上海等地，率先对三资企业开征土地使用费，迈开了历史性的一步。接着又进行土地批租试点，1988 年，上海推出的虹桥经济技术开发区 26 号地块作为第一批批租土地，向国际招标并获得成功，这一做法在全国迅速推广。到 1991 年，在一些大中城市中已初步形成了面向国际市场的土地供应一级市场，为日后的土地市场全面形成积累了经验。

（2）住房制度改革积极推进，住房商品化开始实施。在逐步明确住房商品性的基础上，住房制度改革实质性启动。开始时以"提租补贴"的思路进行改革。1987 年，把烟台、蚌埠、唐山三个城市作为试点。1988 年 8 月召开了第一次全国住房制度改革工作会议，印发《关于全国城镇分期分批推行住房制度改革实施方案》，提出全国房改分两步实施：第一步是，全国所有公房均按折旧费、维修费、管理费、投资利息、房产税五项因素的成本租金计租，以抑制不合理的住房要求，促进个人购房，初步实现住房商品化。第二步是，随着工资调整，逐步把住房消费纳入工资，进入企业成本；在逐步增加工资和住房由成本租金提高到商品租金的基础上，进一步实现住房商品化，推动住房社会化、专业化、企业化经营。根据这一方案，到 1990 年，全国共有 12 个城市、13 个县镇出台了提租补贴为主要内容的住房制度改革方案，公房租金水平从每平方米使用面积 0.08 元～0.13 元提高到每平方米使用面积 1.2 元左右。1991 年，北京、上海等地又出台了住房制度改革实施方案，其基本原则是逐步实现住房商品化和自住凭其力，改变低租金、无偿分配住房的制度；建立国家、集体、个人三结合筹资建设住宅的机制，改变由国家、集体包下来的建房办法。上海的方案还借鉴新加坡的经验，率先建立了住房公积金制度，这一制度后来被全国广泛推行。随着改革的深入，提租补贴以抑制住房不合理需求为主的思路逐渐转变为增加住房供给为主、抑制住房不合理需求为辅的思路。同时，各地多种形式的房改实践推动了房改措施的多样化。1991 年 6 月，国务院发出了《关于积极稳妥地推进住房制度改革的通知》，提出了分步提租、交纳租赁保证金、新房新制度、集资合作建房、出售公房等多种形式推进房改的思路。同年 10 月召开的第二次全国房改工作会议肯定了上海等地的做法。住房制度改革把住房分配与增加住宅供应结合起来，从体制上为房地产业的发展起到了保证和推动作用。

（3）房地产开发规模扩大，房地产业获得初步发展。在土地使用制度改革和住房制度改革的推动下，随着城市建设的展开，城镇房地产开发建设规模扩大，土地出让面积增加，商品房开发投资额上升，住房竣工面积和销售面积增多。1990 年，全国住宅建设完成投资额达到 297 多亿元,竣工面积首次突破 1 亿平方米。城镇居民的居住面积也有所增加。以上海市为例,人均居住水平从 20 世纪 80 年代初的 4.5 平方米提高到 1991 年的 6.7 平方米。在逐步增大对国民经济增长贡献率的同时,也带动了居民居住水平的提高。

这一阶段的土地使用制度改革和住房制度改革起步,促使房地产业获得了初步发展。

3. 第三阶段:房地产市场快速发展阶段(1992—1995 年)

1992 年春,邓小平视察南方并发表重要讲话,提出了社会主义市场经济理论。同年 10 月,党的十四大根据邓小平理论确立了中国经济体制改革的目标是建立社会主义市场经济体制,极大地解放了生产力,使市场需求快速增加,迎来了房地产业第一个快速发展时期。

这一阶段的主要特点是:

(1)土地使用制度改革取得突破性进展。一方面,外资企业批租地块快速增多,有的地区甚至成倍乃至几十倍地增加。以上海为例,1992 年至 1996 年,共批租地块 1301 幅,9 365 公顷土地进入土地一级市场,分别是 1988 年至 1991 年批租幅数和面积的 108 倍和 9.6 倍。另一方面,内资企业土地有偿使用的改革力度加大,规定新增的商业、旅游、娱乐、金融、服务业、商品房等内资六类用地,都必须通过土地出让取得土地使用权,扩大土地有偿使用的覆盖面。土地使用制度改革深化,吸引了大量外资和内资,加快了城市基础设施建设的步伐,同时也为房地产的市场化经营奠定了基础。

(2)城镇住房制度改革向纵深发展。在确立改革的目标是建立社会主义市场经济体制以后,国家明确了住房制度改革的根本方向。1994 年 7 月,《国务院关于深化城镇住房制度改革的决定》(以下简称《房改决定》)发布,第一次明确提出城镇住房制度改革是经济体制改革的重要组成部分,其根本目标是建立与社会主义市场经济体制相适应的新的城镇住房制度,实现住房商品化、社会化;加快住房建设,改善居住条件,满足城镇居民不断增长的住房需求。该决定全面规定了住房制度改革的基本内容,包括住房投资体制改革、住房分配体制改革、住房管理体制改革、住房保障体系建设、住房供应体系建设、发展住房金融和住房保险、规范房地产市场等。同时,确立了坚持配套、分阶段推进的基本方针,并提出了当时改革的任务是全面推行住房公积金制度,积极推进租金改革,稳步出售公有住房,大力发展房地产交易市场和社会化的房屋维修、管理市场,加快经济适用房建设。

《房改决定》的实施,完善和规范了房改政策,推动了全国房改的深入进行。到 1997 年,住房公积金制度已在全国大中城市普遍建立,租金改革逐步提升到成本租金水平,公有住房大量出售,住房自有率迅速提高,大大加快了住宅建设。

(3)房地产开发规模迅速扩张。突出表现在房地产开发企业数量猛增,各行各业参与房地产开发,商品房投资规模迅速扩大,施工面积、新开工面积和竣工面积大幅增加。仅 1994 年,全国住房建设完成投资 2 487.8 亿元,竣工面积突破 2 亿平方米。房地产开发建设平均以 30% 以上的速度增长,个别地区甚至成倍增长。与此同时,也出现了过热现象,突出表现在商品房供过于求,空置面积和空置率迅速上升,造成商品房严重积压;住房供给结构失衡,高档房和花园别墅开发过多,出现烂尾楼,造成资金积压,银行不良资产增加。由此,房地产市场进入低迷和调整阶段。

综上所述,这一阶段在市场经济推动下,改革的深化促使房地产业发展出现第一个高峰期,同时也带来了增速过快的问题。

4. 第四阶段:盘整消化和调整发展期(1996—2000 年)

20 世纪 90 年代上半期房地产开发投资规模过大,导致空置率上升,房价下跌。自 1996 年起,房地产业进入调整消化期,重点进行了结构调整,并采取了一系列政策措施,促使房地产市场走出低迷期,得到复苏和继续发展。

这一阶段的主要特点是:

(1)压缩商品房开发投资规模,平衡供求。针对房地产开发投资规模过大、上市量集中而吸纳量不足这一阶段性、结构性矛盾,普遍采取了控制土地供给总量、调整房地产投资结构等措施。这些措施使土地供应量相对减少,投资规模缩小,部分大城市甚至连续三年出现房地产投资负增长,从而有效缩小了供给量。同时,通过调整房地产投资结构,将土地供应总量控制和用途管理相结合,形成了外资用地以工业为主、内资用地以住宅为主的投资结构,使房地产市场供给保持适度,市场供求关系逐步趋向均衡。

(2)深化住房分配制度改革,激发商品房市场需求。20 世纪 90 年代中期,商品房市场面临供给过剩与市场需求不足的双重困境,其深层原因在于"实物福利分房"体制的阻碍。这一体制导致职工住房条件普遍较差,而商品房大量滞销、空置。为破解这一难题,必须加快住房分配制度改革的步伐。1998 年 7 月,国务院发布了《关于进一步深化城镇住房制度改革加快住房建设的通知》。根据这一精神,各省市都制定了住房分配货币化方案,切断了对实物福利分房的依赖,把职工推向房地产市场,调动了购房积极性。同时,货币化补贴又增加了购房支付能力,扩大了市场需求。住房分配货币化改革释放了巨大的住宅市场需求能量,成为促进房地产业发展的强大动力。

(3)建立住房抵押贷款制度,支持居民购房。房地产是超耐用消费品,其价值量巨大,仅凭个人和家庭的资金积累难以承担。为此,我们借鉴国外的经验,建立个人住房抵押贷款制度,包括商业性贷款和公积金贷款两种形式,支持居民购房,对扩大市场需求起到了积极的推动作用。

(4)将住宅业作为新经济增长点进行培育,拉动国民经济增长。1997 年,全国市场供求关系发生了深刻变化,市场需求不足成为普遍现象。在此背景下,拓展住宅消费成为扩大内需、拉动经济增长的重要途径。为此,中央提出,培育住宅业成为新经济增长点的发展战略,并采取一系列政策措施,包括降低契税、购房贷款利息抵扣个人所得税、增加贷款购房成数、已购公房上市、鼓励外地人购房等,积极扩大住宅市场需求。同时,政府还放开了二、三级市场,拓展巨大的存量房市场,鼓励居民"卖旧房,购新房"。房地产二、三级市场的联动又一次扩大了住宅市场规模,形成了新建商品房与存量房市场共同繁荣的局面。住宅业充分发挥了作为国民经济新增长点的重要作用。

这一阶段,房地产业发展出现前低后高的态势,以扩大市场需求为主,适当压缩供给为辅,有效调整了房地产供求关系,促进房地产业在调整中获得继续发展。从 1998 年开始,房地产业逐渐走出低迷阶段,到 1999、2000 年更是逐步趋向繁荣。

5. 第五阶段:持续发展的繁荣阶段(2001—2013 年)

经过前期的调整和制度完善,进入 21 世纪,从 2001 年开始,中国房地产业出现了空前的持续发展的繁荣局面。

形成这一局面的主要因素有：

（1）深化住房制度改革的推动力。住房分配货币化的改革，一方面，停止实物福利分房，切断了依赖政府和单位分房的渠道，树立起"要住房靠市场"的观念，调动了居民购房的积极性；另一方面，住房分配货币化补贴和已购公房出售，增强了居民购房能力，促使居民买得起房，由此释放了居民住房消费能量，使潜在需求转化为有效需求。

（2）宏观经济态势良好和居民收入增长形成的需求拉动力。2001 年以来，中国国民经济保持了 8％以上的增长率，居民收入也以 10％左右的速度增加，购房承受能力显著提高。

（3）居民消费结构升级的内在驱动力。随着经济发展和收入水平提高，城镇居民的消费结构发生深刻变化，恩格尔系数下降，住和行特别是住房消费上升到主要地位，改善居住条件成为普遍愿望。

（4）住房消费信贷支持的助动力。住房消费信贷规模扩大，个人住房抵押贷款大幅增加，贷款品种增多，使贷款购房获得强有力的支持。

（5）城市化进程加快的外在带动力。全国城市人口占总人口的比重增加，而且将继续增加。随着城镇人口和进城打工人员增多，住房市场需求持续旺盛。

（6）对外开放扩大的推动力。21 世纪初，中国加入世界贸易组织，北京申奥成功，上海申博成功，标志着中国对外开放进入新阶段，带来了更多商机，外商来我国投资增多带动厂房、商铺和办公房需求增加，同时也增加了外销和租赁住房需求，促进了住宅业的发展。

所有这些因素都推动了房地产市场走向繁荣。

这一阶段房地产业发展的基本特点是：

（1）住房消费热潮兴起，中等收入者成为购房主体。与 20 世纪 90 年代中高收入和高收入者为主的购房群体相比，进入 21 世纪以来，中等收入者纷纷进入房地产市场，成为购房主体，个人购房比例大幅上升，住宅市场真正成为百姓市场，这是房地产市场兴旺发达的主要标志。

（2）房地产投资快速增长，市场基础牢固。由于住宅市场需求旺盛，房地产投资也呈现出快速增长的态势。2001 年，全国房地产投资增长 21.7％，2003 年又增长 29.7％。2001 年，住宅建设完成投资 6 245 亿元，竣工住宅面积突破 7 亿平方米。房地产投资趋向理性化，重视市场调研和项目的目标市场定位，使房地产开发投资建立在坚实的市场需求基础上，形成市场需求拉动投资的新局面。

（3）商品房销售旺盛，形成供求两旺的新格局。与 20 世纪 90 年代供给过剩、大量空置的情况不同，住房消费需求旺盛，全国商品房销售面积连年超过竣工面积，出现了供需两旺的市场格局，反映了房地产市场逐步走向成熟。

（4）存量房交易迅速攀升，向着房地产市场主体方向发展。延续 20 世纪末的趋势，在房地产二、三级市场联动的推动下，存量房交易量大幅增长。在有的大城市中，存量房交易量已接近新增商品房交易量，表现出日渐成为市场交易主体的态势，这是房地产市场成熟的重要标志。

（5）住房数量扩大与质量提高并重，整体向质量效益型转变。随着住房供给量和销售量的迅速增加,房地产市场已达到相当大的规模,中国已成为世界上住宅建设和住宅消费规模最大的国家之一。与此同时,住房的建筑质量、外形、房型、智能化程度、人文价值、生态环境等也大为改善,整体品质有了很大提高。

（6）房地产业对经济增长的贡献率显著提高,逐步成长为支柱产业。据有关部门统计,2001年全国房地产增加值对GDP的直接贡献度为1.3个百分点,间接拉动的贡献度在0.6至1.2个百分点,二者相加直接贡献率和间接贡献率为1.9至2.5个百分点,呈现出支柱产业的特征。上海市房地产增加值占全市GDP比重已从1990年的0.5%上升到2004年的8.4%,房地产业已被确定为六大支柱产业之一。

6. 第六阶段：城市差异化发展的调整阶段（2014—2018年）

2014年以来,房地产市场开始由局部地区调整到全国,全国房地产开发景气指数持续下滑,一、二线城市也开始进入调整期。与前一年相比,投资增速显著放缓,销售额和销售面积均呈现负增长,且增幅不断扩大。房价下降趋势也不断从三、四线城市扩展到一、二线城市,从新建住宅扩展到二手房。根据国家统计局统计的数据,我国房地产开发景气指数逐月下滑,房地产投资增速明显放缓,房地产销售面积和销售额同比大幅下滑,70个大中城市中,房价下跌的城市数量不断增加。随着房地产市场调整的不断加深,各地地方政府从2014年6月开始取消限购政策,不断放松调控,央行也放松了首套房认定政策,释放改善性需求。

2015年,全国房地产市场整体延续此前的调整回落态势,投资增速持续下滑,新开工和土地购置意愿较低,但在政府一系列刺激政策的推动下,房屋销售形势有所好转,预计全年房屋销售水平将接近2013年的最高水平。从区域情况来看,区域间分化现象仍然突出,房价企稳,个别城市房价涨幅较大,但更多城市房价仍然下跌,跌幅有所收窄。

2016年,房地产市场迎来本轮周期的高点,全年成交规模创历史新高,城市分化态势持续存在。房地产市场调控政策环境由松趋紧,因城施策严控市场风险。全年百城房地产均价持续上涨,但涨幅在调控政策影响下明显收窄。在宽松的货币信贷环境下,市场成交逐步升温,部分城市住宅市场供应紧张,土地价格快速攀升,共同推动了房价的持续上涨。根据中国房地产指数系统对100个城市的全样本调查数据,2016年百城住宅价格累计上涨17.83%,较2015年全年扩大了13.68个百分点。四季度多城市调控政策密集出台,市场运行环境趋紧,前三季度涨幅明显,调控收紧后价格趋稳。

从各级城市来看,各级城市住宅价格均呈上涨态势,与2015年全年相比,一线城市涨幅扩大,二、三线城市止跌转涨,部分城市涨幅显著。一线城市2016年房价累计涨幅高达22.95%。调控政策出台后,10~11月一线城市上涨幅度趋缓,较三季度收窄5.59个百分点,在各线城市中最为显著。二线代表城市房价累计涨幅达13.34%,其中一至三季度房价涨幅持续扩大,四季度调控政策出台后,近三分之二的二线代表城市房价涨幅收窄。三线代表城市房价整体变化较为稳定。

2018年11月15日,国家统计局公布的2018年10月份全国70个大中城市商品住宅销售价格变动情况统计数据显示,其中4个一线城市新建商品住宅销售价格持平,二手住宅销售价格下降0.2%,降幅比上月扩大0.1个百分点,其中北京、上海和广州均下降0.2%,深圳下降0.6%。31个二线城市新建商品住宅和二手住宅销售价格分别上涨1.0%

和0.3%,涨幅比9月分别回落0.1和0.5个百分点。35个三线城市新建商品住宅价格上涨1.1%,涨幅比上月扩大0.2个百分点,二手住宅销售价格上涨0.5%,涨幅比上月回落0.3个百分点。由此可见,一线城市新建商品住宅销售价格环比持平,二手住宅环比下降,二线城市环比涨幅均回落,三线城市新建商品住宅价格环比涨幅微扩,二手住宅涨幅回落。这些转变主要源于各地因城因地制宜、精准施策的调控政策责任,促进了房地产市场逐步回归理性。

思考题

1. 什么是城市和城市经济?
2. 城市经济学的研究对象是什么?
3. 什么是房地产、房地产市场和房地产业?
4. 房地产经济学的研究对象是什么?
5. 什么是城市化?
6. 城市化水平如何进行测量?
7. 结合实际,谈谈我国城市化进程与房地产市场发展的内在联系。

第 2 章

城市结构

本章导读

　　城市结构是指城市各组成要素相互关系、相互作用的形式和方式，主要包括空间结构、体系结构、经济结构和人口结构等。本章在对经济结构基本理论进行概括的基础上，详细阐述了城市体系结构、产业结构及人口结构，旨在帮助学生熟悉城市体系结构的分析方法、城市产业结构的优化路径，以及我国城市人口结构的特点。

2.1　城市结构相关理论

2.1.1　城市结构的概念

　　结构的经典定义是指物质组合和排列方式，但城市结构中的"结构"不是指力学上支承重力或外力的构造体系。在王国亿所编著的《汉语大典》中，结构被定义为"为整体的一般特征所制约的各部分之间的关系"。瑞士学者皮亚杰则更加简洁地指出："结构就是一种关系的组合。"这意味着结构是一个完整自足的系统，组成这个系统的各个成分在性质和意义两方面，都取决于该系统本身的一套规范。系统各成分之间的相互依赖是以它们对全体的关系为特征的。一个具体事物的意义并不完全取决于该事物系统本身，而取决于各个事物之间的联系。

城市结构是指城市各组成要素相互关系、相互作用的形式和方式,主要包括空间结构、体系结构、经济结构和人口结构等。城市的发展不仅仅是建筑物的增加和居民的聚集,更重要的是城市内部形成了各具功能的区域,如商业区、住宅区、工业区等。同时,各个功能区之间存在着有机的联系,共同构成了城市的整体。这种城市内部各种区域的形成及分布与配置情况被称为"空间结构"或"内部结构",简称"结构"。城市结构一方面受城市内部自然环境的约束,另一方面也受到历史发展、文化宗教和城市规划等因素的影响。

城市结构的内容具有相当的宽泛性,主要体现在以下两个方面:①城市显性结构,即城市中可视可及的物质实体的综合反映,如城市中的建筑、道路桥梁及它们围合的空间形体等。②城市隐性结构,主要是指城市的社会、经济、文化等具有相对隐性的结构内容。城市显性实体结构往往是隐性结构的某种反映,同时,前者也对后者具有能动作用。

2.1.2　城市结构模型

随着经济的发展,西方国家人口向城市迁移的速度增加,城市用地功能竞争激烈。在此背景下,城市内部逐渐形成了工业、商业、交通和居住区等多元化的布局结构。为了深入剖析城市结构的发展过程和形成方式,学者们提出各种理论,归纳起来主要有以下几种:

1. 中心地理论

中心地理论是由德国城市地理学家克里斯塔勒和德国经济学家廖士分别于 1933 年和 1940 年提出的。自 20 世纪 50 年代起,此理论开始在英语国家广泛流传,之后传播到其他国家,被公认为是 20 世纪人文地理学领域最重要的贡献之一。

（1）基本前提

克里斯塔勒认为,在市场原则基础上形成的中心地的空间均衡是中心地系统的基础,满足以下基本前提:

①中心地分布的区域被视为自然条件和自然相同且均质分布的平原,人口分布均匀,居民的收入水平、消费需求和消费方式相同。

②该区域具有统一的交通系统,且同一规模的所有城市在交通便利程度上一致,运费与距离成正比。

③消费者倾向于选择距离最近的中心地进行购物,以减少交通费。

④相同的商品和服务在任何一个中心地的价格和质量都相同。消费者购买商品和服务的实际价格等于销售价格加上交通费。

⑤供给中心商品的职能,尽量布局于少数的中心地,并确保能够满足所有空间的需求配置。

（2）均衡模式

在满足上述前提的条件下,中心地均匀分布在平原上,同一等级的中心地之间的距离相等,服务范围是相同半径的圆形区。值得注意的是,在每三个相邻的 B 级中心地之间有一个空白区,该区域得不到这三个中心地中的任何一个提供的商品和服务,因此,在这个空白区的中心会产生一个次一级的 K 级中心地,以满足居民消费。同理,每三个 K 级中心地之间又会出现新的空白区,进而产生次一级 A 级中心地。依此类推,中心地可以细分为多个层级。

(3)基本概念

①中心地,是向周围地区居民提供各种货物和服务的地方。中心商品是在中心地生产,并提供给中心地及周围地区居民消费的商品。中心地职能是指中心地具有向周围地区提供中心商品的职能。根据中心商品服务范围的大小,可将其划分为高级中心商品和低级中心商品。高级中心商品是指服务范围的上限和下限都大的中心商品,如高档消费品,名牌服装,宝石等;而低级中心商品是商品服务范围的上限和下限都小的中心商品,如小百货,副食品,蔬菜等。

②中心货物与服务,分别指在中心地内生产的货物与提供的服务,亦可称为中心地职能。中心货物与服务具有等级之分,即较高(低)级别的中心地会生产较高(低)级别的中心货物或提供较高(低)级别的服务。

在大多数中心地中,每一种中心货物或服务一般要由一家以上的企事业单位共同提供。例如,一个集镇,往往有两三家杂货店或饮食店。每个承担中心地职能的单位被称为一个职能单位(Functional Unit)。虽然,中心地的职能单位数量必定大于或等于中心地职能的种类数量,通常总是前者的数量超过后者的数量。

此外,除了多家单位共同提供一种中心货物或服务的情况外,也存在一家单位提供多种中心货物或服务的情况,这种情况在百货公司、超级市场等大型零售商业组织中尤为常见,它们往往集多个职能单位于一身。

③中心性或"中心度"。一个地点的中心性可以理解为一个地点对围绕它的周围地区的相对意义的总和。简单地说,是中心地所起的中心职能作用的大小。一般认为,城镇的人口规模不能用来测量城镇的中心性,因为城镇大多是多功能的,人口规模是一个城镇在区域中的地位的综合反映。克里斯塔勒用城镇的电话门数作为衡量中心性的主要指标,因为当时电话已广泛使用,电话门数的多少,基本上可以反映城镇作用的大小。

中心地理论如图 2-1 所示。

高级中心地包容低级中心地,高级服务范围覆盖低级服务范围,从而构成层次分明、逐级嵌套的空间网络系统。

◉ 一级中心地
■ 二级中心地
◦ 三级中心地
● 四级中心地

图 2-1 中心地理论

④服务范围,克里斯塔勒认为中心地提供的每一种货物和服务都有其可变的服务范围,范围的上限是消费者愿意去一个中心地得到货物或服务的最远距离,超过这一距离消费者便可能去另一个较近的中心地。以这个最远距离 r 为半径,可得到一个圆形的互补区域,它表示中心地的最大腹地。服务范围的下限则是保持一项中心地职能经营所必需的腹地的最短距离。以该距离为半径,也可得到一个圆形的互补区域,它表示维持某一级中心地存在所必需的最小腹地,亦被称为需求门槛距离,即最低必需销售距离。

服务范围上下限之间存在着三种关系:一是如果门槛距离大于货物的最大销售距离,那么这种货物在该地区就不可能以正常的方式提供;二是如果货物的最大销售距离和门槛距离相等,那么,经营该种货物正好能得到利润;三是如果货物的最大销售距离大于门槛距离,那么,该项货物不仅可被提供,而且经营者还可从为居住在两个腹地间的人口服务中得到超额利润。

2. 同心圆理论

同心圆理论是由美国社会学家帕克与伯吉斯共同提出的。该理论认为,一般城市结构形式并不是三个圆形地带,即城市中心、城围及城外,而是由五个同心圆形所组成的,这是城市地域结构的基本理论之一。

1925 年,美国社会学家帕克与伯吉斯等通过对美国芝加哥市的深入调查,总结出城市人口流动对城市功能地域分异的五种作用力:向心、专业化、分离、离心及向心性离心。它们在各功能地带间不断交叉变动,使城市地域形成了由内向外发展的同心圆式结构体系,如图 2-2 所示。其结构模式是:①中心商业区。这里是商业、文化和其他主要社会活动的集中点,也是城市交通运输网的中心。②过渡带。最初是富人居住区,但随着商业、工业等经济活动的不断涌入,环境质量下降,逐步演变为贫民集中、犯罪率高的区域。③工人居住区。其居民大多来自过渡带的第二代移民,他们的社会和经济地位有所提高。④高级住宅区。该区域以独户住宅、高级公寓和上等旅馆为主,居住着中产阶级、白领工人、职员和小商人等群体。⑤通勤居民区。该区域是沿高速交通线路发展起来的。多数居民使用通勤月票,每天往返于市区与郊区之间;上层和中上层社会的郊外住宅也位于该区域,并伴有一些小型卫星城。

这个模型说明了城市土地市场的价值分区:越靠近市中心,土地利用的集约程度越高;越向外,土地利用效率越低,租金也相对降低。该理论的优点在于其采用了动态变化的方法来分析城市,且在宏观层面上,同心圆模式基本符合一元结构城市的特点。

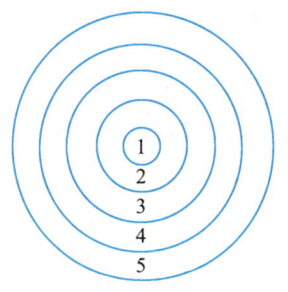

1. 中心商业区
2. 过渡带
3. 自食其力的工人居住区
4. 高级住宅区
5. 通勤居民区

图 2-2　同心圆理论

同心圆理论的缺陷主要表现在：一是未充分考虑各区域间的交叉和城市交通的重要作用；二是忽略了作为城市主要活力的工业活动布局及其对城市土地利用的深远影响。本理论注意到了城市中心是CBD，且CBD作为现代城市的中心已成为一种广泛的规律，并反过来制约城市规划和城市更新，特别是对东方传统城市中以政权为中心的城市布局提出了修正方向。在中国，一些城市正计划将位于城市中心的行政机构迁走，以更好地发展商务职能。从这个意义上说，同心圆理论模式对于单核心城市还是有一定参考价值的。

3. 扇形理论

扇形地带理论，又称楔形理论。该理论指出，城市土地利用功能分带是从中心商业区向外放射，形成楔形地带。美国土地经济学家赫德于1924年研究了美国200个城市内部资料后最早提出了扇形理论。1936年，霍伊特在研究美国64个中小城市房租的资料和若干大城市的资料后，进一步发展了该理论。

赫德和霍伊特认为，城市内部的发展，尤其是居住区的分布，并不如同心圆理论所说的那样，土地价值继续向城外增加，而是低值的住宅区也可能自城中心延伸向城外地区。他们根据城市发展由市中心沿主要交通干线或其他较通畅的道路向外扩展的事实，认为同心圆理论中关于城市由市中心向外均匀发展的观念不成立。同时，他们主张城市的发展通常从城中心开始，沿着主要交通要道或者沿着阻力最少的路线向外放射。高租金地域是沿放射形道路呈楔形向外延伸，低收入住宅区则位于高租金扇形之旁，城市富裕阶层决定了住宅区的布局形态。该理论模式具有动态性，使城市社会结构变化易于调整，能够将新增的居民活动附加于城市周边，而无需像同心圆模式那样进行地域上的重新发展。

半个多世纪以来的实践证明，因企业倾向于设置富裕市场和富裕居民区，这些区域扇形增长最快。扇形理论是从众多城市比较研究中抽象出来的，并引入了运输系统进行论证。因此，在研究方法上较同心圆理论进了一步。然而，该理论也存在主要缺陷：一是过分强调财富在城市空间组织中所起的作用；二是未对扇形下过明确的定义；三是单凭房租这一指标来概括城市地域的发展运动，忽视了其他社会经济因素对形成城市内部地域结构所起的重要作用。

4. 多核心理论

多核心理论认为大城市并非围绕单一核心发展，而是围绕多个核心形成中心商业区、批发商业和轻工业区、重工业区、住宅区和近郊区，以及相对独立的卫星城镇等各种功能中心，这些功能中心共同组成城市地域，是城市内部地域结构的基本理论之一。该理论由麦肯齐于1933年提出，1945年经过哈里斯和厄尔曼进一步发展而成。为使城市发挥多种功能，多核心理论考虑了各种功能的独特要求和特殊区位。如工业区要有环境工程设施；中心商业区要有零售商业设施；有些占地面积大的家具、汽车等销售点为避免在中心商业区支付高地租，通常会聚集在边缘地区；相关的功能区就近建设（如办公区与工业综合体相邻），可获得外部规模经济效益；而相互妨碍的功能区（如有污染的工业区与高级住宅区）则应隔开。在城市功能复杂的情况下，需保持居住小区成分的均质性，以促进社区和谐。

多核心理论认为，美国50万人口以上的城市内部结构并非只有一个中心，而是有多个核心。这些核心可能以桥梁、车站、教堂为中心，或以工厂为中心，成为中心商业区、批发商业区、轻工业区、住宅区等。如图 2-4 所示。美国城市的结构往往是自由发展的,很少进行规划。

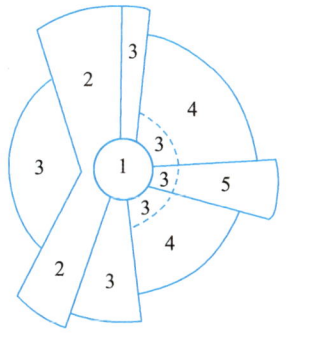

1. 高级商业区
2. 批发及轻工业区
3. 低租金住宅区
4. 中级住宅区
5. 高级住宅区

图 2-3　扇形理论

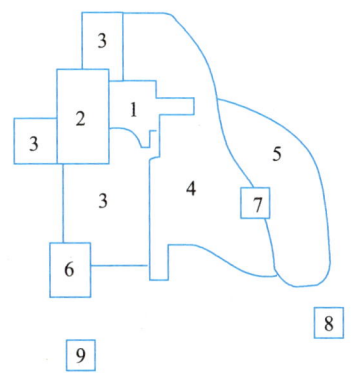

1. 中心商业区
2. 批发商业区
3. 轻工业区
4. 低级住宅区
5. 中等住宅区
6. 高级住宅区
7. 重工业区
8. 外围商业区
9. 近郊住宅区

图 2-4　多核心理论

多核心理论的缺陷在于它仅仅关注了城市地域发展的多元结构及地域分化中的各种职能的结节作用,而对多核心间的职能联系和不同等级的核心在城市总体发展中的地位重视不够。因此,它不足以全面解释城市内部的结构形态。1955 年,谢夫基和贝尔根据因子生态学原理,使用统计技术进行综合性的社会地域分析。基于此分析,他们所制定的城市地域区计划揭示了以下规律:家庭状况符合同心圆模式分布,经济状况则趋向于扇形模式分布,而民族状况则更趋向于多核心模式分布。

2.2　城市体系结构

2.2.1　城市体系的相关概念

1. 城市体系

1989 年,英国社会活动家霍华德首次提出"田园城市"的概念,这被视为"城市体系"

的最初形态。20世纪50年代，美国地理学家邓肯进一步提出了"城市体系"的概念，它指的是在某些地域范围内，许多职能与形态各异却又彼此联系的城市构成的集合体。顾朝林认为，城市(镇)体系"按其现代的意义来说，它是一个国家或一个地域范围内由一系列规模不等、职能各异的城镇所组成，并具有一定的时空地域结构、互相联系的全新网络的有机整体"；周一星在《城市地理学》中描述："在相对完整的国家或区域中，通过规模等级不同、分工职能各异的城市构成的相互依存、联系紧密的集合体"，他着重说明了城市体系的空间结构、职能及等级，并强调了区域发展和城市体系间的依存关系；饶会林认为，城市体系是指"一定区域内的大、中、小城市之间的结构关系，即构成一个区域或国家的相互依赖、相互作用的城市组合；这些城市作为一个系统的相互作用，不仅创造了一个国家或区域增长和发展的格局，也形成了这种格局的空间特征，被称为金字塔分层结构"。

尽管不同学者对城市体系的定义有所差异，但总体上，他们对城市体系的基本内涵认识一致，即城市体系是指在一定区域范围内，以中心城市为核心，各种不同性质、规模和类型的城市相互联系、相互作用而形成的城市群体组织。它是一定地域范围内，相互关联、发挥各种职能作用的不同等级城镇的空间布局总况。城市体系是经济区的基本骨骼系统，是区域社会经济发展到一定阶段的产物，也是城市带动区域发展的有效组织形式。

2. 城市体系结构

（1）规模结构

城市规模结构体现了城市体系从大到小的序列和规模的联系，揭示了某个区域内城市规模分散或集中的分布规律，并描述了区域内城市规模的层次性。城市规模分布主要包括三种类型：位序-规模分布、首位分布及其过渡型。位序-规模分布最显著的特征是城市规模以算术级数从大到小有规律地变化，对应的城市数量则由少到多递增；首位分布类型易于理解，其特点在于存在一个规模突出的首位城市。过渡类型则介于上述两种类型之间。在研究城市规模结构时，一般选取定量或定性的研究方法。定量研究以量化分析为基础，探究城市的位序与规模之间的联系，判断其合理性，同时结合时间纬度研究城市化的分散或集中趋势；定性的研究方法是研讨规模等级不同的城市数量变化规律。用地规模和人口规模常常被用作衡量城市规模的指标，但人口规模相关数据获取难度较大，且综合性特征不够明显，因此，非农业人口常被选为衡量城市规模的指标。

（2）职能结构

城市职能是城市文化、社会和经济等因素的综合，它反映了城市在区域或国家的文化、经济和政治生活中的具体分工及发挥的作用。区域内一系列互相联系、互相作用的城市构成了区域城市体系的职能结构。城市体系的职能结构影响空间结构和规模结构的本质属性和整体特点。城市体系能否发挥整体效益，直接受到职能结构的影响。对外而言，城市的职能结构反映了更广阔区域中的作用和任务、城市体系的整体性；对内来说，它则反映了各个城市之间的相互联系和作用。城市地理学长期关注城市职能的结构问题，它也是城市体系规划的核心之一。因为城市经济活动范围持续扩张，彼此间产生更高频的联系，城市职能越发趋向于多元化。因此，如何科学地对城市职能进行定位就更为关键。城市职能可以衡量城市产业选择，使城市形成更为理性的产业分布，最终形成协调的城市体系。

（3）空间结构

空间结构体现了城市不同功能区分布特点和地理区位的组合关系,它将功能组织投影在空间上。城市体系的空间结构是区域内城市的空间组合形式,即城市的空间分布体系,不同城市在城市体系内存在空间联系和相互的作用,这些空间联系和相互作用构成了城市空间分布体系的联结条件,城市空间分布体系是具有特定功能与结构的有机整体。此外,适宜的空间结构可以起到调节和助推区域经济发展的作用。关于城市空间结构的理论详见 2.1 节。

2.2.2　城市体系结构的分析方法

1. 城市首位度

1939 年,马克·杰斐逊用城市首位度来描述和概括城市规模分布规律。城市首位度是指某个国家第一及第二大城市人口规模的比值,是判断城市规模分布情况的一个关键性参数。首位度非常清晰地反映了某一城市体系中,人口集中于最大城市的程度。为了更加清楚地说明城市的规模结构特征,有的学者对首位度指数进行了扩展,产生了十一城市指数及四城市指数。前者表示地区或国家最大城市人口的两倍与第二至十一位城市人口之和的比值;后者的计算则选取了地区或国家最大城市人口同第二、三、四位城市人口之和的比值。

二城市指数

$$S_2 = P_1 / P_2 \tag{2-1}$$

四城市指数

$$S_4 = P_1 / (P_2 + P_3 + P_4) \tag{2-2}$$

十一城市指数

$$S_{11} = 2P_1 / (P_2 + P_3 + \cdots + P_{11}) \tag{2-3}$$

2. 位序-规模法则

位序-规模法则最早是由奥尔巴赫在 1913 年提出的,它描述了一个城市的规模与其在国家所有城市中按人口规模排序的位序之间的关系,现在被广泛应用的模式是罗特卡模式的一般化:

$$P_i = \frac{P_1}{r_i^q} \tag{2-4}$$

式(2-4)中:P_i 为第 i 位城市人口数,P_1 为规模最大的城市人口数,r_i 为第 i 位城市的位序,q 为常数,反映城市规模结构的参数(不同地区有所不同)。式(2-4)中,当 $q=1$ 时,城镇体系规模分布表现为有规则的序列分布,即等级规模分布,这是特例;当 $q>1$ 时,则为首位型分布;当 $q<1$ 时,属于中间序位,是城市较为发达的序列分布。若 q 没有变化,则说明该城市体系中各级规模城市的增长速度大体一致,各级规模的城市人口占城市总人口的比重基本没有变化;若 q 值变大,则说明较大城市的增长快于较小城市的增长,区域内集中的力量起主要作用,区域城市发展趋向大型化;反之,则说明总体上较小城市的增

长快于较大城市,城市规模分布分散的力量大于集中的力量。[1]

3. 纳尔逊统计分析

纳尔逊在前人研究的基础上,选取了美国 897 个人口超过 10 000 人的城市作为研究对象,了解其职能分类。其研究要点如下:①将美国普查中的 24 个行业归并为 9 种行业,作为 9 种城市职能类别的基础;②对这 897 个城市在 9 类行业中的劳动力情况进行统计与计算,可以获得对应的劳动力结构百分比;③计算得到每个城市各类活动的从业人员百分含量的算术平均值(M)及标准差(S. D),以高于平均值加一个标准差作为城镇主导职能的标准,同时以高于平均值几个标准差来表示该职能的强度;④由上述的标准规定可知,一个城市的职能类别划分并不是绝对的,有可能有若干种职能,如果某个城市不存在任意一个行业从业人员的百分比符合均值和标准差之和的标准,我们就视它为一个职能多样化的城市;⑤最后通过不同的代号来表示不同城市具有的职能类别,并简要地说明各个类别城市的区域分布情况。

4. 区位熵

区位熵的概念是指某个地区某个产业的产出在该地区总产出中的占比 Y_{ij}/Y_i,与该产业在背景区域(如省级区域)总产出中的占比 Y_j/Y 的比值。如公式所示:

$$Q_{ij}＝Y_{ij}/Y_i/Y_j/Y \tag{2-5}$$

式(2-5)中:Q_{ij} 代表 i 地区 j 部门的区位熵,Y_{ij} 代表 i 地区 j 部门的产出,Y_i 表示 i 地区总产出,Y_j 代表背景区域 j 部门总产出,Y 代表背景区域总产出。若 Q_{ij} 小于等于 1,表示 j 产业属于 i 地区的自给性产业;若 Q_{ij} 大于 1,则表示 j 产业属于 i 地区的优势产业。区位熵可用于衡量产业的专业化程度,即参考背景区域产业结构的平均水平,假设不同地区消费某产品的需求一致,以此评价所分析的区域不同产业在供应了本区域需求之外是否有多余的产品向外输出。若某个地区、某个产业的区位熵显著大于 1,则表明该产业的专业化水平较高、产品生产并外输的能力强,比较优势较大。同时,参考 Q 值来评估专业化率,Q 值越大,说明其专业化率越高。

2.2.3　中国城市体系结构实证检验

1. 指标选取

城市体系结构的表现形式主要为城市人口集中与城市人口分散:城市人口集中指的是区域内人口从中小城市向大城市集中,大城市在区域内作为中心城市发挥核心作用,从而形成严格的城市等级体系;而城市人口分散则是指区域范围内不存在所谓的中心城市,而是同一等级的城市之间起到功能性互补作用,并未形成严格的城市等级体系。城市体系结构是区域内城市间人口规模相互作用所形成的空间布局总况。在城市体系结构的研究中,通常可以采用城市平均集中率、城市首位度、城市集中度和城市不平等指数等指标来进行分析。

① 肖猛,黄金川,孙贵艳,等.京津冀都市圈城镇体系演化时空特征[J].地理科学进展,2011;30.

（1）城市平均集中率

为了研究不同省份之间城市体系结构的绝对量差异，结合相关研究，我们将城市平均集中率作为研究城市体系结构的重要指标之一。

$$V_{ij} = \frac{x_{ij}}{\sum\limits_{i=1}^{n}\sum\limits_{j=1}^{n_i} x_{ij}} \tag{2-6}$$

其中，V_{ij} 表示第 i 个省份第 j 个城市在所有城市中所占的份额，x_{ij} 表示第 i 个省份第 j 个城市的总产出，n 表示省份的总数量，n_i 表示第 i 个省份的城市总数量。

$$V_i = \frac{\sum\limits_{j=1}^{n_i} V_{ij}}{n_i} \tag{2-7}$$

其中，V_i 表示第 i 个省份的城市结构平均集中率，n_i 表示第 i 个省份的城市总数量。

（2）城市首位度

城市首位度是指区域内最大城市人口规模与第二大城市人口规模的比值。该指标数值越大，表示第一大城市人口在区域中所占的比重越大。

$$FI_i = \frac{P_{i.\max}}{P_{i.\max-1}} \tag{2-8}$$

其中，FI_i 表示第 i 个省份的城市首位度指数，$P_{i.\max}$ 表示第 i 个省份中人口数量最大城市的人口数量，$P_{i.\max-1}$ 表示第 i 个省份中人口数量第二大城市的人口数量。

（3）城市集中度

城市集中度采用赫芬达尔-赫希曼指数（Herfindahl-Hirschman Index，HHI）。HHI 通常被用于产业集中度的研究，指一个行业中各市场竞争主体所占行业总收入或总资产百分比的平方和，用来计量市场份额的变化，即市场中厂商规模的离散度。这里，我们将其应用于城市体系结构的研究。

$$HHI_i = \sum\limits_{j=1}^{n_i} (S_{ij})^2 \tag{2-9}$$

其中，HHI_i 表示第 i 个省份城市体系结构的赫芬达尔-赫希曼指数，S_{ij} 表示第 i 个省份第 j 个城市的产出在第 i 个省份所占的比重，n_i 表示第 i 个省份的城市总数量。

（4）城市不平等指标

不平等指标主要包括基尼系数与泰尔指数。基尼系数是 20 世纪初意大利经济学家基尼根据洛伦茨曲线所定义的判断收入分配公平程度的指标。泰尔指数是衡量个人之间或地区间收入差距（或者称不平等度）的指标，这里，我们将其作为衡量地区内部城市规模发展差距的指标。

基尼系数的计算方法如下：

$$CK_i = \frac{2}{n}\sum\limits_{i=1}^{n} j x_{ij} - \frac{n+1}{n} \tag{2-10}$$

其中，CK_i 表示第 i 个省份的城市人口规模基尼系数，x_{ij} 表示第 i 个省份从小到大排序的城市人口份额，$x_{ij} = \dfrac{y_{ij}}{\sum\limits_{j=1}^{n_i} y_{ij}}$，$x_1 < x_2 < \sum x_{n_i}$ 其中，y_{ij} 表示第 i 个省份第 j 个城市的

人口规模。

泰尔指数的计算方法如下：

$$GE_i = \frac{1}{n} \sum_{j=1}^{n} \log \left(\frac{\mu_i}{y_{ij}} \right) \tag{2-11}$$

其中，y_{ij} 表示第 i 个省份第 j 个城市的人口规模，μ_i 表示第 i 个省份的平均人口规模，n_i 表示第 i 个省份的城市总数量。

基尼系数与泰尔指数具有一定的互补性。其中，基尼系数对于中等城市人口规模的变化特别敏感，而泰尔指数则对于上层城市人口规模的变化很敏感。

2. 数据来源

鉴于我国城市间人口流动现象十分显著，因此在研究区域城市体系结构时，若采用户籍人口数据来反映城市体系结构，将存在相当大的偏差。因此，这里选取城市常住人口数据来分析中国城市体系结构的变迁。有关城市常住人口的数据最早可以追溯到 2005 年，但部分省份的城市常住人口数据有缺失现象，这里的数据来源于 2009—2015 年各省份统计年鉴。具体包括河北、山西、内蒙古、辽宁、吉林、黑龙江、江苏、浙江、安徽、福建、江西、山东、河南、湖北、湖南、广东、广西、四川、贵州、云南、陕西、甘肃、宁夏共 23 个省份。没有纳入研究的中国大陆省、直辖市包括北京、上海、天津、重庆、海南、青海、新疆与西藏，四大直辖市是由于城市发展阶段太过于迅速，成为特大城市，无法研究其内部的城市体系结构。而海南、青海、新疆与西藏则是因为城市数量较少，城市发展阶段普遍落后，也无法研究其内部的城市体系结构。

数据相关问题方面，2009 年山西省，以及 2009—2011 年辽宁、吉林、黑龙江、江西、云南、宁夏的数据均为户籍人口数据。根据相关调整方法，这里通过获取这些省份与这些年的人口普查数据，根据时间序列调整法，校正了多个省份的城市常住人口数据。

这里选取的城市常住人口采用的是全市常住人口，而不是市区常住人口。全国范围内提供城市市辖区常住人口数据的省份主要包括：山西省、福建省、河南省、湖北省、湖南省、广东省、广西壮族自治区、贵州省、陕西省，其余省份的城市市辖区人口为户籍人口数据。一方面，鉴于城市户籍人口数据没有考虑流动人口的规模，如果仅仅研究这九个省份，显然它们不足以代表全国的情况。另一方面，随着交通基础设施投资的推进，各城市内部空间趋于融合，市辖区与所辖县级市的市场分割情况已经有较大的改善，因此以地级市全市人口数量来研究城市体系结构具有一定的可行性。最后，由于我们衡量区域经济发展状况的数据是各省份的生产总值、劳动生产率与人均生产总值，而城市市辖区的人口数据只占区域总人口的一部分，不足以反映出区域内城市人口规模分布与城市体系结构变动。此外，各城市市辖区经常调整（扩张），城市市辖区常住人口这一统计指标有可能存在不可比的情况。综上所述，本研究区域城市体系结构变动的数据来源于城市全市常住人口数据。

3. 中国主要省份城市布局分析

对中国城市体系结构进行分析，首先必须要对中国各省份的城市数量进行一定的分

析,2009—2015 年中国主要省份的城市数量见表 2-1。

根据表 2-1 中的省份城市数量,可以将中国各省份城市发展现状分为以下几个类型。第一,城市数量在 10 个以内的省份包括宁夏、贵州、吉林与福建;第二,城市数量在 11～15 个的省份包括河北、山西、内蒙古、辽宁、黑龙江、江苏、浙江、江西、湖北、湖南、广西与甘肃;第三,城市数量在 16～20 个的省份包括安徽、山东、河南与云南;第四,城市数量在 20 个以上的省份包括广东与四川。因此,城市数量在 10～15 个的省份数量最多。

表 2-1   2009—2015 年中国主要省份城市数量

省份	2009 年	2010 年	2011 年	2012 年	2013 年	2014 年	2015 年
河北	11	11	11	11	11	11	11
山西	11	11	11	11	11	11	11
内蒙古	12	12	12	12	12	12	11
辽宁	14	14	14	14	14	14	14
吉林	9	9	9	9	9	9	9
黑龙江	13	13	13	13	13	13	13
江苏	13	13	13	13	13	13	13
浙江	11	11	11	11	11	11	11
安徽	17	17	17	17	17	17	17
福建	9	9	9	9	9	9	9
江西	11	11	11	11	11	11	11
山东	17	17	17	17	17	17	17
河南	18	18	18	18	18	18	18
湖北	13	13	13	13	13	13	13
湖南	14	14	14	14	14	14	14
广东	21	21	21	21	21	21	21
广西	14	14	14	14	14	14	14
四川	21	21	21	21	21	21	21
贵州	9	9	9	9	9	9	9
云南	16	16	16	16	16	16	16
陕西	11	11	11	11	11	11	11
甘肃	14	14	14	14	14	14	14
宁夏	5	5	5	5	5	5	5

其次,有必要分析各省份最大城市的人口差异,2009—2015 年中国主要省份最大城市人口数量见表 2-2。

表 2-2　　　　　　　　　2009—2015 年中国主要省份最大城市人口数量

省份	2009 年	2010 年	2011 年	2012 年	2013 年	2014 年	2015 年
河北	1 073.00	1 080.00	1 085.45	1 092.35	1 101.66	1 120.81	1 127.23
山西	498.76	501.68	5.4.60	507.05	509.50	513.48	516.68
内蒙古	439.30	438.53	437.66	435.10	432.80	433.84	431.93
辽宁	765.50	774.52	783.55	792.57	801.60	801.62	819.65
吉林	740.63	746.04	751.46	756.88	762.29	767.71	773.13
黑龙江	1 002.47	1 014.70	1 026.92	1 039.15	1 051.37	1 063.60	1 075.83
江苏	882.54	876.48	882.12	912.65	936.95	1 046.85	1 051.87
浙江	777.70	780.20	790.10	870.50	881.80	913.50	914.30
安徽	847.00	844.00	836.00	836.00	932.00	761.40	761.92
福建	762.00	769.00	774.00	779.00	986.00	812.85	821.00
江西	788.27	797.98	807.70	817.41	827.13	836.84	846.56
山东	973.26	977.90	979.94	983.25	988.90	1 005.56	1 009.10
河南	1 074.58	977.90	995.44	1 004.21	1 013.36	1 027.22	1 012.90
湖北	859.00	875.00	891.00	897.00	910.00	978.54	1 002.00
湖南	739.70	746.39	749.60	754.09	764.14	714.84	716.60
广东	946.68	996.66	1 053.01	1 115.34	1 186.97	1 270.96	1 275.14
广西	678.66	684.32	689.98	695.64	701.30	666.16	673.40
四川	1 222.60	1 238.60	1 254.60	1 270.60	1 286.60	1 404.80	1 407.08
贵州	688.82	685.35	676.71	673.58	664.09	654.57	652.00
云南	610.67	617.17	623.68	630.19	636.69	643.20	851.34
陕西	806.81	822.52	830.54	837.52	843.46	847.41	851.34
甘肃	340.46	340.79	341.32	342.59	343.07	361.62	362.10
宁夏	158.54	166.69	174.85	183.00	191.16	199.31	207.47

从表 2-2 中可以发现,2009—2015 年最大城市低于 500 万人口的省份数量有 3 个,最大城市处于 500～1 000 万人口的省份在减少,最大城市人口数量高于 1000 万的省份增加至 8 个。

4. 中国主要省份城市人口平均集中率分析

城市集中率衡量的是全国总人口绝对量在不同省份分布的多寡,这里根据城市集中率的指标设计得到中国主要省份城市平均集中率变动情况,见表 2-3。

表 2-3　　　　　　　　2009—2015 年中国主要省份城市集中率分析

省份	2009 年	2010 年	2011 年	2012 年	2013 年	2014 年	2015 年	平均值	振幅/%
河北	0.058 3	0.058 4	0.058 5	0.058 4	0.058 4	0.059 6	0.059 8	0.058 8	2.57
山西	0.028 6	0.028 6	0.028 6	0.028 5	0.028 5	0.029 6	0.029 7	0.028 9	3.85
内蒙古	0.020 3	0.020 3	0.020 3	0.020 2	0.020 1	0.020 5	0.020 5	0.020 3	0.99
辽宁	0.036 3	0.036 3	0.036 3	0.036 3	0.036 2	0.036 3	0.036 3	0.036 3	0.00
吉林	0.023 1	0.023 1	0.023 0	0.022 8	0.022 8	0.022 8	0.022 7	0.022 9	−1.73
黑龙江	0.031 7	0.031 8	0.031 7	0.031 7	0.031 6	0.031 8	0.031 8	0.031 7	0.32
江苏	0.063 5	0.064 0	0.064 2	0.064 1	0.064 1	0.065 2	0.065 2	0.064 3	2.68
浙江	0.041 7	0.042 2	0.042 6	0.043 6	0.043 8	0.045 2	0.045 1	0.043 5	8.15
安徽	0.052 1	0.051 8	0.051 5	0.051 3	0.050 9	0.049 4	0.049 3	0.050 9	−5.37
福建	0.030 1	0.030 1	0.030 2	0.030 1	0.030 1	0.030 6	0.030 7	0.030 3	1.99
江西	0.036 1	0.036 3	0.036 5	0.036 5	0.036 7	0.036 9	0.037 1	0.036 6	2.77
山东	0.078 7	0.078 9	0.078 9	0.078 7	0.078 6	0.079 5	0.079 6	0.079 0	1.14
河南	0.083 1	0.079 6	0.078 8	0.078 8	0.078 8	0.078 0	0.075 5	0.079 2	−6.74
湖北	0.045 1	0.045 0	0.044 8	0.044 6	0.044 5	0.044 5	0.044 6	0.044 7	−1.11
湖南	0.056 7	0.057 3	0.057 3	0.057 2	0.057 3	0.054 5	0.054 4	0.056 4	−4.06
广东	0.078 2	0.080 0	0.081 3	0.082 7	0.084 1	0.086 6	0.086 7	0.082 8	10.87
广西	0.039 9	0.040 1	0.040 2	0.040 2	0.040 3	0.038 2	0.038 3	0.039 6	−4.01
四川	0.068 4	0.068 5	0.068 3	0.068 1	0.068 0	0.066 7	0.066 5	0.067 8	−2.78
贵州	0.031 7	0.031 3	0.030 6	0.030 0	0.029 4	0.028 8	0.028 6	0.030 1	−9.78
云南	0.037 6	0.037 7	0.037 8	0.037 8	0.037 9	0.038 1	0.038 2	0.037 9	1.60
陕西	0.031 6	0.031 6	0.031 6	0.031 4	0.030 9	0.031 0	0.030 9	0.031 3	−2.22
甘肃	0.022 1	0.022 1	0.022 0	0.022 0	0.021 9	0.021 2	0.021 2	0.021 8	−4.07
宁夏	0.005 0	0.005 1	0.005 1	0.005 1	0.005 2	0.005 2	0.005 3	0.005 1	6.00
平均值	0.043 5	0.043 5	0.043 5	0.043 5	0.043 5	0.043 5	0.043 5		

　　从总体层面来看,2009—2015 年,中国主要省份的城市集中率平均值波动不大,平均值都为 0.043 5。从各主要省份具体数据来看,城市集中率较大的省份为广东、山东和河南,城市集中率较小的省份为宁夏、甘肃和内蒙古。2009—2015 年,从中国主要省份城市集中率的变动情况来看,吉林、安徽、河南、湖北、湖南、广西、四川、贵州、陕西与甘肃出现集中率下降的情况,表明这些省份存在人口流出的现象,而其余省份则存在人口流入的现象,其中,集中率变动幅度最快的省份为广东(10.87％)、浙江(8.15％)和宁夏(6％)。

5. 中国主要省份城市首位度分析

这里根据"两城市指数法"来研究中国各省份的城市首位度分布与变动情况。2009—2015 年中国主要省份城市首位度指数见表 2-4。

表 2-4　　　　　　　2009—2015 年中国主要省份城市首位度指数（两城市指数法）

省份	2009 年	2010 年	2011 年	2012 年	2013 年	2014 年	2015 年	平均值	振幅/%
河北	1.116 5	1.113 4	1.109 8	1.109 4	101 149	1.101 5	10.965	1.108 9	−1.79
山西	1.210 1	1.209 7	1.209 4	1.208 1	1.206 9	1.189 5	1.189 1	1.203 3	−1.74
内蒙古	1.419 4	1.418 7	1.414 3	1.407 8	1.404 0	1.381 6	1.377 2	1.403 3	−2.97
辽宁	1.216 6	1.215 6	1.214 5	1.213 5	1.212 6	1.211 6	1.210 7	1.213 6	−0.48
吉林	1.664 3	1.679 1	1.694 0	1.709 0	1.723 9	1.739 0	1.754 1	1.709 1	5.40
黑龙江	1.858 7	1.883 3	1.907 8	1.932 4	1.954 1	1.963 7	1.973 1	1.924 7	6.15
江苏	1.131 7	1.082 3	1.012 6	1.050 0	1.079 2	1.219 8	1.227 0	1.114 7	8.42
浙江	1.036 0	1.009 2	1.005 0	1.061 3	1.058 1	1.049 4	1.046 3	1.037 9	0.99
安徽	1.379 5	1.379 1	1.372 7	1.372 7	1.332 9	1.333 9	1.013 1	1.317 7	−26.56
福建	1.144 1	1.146 1	1.145 0	1.140 6	1.144 1	1.142 4	1.140 5	1.143 2	−0.33
江西	1.255 5	1.258 9	1.262 2	1.265 5	1.268 7	1.271 9	1.275 0	1.265 4	1.55
山东	1.116 6	1.114 4	1.109 0	1.105 3	1.104 7	1.105 9	1.102 2	1.108 3	−1.29
河南	1.003 6	1.003 6	1.005 4	1.007 3	1.009 4	1.149 2	1.131 5	1.044 3	12.74
湖北	1.280 8	1.308 5	1.336 4	1.343 8	1.361 0	1.588 0	1.613 4	1.404 6	25.97
湖南	1.028 9	1.027 4	1.028 4	1.031 4	1.032 9	1.010 8	1.008 9	1.024 0	−2.00
广东	1.147 3	1.144 1	1.154 1	1.168 8	1.192 5	1.225 4	1.218 2	1.178 7	6.18
广西	1.236 3	1.234 3	1.232 4	1.230 5	1.228 7	1.214 0	1.215 9	1.227 4	−1.65
四川	1.965 3	1.988 4	2.011 5	2.034 6	2.057 6	2.237 3	2.238 7	2.076 2	13.91
贵州	1.013 6	1.026 2	1.034 8	1.049 8	1.058 5	1.067 3	1.038 9	1.045 6	5.46
云南	1.078 8	1.082 9	1.086 9	1.090 8	1.094 7	1.098 5	1.102 3	1.090 7	2.18
陕西	1.474 7	1.507 4	1.532 2	1.542 2	1.594 4	1.601 9	1.604 8	1.551 1	8.82
甘肃	1.081 0	1.042 1	1.036 1	1.035 0	1.032 8	1.108 4	1.105 6	1.063 0	2.28
宁夏	1.095 3	1.179 9	1.268 9	1.362 3	1.460 9	1.564 7	1.674 4	1.372 3	52.87
平均值	1.258 9	1.263 2	1.268 8	1.281 4	1.294 3	1.329 4	1.321 2		
标准差	0.256 8	0.265 9	0.274 9	0.277 6	0.285 8	0.308 3	0.323 3		

从表 2-4 中数据可以看出，2009—2015 年，中国各省份采用"两城市指数法"计算得出

的城市首位度平均值由 1.258 9 上升至 1.321 2,且首位度波动(以标准差衡量)变大。根据城市规模分布中的法则(规模-位序),中国的实际首位度平均值远远低于理论上的水平,表明中国大部分省份内部的城市规模分布并不符合规模-位序分布。具体到省份层面,截至 2015 年年底,首位度较高的省份包括吉林、黑龙江、湖北、四川、陕西与宁夏。

6. 中国主要省份城市集中度分析

本书根据城市集中度,即赫芬达尔-赫希曼指数测算了 2009—2015 年中国主要省份城市集中度指标,见表 2-5。

由表中最后一行可以看出,中国主要省份城市集中度平均值从 2009 年的 0.104 5 逐渐上升至 2015 年的 0.106 3。从省份层面的数据来看,2009—2015 年,主要省份城市集中度平均值最低为广东的 0.060 5,最高为宁夏的 0.219 3。2009—2015 年,除山西、内蒙古与河南外,其他各省份的城市集中度呈上升趋势,表明中国的城市集中情况越来越明显。

表 2-5　　　　2009—2015 年中国主要省份城市集中度指标(赫芬达尔-赫希曼指数)

省份	2009 年	2010 年	2011 年	2012 年	2013 年	2014 年	2015 年	平均值	振幅/%
河北	0.106 3	0.106 4	0.106 3	0.106 3	0.106 3	0.106 4	0.106 4	0.106 3	0.09
山西	0.101 1	0.101 1	0.101 1	0.101 1	0.101 2	0.100 9	0.100 9	0.101 1	−0.20
内蒙古	0.109 7	0.109 4	0.109 1	0.108 7	0.108 3	0.107 4	0.107 2	0.108 5	−2.28
辽宁	0.094 5	0.094 9	0.095 4	0.095 8	0.096 2	0.096 7	0.097 2	0.095 8	2.86
吉林	0.151 3	0.151 8	0.152 3	0.152 8	0.153 2	0.153 7	0.154 2	0.152 8	1.92
黑龙江	0.136 9	0.137 6	0.138 3	0.139 0	0.139 7	0.140 3	0.141 0	0.139 0	2.99
江苏	0.083 5	0.083 7	0.084 1	0.084 4	0.084 5	0.085 7	0.085 7	0.084 5	2.63
浙江	0.112 3	0.112 4	0.112 6	0.115 1	0.115 4	0.116 2	0.116 2	0.114 3	3.47
安徽	0.078 5	0.078 4	0.078 1	0.078 0	0.078 8	0.076 4	0.081 7	0.078 4	4.08
福建	0.135 7	0.135 8	0.135 7	0.135 9	0.136 0	0.138 0	0.138 3	0.136 5	1.92
江西	0.119 0	0.119 1	0.119 2	0.119 3	0.119 4	0.119 5	0.119 6	0.119 3	0.50
山东	0.071 1	0.071 1	0.071 1	0.071 1	0.071 1	0.071 2	0.071 2	0.071 1	0.14
河南	0.070 9	0.069 5	0.069 6	0.069 7	0.069 5	0.069 0	0.069 0	0.069 6	−2.68
湖北	0.095 9	0.096 3	0.096 7	0.096 8	0.097 1	0.098 8	0.099 5	0.097 3	3.75
湖南	0.079 8	0.079 7	0.079 7	0.079 7	0.079 8	0.080 6	0.080 6	0.080 0	1.00
广东	0.058 4	0.059 0	0.059 7	0.060 5	0.061 4	0.062 3	0.062 3	0.060 5	6.68
广西	0.086 7	0.086 7	0.086 7	0.086 7	0.086 7	0.087 1	0.087 2	0.086 8	0.58
四川	0.065 6	0.065 8	0.066 0	0.066 2	0.066 4	0.070 6	0.070 6	0.067 3	7.62
贵州	0.125 9	0.125 9	0.125 9	0.125 9	0.126 0	0.126 2	0.126 2	0.126 0	0.24

（续表）

省份	2009 年	2010 年	2011 年	2012 年	2013 年	2014 年	2015 年	平均值	振幅/%
云南	0.086 5	0.086 5	0.086 6	0.086 6	0.086 7	0.086 8	0.128 1	0.086 6	0.35
陕西	0.126 4	0.127 1	0.127 3	0.127 5	0.127 8	0.127 9	0.128 1	0.127 4	1.34
甘肃	0.091 7	0.091 8	0.091 7	0.091 6	0.091 6	0.092 0	0.091 9	0.091 8	0.22
宁夏	0.216 9	0.217 0	0.217 5	0.218 5	0.219 8	0.221 6	0.223 6	0.219 3	3.09
平均值	0.104 5	0.104 7	0.104 8	0.105 1	0.105 3	0.105 9	0.106 3		

　　根据赫芬达尔-赫希曼指数在产业集中度分析中的应用,美国司法部利用该指数来评估某一产业集中度时,采用的标准见表 2-6。

表 2-6　　　　　　　　　　　赫芬达尔-赫希曼集中度指数类型

市场结构	寡占型				竞争型	
	高寡占		低寡占		竞争Ⅰ型	竞争Ⅱ型
	Ⅰ型	Ⅱ型	Ⅰ型	Ⅱ型		
HHI 值 (0—1)	HHI≥0.3	0.3≥HHI ≥0.18	0.18≥HHI ≥0.14	0.14≥HHI ≥0.1	0.1≥HHI ≥0.05	0.05≥HHI

　　因此,根据 2009—2015 年的中国主要省份城市集中度平均值,处于竞争Ⅰ型的省份包括:辽宁、江苏、安徽、山东、河南、湖北、湖南、广东、广西、四川、云南和甘肃;处于低寡占Ⅱ型的省份包括:河北、山西、内蒙古、黑龙江、浙江、福建、江西、贵州和陕西;处于低寡占Ⅰ型的省份为吉林,而处于高寡占Ⅰ型的省份为宁夏。从赫芬达尔-赫希曼指数来看,中国主要省份的城市竞争比较强,而城市高寡占的省份仅有宁夏。

7. 中国主要省份城市不平等指数分析

　　本书采用了基尼系数与泰尔指数来研究中国主要省份的城市(人口发展)不平等指数。不平等指数越小,表明中国城市发展越均衡;不平等指数越大,表明中国城市发展越不均匀。2009—2015 年中国主要省份城市(人口发展)不平等指数见表 2-7 和表 2-8。

表 2-7　　　2009—2015 年中国主要省份城市(人口发展)不平等指数(基尼系数)

省份	2009 年	2010 年	2011 年	2012 年	2013 年	2014 年	2015 年	平均值	振幅/%
河北	0.231 1	0.231 8	0.231 3	0.231 2	0.231 1	0.231 7	0.232 1	0.231 5	0.43
山西	0.183 0	0.183 2	0.183 5	0.183 7	0.183 9	0.185 4	0.185 7	0.184 1	1.48
内蒙古	0.313 8	0.312 6	0.310 6	0.308 0	0.305 9	0.301 9	0.300 9	0.307 7	−4.11
辽宁	0.275 8	0.277 0	0.278 3	0.279 5	0.280 7	0.282 0	0.283 2	0.279 5	2.68
吉林	0.306 0	0.307 4	0.308 8	0.310 2	0.311 5	0.312 9	0.314 3	0.310 2	2.71
黑龙江	0.430 7	0.432 3	0.433 9	0.435 5	0.437 1	0.438 8	0.440 5	0.435 5	2.28

(续表)

省份	2009 年	2010 年	2011 年	2012 年	2013 年	2014 年	2015 年	平均值	振幅/%
江苏	0.162 8	0.165 1	0.170 1	0.172 4	0.174 0	0.184 2	0.184 4	0.173 3	13.27
浙江	0.277 2	0.277 7	0.278 5	0.294 2	0.295 6	0.300 1	0.299 9	0.289 0	8.19
安徽	0.323 4	0.323 2	0.320 6	0.320 1	0.318 6	0.308 1	0.312 5	0.318 1	−3.37
福建	0.237 0	0.236 2	0.234 8	0.234 2	0.234 5	0.248 5	0.250 4	0.239 4	5.65
江西	0.310 5	0.311 1	0.311 6	0.312 1	0.312 6	0.313 1	0.313 6	0.312 1	1.00
山东	0.261 6	0.261 6	0.261 7	0.261 7	0.262 1	0.263 0	0.263 1	0.262 1	0.57
河南	0.298 6	0.286 0	0.286 7	0.287 8	0.288 4	0.281 3	0.281 4	0.287 2	−5.76
湖北	0.275 7	0.277 3	0.278 9	0.279 3	0.280 7	0.284 7	0.287 5	0.280 6	4.28
湖南	0.194 6	0.193 8	0.193 7	0.193 7	0.194 9	0.202 7	0.202 7	0.196 6	4.16
广东	0.260 9	0.266 9	0.273 8	0.279 6	0.287 0	0.293 7	0.293 5	0.279 3	12.50
广西	0.258 1	0.258 1	0.258 0	0.257 9	0.257 9	0.262 4	0.262 6	0.259 3	1.74
四川	0.296 1	0.296 4	0.296 6	0.296 9	0.297 2	0.311 5	0.311 2	0.300 8	5.10
贵州	0.186 1	0.187 1	0.188 7	0.189 6	0.191 5	0.193 5	0.194 2	0.190 1	4.35
云南	0.347 8	0.348 1	0.348 3	0.348 5	0.348 7	0.348 9	0.349 1	0.348 5	0.37
陕西	0.343 7	0.345 7	0.345 6	0.346 2	0.344 7	0.344 9	0.345 6	0.345 2	0.55
甘肃	0.305 1	0.305 9	0.305 5	0.304 7	0.304 4	0.305 6	0.305 3	0.305 3	0.07
宁夏	0.160 3	0.163 0	0.165 7	0.168 2	0.170 7	0.173 2	0.175 6	0.168 1	9.54
平均值	0.271 3	0.271 6	0.272 4	0.273 7	0.274 5	0.277 0	0.277 8		

表 2-8　　　　2009—2015 年中国主要省份城市(人口发展)不平等指数(泰尔指数)

省份	2009 年	2010 年	2011 年	2012 年	2013 年	2014 年	2015 年	平均值	振幅/%
河北	0.084 9	0.085 4	0.085 1	0.085 1	0.085 0	0.085 6	0.085 9	0.085 3	1.18
山西	0.059 5	0.059 6	0.059 7	0.059 8	0.059 9	0.058 5	0.058 7	0.059 4	−1.34
内蒙古	0.174 3	0.173 2	0.171 4	0.169 2	0.167 5	0.162 3	0.161	0.168 4	−7.63
辽宁	0.134 6	0.136 6	0.138 5	0.140 5	0.142 6	0.144 6	0.146 6	0.140 6	8.92
吉林	0.157 2	0.158 8	0.160 5	0.162 1	0.163 7	0.165 3	0.167	0.162 1	6.23
黑龙江	0.316 5	0.319 2	0.321 9	0.324 7	0.327 4	0.330 2	0.333	0.324 7	5.21
江苏	0.042 5	0.043 8	0.046 8	0.048 1	0.048 9	0.055 1	0.055 1	0.048 6	29.65
浙江	0.126 3	0.127 4	0.128 6	0.141 8	0.143 1	0.147 8	0.147 6	0.137 5	16.86
安徽	0.168 1	0.168	0.165 7	0.165 3	0.163 9	0.153 5	0.156 6	0.163 0	−6.84

（续表）

省份	2009 年	2010 年	2011 年	2012 年	2013 年	2014 年	2015 年	平均值	振幅/%
福建	0.099 4	0.099 6	0.099 3	0.099 7	0.100 1	0.108 3	0.109 7	0.102 3	10.36
江西	0.166 5	0.167 1	0.167 6	0.168 1	0.168 6	0.169 1	0.169 6	0.168 1	1.86
山东	0.112 2	0.112 1	0.112 2	0.112 3	0.112 6	0.113 1	0.113 2	0.112 5	0.89
河南	0.298 6	0.286 0	0.286 7	0.287 8	0.288 4	0.281 3	0.281 4	0.287 2	−5.76
湖北	0.275 7	0.277 3	0.278 9	0.279 3	0.280 7	0.284 7	0.287 5	0.280 6	4.28
湖南	0.194 6	0.193 8	0.193 7	0.193 7	0.194 9	0.202 7	0.202 7	0.196 6	4.16
广东	0.260 9	0.266 9	0.273 8	0.279 6	0.287 0	0.293 7	0.293 5	0.279 3	12.50
广西	0.258 1	0.258 1	0.258 0	0.257 9	0.257 9	0.262 4	0.262 6	0.259 3	1.74
四川	0.296 1	0.296 4	0.296 6	0.296 9	0.297 2	0.311 5	0.311 2	0.300 8	5.10
贵州	0.186 1	0.187 1	0.188 7	0.189 6	0.191 5	0.193 5	0.194 2	0.190 1	4.35
云南	0.347 8	0.348 1	0.348 3	0.348 5	0.348 7	0.348 9	0.349 1	0.348 5	0.37
陕西	0.343 7	0.345 7	0.345 6	0.346 2	0.344 7	0.344 9	0.345 6	0.345 2	0.55
甘肃	0.305 1	0.305 9	0.305 5	0.304 7	0.304 4	0.305 6	0.305 3	0.305 2	0.07
宁夏	0.160 3	0.163 0	0.165 7	0.168 2	0.170 7	0.173 2	0.175 6	0.168 1	9.54
平均值	0.271 3	0.271 6	0.272 4	0.273 7	0.274 5	0.277 0	0.277 8		

　　从表 2-7 中可以看出，2009—2015 年中国主要省份城市（人口发展）不平等指数平均值由 2009 年的 0.271 3 逐年增加至 2015 年的 0.277 8，中国主要省份的城市人口发展情况正趋向于不平等。根据 2009—2015 年主要省份城市不平等指数平均值，城市不平等指数最大的三个省份包括黑龙江、云南和陕西。从变动幅度的数据来看，除了内蒙古、安徽和河南的城市不平等指数出现下降，其他省份的城市不平等指数都出现一定程度的增加，其中增加最为迅速的三个省份为江苏、广东和宁夏。

　　根据 2009—2015 年中国主要省份城市（人口发展）泰尔指数（表 2-8），平均值从 2009 年的 0.271 3 上升至 2015 年的 0.277 8。从各主要省份 2009—2015 年中城市泰尔指数来看，平均值最高的前三个省份包括黑龙江、云南和陕西。从变动幅度来看，城市泰尔指数下降的省份包括山西、内蒙古、安徽和河南。其他省份的城市泰尔指数皆出现一定程度的增加，泰尔指数增加最快的 3 个省份为江苏（29.65%）、浙江（16.86%）和福建（10.36%）。

8. 中国主要省份城市体系结构的变迁

　　通过观察，中国主要省份城市布局与城市体系结构变动见表 2-9。

　　根据表 2-9 中的数据，对城市体系结构进行分指标的考查，可以发现以下几个主要结论：第一，2009—2015 年中国城市人口份额增加的主要省份包括河北、山西、内蒙古、黑龙江、江苏、浙江、福建、江西、山东、广东、云南、宁夏；第二，中国城市首位度增加的主要省份包括吉林、黑龙江、江苏、浙江、江西、河南、湖北、广东、四川、贵州、云南、陕西、甘肃、宁夏；

表 2-9　　　　　　　　2009—2015 年中国主要省份城市布局与城市体系结构变动幅度

省份	集中率/%	首位度	集中度	基尼系数	泰尔指数
河北	2.57	−1.79	0.09	0.43	1.18
山西	3.85	−1.74	−0.20	1.48	−1.34
内蒙古	0.99	−2.97	−2.28	−4.11	−7.63
辽宁	0.00	−0.48	2.86	2.68	8.92
吉林	11.73	5.40	1.92	2.71	6.23
黑龙江	0.32	6.15	2.99	2.28	5.21
江苏	2.68	8.42	2.63	13.27	29.65
浙江	8.15	0.99	3.47	8.19	16.86
安徽	−5.37	−26.56	4.08	−3.37	−6.84
福建	1.99	−0.33	1.92	5.65	10.36
江西	2.77	1.55	0.50	1.00	1.86
山东	1.14	−1.29	0.14	0.57	0.89
河南	−6.74	12.74	−2.68	−5.76	−10.82
湖北	−1.11	25.97	3.75	4.28	12.17
湖南	−4.06	−2.00	1.00	4.16	8.33
广东	10.87	6.18	6.68	12.50	29.08
广西	−4.01	1.65	0.58	1.74	1.84
四川	−2.78	13.91	7.62	5.10	13.61
贵州	−9.78	5.46	0.24	4.35	3.43
云南	1.60	2.18	0.35	0.37	0.50
陕西	−2.22	8.82	1.34	0.55	0.99
甘肃	−4.07	2.28	0.22	0.07	0.99
宁夏	6.00	52.87	3.09	9.54	27.09

第三,中国城市人口集中度(赫芬达尔-赫希曼指数)下降的省份包括山西、内蒙古、河南;第四,中国城市人口不平等指数(基尼系数)下降的省份包括内蒙古、安徽、河南;第五,中国城市人口不平等指数(泰尔指数)下降的省份包括山西、内蒙古、安徽、河南、甘肃。

综合考虑城市人口份额、城市首位度与城市人口分布,可以将中国城市人口变动分为以下几种类型:第一,城市人口份额增加,城市首位度增加,城市人口分布趋于不平衡,主要包括黑龙江、江苏、浙江、江西、广东、云南和宁夏;第二,城市人口份额增加,城市首位度减少,城市人口分布趋于不平衡,主要包括河北、辽宁、福建、山东;第三,城市人口份额增加,城市首位度减少,城市人口分布趋于平衡,主要包括山西和内蒙古;第四,城市人口份额减少,城市首位度增加,城市人口分布趋于不平衡,主要包括吉林、湖北、四川、贵州、陕西和甘肃;第五,城市人口份额减少,城市首位度减少,城市人口分布趋于不平衡,主要包括安徽、湖南、广西;第六,城市人口份额减少,城市首位度增加,城市人口分布趋于平衡,主要包括河南。

2.3 城市产业结构

城市经济结构是城市经济的组成要素之间相互联系、相互作用的内在形式和方式。由于人类的一切经济活动体现为生产力和生产关系两个方面,所以,城市经济结构是在城市生产关系结构的框架下,进一步细分为更低层次的系统结构。其中,城市生产力结构可以分为产业结构、产品结构、技术结构、投资结构、就业结构以及经济组织结构等多个维度,而城市生产关系结构则可分为所有制结构、分配结构和消费结构等方面。

城市产业结构作为城市经济结构中生产力结构的代表性指标,反映城市社会再生产过程中形成的各产业之间及其内部各行业之间的比例关系和结合状况。城市经济的发展,要求城市内的各种产业配置合理、比例协调,特别是保持城市基础经济部门和城市服务部门的合理比例,以促进城市生产、市政建设与居民生活的相互协调和发展。

2.3.1 产业结构的概念和分类

1. 产业结构的概念

产业结构一般用两类指标来衡量:一是各产业的就业人数及所占比例,各产业的资本投入额及其占比等;二是各产业所创造的国民收入及其在全部国民收入中的比重。

产业结构,亦被称作国民经济的部门结构,它描绘了整个国民经济中各产业之间及各产业内部相互联系、相互依赖、相互制约的关系,包括它们之间的数量关系和对比的总和。社会生产的产业结构或部门结构是在一般分工和特殊分工的基础上产生和发展起来的。研究产业结构,主要是研究生产资料和生活资料两大部类之间的关系。从部门划分的角度来看,产业结构主要是研究农业、轻工业、重工业、建筑业、商业服务业等部门之间的关系,以及各产业部门的内部关系。

2. 产业结构的分类

根据不同的划分标准,产业结构主要有以下四种分类法:两大领域与两大部类分类法、三次产业分类法、资源密集程度分类法以及国际标准产业分类法。

(1)两大领域与两大部类分类法

这种分类法就是按生产活动的性质及其产品属性对产业进行分类。按生产活动性质,产业部门被分为物质资料生产部门和非物质资料生产部门两大领域:前者指从事物质资料生产并创造物质产品的部门,包括农业、工业、建筑业、运输邮电业、商业等;后者指不从事物质资料生产而只提供非物质性服务的部门,包括科学、文化、教育、卫生、金融、保险、咨询等。

(2)三次产业分类法

三次产业分类法是根据社会生产活动历史发展的顺序对产业结构进行划分。产品直接取自自然界的部门称为第一产业,对初级产品进行再加工的部门称为第二产业,为生产和消费提供各种服务的部门称为第三产业。这种分类方法成为世界上较为通用的产业结构分类方法。

我国的三次产业划分:

第一产业:农业(包括种植业、林业、牧业和渔业)。

第二产业:工业(包括采掘业,制造业,电力、煤气、水的生产和供应业)和建筑业,产业革命通常起源于制造业的革命,这一变革进而引发三大产业全面转型与发展。

第三产业:除第一、第二产业以外的其他行业。根据我国的实际情况,第三产业可分为两大部门:一是流通部门,二是服务部门。具体可分为四个层次:

第一层次:流通部门(物流业),包括交通运输、仓储及邮电通信业,批发和零售贸易、餐饮业。

第二层次:为生产和生活服务的部门,包括金融、保险业,地质勘查业、水利管理业,房地产业,社会服务业,农、林、牧、渔服务业,交通运输辅助业,综合技术服务业等。

第三层次:为提高科学文化水平和居民素质服务的部门,包括教育、文化艺术及广播电影电视业,卫生、体育和社会福利业,科学研究业等。

第四层次:为社会公共需要服务的部门,包括国家机关、党政机关和社会团体以及军队、警察等。

(3)资源密集程度分类法

这种产业分类方法是以各产业所投入的、占主要地位的资源的不同为标准来划分的,主要分为劳动密集型产业、资本密集型产业和技术密集型产业。

①劳动密集型产业。依靠大量劳动力,而对技术和设备的依赖程度低。其衡量的标准是在生产成本中工资与设备折旧和研究开发支出相比所占比重较大。一般来说,目前劳动密集型产业主要指农业、林业及纺织、服装、玩具、皮革、家具等制造业。随着技术进步和新工艺设备的应用,发达国家劳动密集型产业的技术、资本密集度也在提高,并逐步从劳动密集型产业中分化出去。

②资本密集型产业。资本密集型产业是指在单位产品成本中,资本成本与劳动成本相比所占比重较大,每个劳动者所占用的固定资本和流动资本金额较高的产业。当前,资本密集型产业主要指钢铁业、一般电子与通信设备制造业、运输设备制造业、石油化工、重型机械工业、电力工业等。资本密集型工业主要分布在基础工业和重加工业,一般被看作是发展国民经济、实现工业化的重要基础。

③技术密集型产业。技术密集型产业是指在生产过程中,对技术和智力要素依赖大大超过对其他生产要素依赖的产业。目前,技术密集型产业包括:微电子与信息产品制造

业、航空航天工业、原子能工业、现代制药工业、新材料工业等。

当前,以微电子、信息产品制造业为代表的技术密集型产业正迅猛发展,成为带动发达国家经济增长的主导产业。因此可以说,技术密集型产业的发展水平将决定一个国家的竞争力和经济增长的前景。

(4)国际标准产业分类法(表 2-10)

新版国际标准产业分类中,新增门类包括门类 E(供水;污水处理、废物管理和补救活动)和门类 J(信息和通信)。新增门类 E 体现了对环保理念的重视,新增门类 J 体现了信息通信行业的迅猛发展和其在经济活动中日益重要的地位。

表 2-10　　　　　　　　　　国际标准产业分类

门类	大类	门类	大类
A 农业、林业和渔业	01—03	L 房地产活动	68
B 采矿及采石业	05—09	M 专业、科学和技术活动	69—75
C 制造业	10—33	N 行政和辅助活动	77—82
D 电、煤气、蒸气和空调的供应	35	O 公共管理和国防、强制性社会保障	84
E 供水;污水处理、废物管理和补救活动	36—39	P 教育	85
F 建筑业	41—43	Q 人体健康和社会工作活动	86—88
G 批发和零售贸易;汽车和摩托车修理	45—47	R 艺术、娱乐和文娱活动	90—93
H 运输和储存	49—53	S 其他服务活动	94—96
I 食宿服务活动	55—56	T 家庭作为雇主的活动;家庭自用、未加区分的物品生产和服务活动	97—98
J 信息和通信	58—63		
K 金融和保险活动	64—66	U 域外组织和机构	99

2.3.2　城市产业结构的概念

城市产业结构是城市社会在生产过程中形成的各产业之间及其内部各行业之间的比例关系和结合状况。由于可以从不同的角度对城市产业进行分类,城市产业结构也就具有多重内涵。

按照社会产品的最终用途,可以把城市产业分为生产资料的第一部类和生产消费资料的第二部类。由此,城市产业结构是指两大部类之间的比例关系和结合状况。在实际经济生活中,两大部类划分法被具体化为农轻重划分法,所以,城市产业结构指的是农业、轻工业、重工业之间的比例关系和结合状况。根据不同的城市产业部门对某种生产要素的依赖程度,可以把城市产业划分为劳动密集型产业、资本密集型产业和技术密集型产业。因此,城市产业结构指的是劳动密集型产业、资本密集型产业和技术密集型产业之间的比例关系和结合状况。

城市产业的划分,除了按照整个国民经济的产业划分方法,即区分为第一产业、第二产业、第三产业,以及每一产业中细分为不同的行业、部门外,从城市经济自身的特点出发,还可划分成两大类:

①以满足城市以外地区(区域的、全国的、国际的)的需要为目的,生产转出商品和劳务的产业,即转出产业。这类产业决定着城市的性质和方向,同时也决定着城市经济在整个国民经济体系中的地位和作用,它构成了城市经济发展的基础。

②为适应转出产业的生产活动所派生的需要,以及为满足城市居民日常生活、公共福利和社会文化需要的地方产业。在地方产业中,城市服务部门主要是市政经济部门占有重要地位。地方产业的发展必须与整个城市的经济发展相适应,在很大程度上受城市人口的数量、性别、年龄,以及居民的社会构成所制约。

由于各个城市的自然条件和社会经济条件不同,引起国民经济部门配置和发展规模不同,因而不同城市的转出产业的差别较大。建立合理的城市产业结构,最基本的是要协调这两大产业之间的比例关系。

城市性质和经济技术发展水平对城市的产业构成有重大作用。不同性质的城市,如综合性经济中心城市和专业性城市,其产业结构、部门结构,以及与此相联系的劳动就业结构、技术结构和组织管理结构等,都会有所不同。相同性质的城市,在不同的经济技术发展水平条件下,其产业构成也不相同。城市经济的发展,要求城市内的各种产业配置合理,比例协调,特别是保持城市基础经济部门和城市服务部门的合理比例,使城市生产、市政建设、居民生活相互协调和发展。

2.3.3 城市产业结构优化

1. 城市产业结构优化理论演变

从发达国家大城市发展和产业结构演进关系来看,产业结构变化大致可分为工业化前期、工业化中期、工业化后期和后工业化四个阶段。

第一个阶段是工业化前期。在工业化前期,产业结构是以农业为主导的轻型结构,一般是农业和轻纺工业在经济中起主导作用,劳动密集型和资源密集型产业占绝对优势,第一产业比重在三次产业中占主要地位,第三产业地位微乎其微。这是城市发展的初级阶段。

第二个阶段是工业化中期。在工业化中期,第二产业有较大发展,其产值比重在三次产业中占据主要地位,这时城市大机器工业体系日趋完善,产业结构呈明显重型化,电力、钢铁和机械制造业等资金密集型产业在城市经济中起主导作用,基础工业和基础设施得到很大完善,第一产业地位下降,第三产业地位逐渐上升。特别是到了工业化中期后阶段,产业结构由低度加工组装型重化工业为主导,转向以高度加工组装型工业为主导,城市发展初具规模。

第三个阶段是工业化后期。在工业化后期,城市经济进入以第三产业为主导的发展阶段,以汽车、家用电器为代表的耐用消费品和以微电子、信息、航天、新能源、新材料、生物工程为代表的高新技术产业迅猛发展,整个产业结构高度化趋势日益明显,第一产业比重降到最低,第三产业比重在三次产业中占有支配性地位,三次产业呈现三、二、一的排序。

第四个阶段是后工业化阶段。在后工业化阶段,以信息产业为主导,不但产业结构进一步高级化,而且产业内涵也有新提升,出现了城市型农业、工业等具有都市特征的新型产业,同时信息产业成为城市经济支柱产业和主导产业,第三产业占 GDP 的比重达到70%以上,现代服务业在第三产业中占据主导地位。

影响城市产业结构的因素很多,其演进与城市资源、工商业基础、区位特点、功能定位以及周边地区及更大区域范围内的地位与作用等因素紧密相连,政府的产业政策也会影响产业结构变化。城市产业结构也在很大程度上影响和决定了城市的类型、功能、集聚与扩散能力、辐射范围等基本属性,因此必须及时构建与此相适应的新型产业体系,并确定产业结构特征,突出一两项强势产业,产业发展以比较优势、竞争优势为基础,避免城市产业结构同构化。

城市产业结构优化的基础是城市产业的正确定位,即明确城市产业结构的特点和发展方向。一般来说,城市规模大、产业类别多、产业链长和区域分工细,产业结构比较复杂,但都应有与城市区位相联系的产业结构特色、特殊性及动能个性化,这是产业定位的主要依据。融入不同层次区域经济发展的大城市,其产业结构本质上都是开放结构,只不过开放程度和外向化特征有所不同而已。由于区域经济一体化的趋势,在确定城市产业结构时,不能把城市当作封闭系统,应把城市产业结构完全融入地区产业分工体系中。从表现上看,城市产业结构呈现出某种残缺现象,但这种建立在地区产业关联基础上的残缺现象正是避免城市之间产业结构同构化的前提条件。在城市化进程中,都市群、都市圈和都市带发展问题的研究与实践目的就在于推进城市一体化战略,构筑资源整合、优势互补、具有规模效应的新型城市经济联合体,提升城市整体综合竞争力。

城市产业结构直接反映城市未来经济趋势,是城市价值活动和价值流的重要支撑。产业结构就是衡量城市经济资源分配结构及其经济发展进程和水平的测度,城市的产业结构是否合理、科学并且符合现代城市发展趋势,直接关系到城市战略模式及城市竞争力综合水平。一般现代大城市产业结构是以第三产业为重心的新城市经济模式,其产业结构演进最明显的特征是第三产业比重占据绝对主导。

从国际上看,城市产业结构演变呈现以下五大发展趋势:

①城市产业服务化。现代世界城市产业结构正变得越来越软化,服务业比重不断上升,许多城市服务业产值占 GDP 比例都在70%以上,有的超过80%,特别是以现代信息技术为基础的金融、中介咨询、商贸、文化和旅游等知识服务业成为重要产业基础,知识服务比重日益提高。

②城市产业个性化。现代国际竞争导致世界城市之间国际分工,不同城市形成了不同特色的国际优势产业,城市产业发展个性化特征越来越明显。

③城市产业区域一体化。城市带或城市群或将成为 21 世纪全球经济竞争的基本单位,城市产业从封闭转向开放型,呈现区域内所有城市优势互补、联运发展的态势,形成更

大范围更高层次的城市圈经济,甚至跨国城市区经济。区域城市经济一体化的推进势必促使城市产业结构完全融入地区产业分工体系之中。

④城市产业融合化。产业融合是城市化和信息化进程中城市产业的一种新型发展形态。随着信息技术在产业中高度渗透,传统产业边界日益模糊,导致产业之间在技术上、形态上、物流上和市场上等都相互渗透与融合,产生复合经济形态。

⑤城市产业特色化。随着城市化推进,具有城市特色的新兴产业不断涌现,如:都市工业、会展产业、文化产业、信息产业和现代服务业等,这些新兴产业在城市经济中将占据越来越重要的地位。

2. 城市产业结构优化的特征

城市产业结构优化是使城市区域资源配置效率达到最优,主要是形成国民经济持续增长的强大内在推动力,使经济增长和资源配置高效化。传统理论认为,城市产业结构优化应包含城市产业结构合理化和城市产业结构高级化两个有机联系的过程。

城市产业结构合理化主要是指相互联系的三个方面:一是城市产业结构的完整性。从区域角度要求城市产业结构充分体现区域资源禀赋特征。二是城市产业发展速度的均衡性。各城市产业间增长速率差距合理,关联比例均衡。三是城市产业结构的协调性。各城市产业或部门间具有较强的相互转换能力和互补关系,能相互服务、相互促进,各自发展不以牺牲其他城市产业或部门发展为代价。

城市产业结构合理化的主要标志可以概括为五个方面:

一是与本城市资源结构相匹配,能较充分地利用各种资源,发挥相应优势。

二是与本城市需求结构相匹配,能基本满足最终需求的数量、品种与构成要求。

三是内部产业间投入产出关系比较平衡,能依照技术要求适时自动调整。

四是具有较高程度的国际经济参与水平,能较多地通过外部分工获取比较收益。

五是有利于保持经济发展与社会发展协调,能满足就业、资本吸收、生态环境保护等方面的要求。

从较长时间看,城市产业结构内各产业及产业内各部门都会有成长、成熟到衰落以及处于高速增长、平稳增长、低速增长或负增长的变动。在此过程中,总是可以发现处于不同增长速度的产业或部门,成为潜在高增长的产业或部门,或成为现实高增长的产业或部门,或增长减速并逐步归于平稳增长,或增长势头被新的高增长产业或部门取代等现象。产业结构高度化过程包含产业间优势地位的更迭,产业或部门内技术水平的提高,生产要素密集程度构成的变动,产品附加值的增加等几个重要过程。

发达国家城市产业结构演变历程体现出城市产业结构优化的主要特征:

(1)规律性。第一产业仍在社会发展中发挥特殊作用,它是整个国民经济的基础。然而,它在经济增长的动力结构中已处于次要位置。第二产业的持续扩大和增长是产业结构转变的根本动力。第二产业体系内容的丰富是整体经济内容丰富的核心。第三产业的发展是后工业化经济的突出标识,其空前发展是经济活动非物品化趋势的前提。

(2)阶段性与周期性。产业部门的形成是一个逐步发展的过程,是一个产业结构演化的时序历程。产业内部行业的变化呈现出周期性,产业变动秩序与模式取决于产业周期,特别是主导产业的周期起着决定性的作用。一般而言,产业结构的周期与经济发展的周期相吻合。

(3)产业结构演变呈现明显的城市特色。产业部门内部结构变化在时间和格局上差别更为突出。如建筑业变化趋势极大地受到各国人口数量、土地面积和收入水平及变化差别的影响,而矿产业则受到各国矿产资源质量以及参与国际交换方式及程度的影响。

3. 城市产业结构优化模式

城市产业结构主要存在自然优化、自觉优化、综合优化三种优化模式。

(1)自然优化。雷蒙德•弗农于1966年建立的产品生命周期理论指出,经济发展水平高的发达国家为了寻找廉价的资源、释放本国资源开展高科技研究,常常导致产业转移。产业结构自然优化是指一个国家、地区对于转入的产业顺其自然,不予任何干涉,表现为完全开放本国或本地区市场,顺应产业转移趋势,使得自身产业结构自然完善。供给、需求与干扰是自然优化的关键性决策因素。供给是外因,包括转入的产业意向、类型;需求是内因,包括本国或本地区产业转移需要、经济发展水平等。干扰涉及其他国家、地区的政治政策因素等。自然优化的模式只有在供给与需求实现平衡、消除各种干扰的环境下才能良好地运行。

(2)自觉优化。赫希曼从动态角度提出了不平衡发展理论,认为国家应采用适当政策,合理分配各种资源,以实现产业结构优化。其中,国家的政策引导是结构优化的决定性因素。关满博提出的全套型产业结构理论认为,从产业技术角度分析,一个国家无法构建全套型产业结构体系,只能与其他国家形成互补关系,以弥补本国在某些产业技术的不足。国家采用自觉优化产业结构模式,一般都持积极主动的态度,谋求本国长远发展,选择性引导国际直接投资,制定适宜的国际直接投资政策,择优接受其他国家的产业转移,使其对本国具有潜在比较优势的战略产业发展有所帮助。自觉优化决策的因素涉及资源禀赋、供给、干扰等,该优化模式的选择往往与其一国阶段性要素禀赋的比较优势密切相关。

(3)综合优化。自然与自觉优化模式理论是综合优化模式理论的基础。一方面,国家要通过开放国内市场和发挥比较优势以获取静态比较利益;另一方面,也要通过发展国家重点战略产业,创造潜在比较优势产业的生长,以获取动态比较利益。也就是说,国家应主动发展本国潜在比较优势产业,并积极拓展本国独立创新体系,将本国比较优势与发达国家转移产业相结合,使本国潜在比较优势顺利转化为现实比较优势,以取得综合比较利益。综合优化模式的决策因素包括要素禀赋、供给、需求与干扰等,其中要素禀赋对国家综合优化的作用尤为显著。

按照国家主导产业要素禀赋的比较优势不同,产业发展可以划分为劳动密集型、资本密集型以及技术密集型三个不同的阶段。不同的梯度阶段适宜的优化模式也有所不同。通常,劳动密集型阶段的国家选择以自觉优化为主的综合模式的居多,资本或技术密集型阶段的国家选择以自然优化为主的综合模式更为适合。相对同一个发展阶段,如果已失去或将失去比较优势的要素禀赋产业,应当选择以自然优化模式为主导;针对有发展潜能的现实或潜在比较优势的要素禀赋产业,应当选择以自觉优化模式为主导。

2.4 城市人口结构

2.4.1 人口结构概述

1. 人口结构的定义

人口结构是指人口系统内部各要素相互联系、相互作用的方式。它从一定的规定性来看人口内部关系,即按照人口的不同标志,研究一定地区、一定时点的人口内部结构及其比例关系。简言之,人口结构是通过设定不同标准,依据不同标准对人口整体进行归类划分,以展示人口变动特征的描述形态。

结构的产生和存在必须具备两个条件:一是社会总体中必须有两个以上的组成部分,只有一个组成部分不能形成结构;二是各个组成部分在总体中必须占有一定的比重,没有比重或占百分比的组成部分,结构是不存在的。之所以有人口结构,是因为在组成人口总体的个人之间存在着许多既相同又相异的自然标识和社会标识,各种标识把个人归类成若干部分,具有不同标识的各个部分按照一定的比重组成总体人口。通过不同的自然标识和社会标识对人口总体的划分,从不同的层次和角度设定了观察人口着眼点。而对人口结构研究的终点绝不是对人口通过归类进行描述比较,而是通过对所有社会经济生活中最具主体性的人的研究,通过基于各种标识的人口比重关系的变动,预测并指导人口未来发展,甚至探索这种变动对包括经济、社会、政治、文化等领域所造成的影响。这里便涉及人口结构中最核心的问题,即如何设定标识对人口进行分类。

2. 人口结构的分类

按照人口系统的层次性,大体上可将人口结构分为总体人口结构和部分人口结构。总体人口结构是相对于部分人口结构而言的。部分人口结构又被称为子系统人口结构,按照性质主要分为三个子系统结构:人口自然结构、人口地域结构和人口社会结构。

(1)人口自然结构

人口自然结构是人口结构的基本属性,它主要包含两个观察人口的核心指标:年龄结构和性别结构。

①从年龄结构来讲

一方面,不同的年龄结构决定不同的社会形态。处于青少年期的人口往往没有创造财富的能力,他们处于被社会供养的阶段。青少年所占比重大的人口结构表现为出生率较高。虽然青少年成长早期会给社会带来一定的养育成本,但随着青少年的自然成长和受教育程度的加深,他们将会为社会生产提供源源不断的劳动力,从而带来整个社会资本积累速度的提高。若成年人占人口结构的比重较高,那么整个社会就有了丰富的劳动力资源,这个时期的人口处于人口红利期,处于经济社会高速发展的时期。当一个社会老年人所占比重变大,便意味着社会老龄化的到来。老龄化社会带来社会生产力和消费能力的整体下滑,社会赡养负担加重,这便会导致经济社会发展进入缓行阶段。

另一方面,不同年龄段人口具有差异性的消费模式。不同年龄阶段对于消费的取向是完全不同的。从消费能力上来讲,中青年由于普遍具有较好的收入预期和较多的消费需求,其消费能力是高于老年人的,例如,对于孩子、老人的赡养、教育费用,住房需求的提高,娱乐享受的开销等。然而,老年人的消费取向主要在医疗保健方面。当然,随着生活水平的提高,老人在家庭旅游方面的消费投入也在不断增加。

②从性别结构来讲

一方面,男女性别差异的不同偏好,使其在家庭消费决策中的主导地位,以及消费取向具有明显的差异。另一方面,男女比例的失调将带来家庭结构的变动,例如,核心家庭的增多、丁克家庭的兴起和空巢家庭比例的增加,不同的家庭模式将带来不同的消费取向。

(2)人口地域结构

人口地域结构主要依据人口的居住地区划分,主要分为人口的自然地理结构、行政区域结构和城乡结构。我国幅员辽阔,自然资源和历史文化的相异导致各地区经济发展水平差异巨大,这种地理上的区域化差异体现出不同的人口地域结构。其中,现阶段最能体现人口地域结构的便是城乡结构。

(3)人口社会结构

人口社会结构是人口社会属性的体现,其中主要体现为民族结构、文化结构、职业结构、行业结构、婚姻家庭结构等。其中重点需要说明的是,人口自然结构中的性别比是婚姻家庭结构的基础。

总体而言,虽然子系统的人口结构彼此独立,但彼此之间又相互联系。人口的自然结构决定了经济社会结构,对于整个社会的发展有着不可忽视的影响。反之,经济社会结构又影响着人口的自然结构,二者之间是在互相影响之中共同发展的。

地域结构、自然结构、社会结构三者之间的联系如图 2-5 所示。

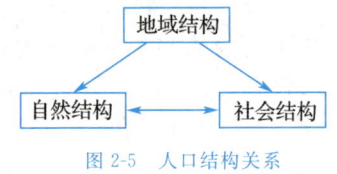

图 2-5　人口结构关系

2.4.2　中国主要城市人口结构

根据我国现行的行政区划,选出以下 50 个城市作为研究对象,具体如下:

(1)直辖市共 4 个:北京、上海、天津、重庆。

(2)副省级城市共 15 个:深圳、广州、宁波、杭州、南京、青岛、武汉、成都、大连、沈阳、西安、长春、厦门、济南、哈尔滨。

(3)省会城市共 7 个:长沙、郑州、福州、石家庄、太原、合肥、昆明。

(4)地级市共 24 个:苏州、佛山、东莞、无锡、嘉兴、绍兴、烟台、温州、珠海、常州、泉州、淄博、中山、南通、金华、唐山、台州、潍坊、包头、江门、威海、大庆、东营、镇江。

1. 中国主要城市人口的自然结构

（1）人口性别比

常住人口性别构成（人口性别比）是人口学上的"第三性别比"，即一个城市在某个时间段所有成熟个体中每 100 位女性所对应的男性数目。

人口性别构成显示的是人类自然生物特点的规律性和其共性特征。分析人口性别构成，可以直观地预测人口性别发展对社会的影响，其中最直接的是影响社会的人口再生产，即增加两性婚姻的压力；然后是对社会稳定性的影响，若人口性别比失调，除了会导致婚姻挤压外，还会造成婚外恋、性行为错乱、买卖婚姻、拐卖妇女等严重的社会问题，造成社会伦理道德水平的下降，进而影响到劳动力结构、职业结构、文化结构等的变化，对生产、交换、分配、消费等环节产生影响，最终影响社会经济的健康发展。

表 2-11 为 2016 年中国主要城市常住人口男女性别比。

表 2-11　　　　　　　　　2016 年中国主要城市常住人口男女性别比

城市	常住人口男女性别比	城市	常住人口男女性别比
北京	106.8	合肥	109.65
天津	114.52	福州	104.16
石家庄	100.24	厦门	107.83
唐山	104.46	泉州	107.31
太原	104.97	济南	101.00
包头	106.79	青岛	101.58
沈阳	102.10	淄博	100.64
大连	101.84	东营	102.62
长春	102.10	潍坊	102.65
哈尔滨	103.44	烟台	102.23
大庆	101.76	威海	101.55
上海	106.18	郑州	105.17
南京	107.31	武汉	105.91
苏州	104.10	长沙	103.42
南通	89.67	广州	109.46
镇江	105.14	深圳	118.34
常州	104.01	珠海	108.65
无锡	107.79	中山	113.09
杭州	105.04	佛山	116.74
宁波	104.34	东莞	117.81
温州	110.93	江门	104.75

（续表）

城市	常住人口男女性别比	城市	常住人口男女性别比
嘉兴	101.65	重庆	102.43
绍兴	101.09	成都	103.33
金华	107.5	昆明	105.76
台州	106.73	西安	105.18

（数据来源：国家统计局网站）

（2）人口年龄比

常住人口年龄构成是指一个城市在某个时间段各个年龄组人口在其总人口中所占的比重大小。

除性别之外，年龄是人口结构的另一基本自然属性。一个国家、地区、城市的人口年龄构成的形成是人口出生、死亡和迁移的共同结果。所以，分析人口年龄构成，可以得出人口出生、死亡和人口迁移等的动态过程，并可以预测未来人口出生、人口死亡及人口迁移的趋势。而且，人口年龄构成的另一重大贡献，是其可以反映出总人口中育龄人口与非育龄人口、劳动适龄人口与非劳动适龄人口、少年儿童人口与老年人口等的比例关系。不同年龄层次的人口在人口再生产、物质资料生产及其他社会活动中所处的地位和起到的作用不一致。人口年龄构成不同，对人口再生产、社会经济的发展、社会负担以及军事力量等都有不同影响。所以，研究人口年龄构成，不但可以观察出一个国家、地区、城市的人口自然属性，而且能科学地为调整不合理的人口年龄结构提供理论数据依据。

这里主要是以国际通用的三种主要年龄为界限，将人口划分为幼年组、成年组和老年组三组。其中，0～17 岁为幼年组，18～64 岁为成年组，65 岁以上为老年组。

表 2-12 为 2016 年中国主要城市常住人口年龄构成。

表 2-12 　　　　　2016 年中国主要城市常住人口年龄构成

城市	0～17 岁人口占比/%	18～64 岁人口占比/%	65 岁以上人口占比/%
北京	8.60	82.70	8.70
天津	9.80	81.68	8.52
石家庄	15.23	76.64	8.13
唐山	14.62	76.19	9.19
太原	13.49	78.58	7.93
包头	13.30	77.89	8.82
沈阳	9.77	79.86	10.37
大连	9.90	79.39	10.71
长春	12.00	79.95	8.05

（续表）

城市	0～17 岁人口占比/%	18～64 岁人口占比/%	65 岁以上人口占比/%
哈尔滨	10.95	81.01	8.04
大庆	12.93	80.15	6.82
上海	9.63	81.25	10.12
南京	9.51	81.29	9.20
苏州	9.21	82.28	8.51
南通	10.63	72.86	16.51
镇江	10.30	79.34	10.36
常州	11.51	78.81	9.78
无锡	10.29	80.21	9.50
杭州	11.39	79.59	9.02
宁波	11.69	79.71	8.61
温州	14.31	78.07	7.62
嘉兴	11.93	78.08	9.99
绍兴	12.78	77.28	9.94
金华	14.23	76.67	9.10
台州	15.46	74.71	9.83
合肥	14.05	77.49	8.46
福州	14.49	77.30	8.21
厦门	12.84	4.56	4.56
泉州	14.50	5.99	5.99
济南	13.64	9.15	9.15
青岛	13.44	76.30	10.26
淄博	14.58	75.40	10.02
东营	15.57	75.52	8.91
潍坊	15.16	74.74	10.10
烟台	10.97	77.57	11.46
威海	10.08	77.85	12.07
郑州	16.00	76.84	7.16
武汉	9.98	81.89	8.13
长沙	13.57	77.40	9.03
广州	11.47	81.91	6.62

（续表）

城市	0～17 岁人口占比/%	18～64 岁人口占比/%	65 岁以上人口占比/%
深圳	9.84	88.40	1.76
珠海	13.50	81.57	4.93
中山	11.66	83.97	4.37
佛山	11.85	82.97	5.18
东莞	8.25	89.49	2.26
江门	14.20	76.81	8.99
重庆	16.98	71.46	11.56
成都	10.94	79.35	9.71
昆明	15.50	75.93	8.37
西安	12.89	78.65	8.46

（数据来源：国家统计局网站）

2. 中国主要城市人口的社会结构

这里用常住人口受教育程度比例这一要素研究中国主要城市人口社会结构。受教育程度比例从人口功能的角度出发，预示着社会文化、经济、政治的发展趋势。研究受教育程度比例有利于指导如何合理化人口结构、制定政策以提高社会总体人口质量、高效调整就业人口分配、提高劳动者的劳动素养，达到社会长远稳健发展的目的。

表 2-13 为 2016 年中国主要城市常住人口城乡结构比例。

表 2-13　　　　　　　2016 年中国主要城市常住人口城乡结构比例

城市	农业人口占比/%	城镇人口占比/%	城市	农业人口占比/%	城镇人口占比/%
北京	14.00	86.00	合肥	31.83	68.17
天津	20.54	79.55	福州	38.05	61.95
石家庄	71.84	28.16	厦门	11.67	88.33
唐山	46.67	53.33	泉州	41.57	58.43
太原	31.74	68.26	济南	28.65	71.35
包头	43.40	56.60	青岛	37.16	62.84
沈阳	35.40	64.60	淄博	56.85	43.15
大连	38.00	62.00	东营	56.25	43.75
长春	55.90	44.10	潍坊	48.34	51.66
哈尔滨	51.84	48.16	烟台	50.34	49.66
大庆	50.70	49.30	威海	48.76	51.24

(续表)

城市	农业人口占比/%	城镇人口占比/%	城市	农业人口占比/%	城镇人口占比/%
上海	11.70	88.30	郑州	36.39	63.61
南京	20.27	79.73	武汉	32.32	67.68
苏州	50.16	49.84	长沙	37.00	63.00
南通	47.30	52.70	广州	39.16	30.84
镇江	38.04	61.96	深圳	0.00	100.00
常州	36.10	63.90	珠海	30.41	69.59
无锡	29.05	70.95	中山	47.43	52.57
杭州	58.09	41.91	佛山	48.51	51.49
宁波	31.69	68.31	东莞	49.34	50.66
温州	33.98	66.02	江门	43.73	56.27
嘉兴	46.67	53.33	重庆	44.98	55.02
绍兴	41.42	58.58	成都	34.49	65.51
金华	40.98	59.02	昆明	36.00	64.00
台州	44.46	55.54	西安	53.70	46.30

(数据来源:国家统计局网站)

思考题

1.什么是城市结构?

2.简要阐述城市结构的模型。

3.什么是城市体系和城市体系结构?

4.阐述城市体系结构的分析方法。

5.什么是产业结构?产业结构如何分类?

6.阐述产业结构优化的特征。

7.阐述产业结构优化的模式。

8.什么是人口结构?

9.阐述人口结构的分类。

10.结合实际,谈谈我国人口结构的现状。

第3章

城市经济

本章导读

经济能否健康发展关系到一个城市的发展命脉。本章首先阐述城市土地经济,分别介绍城市土地、城市土地市场的特征和结构;其次阐述城市住宅经济,研究住宅市场和城市经济之间的相互关系;最后对城市基础设施经济进行阐述,重点研究公共基础设施投资对经济增长的影响。通过本章学习,学生可以掌握城市土地经济、住宅经济和基础设施经济的基本概念,了解它们之间的内在联系。

3.1　城市土地经济

3.1.1　城市土地概述

1. 土地的概念

土地首先作为自然资源,是未经人类改造加工过的自然物质综合体。正如马克思所指出,经济学上所说的土地是指未经人的协助而自然存在的一切劳动对象。英国经济学家马歇尔认为,土地是指大自然为了帮助人类在陆地、海上、空气、光和热方面所赠予的物质和力量。美国土地经济学家伊利也指出,经济学家所使用的土地这个词,指的是自然的各种力量，或自然资源……经济学上的土地是侧重于大自然所赋予的东西。

作为自然物质综合体的土地，其要义在于：

（1）土地是一种天然形成的自然物质，其存在及自然属性与人类的劳动无关。

（2）作为自然物质的土地，具有不同的化学和物理特性，这些特性对人类利用土地产生直接的影响。例如，土地自然肥力和区位的差异，必然导致人类在利用土地时所投入的资本与劳动数量的差别。

（3）自然状态下的土地，是一个十分复杂的物质综合体，它由地球上一定高度和深度的多种物质组成，是一个多维的概念。具体说来，土地物质实体是由地球表面一定高度和地下一定深度的土壤、矿藏、岩石、水分、空气和植被等构成的自然综合体。

从自然物质的角度来理解土地的概念是必要的，也是我们认识土地概念的前提。然而，仅仅从自然物质的角度来认识土地的含义，对土地经济的研究来说，又是不充分和不完整的。在现实经济生活中，作为人类基本生产资料的土地，基本上已不再是处于自然状态的土地，而是经过人类长期开发利用和改造过的土地，是土地物质与人类劳动相结合的有机统一体。资本和劳动的投入，不仅使土地的构成发生了变化，而且使土地利用过程中的各种经济关系更为复杂多样。因此，研究土地经济问题，不能只把土地看作自然物质综合体，必须进一步将其视为自然经济综合体。

2. 城市土地及其特征

城市是一种社会历史现象。城市是社会分工和商品交换的产物，也是作为农村的对立物发展起来的。城市的发展又形成巨大的市场力量，促使各种生产要素向城市聚集，于是出现了农业人口的城市化和土地的城市化。世界各国几十年的实践证明，城市的发展是不以人的意志为转移的客观规律，城市化和大城市的迅速发展是人类进步的象征。

城市土地是由农村土地转化而来的，它是城市一切经济活动和社会活动的载体。在城市经济社会发展中，土地的重要作用是其他任何要素所不可替代的。城市的发展和经济的繁荣，与城市土地的集约高效利用密切相关。城市土地的扩展规模和速度，制约着城市发展的规模和速度。

美国土地经济学家伊利曾指出，成功的土地利用是以对土地特性的认识为基础的。城市土地除了具有土地的一般性，还具有不同于农村土地的特殊性。主要表现为：

第一，城市土地的位置具有特殊的重要性。在农业用地中，位置也是决定土地价格的重要因素，但土地的自然肥力对土地价格起决定作用。而对城市土地而言，位置是首要的决定性因素。越是靠近城市中心地段的土地，地租和地价越高；越是偏离市中心的土地，地租和地价越低。城市土地的位置之所以特别重要，是因为市中心区的土地会给人员的流动以及生产和生活带来更大的便利，可以提高效率和节省费用。

第二，城市土地对社会经济条件具有很强的依赖性。农业土地的利用，自然条件起很大的作用，但也需要社会条件的改善，需要土地资本的投入。而城市土地的利用，主要依赖于社会经济条件，城市土地的增值主要取决于交通运输和城市基础设施的改善。作为政治、经济、文体中心的城市核心区，是经过大量的社会投资而形成的。交通运输便利、城市基础条件越好的城市地段，土地价格就越高，土地利用率也越高。这也正是城市中心地段高楼林立、商场和酒店集中的原因所在。

第三，城市土地的用途具有相对固定性。农业用地的使用方向，是根据农产品的市场供求与价格变动而经常调整的。而城市土地的用途，是由城市发展规划来确定的。某块土地的用途一经确定，建筑物和构筑物一旦建成，在其有效使用期内，其使用方向是相对稳定的。

第四，城市地产与房产往往结合在一起，具有不可分割性。农业用地是作为生产手段起作用的，买卖和租赁的对象是土地本身。而城市土地的作用是给劳动者提供立足之地，因而必须在土地上建造房屋，才能对土地进行利用。土地是房屋的载体，房屋是土地的建筑物。虽然土地可以直接作为交易对象，但地产与房产经常融为一体，地租与房租融为一体，地价与房价融为一体。人们在进行房屋买卖、租赁或抵押时，房屋所占用的土地也随之转让、出租或抵押。在这种场合，地租和地价的变动与房租和房价的变动会产生相互影响。

3. 城市土地资本的特点

土地资本是城市土地的重要构成部分，也是城市地租和地价的决定性因素。土地资本的补偿对现实中的地价评估有重要影响。对于土地资本，马克思所作的解释是：资本能够固定在土地上，即投入土地，其中有的是比较短期的，如化学性质的改良、施肥等等，有的是比较长期的，如修排水渠、建设灌溉工程、平整土地、建造经营建筑物等。

根据马克思的有关论述，可以从下列几个方面来理解土地资本：

（1）土地资本是人们在开发、利用土地过程中所投入的物化劳动和活劳动，其功能在于改善土地质量，提高土地的生产率或变更土地用途。

（2）土地资本能够与土地物质相结合形成固定资产，这是由其价值转移方式决定的。马克思指出："为改良土壤而投下的物质，……其中一部分会在物质上加入产品，同时也就把它的价值转移到产品中去；另一部分则保持它原有的使用价值，把它的价值固定在这种形式上，它继续作为生产资料存在，因而取得固定资本的形式。"

（3）土地资本可以分为两类：一类是为了"改变土地的物理性质"或"改变土地的化学性质"而投入的资本，如农用地的改良、施肥、垦荒造田，城市用地的土地平整、地基构筑等；另一类则表现为以土地物质为依托而形成的生产资料，如修水渠、建设灌溉工程、兴建道路、桥梁、涵洞、供电供水管道，以及建立排污、排涝、交通等基础设施而投入的土地资本。

土地资本作为资本的特殊形态之一，具有其自身的运动规律和特点，主要表现在：

（1）土地资本的依附性。土地资本是投入土地并固定于土地上的资本，其主体是价值，它必须以土地物质为载体，只有与土地物质相结合，才能发挥其功能。土地资本发挥作用的程度，给投资者创造经济效益的大小，在一定程度上也与其存在地块的状况有关。两笔同样数量的土地资本投入，由于两块土地的状况不同，其利用程度和收益状况都可能产生较大的差异。土地资本的这一特点表明，土地资本不是一个抽象的范畴，而是一种客观存在的社会资源。它要求我们在城市经济建设中，应当从不同用途、不同性质、不同状况的土地实际情况出发，合理规划、安排土地资本的投入，最大限度发挥其功能，取得最佳投资效益。

（2）土地资本的价值具有积累性。人类对土地的利用状况经历了一个历史发展过程。

在社会生产力水平较低时,对土地的利用也是低水平的。社会经济的发展客观上要求提高土地利用率。为了提高土地利用率而投入的土地资本,往往带有一定的阶段性,如前期投资和后期投资。当人们对同一块土地作追加投资时,以前的投资很可能仍然在发挥作用,从而使土地资本的价值增大。正如马克思所说的:"土地的特点是,各个连续的投资能够带来利益,而不会使以前的投资丧失作用。"土地资本的价值积累性在农业用地和城市用地中都可能存在。如在城市土地的综合利用过程中,常常有土地的第一次开发和第二次开发之分。城市土地的第一次开发,是变荒地或农业用地为城市用地,这就要投入土地资本,用于平整土地和基础设施建设。城市土地的第二次开发,是为了适应城市经济发展的需要,提高土地利用率,对旧城区的基础设施进行更新改造,这又需要投入大量土地资本。经过两次的开发,形成了多种形态的城市土地固定资产,并使其价值得以积累而有所增大。当然,土地资本的价值积累是有限度的,不可能无限增加。这是因为,土地资本是固定资本,但是固定资本同流动资本一样也有损耗。

(3)土地资本的补偿性。土地资本属于固定资本,其物质形态在使用期内会发生各种损耗,既有物质损耗,也有精神损耗,因而需要进行价值补偿和实物更新。土地资本的补偿是现实经济生活中必须引起重视的问题。在我国传统的计划经济中,国家对城市基础设施建设投入了大量的土地资本,但由于实行土地无偿使用制度,土地资本无法实现价值补偿,导致基础设施建设资金无法形成良性循环,严重制约了城市建设的发展,使之成为城市经济发展的"瓶颈"。

(4)土地资本的收益性。土地资本的投入不仅要按其损耗程度取得相应的补偿,而且应当取得利息收益。土地资本的利息是对投资者的报偿,就像投资于各产业都应得到报偿一样。土地资本的利息来自由于土地资本投入所增加的收益,利息量应以同期的市场利率来计算。土地资本的利息应当根据"谁投资谁收益"的原则,归投资者占有,以便调动投资积极性,促进城市土地的有效开发利用。

(5)土地资本的作用具有辐射性。土地资本的投入不仅能有效提高投资土地的利用率和收益,而且这种投资具有辐射作用,使一定范围内的其他地块升值。例如,城市中一个原来不繁华的地段,因修建了一条交通大道和现代建筑物而热闹起来,道路附近的商店生意兴隆,邻近土地的地租、地价大幅度升高。这种不是受益者本身的投资,而是无偿利用别人的投资或者利用社会经济发展而带来的收益,不能归受益者占有,也不应当归投资者占有,否则势必影响生产经营者之间的平等竞争。在我国现阶段,城市土地的这部分收益应当归城市土地所有者——国家占有。

3.1.2 城市土地市场特征概述

所谓市场,就是商品交换的场所。从本质上看,市场是商品流通中各种经济关系的总和。随着商品经济由低级到高级的发展,商品生产经营者之间的经济关系日益复杂,市场的内涵也更加丰富,市场不断地细分,市场体系更加完善。

土地市场是整个市场体系的重要组成部分。土地是一切最终产品产生的源头,因而土地市场是整个市场体系中的基础性环节。

城市土地市场,就是指城市土地这种特殊商品在流通中所发生的经济关系的总和,体现着土地供求双方为确定土地交易价格而进行的一切活动。城市土地市场(严格地说是城市地产市场)所交易的商品是城市土地产权,可以是土地所有权,也可以是土地使用权。城市土地产权构成城市土地市场的客体。城市土地市场的主体是参与土地产权交易的当事人。土地产权的交易要以货币为媒介,由此形成各种形式的土地交易价格。由于城市土地是土地物质与土地资本的有机统一体,因而城市土地价格一方面反映城市土地内在的价值量,另一方面由土地收益的资本化决定。城市地租是城市地价的基础,城市地价是城市土地市场的主要内容,也是引导城市土地资源配置,调节人地关系,促进城市土地合理利用的重要杠杆。

城市土地市场是市场体系的一个组成部分,因而它和一般商品市场都具有市场的共性,如市场交易要以货币为媒介,商品价格受市场供求关系和竞争的影响,交易双方权利平等,等等。但由于城市土地是一种特殊商品,城市土地市场具有不同于一般商品市场的特性,从我国城市土地市场来看,主要体现在以下几个方面:

(1)城市土地市场具有垄断与竞争相符合的特点

城市土地是一种有限的自然资源,城市土地所有权和经营权具有垄断性,进而使城市土地市场具有垄断性。在我国城市土地国家所有的条件下,为了保证城市土地的合理利用,实现非农建设用地的总量控制,城市土地初级市场(出让市场)的主动权必须掌握在国家手中,由国家授权给土地管理部门,对城市土地使用权的出让实行垄断性经营。进入土地出让市场的土地数量、用途、出让方式、使用年限等均由政府控制。

国家在对城市土地出让市场实行垄断性经营的同时,并不排除竞争。这些竞争表现为土地使用者为取得土地使用权而展开的价格竞争。而在城市土地次级市场(转让市场)上,竞争度更大,转让价格主要由市场竞争形成。

(2)城市土地市场具有很强的地域性

普通商品的流通可以根据市场的供求状况在不同市场之间调剂余缺,因而可能形成全国统一的市场竞争和市场价格。而土地商品则不同,由于土地位置具有固定性,不同城市的土地供求不可能相互调剂。即使在同一个城市内,不同地段的城市土地具有各自的特点,在市场上也不可能相互替代。这就使城市土地市场不可能形成全国统一的市场竞争和市场价格,只能是地方市场,是不完全竞争的市场,土地市场价格和地租也具有较大的差异性。

(3)城市土地市场具有交易方式的多样性和市场构成的多层次性

根据不同的土地需求者,城市土地市场可以采取灵活多变的经营方式。从交易方式看,有一次性买卖,也有分期租赁,具体有协议、招标、拍卖、折价入股、租赁等方式。租赁又可以分为长期租赁、短期租赁、转租等方式。随着城市土地制度改革和国企改革的深化,还会不断出现新的经营方式。城市土地市场构成的多层次性表现在,既有国家征购农村集体土地而形成的土地征购市场,也有国家向土地使用者(或经营者)出让土地使用权而形成的土地使用权出让市场,还有土地使用者之间转让土地使用权而形成的土地使用权转让市场。各种不同层次的城市土地市场的竞争程度与范围存在较大的差异,国家宏观调控的方式和难度也不同。

（4）城市土地市场具有收益分配的复杂性

一般商品在销售以后，其收入归商品所有者所有，收入具有相对独立性。在土地私有制条件下，土地转让的收入分配关系也简单明了。而在城市土地实行国有制条件下，城市土地使用权的出让收入，则存在比较复杂的分配关系。

首先是国家和地方政府之间的利益关系。国家作为城市土地所有者，理所当然要获得土地收益，而地方政府是受国家委托具体行使土地管理权的代表，也应取得一部分收益，以保护和调动地方政府的积极性，增加对城市基础设施建设的投入，促进城市经济社会的全面发展。这就要求在城市土地收益分配中，要协调好中央和地方政府的利益关系。其次是各级地方政府之间的利益关系。省、市、县各级政府根据土地管理审批权限，承担着不同的土地管理任务，这就产生了如何合理分配和处理各级地方政府之间的利益关系问题。最后是国家土地管理部门和土地开发公司（开发中心）之间合理分配土地收益问题。此外，在土地收入的用途上也存在较复杂的分配关系。土地收入既要用于补偿投入城市建设的土地资本的折旧费和利息，也要用于重新投入城市开发和旧城改造。城市土地收益的利益主体多元性和用途多样性，要求我们在土地收益分配中必须兼顾各方面的关系，合理分配土地收益，充分调动各方面的积极性，促进国有土地资产的保值和增值。

（5）城市土地市场具有价格的多样性

一般商品价格的形成，主要以价值或生产价格为基础，并受市场供求关系的调节。而城市土地价格的形成要比一般商品更加复杂。由于土地是一种特殊商品，影响城市土地市场价格的因素众多，既有经济因素、物理因素和环境因素，也有政策因素、心理因素等，因而城市土地市场有特殊的价格形成机制，市场价格也呈现出多样性，构成多层次、多形式的城市土地价格体系。如城市土地出让市场就有协议价、招标价、拍卖价、租赁价、抵押价等形式；转让市场也有转让价、转租价等多种形式。城市土地价格的多样性，决定了政府对城市土地市场管理和监督要比一般商品市场复杂得多。

（6）城市土地市场具有地产交易与房产交易相交叉的特点

城市土地的使用往往与建筑物的构建相结合，城市开发与房屋的建设必须以城市土地的开发为前提。因此，地产往往与房产结合在一起。人们在出卖或出租房屋时，同时也就出卖或出租了土地使用权。地产交易也常常和房产交易互相渗透，融为一体。然而，由于房屋所有权与土地所有权分属于不同的产权主体，在产权关系没有理顺的场合，往往不是房产服从于地产，而是地产服从于房产，导致土地所有者利益的损失。

3.1.3 城市土地市场结构概述

1. 城市土地市场结构的基本特点

城市土地市场结构建立在城市土地产权流通的基础上，随着城市土地产权的细分化和流通的不断发展，城市土地市场结构也在逐步地发育和完善。一个结构健全的城市土地市场的特点表现在：

（1）统一性

城市土地市场在一个国家范围内应该是统一的。虽然土地位置的固定性决定了城市土地市场具有地域性的特点，一般不会形成统一的地价和地租，但按照市场经济的内在要求，国内城市土地市场必须统一化并同国际市场接轨。城市土地市场的统一性表现在，城市土地产权的流通，必须按照市场经济的内在联系，遵循价值规律等客观经济规律的要求，建立共同的交易规则，打破行政的条块分割，形成统一的交易市场。各种经济成分的生产经营者都进入统一的市场，遵循统一的交易规则，公平竞争，这是城市土地市场正常运行的必要条件。

（2）完整性

在市场经济条件下，城市土地这一重要的生产要素的配置要通过市场机制来实现，以市场为中介，实现城市土地资源的合理流动和优化组合，达到优化配置的目的。而城市土地产权的流通又要求有不同的市场作为承载体，从而形成一个多层次的城市土地市场体系。各种土地市场之间又存在相互联系、相互制约、相互依存的关系。根据《中华人民共和国土地管理法》第四十四条，建设占用土地，涉及农用地转为建设用地的，应当办理农用地转用审批手续。这意味着，农村林地若需变更为城镇建设用地，首先需经过农用地转用审批。农地征收市场的发展，又为城市土地出让市场发育准备了前提条件。各个层次的土地市场发育健全、运行规范、相互配套、相互衔接，才可能发挥城市土地市场的整体功能，市场机制才可能充分发挥调节作用。城市土地市场结构的完整性要求我们要逐步健全和完善城市土地市场体系，规范市场运作规则，使各个层次的土地市场相互配套、相互衔接，以便在城市土地资源配置中，发挥市场体系的整体功能，促进城市土地与其他生产要素的优化组合。

（3）开放性

城市土地市场体系具有广泛的开放性，不仅要对内开放，而且要对外开放。对所有参加土地市场竞争的土地经营者和使用者都一视同仁，平等相待，公平竞争。城市土地市场越是开放，就越是有利于市场繁荣和市场竞争的展开，越是有利于充分发挥市场机制对土地资源的调节作用。特别是在我国加入WTO以后，更需要按照世贸组织的协议原则，进一步加大土地市场的开放力度，遵循透明度原则、公平竞争原则和取消歧视的原则，尽快建立全国统一的建设用地供应工作程序。除军事等特殊项目用地外，一切建设用地都应依法向社会公示其位置、面积、取得方式、使用期限、价格等科目，并重视学习和借鉴国际上先进的土地市场管理经验，从法制、体制、机制上逐步完善土地市场管理。

2. 城市土地市场结构

在我国社会主义市场经济条件下，城市土地市场是市场体系的有机组成部分之一。利用市场机制来配置城市土地资源，可以有效地利用和保护土地资源；利用市场机制对城市土地实行资本营运，可以显化土地资产，促进土地资产增值，加快城市基础设施建设，提高城市质量，促进经济社会的持续发展。

市场机制在土地资源配置中的作用程度、效率的高低与土地市场结构的完善程度密切相关。土地市场结构越完善，市场机制的运作空间越大，其作用程度也越高，土地的利用效率也越高。为了提高城市土地资源的配置效率，促进国有土地资产的保值增值，我国必须积极培育和逐步完善多层次的城市土地市场，形成结构合理的城市土地市场体系。

　　我国的城市土地市场结构体系究竟包含哪些市场类型,人们对此有意见分歧。我国城市土地市场只是土地使用权市场,不存在土地所有权市场。因为,我国城市土地属于社会主义公有制,土地所有权不得买卖,市场上允许流通的是土地使用权,因而土地的商品化实质上是土地使用权的商品化。我国在实行土地全民所有制和劳动群众集体所有制并存的条件下,因城市建设的需要,国家依法征用集体经济组织的土地时,也要遵循经济规律的要求,运用经济杠杆调节征地者与被征地者的关系,因而事实上存在着土地使用权的交易关系。城市土地市场是一个包括农地征收市场和土地使用权市场在内的完整的市场体系。我国城市土地市场结构见表 3-1。

表 3-1 　　　　　　　　　　　　　我国的城市土地市场结构

市场类型	交易主体	交易客体	交易方式	市场特征
土地所有权市场	政府、农村集体经济组织	土地所有权	征收	政府单向购买
城市土地使用权初级市场	政府(土地所有者)、土地经营者或使用者	土地使用权	出让	政府纵向流转
城市土地使用权次级市场	土地经营者、土地使用者之间	土地使用权	转让	政府横向流转

　　(1)土地所有权市场(农地征购市场)

　　土地征用,是指国家为公共目的而取得原土地权利人的土地权利并给予合理补偿的行为。土地征用制度已经构成各国土地制度的重要组成部分。国家为了社会公共利益的需要,依照法律规定的程序和批准权限,将农民集体所有的土地变为国有土地的前提条件,依法对农民进行经济补偿。尽管征地行为带有强制性,但不是超经济的强制,而是建立在有偿基础上的强制,因而实质上已经构成购买关系,是一种市场行为。这种行为就像国家征购农民的商品粮一样,是对农村土地的征购行为。

　　在社会主义市场经济条件下,农地征购行为必须建立在等价交换的基础上,切实保护农村集体经济组织的经济利益,合理予以经济补偿。因此,农地征购市场的存在,征地补偿标准的市场化,是不容否认的事实。不承认农地征购市场的存在,仅仅把征地当作一种行政行为,不承认征地费是农地所有权的交易价格,就不利于改革现有的征地制度,不利于征地补偿安置标准确定的合理化,不利于形成相互配套、相互衔接的城市土地市场结构。事实上,近年来在征地实践中所表现出来的成交征地补偿费随城市土地使用权价格的拉动,而与之保持一定的价格比例关系的事实,已经明显表现出农地征购市场与城市土地出让市场之间的紧密联系和联动关系。

　　农地征购市场不仅是城市土地市场体系的组成部分,而且是源头市场。随着我国工业化和城市化进程的发展,必然有一部分农村土地要转为城市土地,以满足城市经济发展的需求。按照国务院批准的《全国土地利用总体规划纲要(2016—2030 年)》,到 2030 年全国非农建设占用耕地要保持在 18.25 亿亩以上。其中大部分必须通过征购市场转为城市用地。因而,农征购市场是城市增量土地的源头,是城市土地出让市场的上游,理应将其纳入城市土地市场体系,使之成为城市土地市场体系的基础环节。

（2）城市土地使用权初级市场（城市土地使用权出让市场）

《中华人民共和国宪法》和《中华人民共和国土地管理法》都有明文规定，城市土地属于全民所有即国家所有，国有土地使用权可以依法转让。也就是说，城市土地所有权不进入流通领域，进入流通领域的只是城市土地使用权，从而奠定了城市土地使用权市场的法律基础。城市土地使用权的流通，也要经过不同的流通环节，承载土地使用权交易的市场构成了城市土地使用权市场。按照我国现行的城市土地使用权交易方式，可将城市土地使用权市场划分为两个层次，即城市土地使用权出让市场和转让市场。城市土地使用权的出让，是城市土地使用权的初次流转，将这一市场称作城市土地使用权初级市场（简称为城市土地初级市场）。城市土地初级市场的交易内容是国家有偿、有期限地将土地使用权出让给土地经营者或使用者，由国家垄断经营。初级市场的交易主体，一方是城市土地所有者即国家，另一方是土地经营者或使用者。国家通过土地管理部门在服从城市规划、用途管理的前提下，采取协议、招标、拍卖等方式，将一定期限的土地使用权有偿出让给土地需求者。初级市场体现的是城市土地使用权纵向流转关系。

（3）城市土地使用权次级市场（城市土地使用权转让市场）

城市土地使用权次级市场是指城市土地使用权在不同的使用者之间横向转让形成的市场。社会主义市场经济的发展，客观上要求生产要素通过市场进行横向流动和重组。作为生产要素之一的城市土地，单有纵向流动是无法满足市场经济发展的需要的，必须有横向流动作为补充，从而形成城市土地使用权纵横交错的流通网络，促进城市土地的合理利用。

城市土地次级市场的交易者众多，交易频率高，交易形式多种多样，包括土地使用权的转让、转租、交换、抵押等。进入城市土地使用权次级市场的既有单纯的土地使用权交易，也有土地使用者在转让房屋产权时，连同土地使用权一起转让。城市土地使用权次级市场以土地使用权交易为基本内容，但随着土地产权的分解和细化，还可以派生出其他形式的地权交易，进而形成城市土地使用权次级市场内部的多重结构。因而，与初级市场相比，次级市场所体现的经济关系要复杂得多，尤其是土地投机和隐形交易的大量存在，既造成了国有土地收益的大量流失，也妨碍了土地市场的公平竞争，降低了土地资源的宏观配置效率。在我国城市土地市场体系不完善的情况下，政府必须加强对土地转让市场的管理力度，逐步规范市场交易规则，引导土地转让市场的健康发展。

3.2　城市住宅经济

3.2.1　住宅及住宅市场

1. 住宅的界定

（1）住宅的概念

住宅是供人们居住生活之用的房屋建筑，是人们生存和发展的基本物质资料。斯宾格勒认为,只有作为整体、作为一种人类住处,城市才有意义。这强调了城市是人类的住所,住宅对于城市的重要性。

(2)住宅的特征

①住宅的多重异质性

每一住宅在大小、布局、周围环境、交通条件等诸多方面都各不相同。住宅购买者对住宅的选择,实际上是对住宅以及所有与其相关联的特征构成的集合体的选择。

②住宅的耐久性

住宅的耐久性主要体现在两方面:第一,住宅的拥有不是一个一次性消费过程,住宅在使用过程中产生折旧,住户对其不断维修和维护,从而降低住宅物理折旧速度;第二,短期内住宅供给相对没有弹性,新住宅的建设需要一个比较长的周期,市场上主要提供的是旧房,新房只占很小的比重。

③住宅的昂贵性

购买住宅的支出一般是家庭年收入的数倍,对于一些低收入家庭来说,可能需要更长的时间。这就决定了大部分人购买住房都是以居住为目的,同时也决定了住宅的流动性会比较差。

由此可见,城市住宅是典型的异质性产品,住宅与住宅之间在构成使用价值的特征之间具有显著的差异。因此,住宅具有的上述特征是任何其他商品都无法同时具备的,而这些特征的集合最终决定了住宅市场的特征。

2.住宅市场的特征

住宅市场的特征来源于住宅的特征。住宅是一种比较特殊的商品,它既是消费品,又是投资品。住宅独有的特征决定了住宅市场有别于一般商品市场的特征。

(1)住宅市场的区域性

由于住宅是不可移动的,不同地区、不同区位的住宅缺乏可比性。因此,住宅市场与地理位置具有十分重要的关系,住宅市场具有区域性特征。

(2)住宅市场的政府行为性

①中华人民共和国实行土地的社会主义公有制,即全民所有制和劳动群众集体所有制。按照《中华人民共和国土地管理法》的规定:"全民所有,即国家所有土地的所有权由国务院代表国家行使。任何单位和个人不得侵占、买卖或者以其他形式非法转让土地。国家为了公共利益的需要,可以依法对土地实行征收或者征用并给予补偿。"这就决定了我国的住宅市场很大程度上取决于土地市场的供给。

②住宅市场受利率调整的政策影响

建设、购买住宅都需要动用大量的资金,开发商的大部分资金来自银行贷款。住宅的购买者难以一次支付全部购房款,购房者往往会向银行贷款。如果政府实行低利率政策和宽松的货币政策,开发商和购房者的利息负担就会降低,促进开发商建造更多的住房,消费者购买更多的住房。反之,则会抑制开发商进行住宅建设和消费者的购房热情。

③住宅市场受政府的住房保障政策影响

住房对于城市居民非常重要。城市的低收入人群缺乏对住房的购买力,如何解决这部分人的居住问题成为政府的重要工作。因此,各国政府往往推出一系列的住房保障和廉价住房政策。

3. 住宅市场的分类

(1)按照产权让渡方式的不同进行分类

住宅市场可以分为住宅销售市场、住宅租赁市场、住宅抵押市场和住宅典当市场。

(2)按照住宅市场交易层次结构进行分类

住宅市场可以分为住宅一级市场和住宅二级市场。

(3)按照住宅再生产环节进行分类

住宅市场可以分为住宅开发市场、住宅交易市场、住宅金融市场、住宅中介市场、住宅物业管理市场等。

4. 我国住宅市场发展的历史及特点

(1)我国住宅市场发展的历史

我国住宅市场经历了由计划经济下的福利分房逐步过渡到市场经济条件下的商品房阶段的过程。这个过程可以分为以下几个阶段:

①房改理论准备与试点售房探索阶段(1979—1985 年)

邓小平于 1979 年和 1980 年先后提出允许私人建房,城市居民可以自购自建,要联系房价调整房租等。理论界也提出了住房商品化、土地产权理论等概念。1982 年,国务院在四座城市推行"三三制"售房试点。1984 年,进一步推行扩大城市公房补贴出售的试点范围。

②提租补贴,以租促售的住房制度改革阶段(1986—1991 年)

1986 年,国务院明确进一步提高房租、增加工资、变实物分配为货币分配,并且成立了住房银行和专业银行下属的房地产信贷部门。在总结试点经验基础上,国务院印发了《关于在全国城镇分期分批推行住房制度改革的实施方案》。这个方案肯定了试点城市的做法和经验,确定了房改的目标、步骤和主要政策,标志着我国住房制度改革进入了以提租为主要任务的阶段。

③深化城镇住房制度改革阶段(1992—1997 年)

1992 年,国务院制定和颁布了《全民所有制工业企业转换经营机制条例》。1994 年 7 月,国务院颁发了《关于深化城镇住房制度改革的决定》。1997 年,住房公积金制度已在全国大中城市普遍建立,租金改革和公有住房出售加快。住房自有率迅速提高,大大加快了住宅建设特别是经济适用房建设,初步形成了住房供应体系和住房金融体系。这一决定明确了我国城镇住房制度改革的根本目的,确立了坚持配套、分阶段推进的政策。

④以住房分配货币化为中心内容的改革阶段(1998—2003 年)

1998 年 5 月,中国人民银行颁布的《个人住房贷款管理办法》为住房分配货币化提供了金融支持。同年 7 月,国务院下发了《关于进一步深化城镇住房制度改革 加快住房建设的通知》,要求年下半年开始停止住房实物分配,逐步实行住房分配货币化,建立和完善以经济适用房为主的多层次城镇住房供应体系。1999 年 4 月 3 日,《住房公积金管理条例》颁布实施,将住房公积金的归集管理纳入了规范化、法治化的轨道,也标志着以住房公积金制度为主要内容的政策性住房金融体系初步形成。

⑤建立与强化住房保障制度阶段(2004—2008 年)

住宅市场已经成为国民经济的主导市场,住宅市场的发展状况影响国民经济的表现。2006 年,"国六条"深化了政府干预住房发展的思路,提出切实调整住房供应结构,进一步发挥土地、税收、信贷政策的调节作用,加快廉租住房制度建设、规范发展经济适用住房,积极发展住房二级市场和租赁市场,同时对城市拆迁和房地产市场秩序提出规范调整,要求加强对房地产市场统计和信息披露的工作力度。2007 年,国家进一步加强住房保障干预。《国务院关于解决城市低收入家庭住房困难的若干意见》(国发〔2007〕24 号)要求各级政府把解决城市低收入家庭住房困难作为维护群众利益的重要工作,作为住房制度改革的重要内容,作为政府公共服务的一项重要职责,以廉租房制度建设为重点,建立解决低收入家庭住房困难的政策体系。2008 年,国务院办公厅发布的《国务院办公厅关于促进房地产市场健康发展的若干意见》提出,要加大保障性住房建设力度,鼓励普通商品住房消费,支持房地产企业积极应对市场变化,强化地方政府稳定房地产市场的责任。

⑥住宅市场长效机制的建立(2009 年至今)

2008 年金融危机的爆发引发了房价新一轮暴涨。2009 年以来,政府加强对住宅市场的调控。2014 年,我国房地产市场进入区域分化阶段,一线城市房价飞涨,二线以下城市则由于供过于求,下行压力巨大,政府为消化现有库存,针对农村户口居民、本科毕业生等出台了许多鼓励购房的政策,也进一步刺激了房地产交易。2016 年,各地陆续采取控制价格、限制交易及收紧信贷等紧急措施,进一步加强对房地产市场的调控。2017 年以来,有些地方政府甚至出台了限购、限贷、限价、限售、限商五管齐下的调控措施,进一步抑制房价的非理性增长。重庆、上海对房产税的征收,北京"共有产权"的提出,广州"租售同权"政策的出台,是国家房地产调控长效机制的重要举措,也是"房子是用来住的,不是用来炒的"精神的体现,这必将给未来房地产市场发展带来新的影响。

(2)我国住宅市场发展的特点

①特殊的土地供给方式

我国的土地分为国家所有和集体所有两种方式,私人不能拥有土地。住宅建设使用的土地只能从国家手中购买使用权。集体土地由政府征用转为国家所有,才可以出让,进行住宅建设。这决定了我国住宅市场与政府利益有着更为密切的关系。

②对住宅的刚性需求大

我国传统上是一个农业国,农业人口占人口的绝大部分。随着工业化的进展,城市化进展迅速,大量人口涌入城市,对住宅的需求巨大。

③少数大城市集中了住宅市场的大部分产值

北京、上海等少数几个大城市,经济发达,城市人口众多,住宅建设面积大,住宅价格也高,这些城市的住宅市场产值也因此占了全国住宅市场的大部分产值。

3.2.2 住宅市场对城市经济的影响

住宅对城市经济的影响是通过影响消费和投资以及劳动力成本实现的。由于住宅市场巨大,住宅消费在城市居民支出中占据了很大比重。因此,住宅市场对消费有着重要影响。住宅市场是一个周期性的市场。在住宅市场的繁荣期和衰退期,资本的逐利性驱使对住宅市场的投资增加或减少,从而影响城市经济发展。此外,住宅价格和租金的上涨会影响劳动者的生活成本,导致工人对工资的要求提高,从而增加劳动力成本。

1. 住宅市场对消费的影响路径

(1)储蓄效应

当住宅价格上涨时,对于租赁住房的家庭来说,他们要购置房屋所需要的支出将会增加。根据市场形势,他们会预期将来住宅价格还会上涨。为了在将来有足够的现金支付购房首付款及之后的分期付款,家庭将会减少当前消费,增加储蓄,这就是住宅价格上涨引起的储蓄效应。当整个社会的住宅价格弹性小于的时候,住宅价格的上涨会使整个住宅市场的产值增加。但这也同时意味着家庭在其他方面的消费减少了。根据宏观经济学的观点,储蓄效应对消费的抑制作用会导致整个社会总产出的减少。

储蓄效应路径如图 3-1 所示。

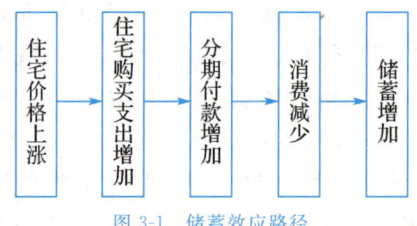

图 3-1　储蓄效应路径

(2)财富效应

庇古等在 1943 年发现了财富效应的存在。他们发现,如果人们手中所拥有的货币、公债等资产的实际价值增加而导致财富的增加,人们将增加其消费支出,从而导致社会消费品生产的增加和就业机会的增加,促进经济的增长。根据其分析,如果人们的自由住宅因为价格的上涨而导致价值的增加,也会产生类似的效果。

因此,所谓住宅价格的"财富效应",是指住宅价格的变化导致人们财富的变化,进而影响消费支出和短期边际消费倾向,最终影响经济发展的效应。财富效应包括兑现的财富效应和未兑现的财富效应。前者指所有者因为价格的上涨而出售其住宅或利用其价值的上升进行了融资,扩大了当期的消费水平。这实际上是将流动性差的住宅资产转化为流动性好的现金,直接增加了当前的购买力。后者是指所有者虽然没有变现,即住宅所有者在住宅价格上涨时没有选择出售或是进行再融资,而是继续保有住宅。但是,这种由于房地产价格上升所带来的潜在价值上升使消费者感到了财富的增加,从而扩大了边际消费倾向。因此,房地产商品作为人们财富的重要组成部分,其价格的上涨直接促进消费的增加。

财富效应路径如图 3-2 所示。

(3)挤出效应

对于拥有住宅的所有者而言,住宅价格的波动自然会促进其财富的增加,但对于租房者而言,住宅价格的迅速上升会引起租金的上升,进而使得租房者减少其消费。此外,由

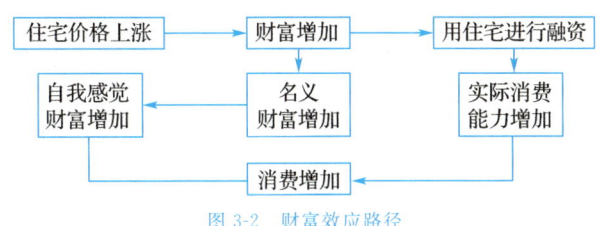

图 3-2　财富效应路径

于我国的历史、文化、消费和价值观念等方面的原因,住宅价格的波动会直接影响消费者,尤其是租房者购买住宅的决策,从而影响其储蓄和预算决策,结果便是直接导致消费者当期消费的变化。中国传统的大家庭社会结构,使得挤出效应的影响扩大了。对于有到了结婚年龄年轻人的家庭,为了给新婚夫妇购买结婚新房,家庭往往会拿出大部分积蓄,甚至还要向亲戚朋友借贷。这样挤出不仅涉及家庭成员,还会关联到亲戚朋友。而对于子女还未到结婚年龄的家庭,为将来子女结婚做准备,也会积蓄资金。这种情况下,住宅价格的上涨,对没有住宅和有住宅的家庭都会产生影响。

挤出效应路径如图 3-3 所示。

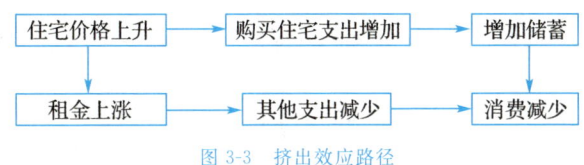

图 3-3　挤出效应路径

综上所述,当住宅价格上升时,除了财富效应和抵押效应会对居民的消费起促进作用外,挤出效应和储蓄效应会对居民消费有负面影响。当住宅价格下降时,财富效应和抵押效应会对居民消费有抑制作用,而挤出效应和储蓄效应则会减弱,从而减轻住宅价格下降的影响。

2. 住宅市场对投资的影响路径

住宅的投资品属性决定了住宅市场成为金融投资的重要渠道。同时,巨大的住宅市场,对住宅的建设投资更是在社会固定资产投资中占据极为重要的地位。在住宅价格上升时,人们对住宅的投资需求增加,更多的资金进入市场。

随着住宅价格上涨,住宅建设的利润率也随之增大。受利润吸引,更多的资金进入住宅建设领域,从而对整个社会投资和其他行业的投资产生影响。住宅的投资属性使固定资产投资和社会资金流向发生改变,对城市经济发挥作用。

住宅市场对投资的影响如图 3-4 所示。

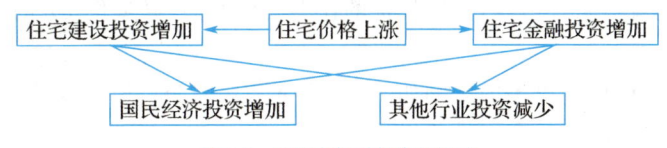

图 3-4　住宅市场对投资的影响

住宅市场往往是整个宏观经济的风向标。在经济低谷期,政府货币部门实行低利率政策,促使住宅市场活跃。住宅市场先于整体经济复苏,住宅市场复苏后,随着辐射效应,经济景气,住宅价格的上升导致对其的投资增加。住宅价格的上升还可以通过市场关联引起社会总投资的增加。住宅市场属于市场关联度很高的市场。住宅价格的上涨引起建筑投资增加,这会引起与其相关市场的需求增加,利润上升,这些相关市场的投资也因此增加。

住宅价格的变化与劳动者的生活成本是紧密相连的。住宅价格的上涨对流动人口有着更加重要的影响。当住宅价格处在一个很高的水平时,外来人口付出更多的资金,用来购房或者租房,这会导致外来劳动者对工资的要求提高。如果工资不能获得提高,外来劳动者就会减少,这必将导致企业人力成本的上升。住宅价格的上升对城市现有居民则可能有相反的成本效应。由于有住房的居民可以将住宅出租,住宅价格和租金的高水平会保证家庭有足够的收入维持生活,因此他们对工资的要求就会降低。现有研究表明,我国的确存在住宅价格引起的成本效应。由于我国存在着大量的流动劳动力和迅速的城市化进程,因此住宅价格的这种影响还是有比较大的可能性的。劳动力成本的变化也会对投资产生影响。

住宅价格变化对投资的影响如图 3-5 所示。

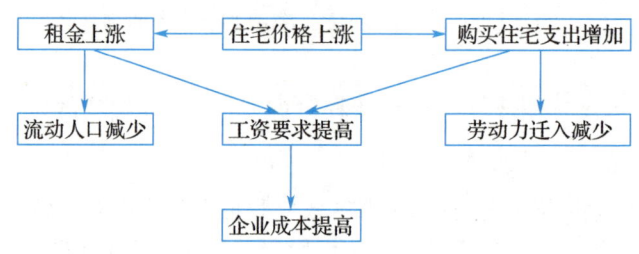

图 3-5　住宅价格变化对投资的影响

3.2.3　城市经济对住宅市场的影响

1. 城市经济周期对住宅市场的影响

住宅市场周期与城市经济周期非常相似。这种相似来自经济基本面对住宅市场的影响。在经济繁荣期,人们的收入增加,对住宅的需求也相应增加。住宅需求的增加推动了住宅价格和租金的上涨。在利润的推动下,对住宅市场的投资迅速增加,新增住宅大量增加。住宅的投资品属性使得住宅市场繁荣期住宅供给超过需求,还有人购买住宅,将其作为投资品。住宅建设继续增加,当住宅存量和用作投资的住宅的量过大时,住宅价格就会下跌,人们的预期就会悲观一些,许多投资的住宅上市交易,导致供给大于需求,住宅市场陷入萧条。

城市经济周期对住宅市场的影响如图 3-6 所示。

2. 居民可支配收入对住宅市场的影响

居民收入水平为住宅市场提供了直接的购买力。居民实际收入的增加会提高居民的支付能力,从而增加对房地产的需求,导致住宅价格上涨。收入增加对房价的影响程度,取决于现有的收入水平及边际消费倾向的大小。对于低收入家庭而言,虽然其边际消费倾向较大,但其增加的收入主要用于满足衣食等基本的生存需要,对房价的影响较小;对于中等收入家庭而言,边际消费倾向较大,增加的收入会用于提高包括居住质量在内的生活质量,从而导致房价上涨;高收入家庭的边际消费倾向较小,但是如果将其增加的收入用于房地产投资或投机,则会引起房价的上涨。

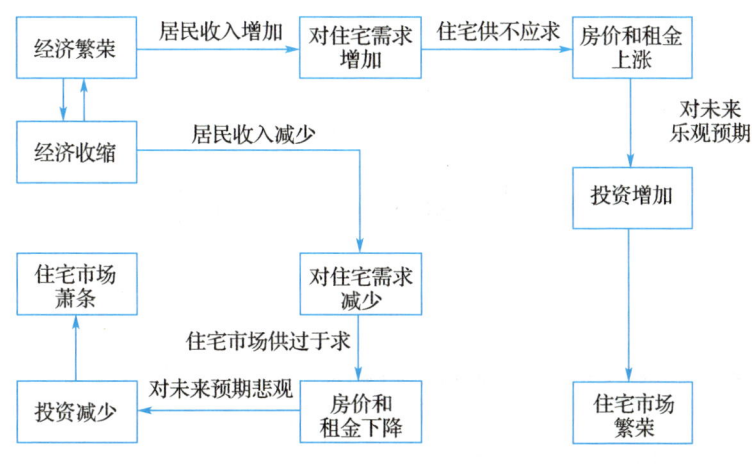

图 3-6　城市经济周期对住宅市场的影响

居民可支配收入对住宅市场的影响如图 3-7 所示。

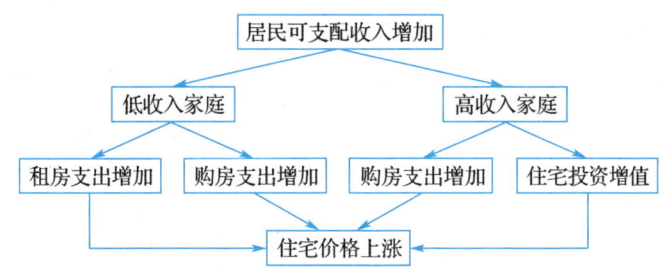

图 3-7　居民可支配收入对住宅市场的影响

3. 投资对住宅市场的影响

由于住宅的投资品属性,住宅投资和外部投资对住宅市场也有着非常重大的影响。银行利率会对住宅价格产生直接影响,这已在国外众多住宅价格实证研究中得到证实。较高的银行利率会增加住宅开发和投资的财务负担,使住宅交易行为受到抑制,从而导致住宅价格下跌。而较低的银行利率则会鼓励住宅投资者,从而有利于住宅市场价格的上扬和市场的繁荣。金融环境会对一个城市或地区的经济发展状况产生极大的影响,直接影响住宅的投资和交易的积极性,进一步影响住宅价格。外来投资者对住宅投资包括对住宅建设的投资和对现有住宅的购买。对住宅建设的投资的增加会导致城市住宅供应量增加,如果新建住宅过多,超过了需求量,住宅价格就会下跌,对已有住宅的购买就会导致住宅需求增加,如果出现供不应求,住宅的价格就会上涨。

投资对住宅市场的影响如图 3-8 所示。

图 3-8　投资对住宅市场的影响

3.3.1　公共基础设施概述

1. 公共基础设施的概念

公共基础设施是最重要的公共产品之一。因此,界定公共基础设施的概念,要追溯到公共产品理论。公共产品也称公共品、公共物品,是国民经济和社会发展的基础和保障,是提高和改善人民生活的重要物质基础条件。一个国家对公共产品的重视程度,不仅能反映该国经济发展水平,还能体现该国发展的文明程度。

公共产品最早是英国政治哲学家霍布斯首先提出的。他指出国家的本质用一个定义来说,就是一大群人相互订立信约,每个人都对它的行为授权,以便使它能按其认为有利于大家的和平与共同防卫的方式运用全体力量和手段的一个人格。这一观点便成为后来公共产品理论的重要思想源头。

现代经济学对公共产品的研究起点是以保罗·萨缪尔森发表在《经济学与统计学评论》上两篇著名的文章《公共支出的纯粹理论》和《公共支出理论图解》为标志。萨缪尔森不仅对公共产品概念作出了较为科学的表述,更重要的是引入序数效用、无差异曲线、一般均衡分析和帕累托最优等当时的经济学基本理论、方法和概念,运用经济学方法分析公共产品最佳供应问题,并且建立了萨缪尔森模型。

美国学者曼瑟尔·奥尔森在《集体行动的逻辑》一书中对公共产品给出了一个规范性的定义:任何产品,如果一个集团中的任何个人能够消费它,它就不能不被该集团中的其他人消费,这类产品便属于公共产品。约瑟夫·E·斯蒂格利茨在其所著的《经济学》中提出,公共物品是这样一种物品,在增加一个人对它分享时,并不导致成本的增加(它们的消费是非竞争性的),而排除任何个人对它的分享都要花费巨大成本(它们的消费是非排他性的)。

美国著名的经济学家保罗·萨缪尔森在 1954 年发表的《公共支出的纯粹理论》中,最早给公共产品下了严格的定义:纯粹的公共产品是指这样的产品或劳务,任何一个人消费该产品或劳务不会减少其他任何人对这种产品或劳务的消费。按照这一定义,个人消费公共产品并不需要让消费者按市场的方式分担成本,是真正所有社会成员共有的产品。与公共产品相对应的是私人产品,即数量将随着人们对其消费的增加而减少的产品。

因此,纯粹的私人产品的数学表达式为 $X = \sum X_i$,其中 X 为某种商品的总量,而 X_i 为每一个消费者所消费的 X 商品的数量。这就是说,商品 X 的总量等于每一个消费者所拥有或消费的该商品数的总和,这意味着私人产品是能在消费者之间分割的。而纯粹的公共产品的数学表达式为 $X = X_i$。这就是说,对于任何一个消费者来说,他为了消费而实际可以支配的公共产品 X_i 的数量就是该公共产品总量 X,这意味着公共产品在消费者中是不可分割的。

公共基础设施 Infrastructure 源于拉丁文 infra(下层)和 structure(结构、建筑物),可译为基础结构。保罗·罗森斯坦·罗丹在研究公共基础设施投资和其他投资中提出,公共基础设施是一种社会先行资本,相对于私人资本,它是社会经济发展的基础构成,主要包括交通运输、电力通信等。作为第一个从公共基础设施的分类方面阐释公共基础设施内涵的学者,艾伯特·赫希曼从公共基础设施投资方式和公共基础设施的涵盖范围,把公共基础设施分为直接生产资本、间接生产资本和广义公共基础设施、狭义公共基础设施。并且指出,狭义公共基础设施就是核心公共基础设施,主要指交通运输和电力。世界银行对公共基础设施的分类则是交通运输、电信、电力这一类永久性设施、设备的经济公共基础设施和主要包括科技、教育、医疗等社会服务类的社会公共基础设施。《经济百科全书》把公共基础设施概括为能提高产出水平的经济项目以及一个有序的政府和政治体制。

钱家俊、毛立本是最早在国内学术界引入基础结构(公共基础设施)概念的学者,随后杨治从公共基础设施概念的性质分析入手,提出公共基础设施是社会资本投资所形成的资产。樊纲进一步提出了基础结构的概念,即基础工业部门和经济类公共基础设施与加工工业部门的比例关系。冯兰瑞和艾伯特·赫希曼一样,认为公共基础设施结构有广义和狭义之分。广义的公共基础设施结构包含一切社会公共服务。狭义的公共基础设施结构则主要是交通、通信、能源、电力等公共基础设施。

在公共产品、公共基础设施定义方面,国内学者基本沿袭了国外的经典定义。纵观公共产品理论的发展历程,其呈现这样的特点:对公共产品的最初研究出现在政治学、伦理学的著作中,作为政治学的一个附属物出现。此后,人们才开始从经济学的角度研究这一问题。

综上所述,这里将公共产品的基本含义归纳为那些不靠私人或市场经营,主要由政府和公共部门为满足社会公众的需求而提供的某种产品、设施以及服务。公共产品主要可以分为实物和服务两种形态。实物形态的公共产品主要包括公路、铁路、桥梁、街道、水电设施、通信设施、城建工程设施、环保设施以及绿化设施等;服务形态的公共产品主要包括国防、公检法、政府行政单位等国家机关工职服务以及文化、教育、卫生、体育等公共事业服务。这也符合 2014 年世界银行对公共基础设施的最新定义:公共基础设施不仅包括交通运输、信息、技术、通信、能源、电力等一般性公共基础设施,也包括科教、医疗卫生、社会保障、环境保护等高级公共基础设施。

2. 公共基础设施的特征

（1）准公共产品属性

公共基础设施具有典型的准公共产品属性。准公共产品也叫混合产品，是兼具公共产品和私人产品属性的产品。在公共产品和私人产品之间，还存在许多不具有纯粹的公共产品或私人产品的属性，但在一定程度上又或多或少地同时具有这两种产品性质的产品和服务，通常称之为混合产品或准公共产品。这类产品通常只具备纯公共产品的两个特征（非竞争性和非排他性）的一个，不能同时具有非竞争性和非排他性，否则其就成为纯公共产品。

同样，混合产品也不能同时具有竞争性和排他性，否则其就成为私人产品。根据其所具有的两种产品属性的不同组合状况，可将其分为两种情况：

第一，具有非竞争性的同时也具有排他性。

这类混合产品在具有公共产品非竞争属性的同时也具有私人产品排他的属性。比如公园，在游客没有超过一定人数的条件下，游客的增多并不会影响原有游客的效用水平，即公园的消费具有非竞争性；但公园可设置围墙或栏杆，将不买门票者拒之门外，即其消费也具有排他性。诸如教育、影院、高速公路等都是属于此类的混合产品。

第二，在一定条件下具有非竞争性和非排他性。

这类混合产品在一定条件下具有非竞争性和非排他性是指，只要不超过一定的限度，该类产品的消费是非竞争的和非排他的，但若超过一定的限度，则具有竞争性和排他性特征。比如，不收费的桥梁，只要不产生拥挤，则具有非竞争和非排他的属性，但如果产生了拥挤，就具有了竞争性，为了解决拥挤问题，政府就采用收费的办法，于是也就具有了排他性。显然，这类混合产品与前一种混合产品是不同的，前一种混合产品是同时兼具公共产品和私人产品的属性，而这种混合产品则是在不同的时间或者在不同的条件下，要么具有公共产品的属性，要么具有私人产品的属性。

（2）社会公益性

公共基础设施是社会经济正常运行的物质基础和保障，不仅关乎经济稳定增长与长远发展，更是关乎社会民生的重大基础工程。因此，公共基础设施的投资和经营不仅影响人们的生活质量，还会对整个社会经济造成广泛而深刻的影响，这也决定了公共基础设施必定以社会公众作为其提供公共服务的对象，其提供的服务具有不可分割性。由此可见，公共基础设施具有显著的社会公益性，对它的消费是一种非排他性的公共消费。公共基础设施的社会公益性具体体现在如下几个方面：

第一，社会效益大于经济效益。

政府作为公共基础设施投资最大的主体，决定了公共基础设施投资必定是以全社会的利益作为出发点和落脚点，整体的社会效益必定是要首先考量的标准。当然，作为投资，经济效益也是不可忽视的，尤其是在有限的政府预算情况下，公共基础设施投资若能在满足最大化社会效益需求的前提下，产生良好的经济效益，无论是对于提高公共基础设施投资效率，还是对于缓解政府财政压力都能发挥良好的作用。但这绝不意味着公共基础设施投资一定要赚钱，其主要目标还是最大化地满足公共利益，满足整个社会经济发展对公共基础设施的需求。

第二，间接效益大于直接效益。

公共基础设施具有很强的正向的外部性，公共基础设施的间接效益通常大于直接效益。如一条公路的修建，能减少运输时间、缩短相对距离、降低运输成本，进而提高社会经济运行效率。完善且高质量的邮电通信服务，能极大加快信息的交换与流通，有效降低交易费用，由此增加的社会总产出往往大于邮电通信行业本身的收益。

第三，整体效益大于局部效益。

城市的繁荣有赖于公共基础设施的发展与完善。一个城市的发展水平往往以城市人均公共基础设施占有的数量和质量作为衡量的标准。所以，公共基础设施在建设之初，会首先评估该项公共基础设施投资建设对城市整体的社会的、经济的综合发展效益，其次再考虑项目本身的效益。

第四，长期效益大于短期效益。

一般来说，公共基础设施投资对资金需求量较大，同时建设时间长，建成后使用周期也要几十年。所以，公共基础设施项目投资建设都会以长远的效益作为优先考虑的方向，不急于追求眼前是否有收益，而且对于某些比较特殊的公共基础设施而言，其效益也需要较长的时间才能显现，如教育促进社会生产力，医疗卫生水平的提升提高人的平均寿命，等等。

第五，不可计量效益大于可计量效益。

公共基础设施所提供的产品和服务往往不可计量或者很难计量。一条路的修建会给人们出行带来多少方便，会给企业降低多少运输成本和交易成本，能给区域经济发展作出多大贡献，这些都难以计量，但它又确确实实是整个社会经济发展不可或缺的基础构成。因此，公共基础设施的不可计量效益往往大于可计量效益。

（3）自然垄断属性

自然垄断或者叫自然独占，是指资源过度集中而无法或者不适宜自然竞争所形成的一种垄断方式。自然垄断往往和规模经济关系密切。当一个企业以低于行业平均成本低价供给某项产品或服务，而本行业又存在规模经济效益时，自然垄断便产生。也就是说，规模经济越明显的行业，自然垄断越容易发生。公共基础设施的自然垄断包含以下几个方面：

第一，公共基础设施的沉没成本巨大。

首先，公共基础设施投资通常属于高资本密集型行业，公共基础设施项目建设对资金的需求量巨大，建成后使用维护费用也是一项持续巨大的投入，小量、分散的投资无法满足如此巨大的资金需求。其次，某项公共基础设施的投资建设是为了满足特定的需求，如铁路满足运输，电信满足信息交流，这就导致公共基础设施资产流动性较差，不容易在市场流通或转让，一旦投入到公共基础设施项目中，就会形成大量的沉没成本。在客观上抬高了准入门槛，即使在完全自由竞争的环境下，大多数私人投资也无法涉及，于是进一步加剧了某些公共基础设施投资的自然垄断。

第二，公共基础设施的规模经济效应。

公共基础设施一旦建成，运营成本主要是固定资产折旧，可变动的成本较小，在一定的产出范围内，所提供服务成本会随着服务对象数量的增加而降低，这一显著特征决定了公共基础设施的自然垄断性。

此外,由于公共基础设施自身的特殊性与复杂性,公共基础设施投资也有区别于其他项目投资的显著特点:

①投资规模巨大

公共基础设施投资和其他类型的投资相比较,一个重要的区别就是,公共基础设施投资不管是资金还是建设规模都明显大于其他投资项目,其中一般公共基础设施如交通运输、电力、邮电通信、能源等关系社会经济发展的公共基础设施投资对资金的需求更是一般私人投资无法企及的。也正是公共基础设施投资规模的巨大性造成了公共基础设施的自然垄断特征。

②投资决策复杂

公共基础设施投资需要考虑的因素不仅包括市场因素,还包括社会因素。由于公共基础设施更多是以社会公共利益为主,涉及群体众多、关系复杂,甚至某些公共基础设施关系到整个社会福祉,因此在投资计划上更要谨慎,并持续性地对某项投资计划进行多面性评估。此外,公共基础设施项目建设周期较长,很多不确定因素事先根本无法预估,如技术进步、外部环境的改变、政策风险等任何可能的变故都有可能造成和原计划的偏离或者根本无法实现预期效果。因此,在进行项目投资决策时,必须充分考虑可能出现的不确定性。

首先,公共基础设施的运营目标是以社会效益优先为主,同时尽可能地兼顾经济效益。因此,在进行公共基础设施投资运营效益的计算时,应注重社会整体效益而非企业的经济效益,在此基础上努力促使社会效益最大化,提高全社会总福利水平。其次,公共基础设施投资效益具有明显的滞后性。公共基础设施一般初期产出较低,短时间难以收回其投资成本。但后期,由于项目仅需要维修成本支出,反而具有较高收益。最后,公共基础设施投资特别是重大项目投资,无论投资主体是谁,都与政府有着不可分割的密切关系,投资收益最终都受到政策影响,必须遵从政府指导来对公共基础设施的服务进行收费。

③投资方式多元

由于公共基础设施具有社会公益性、投资规模巨大、投资决策复杂等特点,在项目投融资过程中就必然考虑诸多因素,比如,是政府直接投资还是政府和私人共同投资,投资方式是财政拨款还是银行贷款,与私人合作投资是采取 BOT 还是 PPP,运营管理方式是合营还是特许经营,等等,投资模式的选择多种多样,投资模式也并非一成不变,而且随着金融市场的进一步发展完善,更多新的投融资方式也会应运而生,更能满足多样化的投资需求与选择。

④投资的不可分割性与时间上的连续性

公共基础设施投资资金需求、时间跨度和地域跨度都比较大。公共基础设施建设不仅需要巨大的人力、物力、财力作为支撑,同时需要其相互成为一个系统,有时必须同时建成才能发挥其具体效用,如交通、电力等。正是公共基础设施投资的不可分割性决定了其初始投资规模巨大,零星的小规模投资根本不起作用。

公共基础设施的投资建设时间普遍较长,从发达国家工业化进程来看,公共基础设施投资项目在时间和空间上都先于直接生产性投资项目,其中交通运输系统的投资尤为明显,其投资增长迅速,普遍大于同期国民经济增长速度。交通运输体系的完善在促进市场一体化过程中,其作用尤为重要。

⑤投资空间溢出效应

公共基础设施具有显著的空间网络性。良好的空间网络能有效提升所在区域的资源聚集能力,各生产要素的流动更方便快捷,有效提升所在区域的综合竞争能力,这在一定程度上促使区域之间形成一个整体,各生产要素借助于空间网络从一个区域向另一个区域流动,实现生产要素在网络空间的自由流动,使区域经济联系更加紧密,实现良好的扩散效应,产生正溢出作用,从而把各个区域的经济活动联系起来。一个地方的经济发展通过网络扩散可以带动周边地区的发展,但同时需要注意的是,发达区域资源的过度聚集,会吸干周边区域的发展潜力,造成周边区域发展滞后,最终的结果是发达地区的经济繁荣往往是以牺牲周边区域的发展利益为代价,由此造成区域经济发展的不平衡。

公共基础设施的另一个重要特点便是公共基础设施具有空间依附性,公共基础设施只为所在区域提供相应的服务,由于每个区域的公共基础设施占有量不同,因此公共基础设施的这一特征便造成了公共基础设施服务空间区域的差异,这种差异直接影响区域间的经济增长与发展。公共基础设施良好的区域能很好地发挥空间溢出效益,促进该区域经济增长,但同时这种分布的不均对周边区域的发展则产生了负的溢出效应,对周边区域经济的增长与发展产生不利影响。

3. 公共基础设施的分类

公共基础设施主要有以下几种划分方式:

(1)公共基础设施的效能和价值的创造

按照此分类标准,公共基础设施可分为经济公共基础设施与社会公共基础设施,见表3-2。

表 3-2 公共基础设施效能和价值创造的分类

分类	主要内容
经济公共基础设施	经济公共基础设施主要是为直接生产活动和经营活动提供产品或服务。主要包括:交通运输、能源电力、通信设施等,又叫狭义公共基础设施
社会公共基础设施	社会公共基础设施主要是为间接生产活动、经营活动提供产品或服务。主要包括:教育、科技、医疗、社保、环境保护、文化体育等,又叫广义公共基础设施

(2)公共基础设施的资金密集程度

公共基础设施投资规模巨大是一个显著特点,但不同的项目对资金的需求量也各有不同。按照公共基础设施投入所需的资金规模,公共基础设施可分为资金密集型和非资金密集型公共基础设施,见表3-3。

(3)公共基础设施的具体功能

根据公共基础设施的具体功能,可以将其分为表3-4中所列的几大系统:

表 3-3   公共基础设施资金密集程度分类

分类	主要内容
资金密集型	这类公共基础设施建设资金需求巨大,如铁路、公路、机场、电力等
非资金密集型	这类公共基础设施投资金额相对较小,对资金需求量不大,如教育、科研等

表 3-4   公共基础设施功能分类

分类	主要内容
交通运输系统	交通运输系统主要满足人员和货物的流动。一般可以大致分为陆路交通运输(公路、铁路)、水路交通运输(内河、远洋)、航空运输以及管道运输
城市供水系统	主要包括水源供给系统与回收系统。水源供给系统包括输水管线、相应的机电设备等;水源回收系统则包括污水处理厂、地下污水排放系统等
能源供应系统	主要提供能源动力的配套设施。如油气生产运输设施、管线、电站及电力分配传输系统等
邮电通信系统	主要包括通信网络、各种有线和无线的通信、服务基站以及卫星网络等
医疗卫生系统	主要指医院等医疗机构以及相应的医疗器械设备、建筑物
政府服务系统	为服务大众和维护社会安定的各种政府机构。如政务大厅、警局、法庭、监狱等
科学教育系统	主要传播科学知识,进行科学研究。如学校、科研机构、新闻传媒
环境保护系统	环境卫生保护部门及相应的建筑物,各种环保设施等
减灾防灾系统	城市防洪堤、排涝泵站、消防站、防空洞、医疗急救中心、物资储备库或气象站、地震局、海洋局等带有测报功能的机构

(4)公共基础设施的运营模式

我国早期的公共基础设施投资和运营政府占据主导地位。随着公共基础设施投资运营的不断发展,公共基础设施运营模式也发生了变化。按照公共基础设施运营模式分类,可将公共基础设施分为表 3-5 所列的几大类:

表 3-5   公共基础运营模式分类

分类	主要内容
公办公营	由政府直接参与经营管理的公共基础设施。这类公共基础设施具有两个明显的特征:第一,它是整个经济设施发展的基础和保障,具有明显的社会公益性和很强的正外部性;第二,这类公共基础设施的盈利能力差,资金回收周期非常漫长,甚至在使用周期内根本无利可图。因此,最合适的方式就是政府提供,政府经营,政府管理,以整体的社会利益作为投资运营的出发点和落脚点,政府以定价的方式对享受服务的人收费
公办私营	政府控股,把项目交给法人经营管理,并且自负盈亏。这种运营方式的公共基础设施也有两个特点:第一,投资规模巨大,政府财政压力较重;第二,有一定的盈利空间,但是利润率不会太高,且长期来看不能保证一定就能盈利。公办私营的运营模式由于有私人企业参与,不仅能提高公共基础设施运营效率,还能减轻政府财政压力,更重要的是公办私营能让政府尽快地回笼资金,有效降低投资风险,在盈利能力良好的情况下还能增加财政收入,保证更多公共基础设施项目的持续稳定投资

（续表）

分类	主要内容
公私合营	公私合营是政府与企业通过协议的形式,各自拥有项目的部分股权,政府可参与项目的经营管理,也可不参与其运营。公私合营模式一方面能解决政府财政资金短缺的压力,保障公共基础设施的供给;另一方面,社会闲散资金也能得到充分的利用,提高公共基础设施投资运营效率
特许经营	特许经营模式是政府招标,私人通过投标的方式取得公共基础设施项目的经营管理权,并在政府的监管下运营。投标以价格的方式解决了公共定价和私人定价的问题,能有效解决某项自然垄断严重的公共基础设施项目经营管理中的效率损失问题
私营	即政府把某个公共基础设施项目完全转交给私人独立运营,政府在原则上干预私人运营过程,公共基础设施服务收费的价格由市场通过竞争决定,充分调动市场配置来配置社会资源。这种方式的好处是:第一,减轻政府在公共基础设施运营管理中的财政和人力上的负担,提高公共部门自身运行效率;第二,由私人完全根据市场规律来经营,在提高效率的同时还能满足多样化的需求,更加灵活、高效

3.3.2 公共基础设施投资的基本理论

1. 大推动理论

大推动理论的提出者是保罗·罗森斯坦·罗丹。大推动理论是均衡发展理论的代表理论。该理论的核心是通过对国民经济各行业大规模的投资,刺激各行业的均衡增长,进而带来整个国民经济的增长和发展,尤其是在发展中国家,这种对各行业同时大规模投资对经济的全面推动尤为重要。大推动理论有三个不可分割性,其作为理论基础分别是:第一,生产的不可分割性。相对于提高资金的产出,生产过程中投入与产出的不可分割性更能有效增加产出。第二,需求的不可分割性。构成国民经济的各个部门是相互联系的体系系统,是密不可分的共同体,彼此都作为对方的投入要素方和市场需求方。第三,储蓄的不可分割性。在经济欠发达的国家和地区,现实的情况是居民的储蓄率较低,而投资和储蓄又是相对应而存在的,二者是此消彼长的关系,公共基础设施投资规模通常比较大,即使最小规模的零界投资也需要大规模的储蓄作支撑,要打破发展中国家和地区的低储蓄现状,只有通过政府投资来带动居民增加收入,从而提高储蓄水平,保障公共基础设施长远投资的稳定与持续。

大推动理论的主要内涵见表 3-6。

表 3-6   大推动理论主要内涵

内容	内涵
经济效果	大推动理论的经济效果体现在两个方面:第一,投资对象应该是能相互补充,互为彼此市场需求的行业或部门,目的是创造新的需求,解决市场规模不足的问题;第二,投资联系密切的相关行业或部门,能提升产业链整体的完整性,推动上下游产业同步发展,解决相关行业的生产成本问题,进而提高企业利润,增加居民收入,提高储蓄率,为进一步扩大投资提供经济上的支持

（续表）

内容	内涵
资本来源	大推动理论投资来源于国内和国外两个方向。由于大推动理论强调对相关行业和部门进行同时投资,其所需资金必定巨大,小规模的投资根本起不到同时推动几个部门同时发展的作用,所以必须强调最小的零界规模投资。但是在经济欠发达国家和地区,国内资本难以满足如此巨大的投资负担,为解决资金短缺问题,便大量引入国外资本,弥补国内投资不足的问题
投资重点	大推动理论的投资重点并非整个国民经济所涉及的行业,而是主张重点投资公共基础设施和轻工业,并且还要是互相联系紧密,存在互补关系的行业,而不是投资重工业
政府计划	大推动理论的投资主体是政府而不是市场,投资目的是推动整个国民经济的增长而非取得短期利润,加之投资金额巨大,建设时间较长,项目全寿命使用周期至少几十年,因此在发展中国家和地区,政府是最合适的投资主体

保罗·罗森斯坦·罗丹的大推动理论的提出,极大地推进了发展中国家和地区工业化进程,促进了经济欠发达地区的经济增长与发展,在发展经济学理论界得到了高度的认同。但大推动理论也存在理论上的缺陷与不足:第一,作为其理论基础的三个不可分割性在现实社会中是存在某种可分性的;第二,大推动理论强调相关部门的互补性,忽视了部门的专业化分工;第三,大推动理论所需的投资来源于国内和国外,作为经济欠发达甚至落后地区,国内资金短缺,市场狭小,需求不足,国外资金也很难愿意投入;第四,大推动理论的投资主体是政府,基本忽略了市场的资源配置作用,但在发展中国家和地区,政府本身的财政是很困难的,难以支撑几个部门同时大规模的公共基础设施投资。综上所述,大推动理论局限性也显而易见。

2. 乘数理论

乘数理论的最先提出者是英国经济学家卡恩,但卡恩的乘数是新增投资所带来的就业量和新增投资直接带来的就业初始量的比值。凯恩斯在卡恩的基础上深化了这一理论,即凯恩斯乘数。凯恩斯乘数关注的是收入和投资的变化而非就业和投资的关系。凯恩斯乘数理论说的是投资所带来的收入变动比投资本身变动更大,且变动幅度往往是投资的倍数。

宏观经济学对乘数的分类是从广义和狭义两个方面来进行的。广义的乘数指的是均衡国民收入的变动量与引起这一变化的变动量之比,或者说增加一个单位的投入量可能带来的国内生产总值的增加额。狭义上的乘数就是通常所说的投资乘数,其含义是投资变动引起收入的变动,而这种变动远大于投资本身,呈现出的趋势往往是投资的倍数。投资一旦进入生产过程,其产出也会随之增加。由于国民经济各部门是一个互相联系的整体,一个部门产出增加会带动其上下游相关部门产出增加,全社会居民收入也会随着产出的增加而增长,收入增加需求也相应扩张。当需求转化为消费的时候,投资乘数就开始出现。因此,居民边际消费倾向越高,投资乘数越大,反之投资乘数便越小。投资在增加本部门产出的同时,也会对其他部门产生需求,进而也扩大了其他部门的产出。整个过程是一个无限递推的链式反应,最终的结果就是引起国民经济以高于初始投资几倍的增长。乘数理论用数学公式可表示为:

$$k=\frac{\Delta y}{\Delta i}=\frac{1}{1-MPC}=\frac{1}{1-\beta}=\frac{1}{MPS} \tag{3-1}$$

公式中：Δy 表示收入变动量，Δi 表示投资的变动量，MPC 表示边际消费倾向，MPS 表示边际储蓄倾向。增加投资所引起的收入增加大于本身的投资额，反之亦然。也就是说，投资的变动与收入的变动不是线性关系，而是一个变动着的斜率。公共基础设施投资在直接拉动经济增长、增加居民收入的同时，也间接创造了居民的需求，反过来这也会刺激消费，进一步带动经济的增长。这种递推增长方式的结果就是国民经济增长的规模是投资本身的倍数。同理，公共基础设施投资的减少也会造成国民经济成倍地减少。乘数效应分类体现在表 3-7 所列的三个方面：

表 3-7　　　　　　　　　　　　　　　　乘数效应分类

内容	内涵
公共支出乘数效应	公共支出乘数效应是指政府公共支出变动引起的国民收入变动程度，政府增加公共支出，不仅促使所在部门产出增加，同时扩大了关联部门的需求市场，也会带动与其密切相关的部门增加产出，增加的收入一部分又转化为投资或者消费，进一步刺激下一个环节相关联部门的收入，如此循环往复，便会使国民经济成倍地增长。同理，如果投资或公共支出减少，则国民经济也会以类似的情况成倍减少
税收乘数效应	税收乘数效应是指由于税收变动引起的国民收入变动的程度。税收的增加意味着收入的减少，消费和投资也相应产生收缩。由于国民经济各个部门相互联系，一个部门收入减少，与其相关联部门市场容量就会缩小，从而该部门收入也会跟着减少，如此递推式发展，最终的结果是国民总收入比税收成倍数地减少。反之，减少税收，私人部门收入增加，消费和投资相应增加，从而带动相关部门收入增加，最终引起国民收入成倍增加。但一般情况下，税收对国民收入的影响程度小于投资或者政府公共支出，因此税收乘数小于投资乘数
预算平衡乘数效应	预算平衡乘数是指政府购买和税收以相同数量增减时，国民收入变动量与政府购买或税收变动量的比率。当政府支出的扩大与税收的增加相等时，国民收入的扩大正好等于政府支出的扩大量或税收的增加量，当政府支出减少与税收的减少相等时，国民收入的缩小正好等于政府支出的减少量或税收的减少量

3.3.3　公共基础设施投资与经济增长的关系

公共基础设施是产业发展的根基。公共基础设施的供给水平直接影响生产部门的生产率。公共基础设施投资不仅能直接增加本部门的产出，而且能间接提高相关部门的产出水平，其直接作用和间接作用如下：

1. 公共基础设施投资对经济增长的直接作用

公共基础设施是构成国民经济增长与发展的基础物质结构，公共基础设施投资的增加能直接作用于经济增长。公共基础设施投资能直接刺激本部门劳动生产率的提升，使部门产出水平进一步提高，直接对经济增长产生作用。国内外研究表明，公共基础设施的这种对经济增长的直接拉动作用正在与日俱增。世界银行对公共基础设施存量价值的研究结果表明：收入的增长会在较大程度上影响公共基础设施的构成。

收入低的国家,供水、灌溉等生存类公共基础设施非常重要;中等收入国家,交通类公共基础设施的需求更加迫切;高收入国家,邮电通信公共基础设施投资所占的比重大幅上升。

2. 公共基础设施投资对经济增长的间接作用

(1)公共基础设施投资的乘数效应

资本在投入生产过程以后,会带动相关部门产出,增加的部分产出会以工资的形式转化为居民收入。由于国民经济各部门是一个互相联系的整体,一个部门产出增加会带动其上下游相关部门产出增加,全社会居民收入也会随着产出的增加而增长,收入增加需求也相应扩张。当需求转化为消费时,投资乘数就开始出现。因此,居民边际消费倾向越高,投资乘数越大,反之投资乘数便越小。因为当投资增加使所在部门的产出增加同时,也为相关联的部门创造了需求,不仅能让本部门收入增加,还会促使关联部门收入增加,增加的收入在扣除储蓄之后,又会转化为新的投资或者消费,进一步刺激下一个环节相关联部门的产出,如此递推下去,最终便会使国民经济成倍地增长。投资乘数之所以存在,离不开各个密切相关的生产部门,投资在增加本部门产出的同时也会使相关联的其他部门产生需求,进而扩大其他部门的产出。整个过程是一个无限递推的链式反应,最终的结果就是引起国民经济以高于初始投资几倍的增长。投资乘数效应具体的分类和作用机制见表3-8。

表 3-8 投资乘数效应

效应分类	作用机制
伴随效应	增加公共基础设施投资,能有效提高公共基础设施相关联的各个部门产出水平和服务水平,在本部门收入增长的同时,也伴随着相关部门的收入产出的增长
向前诱发效应	公共基础设施的投资过程中,必然要求对资金、原材料、技术以及服务的持续供给,从而带动相关产业链和部门的增长与发展,特别是对原材料的需求,对上游产业链发展的推动作用尤为明显。如轨道交通的建设,对钢铁行业、机械制造业的带动作用是不言而喻的
后续波及效应	公共基础设施建设一旦完成,交付使用之后便能持续地提供产品和服务,使得利用该公共基础设施的部门能更有效率地组织生产,提高部门产出水平

(2)公共基础设施投资降低经济运行成本

社会生产综合水平与经济增长紧密相关。决定生产力综合水平的正是公共基础设施的数量与质量。生产与交易是社会经济运转的两个最基本的方面。生产活动体现的是人与自然的关系,交易主要是人与人的活动。生产成本和交易成本也是经济活动中两个最主要的成本。公共基础设施的作用就是要通过完善相关经济发展的配套服务,降低社会经济的运转成本,提高效率,优化经济增长的结构和提升经济增长质量。

第一,降低生产成本,提高产出效率。公共基础设施既是社会经济发展的物质基础,也是生产活动的先决条件。高质量的公共基础设施服务能降低经济部门运行成本,提升其产出水平。反之,则会增加经济运行成本,降低产出水平,阻碍经济的增长。

第二,降低交易成本,提高交易效率。交易成本是指完成市场交易所付出的时间、资金等的有形和无形的成本。市场的不完全竞争导致交易双方信息的不对称,交易双方谁获得市场信息越多,谁就能占得先机,交易结果对谁就更有利,于是交易双方都想获得更大的优势,为此都不遗余力地尽可能多地掌握信息,在此过程中便产生了各种成本。良好的公共基础设施服务能极大降低信息获取的难度,从而减少交易双方的费用。

(3)公共基础设施投资促进产业结构升级

产业从低端向高端,从劳动密集型向技术密集型转化的过程,称为产业结构升级。国民经济增长和产业结构有着密不可分的关系。一定的产业结构决定了经济增长的模式和发展水平,低端产业结构只能是粗放型增长,经济增长的质量得不到保证,与此相反,高端产业结构则是集约型增长,能极大提高经济增长的质量和效益。公共基础设施作为产业构成的物质基础,其结构直接影响产业结构的升级换代。

通过公共基础设施投资来促进产业结构升级主要是通过相关部门来实现的,可称之为关联效应。在公共基础设施的投资过程中,必然要求对资金、原材料、技术以及服务的持续供给,进而带动相关产业链和部门的增长与发展,这成为向后关联。如轨道交通的建设,对钢铁行业、机械制造业的带动作用是不言而喻的。公共基础设施建成,便能在很长时间跨度上持续提供服务,使得利用该公共基础设施的部门能更有效率地组织生产,提高部门产出水平,这称为向前关联。

(4)公共基础设施投资推动贸易发展

出口是拉动经济增长的"三驾马车"之一,公共基础设施投资可为贸易的发展提供物质基础保障。便捷的交通运输系统和发达的通信网络设施,带来的超强运输能力和货物周转吞吐能力,能有效刺激货物交换,扩大贸易规模,推动贸易增长。公共基础设施投资不仅能刺激货物流通,推动贸易发展,在国际竞争当中也是非常重要的能力之一。高质量的公共基础设施能更容易获得新的出口市场。贸易的全球化、一体化不断加强,与此同时运输手段的多样化、通信网络的快速发展、供应链仓促技术的进步为国际贸易的发展提供了完善配套的高质量公共基础设施服务,降低了国际贸易成本,提高了效率。特别是以信息技术为代表的新一代通信技术的发展,极大提高了信息获取的能力,从而减少交易双方的费用,有效地促进了国际贸易的发展。

(5)公共基础设施投资促进环境质量改善

1992年,人类的可持续发展目标在联合国环境发展大会上得到了明确,速度与均衡的协调是可持续发展强调的核心内容。可持续发展要求经济发展要与环境承载能力相协调,公共基础设施投资对于改善现有愈演愈烈的环境恶化趋势有着重要的作用。在经济增长的同时,一方面,要让经济增长与环境相协调,经济的增长要以环境承载力为基础,坚持走可持续发展和永续发展的道路;另一方面,生态环境的改善又会进一步促进经济的持续增长,提升经济增长的活力与质量。

加强公共基础设施投资能有效提高公共基础设施供给水平,提高服务质量,使得人们的生产、生活环境得以优化,使人们生活水平得以提高,同时也可以优化改善企业的生产运营条件,提高产出效率。生活水平的提高必然伴随着新的消费需求,新的消费需求会反作用于供给,如此良性循环刺激经济增长。

思考题

1. 土地及其特征是什么？
2. 土地资本的特点是什么？
3. 阐述土地市场及其土地市场结构的特点。
4. 住宅的特征是什么？
5. 阐述住宅市场与城市经济之间的相互关系。
6. 基础设施的特征是什么？
7. 阐述城市基础设施的分类。
8. 阐述城市基础设施对经济增长的影响。

第4章

城市管理

本章导读

　　城市管理是城市发展的关键,是城市运转的根本动力,是城市载体功能和运转效益的重要保证。本章分别对城市社会组织、城市财政和城市运营的定义、构成要素、职能等相关理论进行阐述。本章学习,可以帮助学生掌握城市社会组织、城市财政和城市运营的定义、构成要素、职能等相关理论,了解城市管理对城市发展的重要作用。

4.1　社会组织

4.1.1　社会组织的定义及形成过程

1. 社会组织的定义

　　社会组织是公共关系的主体,是公共关系的三大构成要素之一。公共关系学所称的"社会组织"是狭义的。它是人们为了有效地实现特定目标,按照一定的宗旨、制度、系统建立起来的共同活动集体。它有清楚的界限、明确的目标,内部实行明确的分工并确立了旨在协调成员活动的正式关系结构,比如,政党、政府、企业、公司、学校、医院等。

　　社会组织的产生,其动力来源于功能群体的出现,以及群体正式化的趋势。在社会的演进过程中,一方面,功能性群体自然演化成了正规的社会组织;另一方面,一些社会群体的正式化,也造就了组织的形式。有学者认为,组织可以通过社会功能的专门化、社会动员和社会暴力而形成。现代人类社会的组织同样具有上述特点,各有不同。像各种跨国公司是功能群体演化成的组织,而军队则一直是战斗群体正式化的产物。那种认为社会组织只能通过社会分工来产生的观点是片面的。

2. 社会组织的形成过程

在人类社会早期阶段,整个社会发展水平极为低下,人们共同活动的群体形式最初是以血缘关系为纽带的原始群、血缘家庭和物理学习集合,以及出现的以地缘关系为纽带的村社等。它们都是人类物理发展的初级社会群体形式。社会分工的发展,阶级的出现,人们之间的社会关系以及人们的社会活动日趋复杂,社会组织适应物理及社会成员的需要逐渐形成并发挥作用。但这时人们的社会关系和共同活动的形式还是以初级社会群体为主。人类社会进入工业社会到 21 世纪,社会生产力飞速发展,社会分工越来越细,社会生活和物理关系越来越复杂,初级社会群体在很多方面已无法适应社会发展和社会活动的需要。因此,完成特定物理目标和承担特定物理学史的社会组织的大发展就成为近代社会发展的必然趋势。

4.1.2　社会组织的主要特征和构成要素

1. 社会组织的主要特征

(1)特定的组织目标

组织目标一般是明确的、具体的,表明某一组织的性质与功能。人们围绕某一特定的目标形成从事共同活动的社会组织。组织目标是组织活动的灵魂。它可以是单一的,也可以是具有内在联系的目标体系。

(2)一定数量的固定成员

社会组织是由两个个体或两个以上的个体组成的系统。组织成员是相对固定的,成员明确地意识到自己属于某一组织。社会组织如无固定的成员就失去了自身存在的实体基础,进入或退出一个组织必须按照一定的程序进行,特别是组织成员资格的取得,一般都要经过组织的考核与审查。

(3)制度化的组织结构

为了实现特定的目标并提高活动效益,社会组织一般都具有根据功能和分工而制度化的职位分层与部门分工结构。只有通过不同职位的权力结构体系,协调各个职能部门或个体的活动,才能顺利开展组织活动并实现组织目标。

(4)普遍化的行动规范

普遍化的行动规范一般是以章程的形式出现,并作为组织成员进行活动的依据。组织的行动规范是每个成员必须遵守的,它通过辅助的奖惩制度制约组织成员的活动,以维护组织活动的统一性。

（5）社会组织是一个开放的系统

就每一个社会组织来说，它不仅自身要与周围环境进行物质、成员、信息的交换，而且还根据与其他组织的关系，组成不同的组织体系，在更大的范围内和更高的水平上与外界环境进行各种形式的交换。一个组织如果绝对地自我封闭，组织的生命也就停止了。社会生活中实际存在的工厂、机关、医院、学校、商店等都是社会组织的具体形式及群体。

2. 社会组织的构成要素

社会组织一般由四个方面的要素构成：

（1）规范

规范是指稳定的规则与规章制度。它是社会运行的基础，是社会关系及其功能价值的具体表现。它要求个体或团体应如何思考、感觉等，在各种情况与关系当中应如何行动。规范的目的是使社会生活中的互动行为标准化。

（2）社会组织地位

地位是指个体或团系在社会关系空间中所处的位置。现代社会中，个体之间的互动基本上是地位之间的互动，社会组织的互动也是经由地位而建立的。社会地位包括归属地位和成就地位两种形式，其中后者处于主要位置。

（3）社会组织角色

角色是指按照一定社会规范表现的特定社会地位的行为模式。角色是地位的动态表现，地位则是角色的静态描述。社会组织就是由一组互相依存、相互联系的角色构成的。

（4）社会组织权威

权威是指一种合法化的权力，是维持组织运行的必要手段，它使成员在组织内受到约束和限制。

4.1.3　社会组织的基本职能和类型

1. 社会组织的基本职能

任何一个社会组织要实现其特定目标和功能，都必须执行必要的职能，比如，人类社会的市场营销、生产运作、财务会计、人力资源利用和开发、技术研究与开发等。其中，市场营销、生产运作、财务会计是社会组织的三项基本职能。

（1）市场营销

市场营销是指对于现状未满足的需要和欲望，估计和确定需求量大小，选择和决定企业能更好地为其服务的目标市场，并决定适当的产品、服务和计划（或方案），以便为目标市场服务。市场营销可以引导新的需求，获得产品和服务的订单。

（2）生产运作

生产运作就是根据市场营销的结果，按数量、质量、交货期的要求，为顾客创造产品和提供服务。

（3）财务会计

财务会计就是根据市场营销和生产运作的需要，筹措资金并合理地运用资金，支付账单,收取贷款。同时跟踪组织的运作状况,对发生的各项收入、支出进行记录、核算,对组织的业绩进行经济分析与评价。

2. 社会组织的类型

按照组织规模的大小,社会组织可分为小型、中型、大型和巨型等不同类型,例如,联合国就是一个巨型的社会组织。按照组织成员之间关系的性质,社会组织可分为正式组织和非正式组织。正式组织中,组织成员之间的关系由正式的规章制度作出详细规定,如军队、政府机关。非正式组织中,组织成员之间的关系则无这种规定,比较自由、松散,如业余活动团体。按照组织的功能和目标,社会组织可分为生产组织、政治组织和整合组织,这是美国社会学家 T. 帕森斯的分类法。按照组织目标和获利者的类型,美国社会学家 P. M. 布劳等人将社会组织分为互利组织,如工会;私有者的赢利组织,如商业组织;服务组织,如医院;公益组织,如政府机构。还可以按照组织对成员的控制类型,将社会组织划分为强制性组织、功利组织(以金钱或物质控制其成员的组织)、规范组织(通过将组织规范内化为成员的伦理观念或信仰来控制成员的组织)。中国的一些学者根据人们社会结合的形式和人们之间社会关系的表现,将社会组织分为经济组织,政治组织,文化、教育、科研组织,群众组织等几种类型。组织类型的划分都是相对的,人们可以从研究和分析的需要出发,选择恰当的分类标准。

由于公共关系研究的是组织形象塑造问题,因此,对组织进行分类将有利于我们更好地把握公共关系。社会组织的存在纷繁复杂、形式各异,我们可以根据不同的标准对其进行不同的分类。但鉴于组织类型对公共关系行为影响较大的因素主要是营利和竞争,我们在这里主要根据组织是否营利和是否具有竞争性为标准,将组织分为四类,即竞争性营利组织、竞争性非营利组织、独占性营利组织和独占性非营利组织。

(1)竞争性营利组织。这类组织一般包括生产型组织、商业组织、服务型组织等,它们为了自己的经济利益,为了在市场竞争中争取顾客,一般都会比较主动地争取公众的支持,树立良好的组织形象,但比较容易偏重与市场活动直接相关的公众,其公关行为的营利性较为明显。

(2)竞争性非营利组织。这类组织一般包括各类专业学术团体等,它们没有营利动机,但由于需要在竞争中赢得舆论的理解和公众的支持,因此也十分重视公共关系,会尽可能广泛地去建立和发展自己的公众关系。

(3)独占性营利组织。这类组织是指在市场竞争中居独占性地位的组织。由于其产品或服务具有独占性,其他组织无法与其竞争,这类组织很容易产生违背公众利益的行为,从而使自己陷入不利舆论的困境。我国改革开放发展到今天,这类组织不多。

(4)独占性非营利组织。这类组织主要包括国家机关和军队等。由于利益驱动及压力竞争的缺乏,这类组织往往容易忽略自己的公众,甚至脱离公众,公关意识比较薄弱,公关行为相对滞后。

在现代社会里,人类的经济、政治和社会需要,大部分是通过社会组织来满足的。建立在社会分工基础上的专业化组织,将具有不同能力的人聚合在一起,以特定的目标和明确的规范协调人的活动和能力,从而更有效地满足人们的多种需要。大小不同、功能各异的社会组织构成了现代社会的主要基础。关于组织的知识和研究,已发展成为一个独立的综合性学科,即组织社会学。

4.1.4　社会组织的功能

1. 整合的功能

社会组织的整合是指调整对象中不同构成要素之间的关系,使之达到有序化、统一化、整体化的过程。具体表现为组织的各种规章制度(包括有形的、无形的)对组织成员的约束,从而使组织成员的活动互相配合、步调一致。组织整合一方面可以使组织成员的活动由无序状态变为有序状态,另一方面又可以把分散的个体黏合为一个新的强大的集体,把有限的个体力量变为强大的集体合力。这种合力不是 $1+1=2$,而是 $1+1>2$。显然,组织整合功能的有效发挥有利于组织目标的实现。

2. 协调的功能

组织内部各职能部门、各组织成员尽管都要服从组织的统一要求,但是,由于各自的目标、需要、利益等方面得以实现或满足的程度和方式存在着事实上的差异性,因此,组织成员之间或组织的各职能部门之间必然存在一些矛盾和冲突。这就需要组织充分发挥协调功能,调节和化解各种冲突和矛盾,以保持组织成员的密切合作,这是组织目标得以实现的必要条件。

3. 维护利益的功能

社会组织是基于一定的利益需要而产生的,不同的组织是个体利益分化的结果。组织利益与个体利益息息相关,正所谓"一荣俱荣,一损俱损"。维护利益功能的有效发挥能充分调动组织成员的积极性、主动性和创造性,提高组织的凝聚力,增强组织成员的向心力,从而顺利高效地实现组织目标。

4. 实现目标的功能

组织目标的实现要依靠组织成员的统一力量,而这种统一力量的形成,需要组织整合和协调功能的有效发挥作为基础,以利益功能为动力,从而才能使组织达标功能得以充分发挥。各种社会组织都是社会大系统的分子。因此,达标功能就既包括实现组织自身目标,也包括实现社会大目标这两个任务。

当然,以上述及的四种功能并不是相互割裂的,而是作为一个系统发挥其作用。值得注意的是,组织功能的正常发挥,要以健全的组织构成要素为基础。因此,加强组织自身建设,是充分发挥组织功能的基本前提。

4.1.5　社会组织的结构

1. 正式社会组织结构

社会组织的正式结构是指组织内部各职位、各个部门之间正式确定的、比较稳定的相互关系模式。职位、部门是构成组织结构的基本元素或单元,这些结构单元的不同组合又形成了组织结构的不同类型。职位是组织内部正式设立的、从事某种特定活动的组织位置,它通过各种规范化的正式角色动态地表现出来。职位与个体的关系是:职位需要个体占据,个体只有占据一定的职位才能获得组织成员身份。职位通常具有可转换性,可由不同的个体承担。同一个个体可以占据不同的职位,或同时占据几个职位,但膜翅目昆虫一个个体同时只能占据一种职位,比如工蜂只能是工蜂,蜂王只能是蜂王。

部门为人类所特有,是组织内部以组织目标为导向、以组织规范为前提、以组织内部分工为依据,由若干个相关的职位联结形成的稳固组合,它通常表现为一种组织机构。部门使职位间的互动关系经常化、制度化。

从组织管理学的角度来看,社会组织的正式结构大致可划分为直线型、职能型、网络型三种,一般只对人类的社会组织划分类型。

①直线型组织结构是一种比较简单的组织结构,整个组织结构形成一个直线式等级序列,每一层下级都必须接受上级的直接领导,上下属关系简单而直接,实行一长制领导体制,因而对领导的管理能力要求很高,一般只适应规模较小的组织结构,如部队中的营以下单位。这一模式的主要特点在于集中领导。组织成员只隶属于一个上级,这种直接领导和直接负责的模式,保证了集中领导和统一指挥。

②职能型组织结构是在较大的组织内,把相关的职位集中起来,建立一个职能部门,把整个管理内容划分为若干个职能部门,由这些职能部门对组织进行具体管理的一种组织结构。这一模式的主要特点在于分工负责。由于各个职能部门的设置,相关的职位和部门得以科学组合,最高权力分散下放到各职能部门,形成了分工负责的局面,提高了组织决策的科学化、民主化程度。

③网络型组织结构是为了避免直线型和职能型结构的缺陷而建立起来的,它力图避免直线型结构和职能型结构在信息沟通和组织指挥上的局限性,在组织中建立一种纵横交错立体沟通的组织结构。这一模式的主要特点在于系统协调。它以统一的组织总目标为参照系,制定各相对独立的分目标,并开展活动,以确保整个组织能够围绕总目标协调有效运行。

2. 非正式社会组织结构

社会组织的非正式结构是指组织内部成员间自发形成的各种非正式群体及其相互关系。从非正式结构的形成来看,一种是在血缘关系、地缘关系或故旧关系基础上形成的,也可能是因为共同的兴趣而形成的。另一种是在正式的工作关系中衍生出来的,在日常工作中经常性的联系可能会加深相互之间的了解,并在此基础上产生感情沟通,进而形成非正式关系。在这里,非正式关系可能会与正式的工作关系结为一体。在这种情况下,当事个体之间处理工作问题时有可能会采取超出正式规定的方式。

非正式结构在一定条件下对正式结构起着一定的补充作用。换言之,它对正式结构有着正向功能。表现为:第一,能缓冲正式结构所带来的压力;第二,能提供正式结构以外的丰富的控制和沟通形式;第三,能够成为推动组织改革,维护组织成员合理利益的有效力量。

值得注意的是,非正式结构也有一些负向功能。特别是当组织中的非正式结构与组织的正式目标相互抵触时,这种消极作用就展现得越明显。这种负向功能表现为:第一,非正式结构的过分整合往往会削弱组织权威系统的有效性,影响组织目标的实现。第二,有意利用非正式结构拉帮结伙,分裂组织,谋取个体和小团体利益的行为会造成组织精力内耗。第三,以非正式结构代替正式结构,工作程序发生混乱,会破坏组织的正常运行。第四,过多的非正式沟通联络容易导致机密漏泄、谣言四起,造成人心涣散。

非正式结构的发现提醒人们:社会组织并不是人们凭意愿设计而成的理性的结构,它是一个复杂的社会。所以,作为组织的管理者,要善于扬长避短,既要善于调动非正式结构的积极因素,又要制止一切消极的阻碍组织目标实现的非正式结构因素的增长,遏制腐败现象,以形成良好的组织氛围。

4.1.6 运行管理

1. 组织运行及其一般过程

社会组织并不是组织成员及物资设备的简单集合和组合,它是组织成员为了实现同一目标而协同努力的集体。当组织目标确定,为了实现目标,组织便以适当的组织结构为基础开始运行,它表现为这样一个过程:组织与外部环境进行物质、能量、信息的交换,即投入产出的过程,也是这一过程中组织结构所发生的联动过程。组织运行过程一般经过三个步骤:①投入,即调动和利用资源;②制作,即对投入的资源进行处理,通过使用资源来求得组织目标的实现;③产出,即输出"产品",实现组织目标。

2. 社会组织的管理

在整个组织运行过程中,离不开有效的组织管理。所谓社会组织的管理,是指组织领导对组织运行过程的操纵过程。组织的管理过程就是围绕组织目标,调动各种资源,运用一切手段操纵组织的运行,以确保组织目标得以实现的过程。它包括三个基本环节:①决策,就是确定组织的奋斗目标以及选择实现组织目标的方法和途径的过程。②组织实施,主要包括常规管理和应变管理。常规管理就是按照预定的方案,对本物种、其他生物以及非生物的物质和能量等要素进行科学的搭配与组合,确保组织成员的行动具有一致性,使之发挥正常的功能,有秩序有步骤地完成组织过程。应变管理就是根据外部环境的变化不断调整组织管理方案,以适应新的外部环境。③监督检验。在组织运行过程中,随时可能出现各种意外事件而影响组织活动进程,甚至影响组织目标的实现,必须要通过系统的监督检验来对组织活动和组织的内外环境进行有效的监控,并根据监控的结果决定是否对组织活动进行调整。

组织的运行过程与组织管理过程是同一个过程的两个方面,二者合而为一。只有真正理解了这一过程,才能真正掌握组织运行与管理的规律性。

4.2　城市财政

4.2.1　财政的含义

"财政"一词,主要有两层含义:一是从实际意义来讲,财政是"理财之政",是指国家(或政府)的一个经济部门,即财政部门,它是国家(或政府)的一个综合性部门,通过其收支活动筹集、供给经费和资金,保证实现国家(或政府)的职能。二是从经济学的意义来理解,财政是一个经济范畴,是一种以国家为主体的经济行为,是政府集中一部分国民收入用于满足公共需要的收支活动,以实现优化资源配置、公平分配及经济稳定和发展的目标。其本质是:国家为实现其职能,凭借政治权力参与部分社会产品和国民收入的分配和再分配所形成的一种特殊分配关系。

"财政"作为一个经济过程,包括财政收入和财政支出两个部分。收入主要来源于税收和国债,支出主要有社会消费性支出、财政投资性支出和转移支出。

综观我国几千年留存下来的古籍,可以看到"国用""国计""度支""理财"等一类用词,都是关于当今的"财政"即政府理财之道的记载,还有"治粟内史""大农令""大司农"一类用词,则是有关当今财政管理部门的记载。我国使用"财政"一词,如今虽已经习以为常了,但该词出现在中文词汇中至今却只有百年的历史。

根据财政功能和性质的不同,在不同历史阶段,人们又把"财政"称作"国家财政""公共财政"等。

4.2.2　财政的特征

1. 国家主体性

财政分配的主体是国家或政府。在财政分配的各项活动中,国家不仅决定着财政收入的对象(向谁征收)、方式(怎样征收)、规模和比例(征收多少)、时间(何时征收)等,而且决定着财政资金支出的用途、数量和支付的时间,其他主体则必须按照国家规定具体执行。在国家和各方面的分配关系中,虽然国家处于主导地位,但一方面,国家不能随心所欲地滥用权力,违背客观经济规律;另一方面,其他分配主体也必须承认和服从国家的主导地位,否则将会受到法律的制裁。

2. 公共性

财政分配的目的是满足社会公共需要。社会公共需要是相对于私人需要和微观主体需要而言的。所谓社会公共需要,是指向社会提供安全、秩序、公民基本权利和经济发展的社会条件等方面的需要。社会公共需要具有总体性、公共性和不对称性的基本特征。公共产品在消费上呈现出与私人产品不同的非竞争性和非排他性。

3. 强制性和非直接偿还性

财政分配是凭借国家政治权力,经由非市场的渠道进行强制和无偿的分配。所谓强制性,是指国家凭借政治权力,通过颁布法令征税,纳税人必须无条件地按法律规定缴纳应缴物品和款项。所谓非直接偿还性,是指国家征税后,税款即归国家所有,对纳税人不需要付出任何代价,也不需要偿还。

4.2.3 城市财政的职能

1. 优化配置

由于市场存在失灵,市场自发形成的配置不可能实现帕累托最优效应,因而需要政府介入和干预。财政的配置职能是由政府介入或干预所产生的,这个特点和作用是通过本身的收支活动为政府提供公共物品、提供经费和资金,引导资源的注射,弥补市场的失灵和缺陷,最终实现全社会资源配置的最优效率状态。财政配置的机制和手段有:

(1)根据政府经济职能确定财政收入占 GDP 的合理比例,从而实现资源配置总体效率。

(2)优化财政支出结构,保证重点支出,压缩一般支出,提高资源配置的结构效率。

(3)合理安排政府投资的规模和结构,保证国家的重点建设。

(4)通过政府投资、税收政策和财政补贴等手段,带动和促进民间投资、吸引外资和对外贸易,提高经济增长率。

(5)提高财政资源配置本身的效率。

2. 稳定经济

经济稳定包含充分就业、物价稳定和国际收支平衡等多重含义。发展是通过物质生产的不断增长来全面满足人们不断增长的基本需要。财政实现稳定和发展职能的机制和主要手段有:

(1)经济稳定的目标集中体现为社会总供给和社会总需求的大体平衡。

(2)在财政实践中,可以通过一种制度性安排,发挥某种"自动"稳定作用。

(3)政府通过投资补贴和税收等多方面安排,加快公共设施的发展,消除经济增长的瓶颈,并支持第三产业的兴起,加快产业结构的转换,保证国民经济稳定与调整发展的最优结合。

(4)财政切实保证前面提到的那些非生产性的、社会的公共需要。

3. 调节分配

在市场经济条件下,由于各经济主体或个人所提供的生产要素不同、资源的稀缺程度不同以及受各种非竞争因素的干扰,各经济主体获得的收入会出现较大的差距,甚至同要素及劳动投入不对称,而差距悬殊将涉及社会公平问题。

财政的收入分配职能主要是确定显示公平分配的标准和财政调节收入分配的特殊机制和手段。财政实现收入分配职能的机制和主要手段有:

(1)划清市场分配与财政分配的界限和范围。

（2）规范工资制度。

（3）加强税收调节。

（4）通过转移性支出，如社会保障支出、救济金、补贴等，每个社会成员得以维持起码的生活水平和福利水平。

4. 监督管理

在财政的资源配置、收入分配和调控经济各项职能中，都隐含着监督管理职能。在市场经济条件下，利益主体的多元化、经济决策的分散性、市场竞争的自发性和排他性，都需要财政的监督和管理，以规范财经秩序、促进社会主义市场经济健康发展。尤其是我国这样的社会主义国家，必须政令统一，必须维护国家和人民的根本利益，这就更需要强化财政的监督管理职能。财政监督管理的实施方式有：

（1）通过对宏观经济运行的监督管理，跟踪、监测宏观经济运行指标，及时反馈信息，发出预警信号，为国家宏观调控提供决策依据，从而为经济的正常运行创造良好的市场环境。

（2）通过对微观经济运行的监督管理，规范经济秩序。主要是建立健全和严格执行财政、税政、会计法规，为市场竞争提供基本规则，当好市场裁判，保护企业之间的正当竞争。同时，严肃财经纪律，依法征税，依法理财，保证国家财政收入。

（3）通过对国有资产营运的监督管理，主要是对实施价值形式的监督管理，在搞活搞好国有企业的同时，实现国有资产的保值和增值，促进国家财力的壮大和社会主义生产关系的再生产。

（4）通过对财政工作自身的监督管理，不断提高财政分配效益和财政管理水平。

4.2.4　城市财政的作用

1. 支援国家经济建设

我国城市财政已由单纯的消费性财政转变为生产性、建设性和消费性并重的财政。它直接深入到物质生产领域，支援国家经济建设，尤其是支援那些对国计民生有重大影响的重点骨干工程项目的建设。

2. 进行城市建设与维护，实现城市规划目标

城市财政的首要任务是进行城市的建设和维护。城市硬件环境和基础设施的建设水平与维护状况，直接关系到城市一切生产与生活活动的进行。同时，城市规划目标的实现，也是城市政府的职责所在，它需要城市财政提供人力、物力、财力来具体实施。

3. 促进城市各项社会事业发展

城市的文化、教育、科技、卫生、体育、社会福利和社会管理等各项事业，都必须依靠城市财政的支持。由城市财政提供资金进行各项设施的建设、开展各项活动，促进城市物质文明、精神文明和政治文明的协调。

4. 保障城市人民生活水平的稳定提高

财政补贴的方式为城市居民的住房、食品、交通、燃料等方面的消费提供资助，使居民

的生活水平不会因物价的过快上涨而出现下降。同时,对一些特殊居民,如残疾人、孤寡老人、烈士家属、失业者等提供抚恤与补助,建立起完善的社会保障制度。

4.2.5　城市财政收入与支出

1.财政收入

财政收入,是指政府为履行其职能、实施公共政策和提供公共物品与服务需要而筹集的一切资金的总和。财政收入表现为政府部门在一定时期内(一般为一个财政年度)所取得的货币收入。财政收入是衡量一国政府财力的重要指标,政府在社会经济活动中提供公共物品和服务的范围和数量,在很大程度上取决于财政收入的充裕状况。

(1)财政收入的分类

依据不同的标准,可以对财政收入进行不同的分类。国际上对财政收入的分类,通常按政府取得财政收入的形式进行分类。这种分类方法下,将财政收入分为税收收入、国有资产收益、国债收入和收费收入等。

①税收收入

税收是政府为实现其职能的需要,凭借其政治权力并按照特定的标准,强制、无偿地取得财政收入的一种形式。它是现代国家财政收入最重要的收入形式和最主要的收入来源。我国税收收入按照征税对象可以分为五类税,即流转税、所得税、财产税、资源税和行为税。其中,流转税是以商品交换和提供劳务的流转额为征税对象的税收,流转税是中国税收收入的主体税种,占税收收入的 60% 多,主要的流转税税种有增值税、营业税、消费税、关税等。所得税是指以纳税人的所得额为征税对象的税收,国家已经开征的所得税有个人所得税、企业所得税。财产税是指以各种财产(动产和不动产)为征税对象的税收,国家开征的财产税有土地增值税、房产税、城市房地产税、契税。资源税是指对开发和利用国家资源而取得级差收入的单位和个人征收的税收,中国的资源税类包括资源税、城市土地使用税等。行为税是指对某些特定的经济行为开征的税收,其目的是贯彻国家政策,中国的行为税类包括印花税、城市维护建设税等。

②国有资产收益

国有资产收益是指国家凭借国有资产所有权获得的利润、租金、股息、红利、资金使用费等收入的总称。

③国债收入

国债收入是指国家通过信用方式取得的有偿性收入。国债收入具有自愿性、有偿性和灵活性的特点。

④收费收入

收费收入是指国家政府机关或事业单位在提供公共服务、实施行政管理或提供特定公共设施的使用时,向受益人收取一定费用的收入形式,具体可以分为使用费和规费两种。使用费是政府对公共设施的使用者按一定标准收取费用,如对使用政府建设的高速公路、桥梁、隧道的车辆收取的使用费。规费是政府对公民个人提供特定服务或是特定行政管理所收取的费用,包括行政收费(如护照费、商品检测费、毕业证费)和司法规费(如民事诉讼费、出生登记费、结婚登记费)。收费收入具有有偿性、不确定性的特点,不宜作为政府财政收入的主要形式。

(2)城市财政收入的内容

城市财政收入包括地方财政预算收入和预算外收入。城市财政预算收入的内容有:

①主要是地方所属企业收入和各项税收收入。

②各项税收收入包括营业税、地方企业所得税、个人所得税、城镇土地使用税、固定资产投资方向调节税、土地增值税、城镇维护建设税、房产税、车船使用税、印花税、农牧业税、农业特产税、耕地占用税、契税,增值税、证券交易税(印花税)的25%部分和海洋石油资源税以外的其他资源税。

③中央财政的调剂收入、补贴拨款收入及其他收入。

地方财政预算外收入的内容主要有各项税收附加,城市公用事业收入,文化、体育、卫生及农、林、牧、水等事业单位的事业收入,市场管理收入及物资变价收入等。

2. 财政支出

财政支出通常是指国家为实现其各种职能,由财政部门按照预算计划,将国家集中的财政资金向有关部门和方面进行支付的活动,因此也称预算支出。在我国,由于存在预算外资金,所以财政支出的概念有狭义与广义之分。狭义的财政支出仅指预算内支出。广义的财政支出则包括预算内支出和预算外支出。如果没有特殊的说明,一般财政支出是指狭义的财政支出。

将财政支出的内容进行合理的归纳,以便准确反映和科学分析支出活动的性质、结构、规模以及支出的效益和产生的时间。分类方法有下列五种:

(1)按经济性质划分

按经济性质将财政支出分为生产性支出和非生产性支出。生产性支出是指与社会物质生产直接相关的支出,如支持农村生产支出、农业部门基金支出、企业挖潜改造支出等。非生产性支出是指与社会物质生产无直接关系的支出,如国防支出、武装警察部队支出、文教卫生事业支出、抚恤和社会福利救济支出等。

按财政支出的经济性质,即按照财政支出是否能直接得到等价的补偿进行分类,可以把财政支出分为购买性支出和转移性支出。购买性支出又称消耗性支出,是指政府购买商品和劳务,包括购买进行日常政务活动所需要的或者进行政府投资所需要的各种物品和劳务的支出,即由社会消费性支出和财政投资支出组成。它是政府的市场性再分配活动,对社会生产和就业的直接影响较大,执行资源配置的能力较强。在市场上遵循定价交换的原则,因此购买性支出体现的财政活动对政府能形成较强的效益约束,对与购买性支出发生关系的微观经济主体的预算约束是硬的。

转移性支出是指政府按照一定方式,将一部分财政资金无偿地单方面转移给居民和其他受益者,主要由社会保障支出和财政补贴组成。它是政府的非市场性再分配活动,对收入分配的直接影响较大,执行收入分配的职能较强。

(2)按最终用途划分

将财政支出按最终用途分类,可从静态的价值构成、动态的再生产角度考虑。

从静态的价值构成上考虑,财政支出分为补偿性支出、积累性支出与消费性支出。补偿性支出主要是对在生产过程中固定资产的耗费部分进行弥补的支出,如挖潜改造资金。积累性支出是指最终用于社会扩大再生产和增加社会储备的支出,如基本建设支出、工业交通部门基金支出、企业控潜发行支出等,这部分支出是社会扩大再生产的保证。消费性支出是指用于社会福利救济费等,这部分支出对提高整个社会的物质文化生活水平起着重大的作用。

从动态的再生产角度考虑,财政支出则可分为投资性支出和消费性支出。

(3)按财政支出与国家职能关系划分

按财政支出与国家职能关系可将财政支出分为:

①经济建设费支出,包括基本建设支出、流动资金支出、地质勘探支出、国家物资储备支出、工业交通部门基金支出、商贸部门基金支出等。

②社会文教费支出,包括科学事业费和卫生事业费支出等。

③行政管理费支出,包括公检法支出、武警部队支出等。

④其他支出,包括国防支出、债务支出、政策性补贴支出等。

(4)按国家预算收支科目划分

按国家预算收支科目将财政支出分为一般预算支出、基金预算支出、专用基金支出、资金调拨支出和财政周转金支出。财政总预算会计对财政支出的核算按国家预算支出科目分类。

(5)按财政支出产生效益的时间划分

按财政支出产生效益的时间,可以将财政支出分为经常性支出和资本性支出:

经常性支出是维持公共部门正常运转或保障人们基本生活所必需的支出,主要包括人员经费、公用经费和社会保障支出。其特点是它的消耗会使社会直接受益或当期受益,直接构成了当期公共物品的成本,按照公平原则中当期公共物品受益与当期公共物品成本相对应的原则,经常性支出的弥补方式是税收。

资本性支出是用于购买或生产使用年限在一年以上的耐久品所需的支出,它们的耗费的结果将形成供一年以上的长期使用的固定资产。它的补偿方式有两种:一是税收,二是国债。

4.3　城市运营

4.3.1　城市运营的内涵

"运营"是企业经营中的概念,是对企业经营过程的计划、组织、实施和控制,是与产品生产和服务创造密切相关的各项管理工作的总称。将城市用运营来描述是因为城市和企业一样,也需要系统化经营,然而城市运营的概念内涵却比运营的概念内涵小得多。城市运营的概念来源于西方的城市经营,城市经营在西方国家由来已久,关于这个命题的学术研究及实践从第二次世界大战之后就开始了,尽管西方在第二次世界大战之后才开始进行城市经营的理论研究,但是,城市经营原本就是他们城市发展的本义。城市经营是指以城市政府为主导的多元经营主体根据城市功能对城市环境的要求,运用市场经济手段,对城市资源进行整合,使其更加高效地运作,产生良性循环。

不同的学者对于城市运营的理解不同,王志纲、王廉、贾卧龙等人都是中国最早研究城市运营的学者,他们对于城市运营也有不同的定义。

国内研究城市运营的学者王志纲对城市运营的定义是:城市运营的目的是城市达到可持续发展的状态,以及城市价值得到提升。因此,提升城市的核心竞争力是关键,而这就必须在与城市发展战略相适应的前提下大力发展和强化城市产业。

学者王廉对于城市运营定义的核心思想是"经济增长运营",他认为城市运营包括的内容很多,如定位、运营轨迹、模式选择、生活方式、品牌、土地运营、产业集群、产业发展的高地—洼地—台地的设计,竞争力—发展力—城市智力,以及科技能力—教育能力—知识信息获取能力、资源整合能力和文化产业化等。

学者贾卧龙认为,城市运营的目的是社会进步及提高人们的物质生活与精神生活水平,政府应当运用市场手段对城市的各种资源进行综合合理使用,例如,自然资本和人力资本等资源,将社会资金引入城市建设之中,把市场经济中的企业经营与运作的相关管理理念运用到城市建设和管理之中,对城市资源的整合、开发等,使其更加合理化。同时贾卧龙还提出,城市运营的本质是如何将城市资源进行最佳配置,而土地资源是城市最宝贵最核心的资源,因此,城市运营的重点应当是土地的运营。

综上所述,城市运营是一个极其复杂的系统工程,它主要包括以下几个方面的内容。

1. 城市定位

城市定位对于城市发展至关重要。城市必须要将自身优势发挥到最大限度才能在城市之间激烈的竞争中得到发展。因此,城市定位是在综合考虑城市各种资源的前提下,选择适合自身发展的目标。城市定位要展现城市的唯一性、排他性和权威性等特点。城市新区运营首先应当解决的问题就是城市定位问题。

2. 城市发展战略

城市发展战略是实现城市目标的途径,不同的城市有不同的发展道路。因此,不同的城市会有不同的城市发展战略。城市发展战略的制定是城市新区运营的前提和基础。在城市新区运营的过程中,城市发展战略也可以进行动态的调整。

3. 城市整体规划与空间布局

城市整体规划与空间布局是在明确城市定位与城市发展战略的前提下对城市新区运营的空间布局和开发建设时序进行合理规划,这包括对城市产业的规划。具有战略眼光的城市整体规划和空间布局将给城市发展带来有利的潜在效益。

4. 城市形象的包装与推广

一个城市若想引入更多的投资和关注,就必须对自己进行包装。没有具体的包装与推广,城市就无法被识别,无法被识别则很难使城市走出去。但需要说明的是,城市形象的包装必须有足够的内涵支撑,必须有产业链去支撑。城市新区运营应当重视对城市形象的包装,对城市产业链的培育。

5.城市建设

城市新区运营的最关键部分是城市建设。城市建设的质量将决定城市的吸引力和竞争力,同时城市之间的竞争有着先入为主的优势,率先发展起来的城市即使其他资源稍差一些,也能具有很强的先发优势。因此,怎样才能在更短的时间内首先发展起来是至关重要的。在城市化建设中,城市一般都缺乏建设资金,城市新区运营对于资金的安排就显得更加重要了。

4.3.2 城市运营与相关概念的比较

1.城市运营与企业运营

城市运营理念是在建立我国社会主义市场经济体制、改革传统企业经营机制、建立现代企业制度、转变政府职能的大环境下,借鉴吸收现代企业运营的精髓而形成的,因而它与企业运营有相似之处,都遵循市场经济的一般规律。但是,城市与企业又是不同性质的组织,具有一定的差异性。进行城市运营的研究,就有必要对城市运营与一般的企业运营进行比较,从而更准确地把握城市运营,并能避免照搬企业运营模式的弊端。城市运营与企业运营之间的不同可以从以下几个角度进行分析:

(1)目标不同。企业运营尽管在不同的时期可能会有不同的目标,例如:成本最小化,管理更加先进,销售最大化,品牌价值最大化等,但企业运营的最终目标始终是追求利润最大化。而城市运营则不同,城市运营不能以追求利润最大化为目标,许多更加重要的目标,如形成城市特色以增强城市竞争力,是无法用利润来描述的。

(2)环境不同。企业运营的环境相对而言是简单的,企业只需要考虑某个行业的具体情况,将外部宏观环境、行业环境和竞争环境作为已知的不变前提进行运营,而城市运营需要考虑的则是全方位的,具有极大的复杂性,而且外部环境很容易发生变化。

(3)职责不同。企业运营者的职能主要是经济职能,而城市经营者的职能主要是政治职能、社会职能、生态职能等。同时,与企业运营不同的是,城市运营通常都没有退出机制,企业运营实现收入大于支出,实现正效益或者正利润,才能保证企业的稳定和长久发展,一旦利润出现负值,尤其是出现持续亏损,企业只能是破产或者倒闭,退出市场舞台。但是,城市运营失败的代价巨大,因此,城市运营的参与者具有很大的责任。

2.城市运营与城市综合体开发

城市综合体开发就是将城市中的商业、办公、居住、旅店、展览、餐饮、会议、文娱和交通等城市生活空间的三项以上进行组合,并在各部分之间建立一种相互依存、相互助益的能动关系,从而形成一个多功能、高效率的综合体。

城市运营与城市综合体开发既有共同点又有区别。共同点是它们都具有一定区域内城市综合开发建设的职能,都是城市化进程发展到一定阶段的必然产物。区别是城市运营是比城市综合体大得多的概念,城市运营考虑的是为区域内创造一切经济与生活活动的条件,而城市综合体则是指一种或几种经济或生活活动的综合,城市运营更多地引入了城市产业的概念,而城市综合体则不会过多考虑产业。

3. 城市运营商

"城市运营商"的称谓,是在 2002 年底的"深圳地博会"筹备会议上提出的。这是一个应时因势而产生的新词语。"城市运营商"的提出者、策划人王志纲认为,"城市运营商"这一概念产生于城市化进程之中。目前,我国城市化进程存在一些问题,我们必须转变城市发展的思路才能避免这些问题,城市运营商是城市运营中的一个关键角色。

城市运营商要对所在区域进行合理的建设规划,这包括产业规划,要用全新的商业模式来实现城市运营的目标。城市运营商的作用可以用八个字来概括:承上启下,左右逢源——承政府宏观战略之上,启市场营运之下;搭建市场平台,整合两头资源;完善城市功能,提升城市架构的水平。

城市运营商的职能就是替政府打理城市资源,在政府的直接领导下,有效整合各种社会资源,使其产生最大的社会效益和经济效益。城市运营商既要面向政府,接受政府的监管,又要面向市场,承担经营的角色。

城市运营商有别于开发商的一个重要方面就是其强大的资源整合能力。城市运营是对城市资源利用的合理化,城市运营商以市场的角度进行区域内全面的考虑是政府和开发商都不具备的能力。

城市运营商在政府政策的引导下,充分利用市场化手段对城市资源进行运作,通过大范围的土地规划及产业规划获得城市发展,在寻求市场收益的同时,城市得到了发展。城市运营商与政府和房地产商之间的关系是:政府代表国家行使行政权力,对国家拥有的土地进行整体规划和组织建设;城市运营商的作用则是进行资源整合,用市场竞争的方式来实现政府对于城市发展所制定的目标;房地产商是城市运营的最终实施者,它们在市场上竞争获得土地开发权力,以市场化的运作手段来最终实现城市发展的目标。

当然,从中国目前城市建设的现状来看的,真正意义上的城市运营商还没有出现,更多的时候是政府担当了城市运营商的角色,从专业化分工的角度来说,这是不科学的,政府的主要职责应是管理和监督。城市运营商除了具备房地产开发的专业素质外,还必须对宏观经济、城市规划有较强的把握,通过对大片土地的开发带动区域经济的发展;同时,城市运营商还必须具备较强的社会责任感,在追求经济效益的同时,更要注重社会效益。

如果说城市运营商对土地进行的是一次规划,那么房地产开发商对土地进行的则是"二次规划"。对于房地产商来说,应当在法律和社会道德舆论要求的范围内,合法地参与城市运营,遵循市场规律,严格执行政府制订的各项规划、在遵循规划的前提下,房地产商可以进行适当的规划,既完成利润的目标,又使城市得到发展,社会经济得到发展,为人们的工作生活提供高品质的保障。

只有政府、城市运营商、房地产商三者做好自己的工作,从大局出发,才能使城市运营达到一种最佳的状态。

4.3.3 城市运营的要素结构

利益相关者理论综合分析城市运营中各相关方之间的利益关系,研究城市运营的要素。城市新区运营的利益相关者可以概括为政府机构、投资商、开发商、金融机构及其他要素。如图 4-1 所示。

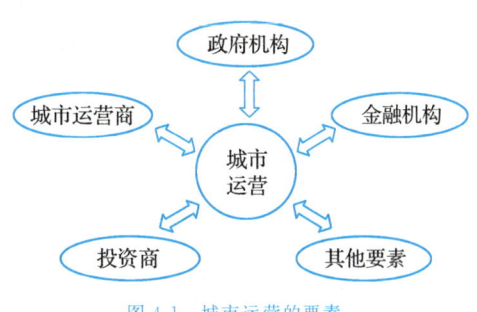

图 4-1 城市运营的要素

1. 政府机构

(1)政府的目标

在《论城市经营中的政府行为》一文中,作者对城市经营的政府目标和定位进行了分析。城市经营中,政府的目标是城市发展的同时做好城市管理,使城市得到持续健康的发展。而在城市运营中,政府的目标主要是实现城市发展,这体现在以下几个方面:

①城市产业培育

产业作为城市发展的物质支撑,是城市与区域发展的核心与载体,是城市发展的主要推动力,在城市体系发展中起着决定性作用。只有培育出城市产业,城市才具有生命力。政府通常将产业发展作为城市发展最重要的目标

②城市功能完善

城市功能也称城市职能,是由城市的各种结构性因素决定的城市的功能或能力,是城市在一定区域范围内的政治、经济、文化、社会活动中所具有的能力和所起的作用,是多功能的综合体。政府对于城市运营的一个主要目标就是要完善城市功能,使人们的工作和生活能够更加便利。

③增加财政收入

政府需要财政收入来实现政府的功能,例如:社会保障、医疗保险、政府日常开支等。只有在政府财政收入充足的情况下,政府才有能力去实现这些目标,因此,增加财政收入是政府在城市运营中的主要目标之一。

(2)政府的角色定位

在城市运营中,政府处于领导者地位,政府的角色定位非常重要。从国内外的城市运营案例中可以看出,成功的城市运营,离不开政府职能的清晰定位,否则很容易导致城市运营的失败。因此,政府职能的清晰定位是城市运营取得成功的一个关键因素,而转变政府职能是关键。

转变政府职能应当从以下几个角度考虑:首先,将更多直接参与转变为政策的引导,政府直接干预经济易使得企业并不能够放开手脚发展,在城市运营中,如果政府直接参与过多,会导致企业的灵活性发挥不出来;其次,政府应当尽量避免在城市运营中与企业进行一些不必要的竞争,应当由企业来完成的工作,政府不应当与企业进行直接竞争,否则易使得本身就处于劣势地位的企业被挤出市场,对于城市运营的长期发展不利;最后,政

府应当更加透明化,避免不必要的暗箱操作,为城市运营营造一个公平竞争的环境。

(3)政府的职能

政府在城市运营中的基本职能有以下几个方面:

①管理职能。城市运营的领导者是政府,政府应当具有统筹全局的作用,首先是对政府各相关部门进行统筹管理,其次是对参与城市运营的各相关方进行管理。

②基础设施和公共设施建设。基础设施和公共设施是城市运营的关键,企业没有动力完成回报低的基础设施和公共设施建设,因此,政府应当制订基础设施建设和公共设施建设的方案,通过一些制度创新,使企业在获得利润的同时完成这些建设工作。

③政策制定。政府应当以政策引导的方式而不是直接指导的方式,以监督和政策引导的间接手段为主要方式,而不是以行政审批和指挥的直接方式管理城市运营中的企业。

政府的政策支持、指导及管理作用非常重要,城市运营更加注重全局,甚至是通过一个区域来影响整个城市的发展。政府职能充分发挥,政府才能起到领导者的作用。

2. 城市运营商

学者王志纲认为,大企业应当承担起城市运营商的责任,它的发展应当与区域的工业化和城市化相适应,对行业的规范化和发展起到重要的引导作用,应当在城市化进程中承担更多的责任。在不同的城市运营模式中,角色定位不同,其职能表现也不尽相同。在我国目前的情况下,城市运营商理应具备下面的一些职能:

(1)参与城市合理规划

在我国目前的城市化阶段,城市运营中对于区域内的规划显得非常重要,规划不合理将会为区域发展带来持续的不利影响。我国"十三五"规划中强调,要进一步加强区域内规划的编制和实施。尽管区域规划是由政府来完成的,但是,由于城市运营商是城市运营的主要实施者,它们对于城市规划的理解更加符合实际情况,能够提出更多专业性的建议。并且在运营过程中,保持与政府的沟通,统一双方的思想,才不至于导致目标的偏离。

(2)保护城市特色

城市运营商要根据不同城市及不同区域的特点进行城市新区运营,要深刻挖掘城市特色,不能只是进行简单的城市开发。

(3)培育城市产业

城市运营商需要在城市建设的过程中为产业做好充分的准备,对产业发展所需要的基础设施建设及区域产业分工安排进行合理的规划。

(4)组织投资商进行城市建设

政府将不再担任组织投资商进行城市建设的职责,城市运营商对区域内的具体建设进行统筹管理,组织投资商进行建设。

(5)参与土地使用权交易市场

城市运营中最重要的资源是土地资源,对于土地使用权的交易不能只是简单地通过政府分割出售的方式流转,这在城市运营中是效率非常低的。因此,城市运营商必须要更多地参与土地使用权的交易,将市场化的竞争手段引入土地使用权市场。

3. 投资商

对于投资商而言,参与城市新区运营的目的主要是获得投资利润,并没有承担其他的责任。所以,开发商、建筑企业等,都是为了在参与过程中获得利润。实际上,尽管投资商的目标单一,并且具有很强的逐利性,但是,城市运营最终的落实者却正是追求利润的投资商。政府与城市运营商更多的是在扮演组织者的角色。

投资商主要是房地产开发商和建筑施工企业。房地产开发企业在城市新区运营中的经营模式是获取土地进行商品房开发,通过出售商品房的方式获得收益。城市化进程中,房地产市场的利润丰厚,社会大量资金进入房地产市场,随着市场趋于稳定,房地产市场的利润会回到合理水平。建筑施工企业是城市运营中参与建设的一方,所有的城市新区运营项目都要最终通过建筑企业来实现。建筑企业通过代建、总承包等方式进行基础设施建设,房屋建筑物建设,重大工程项目建设等。

4. 金融机构

(1)金融机构参与城市新区运营的必要性

金融是现代城市经济运动的一种价值表现形式。资金短缺是城市化进程中每个城市都面临的现实问题,只是依靠现阶段的资金来进行城市化建设是不可能满足需要的。因此,必须要有金融机构的参与,城市化进程才能快速进展。从发达国家城市化的经验可以看出,金融机构的参与是必要的。美国自 1840 年开始城市化,城市人口从略大于总人口数的 10%,到 1970 年美国城市化率达到 70%,基本完成城市化,金融机构起了非常大的作用。美国城市化中,金融机构的作用主要有以下几个方面:

①为城市建设提供储备资金,保证城市建设稳定发展

美国城市的基础设施建设及重点建设项目,除了少量的财政拨款外,基本依靠金融机构的信贷,尤其是在 19 世纪 30 年代以后,大型项目的建设都是依靠发行债券来筹集资金。

②为城市工商企业提供贷款,提高城市聚集经济效益

金融机构的资金支持对于行业的发展有着至关重要的作用。美国许多产业的迅速崛起都与金融机构的帮助有着非常密切的关系。例如,19 世纪上半期,美国新英格兰地区的纺织业得到了金融机构的青睐,得到了大量的贷款支持,这一地区的纺织业迅速崛起。

(2)参与城市新区运营的主要金融机构

参与城市新区运营的金融机构有许多,主要是银行,另外还有一些非银行金融机构,例如,证券公司、信托公司等。

①银行。银行仍然是我国未来参与城市运营最主要的金融机构。银行首先是为城市建设提供资金支持,同时为城市产业的发展提供融资支持。银行抵抗系统性风险的能力很弱。因此,风险管理非常严格,对于城市新区运营只能起到"锦上添花"的作用,并不能够起到"雪中送炭"的作用。

②证券公司。证券公司在城市运营中将参与城市新区运营的企业及政府与投资人联系起来,无论是发行股票还是发行债券,都为城市新区运营提供了广泛而稳定的金融支持。证券公司的风险主要是在发行证券时,在发行结束之后并不承担风险。

③信托公司。信托是金融业四大支柱之一,现在也越来越多地参与到城市新区运营之中,相对于银行的低风险低收益,信托追求高风险高收益,并且可以做到在城市新区运营之中"锦上添花"。

4.3.4　城市运营的内容

城市运营的内容指的是在城市发展中,进行城市建设的过程以及采取的方法,其首要任务是对城市进行合理规划,在此基础上进行城市建设投融资。城市运营主要包括城市规划、城市投融资和城市建设三个方面。

1. 城市规划

在城市运营中,城市规划主要分为战略规划、产业规划、空间规划和重大项目规划四部分。

(1)城市战略规划

战略规划是城市新区运营中指导城市发展的最重要规划,从战略层面建立城市的竞争优势,使城市在竞争中处于有利的地位,并保障城市的长期利益和可持续发展。城市战略规划的核心任务是解决"我是谁?要去哪?怎么去?"这三个基本战略问题,即通过多重视角对城市的发展背景、发展环境、现状条件、资源禀赋、竞争力,以及发展问题与障碍的分析,确定城市的历史使命、发展定位和愿景目标,解决城市未来价值导向、发展理念、功能培育、产业方向、品牌形象,以及实现目标的战略路径与重大策略等系列战略性问题。

(2)城市产业规划

城市产业规划是对城市新区运营的产业做出选择,并对主导产业进行发展的详细规划,以便指导招商的进行,通过规划招商打造城市的产业竞争优势,为城市的要素集聚提供经济动力。城市产业规划的主要任务是通过对城市的产业发展背景、发展形势、产业现状条件、发展问题与障碍的分析,确定区域产业发展的方向和目标,在城市新区运营中进行主要产业选择、产业链构建、产业实施策略分析。

(3)城市空间规划

城市空间规划是根据城市战略需要和产业发展的需求,对空间作出的布局安排。城市空间规划类似于概念性规划。城市空间规划对形成城市区域竞争优势的重大项目和产业在空间上进行规划,其研究思路及成果对尚未编制的总体规划和详细规划提出指导建议,或者对已经编制的总体规划和详细规划进行补充和细化。

城市空间规划是落实战略规划和产业规划的重要载体,也是重大项目落地的必要途径,为支撑城市空间结构确定重要节点项目。同时,空间规划是打造、提升城市价值的重要手段,为城市总体规划、土地利用规划提供必要的参考。

城市空间规划是一个开放型、统筹型的规划,既包括概念性总体规划的内容,也包括重要区域的概念性详细规划的内容;既要考虑产业规划、重大项目规划在空间布局上的要求,又要对城市整体形象进行总体设计,同时还要对法定规划中所没有但对城市又比较重要的内容进行分析和规划,如土地价值分析、建筑高度及容积率的控制、城市亮化系统的规划、城市开发空间的规划、滨水岸线的规划、山体景观的利用规划等。根据不同城市的特点进行选择,形成每个城市不同的空间规划。

(4)城市重大项目规划

重大项目规划是指对城市中具有全局性、关键性、长期性的重大项目进行合理的预测和配置,对项目进行分解,并提出实现孵化结果的有效措施的过程。重大项目规划是对城市战略规划、产业规划、空间规划的进一步深化,注重实操性,以指导城市的具体建设。

重大项目规划主要包括两大类项目:一类是城市基础设施项目,另一类是产业类项目。这两大类项目将构成城市必备的重要功能和元素,为城市经济社会发展起到引擎驱动的作用。其中,基础设施类项目一方面形成未来城市的基本平台,是城市产业发展和消费提振的重要通路,决定了城市的基本竞争力;另一方面,此类项目又是投融资规划的重要载体。而产业类项目主要是关键节点的规划,此类项目一方面形成城市的未来获利;另一方面,也是未来城市形象特色的重要组成部分。

重大项目规划在识别、解决、创造城市需求和优化城市经济承载能力之间动态平衡的基础上,充分梳理、遴选出了城市建设项目,建立了项目库,避免项目审批和建设的盲目性,并优化建设时序安排,为政府实施规划和进行决策提供了科学依据,有助于政府加强对城市建设发展的宏观调控。

2. 城市投融资

(1)城市投融资体系的作用

在城市新区运营中,城市建设需要大量的资金投入,城市建设投资的巨大需求与城市资金供给缺乏的矛盾始终是最难以解决的矛盾。为了提高城市新区运营的效率,必须建立完善的城市新区运营的投融资体系。

城市的发展要求需要城市基础设施建设先行,且其中占相当比重的基础设施属于公益性产品,政府作为这类产品的供应商难以获取直接收益。因此,任何一个处于城市化进程加速期的国家,都会面临城市公共产品和服务供不应求,完全依靠当期收入来进行城市建设,会出现捉襟见肘的局面。世界各国都面临着城市建设运营的共同难题。

在城市化初期,许多城市面临的最大问题是公共产品和服务供给不足,建设资金绝对短缺且积累缓慢,而建设的滞后对城市经济形成了滞后效应,反过来,城市经济发展不上去又进一步限制了建设资金的投入,使得城市发展劣势不断积累,陷入了马太效应的怪圈。随着经济的不断发展,城市建设资金绝对短缺的现象逐步好转,城市资本积累规模效益显现,但城市公共产品和服务的需求不断扩大、深化,同时缺乏合理规划,投资盲目造成的无效需求也不少,两种需求的叠加消耗了不少城市资本。另外,经济固有增长方式的负外部性和城市产业结构升级的缓慢使得城市资本积累总额虽在增加,但递增幅度却在减缓,建设资金进入了相对短缺的时代。

在城市建设中,不少城市的运行机制亟须完善,规划的缺失、理念的滞后、管理的不当造成了城市建设中存在着低效率的现象,使得稀缺的资金未能根据有效的规划引领进行投放,没有对城市资源激活和产业引领作用进行提升;而信用体系的不完善造成资源、信用的市场化配置失灵,使得金融覆盖领域和渗透深度不足,扭曲了资金本来的资源配置杠杆功能,在使用过程中产生了损耗。

资金的相对短缺遭遇体制性的无序消耗的后果,使得本来就有限的资金变得更有限,城市公共产品和服务未能形成有效供给,无法满足相应的城市需求,而公共产品供需结构的失衡将影响要素市场和价格体系的稳定,并最终制约产业体系的结构优化。

城市建设由资金绝对短缺迈向了资金相对短缺的时代,城市实现了自然缓慢增长模式向聚集增长模式的转变,依靠的是制度变迁对生产关系的调整和对生产力的解放。如今面对新的资金供需矛盾,要从根本上逐渐消除体制性的无序消耗,走出低效率的路径依赖,变城市粗放式发展为集约式发展,我们就必须用改革促进发展,进行深入的制度创新,推动城市金融体制的完善。

(2)城市投融资体系(图 4-2)

从主体上来讲,城市新区运营中的金融形态可以分为开发性金融和商业性金融,这两种形式很少是单一存在的,而是一种共生状态。商业性金融以企业和个人为实施主体,是市场化程度较高的金融信用的集合,包括投资和借贷。商业性金融被动适应制度和市场,是对存量现金流的放大,以市场经济等价交换原理为基础。开发性金融是除商业性金融以外重要的城市金融形态,注重规划先行下的资源整合、未来价值的打造和增量需求的创造,并通过政府、市场多重信用组合去实现未来的现金流。

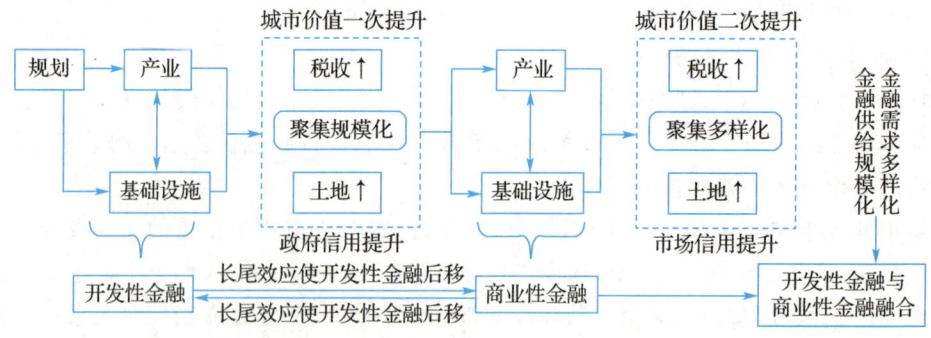

图 4-2 城市投融资体系

处于资金相对短缺时代的城市新区运营的资金需求全部由商业性金融来解决是不现实的,这是由于信用体系不完善所致,企业信用、个人信用正逐步建立,纯粹市场信用支撑下的商业性金融必然只能解决城市建设过程中的部分资金需求。同样,城市建设的资金需求全部由开发性金融来解决也是不现实的,因为开发性金融的主要功能是通过对政府信用和市场信用的衔接,弥补市场信用失灵时城市的建设需求。因此,城市新区运营的资金供应是开发性金融和商业性金融共同推动的结果。

开发性金融理念的内涵在于规划先行和信用体系建设。规划先行是信用体系建设的基础和方向。规划先行思维不仅强调城市供需的计划性,更强调城市供需关系协调的系统性和创造城市供需能力;不仅是针对资金供需的安排,更是针对城市发展定位、产业结构优化的设计;不仅是指向项目层面的微观资源配置,更是从城市发展的高度对城市、产业、金融资源及机制创新的统筹配置。信用体系建设是规划先行思维中的重要内容,也是规划目标得以落实的重要支撑手段,强调存量资源和增量资源信用的整合,强调商业性金融行为和开发性金融行为的互补,强调城市投资现金流、融资现金流和经营现金流结构的优化。

开发性金融理念以规划先行和信用体系建设为核心要义。以规划引领产业,以产业发展思维来推动城市基础设施建设,并推动城市聚集效应的一次体现使得城市聚集规模化显现,城市价值和政府信用提升。随着经济的发展,二次体现,城市聚集的多样化形成,城市价值进一步提升,市场信用水平不断增强,金融也相应逐步深化,商业性金融不断发挥资源配置的功能。而无论是在城市聚集规模化阶段,还是在城市聚集多样化阶段,开发性金融和商业性金融均能相互延伸,属于开发性金融产业链的长尾效应。对于商业性金融而言,从多样化阶段向规模化阶段延伸,是开发性金融的理念使得城市聚集的路径和预期清晰确定。最终,随着经济的不断发展和金融的不断深化,开发性金融和商业性金融相互融合。

城市投融资阶段如图 4-3 所示。

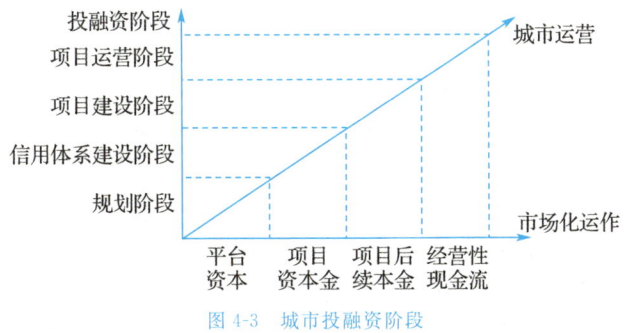

图 4-3　城市投融资阶段

开发性金融的理念贯穿于城市建设的各个阶段,结构化金融形态中的资本金阶段(包括平台资本金和项目资本金)属于商业性金融解决范畴,资金习性体现为一定风险度下的资本回报。项目后续资金阶段是开发性金融和商业性金融共同作用的阶段,也就是通常意义上的贷款,资金习性体现为安全模式下的一定营利性。

融资困难是城市化进程中每个城市都面临的现实问题,一般意义上均指项目后续资金(贷款)难以落实。但我们需要看到,资本金阶段的资本金不落实是贷款难以落地的重要原因。

而资本金不落实说明商业性金融未有实际作为或者说资本对项目投资需求的趋利避害效应在此时体现为因风险而回避而非趋利。虽有投资需求,但缺乏投资概念,缺乏具有盈利模式的项目或者难以对预期现金流进行相对准确的评估是导致资本回避的重要原因。因此,应本着开发性金融理念,注重城市发展规划先行统御下的城市定位、产业发展、项目策划,实现城市需求、资金供应方等各方的求同存异,实现以项目主体包括城市资源、产业资源、政府特许权、金融资源等在内的资源整合和盈利模式设计,然后方能有效推动包括信托、可转债等金融工具在内的资本金阶段融资。因此,资本金阶段的融资是城市投资现金流(包括政府主导型和市场主导型)形成的过程,充分体现了开发性金融理念下的资源资产化和资产资本化特征。

贷款的落地有赖于资本金的落实,反之,资本金的落地也有赖于贷款的落实,因为资本回报的放大也需要合理的财务杠杆撬动,而项目后续资金需要开发性金融与商业性金融共同解决,这不仅是因为金融主体的风险防控要求,避免单一金融机构过度资产经营,也是因为项目建设过程中会出现不同信用方式支撑的不同产品类型的需求,而无论是开发性金融,还是商业性金融,都有自身专属业务领域。比如,开发性金融相比而言更关注非经营性或准经营性的基础设施建设项目,商业性金融更关注市场化程度较高的经营性项目。项目后续资金阶段的贷款融资是城市融资现金流形成的过程,与城市投资现金流共同形成了城市资产,而城市资产直接或间接形成了城市经营现金流,体现了开发性金融理念下的资源资产化特征。

在项目经营阶段,城市资产无论是市场信用机制还是政府信用机制,都能形成以项目为载体的城市经营现金流。而城市经营现金流形成并逐步壮大的过程也是土地升值溢价、产业类税收增加和更多衍生产品市场化的过程。经营现金流性金融和商业性金融均能从中实现贷款本息的收取,资本也能从中实现资本回报,而经营现金流也对结构化的金融形态派生出了新的金融业务,如应收账款再抵押融资,而这种派生业务也体现了开发性金融理念下资本证券化的特征,加速了城市现金流结构的优化。

3. 城市建设

城市新区运营中,城市建设是城市投融资的延续,是城市规划和城市投融资之后的具体实施阶段。城市新区运营的关键是基础设施建设和重大项目建设。城市建设在不同的城市新区运营模式中,有不同的表现方式。

传统的城市基础设施建设主要由政府直接投资完成。政府运用财政收入,委托施工企业进行施工建设,在一定时期,这种政府直接筹资进行基础设施建设的模式对城市发展起了重要作用。但是,随着城市化不断加速,这种基础设施建设方式逐渐不能满足城市发展的需要,而且开始制约城市发展。其主要原因有两个方面:一是单靠政府当期资金投资已经不能满足城市发展对基础设施建设的需求;二是政府管理运营基础设施建设的效率低。

城市建设市场化已经成为解决这一问题的关键。城市建设市场化有两个方面的优势:一是能够有效解决政府城市建设资金不足的问题,加快城市建设的进度;二是使社会投资进入城市建设中,改进投资决策机制,避免政府投资的盲目性,降低政府在城市建设中投入的风险。主要的建设方式包括 BOT 模式、TOT 模式、PFI 模式等。

(1)BOT 模式

BOT(Build-Operate-Transfer)模式,即建设—经营—移交模式,其实质是基础设施投资、建设和经营的一种方式,以政府和私人机构之间达成协议为前提,由政府向私人机构颁布特许,允许其在一定时期内筹集资金建设某一基础设施,并管理和经营该设施及其相应的产品与服务。该模式的风险由政府和私人投资者共同承担。

实际上,BOT 模式是一个统称,广义的 BOT 模式还包括以下几种具体模式:BOOT(Build-Own-Operate-Transfer)模式,BOO(Build-Own-Operate)模式,BRT(Build-Rent-Transfer)模式,BOOS(Build-Own-Operate-Subsidise)模式,BT(Build-Transfer)模式,BTO(Build-Transfer-Operate)模式。城市运营在基础设施建设中,应用最广泛的是 BT 模式和狭义的 BOT 模式。

(2)TOT 模式

TOT(Transfer-Operate-Transfer)模式,即移交—经营—移交,通常是指政府部门或国有企业将建设好的项目的一定期限的产权或经营权,有偿转让给投资人,由其进行运营管理。投资人在约定的期限内通过经营收回全部投资并得到合理的回报,双方合约期满之后,投资人再将该项目交还政府部门或原企业的一种融资方式。

TOT 模式的优点如下:

①盘活城市基础设施建设存量资产。在城市建设中,经营性资产能够产生未来现金流量,因此具有一定的融资能力。但是,这部分融资能力并没有得到充分利用,TOT 模式可以很好地解决城市新区运营中经营性基础设施融资的问题。

②增加城市新区运营中的投资总量。该模式吸引社会资金进行城市基础设施投资,并且盘活了城市基础设施存量资产。

③提高基础设施资源运营效率。基础设施运营中存在着天然的垄断性,引入市场投资,将市场化运作引入基础设施运营中,增加了基础设施运营的市场竞争程度。

(3)PFI 模式

PFI(Private-Finance-Initiative)模式,是英国政府于 1992 年提出的,在西方一些发达国家逐步兴起的一种新的基础设施投资、建设和运营管理模式。它是对项目融资的优化,指政府部门根据社会对基础设施的需求,提出需要建设的项目,通过招投标,由获得特许权的私营部门进行公共基础设施项目的建设与运营,并在特许期(通常为 30 年左右)结束时将所经营的项目完好地、无债务地归还政府,而私营部门则从政府部门或接受服务方收取费用,以回收成本的项目融资方式。

思考题

1.阐述城市社会组织的定义及特征。

2.阐述城市社会组织的类型。

3.阐述城市社会组织的结构。

4.财政的特征有哪些?

5.阐述城市财政的内容。

6.城市运营的要素结构有哪些?

7.阐述城市运营的内容。

第 5 章

城市土地市场

本章导读

　　土地是"财富之源"，土地市场的健康发展是房地产市场健康发展的基石。本章首先分别对地租和竞租理论进行阐述，然后探讨城市土地集约利用的特性、内涵、目标及特点，最后对城市蔓延进行简要介绍。通过本章学习，学生能够掌握地租理论和竞租理论、城市土地集约利用的相关理论，了解城市蔓延的相关知识。

5.1 地租理论

　　土地是人类社会生产活动中不可缺少的生产要素。在技术水平既定的条件下，其可用的数量又是极其有限的。这样，人类经济生活中首先面临着土地这一稀缺资源如何才能达到最优配置的问题。在市场经济条件下，地租正起着调节土地资源配置的作用，而且地租也是理解房地产经济活动领域中其他范畴的关键所在。

　　首先，地租是一个经济范畴，是土地使用者为使用土地而支付给土地所有者的代价。这种代价可以是货币的形式（货币地租），也可以是非货币形式，如土地的生产物（农业中的实物地租），或者由使用土地的一方交易者提供等价资产或劳动（农业中的劳役地租，资产置换等）。地租是土地所有权在经济上的实现形式。其次，地租又是一个社会历史范畴。在不同的社会形态下,由于土地所有权性质的不同,地租的性质、内容和形式也有很大的差异。封建地租、资本主义地租和社会主义条件下的地租,反映了不同的生产关系。也就是说,地租作为一种经济范畴,不仅反映土地所有者与使用者之间的一般经济利益关系,而且在不同的历史发展阶段表现特定的人与人之间的社会关系,是社会关系在土地方面的直接体现。

5.1.1　西方经济学地租理论

人类进入资本主义时代以后,地租成为社会经济生活中日益重要而普遍的现象,因此许多经济学家对地租问题做过深入的研究。一般而言,西方经济学中地租理论的发展过程大致上分为三个阶段:一是古典政治经济学阶段;二是庸俗政治经济学阶段;三是现代西方经济学阶段。

1.古典政治经济学阶段的地租理论

威廉·配第是古典政治经济学的奠基人。他认为,一个人从他的收获物中,扣除了自己投入的种子,并扣除了自己食用及为换取衣服和其他必需品而给予别人的部分之后,剩下的谷物就是这块土地一年的自然的真正的地租。级差地租的概念最初就是由配第提出来的。他不仅提出由同等面积的土地,因土地的丰度不同产生级差地租,而且还提出由于距离市场的远近不同以及投在等量土地上的劳动生产力的差别而产生的级差地租。

弗朗索瓦·魁奈是法国重农学派的创始人。他的地租理论是"纯产品"学说。他把社会不同的生产部门归并成为两类:一类是使社会财富扩大的部门,另一类是使社会财富相加的部门。他认为,农业因为有自然的帮助而为社会创造财富,而自然是不会向人类索取报酬的,所以农业部门的农产品扣除了所消耗的一切以后,还会有剩余品,从而使财富扩大。除了农业部门以外的一切部门,如加工工业等只使社会财富数量上相加,而不能使社会的财富有所扩大。因此,在农业中由自然界的帮助而生产的剩余产品称为纯产品。这些纯产品以地租形式归土地所有者所有。

亚当·斯密在经济学发展历史上,最先系统地研究了地租。他看到了地租是土地私有制发生以后出现的范畴。在《国民财富的性质及其原因的研究》一书中,斯密指出,地租是作为使用土地的代价,是为使用土地而支付的价格。这个代价是产品或产品价格超过补偿预付资本和普通利润后的余额。土地所有者把它作为自己土地的地租而占为己有。

在古典政治经济学家中,大卫·李嘉图最充分地研究了级差地租问题,他区分了一般意义上的地租和经济学意义上地租的不同。一般意义上的地租实际是租金,是农场主每年实际付给土地所有者的一切,而经济学意义上的地租仅指"是为使用土地的原有和不可摧毁的生产力而付给地主那一部分的土地产品"。租金中多付的"地租"部分是因为使用了土地所有者投入在土地上的各种设施设备,这个多付部分不是地租,而是土地所有者所有的资本应当获得的利润。因此,经济学上的地租很明确,是因为也只是因为使用土地而付给土地所有者的定额才是地租。李嘉图在地租理论中,不仅考察了级差地租的第一种形态,即耕种优等土地和中等土地而获得的超额收入转化来的地租,而且考察了级差地租的第二种形态,即在同一块土地上追加等量资本和劳动由于生产率不同而产生的地租。

2. 庸俗政治经济学阶段的地租理论

萨伊运用效用价值论考察地租问题。他认为,所谓生产,不是创造物质,而是创造效用;人力所创造的不是物质而是效用。他认为,生产出来的物品具有效用时,人们就给这种物品以价值。这样他把商品的价值和使用价值混在一起。在此基础上,他提出生产的三要素理论,即劳动、资本和土地。凡生产出来的价值,都应归于劳动、资本和土地三种生产要素作用的结果。因此,工资是对劳动服务的补偿,利息是对资本服务的补偿,地租是对使用土地的补偿。

托马斯·马尔萨斯提出,地租是总产品价格中的剩余部分,或者用货币来计算则是总产品价格中扣除劳动工资和耕种投资利润后的剩余部分。产生这个剩余部分的原因,一是土地的性质(指土地的肥力),土地能生产出比维持耕种者的需要还多的生活必需品。二是土地所生产的生活必需品具有特殊的性质。由此,生活必需品在适当分配以后,就能够产生它自身的需求。如粮食的充裕可以加强人口增长的趋势,形成新的需求,使粮食价格支付各种费用后还有剩余,从而形成地租。三是肥沃土地的相对稀缺性。而土地的性质是剩余产品产生的主要原因。因此,地租是"自然对人类的赐予",它和其他垄断无关①。

3. 现代西方经济学阶段的地租理论

阿尔弗雷德·马歇尔是新古典主义经济学的集大成者。他认为,一般而言的地租由几部分组成,即由原始价值、私有价值和公有价值所组成。其所谓土地的私有价值,是指土地所有者为改良土地及建造建筑物等的投入的资本和劳动所带来的收入。公有价值是国家建设各种基础设施,提高了土地使用效率而带来的增值。而土地的原始价值才是经济学意义上的地租,是大自然赋予的收益,是土地供给和需求相互作用的结果,地租是土地供求达到均衡时的均衡价格②。

新古典综合派的代表人物保罗·萨缪尔森认为,地租是为使用土地所付出的代价。由于土地供给数量是固定的、缺乏弹性的,因而地租量完全取决于土地需求者之间的竞争。

现代土地经济学家雷利·巴洛维在《土地资源经济学——不动产经济学》中提出,地租可以简单地被看作是一种经济剩余,即总产值或总收益减去总要素成本或总成本之后余下的那一部分,各类土地的地租额取决于产品价格水平和成本之间的关系。

西方经济学中的地租理论有其科学的成分,应加以吸收和借鉴,但它撇开了地租所反映的生产关系,不能科学地阐明地租的本质和源泉。科学的地租理论是由马克思创立的。

---

① 托马斯·罗伯特·马尔萨斯.政治经济学概论[M].北京:商务印书馆,1963:412-415.
② 阿尔弗雷德·马歇尔.经济学原理[M].北京:商务印书馆,1964:162-192.

5.1.2　马克思主义的地租理论

马克思着重考察了资本主义农业地租,科学地解释了地租产生的原因、条件和源泉。马克思主义认为,在农业的资本主义生产关系中,涉及三个阶级之间的关系:一是土地所有者;二是租地的农场主(资本家);三是农业雇佣工人。农业资本家向土地所有者租来大片土地,雇佣农业工人进行生产,建立起资本主义农场。在资本主义农业中,农业资本家投资于土地,如同将资本家投资于工商业部门一样,必须获得平均利润。如果得不到平均利润,他就会将资本转移出农业部门。同时,土地所有者把土地租给农业资本家,作为土地使用者的农业资本家为了得到在这个特殊生产场所使用自己资本的许可,要在一定期限内按契约规定支付给土地所有者一个货币额。如果土地所有者得不到地租,他宁愿让土地荒芜。这样,农业资本家所获得的剩余价值,必须大于平均利润,以便把它分为两部分。其中,相当于平均利润的那部分剩余价值,为农业资本家所有;超过平均利润以上的那部分剩余价值,则以地租的形式付给土地所有者。所以,资本主义地租是农业资本家为了取得土地使用权而缴给土地所有者的超过平均利润以上的那部分剩余价值。它在本质上是农业雇佣工人所创造的剩余价值的一部分。

那么,为什么在农业部门中,农业工人所创造的剩余价值,在农业资本家获取平均利润以后,还有一个余额作为地租缴给土地所有者呢? 马克思通过分析资本主义地租的两种形态,即级差地租和绝对地租,科学地回答了上述问题。

1. 级差地租

级差地租是经营较优土地的农业资本家所获得的,并最终归土地所有者占有的超额利润,其来源是产品个别生产价格与社会生产价格的差额,由于这种地租与土地等级相联系,故称为级差地租。

造成土地等级差异大致有三个原因:一是不同地块在丰度、肥力上具有差异性;二是不同地块的地理位置即区位存在差异性;三是同一块土地上连续投资产生的劳动生产率也有差异性。上述差异,使土地客观上具有不同的等级,进而使不同等级的土地,在投入等量劳动的条件下,形成不同的级差生产力。这种以使用不同等级土地或在同一土地上连续追加投资为条件产生的土地级差生产力是产生级差超额利润的物质基础,从而也成为级差地租的物质条件或自然基础。

在任何情况下,用于农业的土地(首先是耕地),其肥力和位置总是有差别的。劳动者在不同肥力或位置的土地上耕种,其劳动生产率必然有差别。在较优土地上产量高,产品个别生产价格较低;相反,在劣等土地上耕种,产量低,产品个别生产价格就相对较高。然而,在市场经济条件下,同样产品在市场上是按同一价格销售的。

由于土地面积有限,特别是优、中等地面积有限,仅仅把优、中等地投入农业生产,不能满足社会对农产品的需求,因而劣等地也必然要投入农业生产。进一步说,如果劣等地不投入农业生产,中等地就成了投入农业生产的相对的"劣等地",结论仍然成立。如果农产品也像工业品一样,由中等生产条件决定市场价格(社会生产价格),那么,经营劣等地的农业资本家就得不到平均利润,最终就要退出农业经营。这样,农产品的产量就不能满足社会需求,价格就要上涨。当价格上涨到使劣等地的经营者也能获得平均利润时,劣等地会重新投入到农业生产。可见,为了满足社会对农产品的需求,必须以劣等地条件决定的个别生产价格作为社会生产价格。这样,经营优、中等地的农业资本家的个别生产价格低于社会生产价格,就能获得一定的超额利润。

由此可见,级差地租产生的条件是自然力,即优越的自然条件。但自然力不是超额利润的源泉,仅是形成超额利润的自然基础,因为它是较高劳动生产率的自然基础。级差地租产生的原因是由土地有限而产生的资本主义经营垄断。正是由于这种有限的优越自然条件被部分经营者垄断,因而能获得持久而稳定的超额利润。而在土地所有权存在的条件下,这部分超额利润就要转化为级差地租,归土地所有者占有。

2. 绝对地租

在市场经济条件下,使用级差生产力低下的劣等地不可能产生级差超额利润,因而也不需要支付级差地租,这是否意味着土地所有者可以不要任何代价将这些土地交给使用者使用呢?答案是否定的。土地使用者仍然要向土地所有者支付地租,否则,土地所有权在经济上将得不到实现。马克思把这种只要使用所有者的土地绝对需要支付的地租称为绝对地租。事实上,不仅使用劣等地要支付绝对地租,而且使用中等地和优等地所支付的地租中,也包含一个绝对地租。

绝对地租的实体表现为农业中的超额利润,其来源有两种不同的情况:

一是在农业资本有机构成低于社会平均有机构成的条件下,绝对地租来源于土地产品价值高于其生产价格的差额。

由此,由于农业资本有机构成低于工业,等量资本在农业中可吸收较多的劳动力,在剩余价值率相等的条件下,可产生较多的剩余价值。在工业生产中,由于不同部门存在以资本转移为特征的自由竞争,因而能引起剩余价值在不同部门之间进行重新分配,形成平均利润率。而在农业中,存在土地所有权的垄断,资本的自由流动受到限制,从而导致农业部门生产的剩余价值不参与平均利润率的形成过程。这样,由于农业资本有机构成低而多获得的剩余价值就留在农业部门,构成超额利润,即绝对地租的实体。

二是在农业资本有机构成赶上甚至超过工业的条件下,绝对地租只能来源于土地产品的市场价格高于其价值的差额。

3. 垄断地租

马克思主义认为,在资本主义制度下,除了级差地租和绝对地租两种基本地租形式之外,还存在着垄断地租。垄断地租是由产品的垄断价格带来的超额利润转化成的地租。某些土地具有特殊的自然条件,能够生产某些特别名贵又非常稀缺的产品。比如,具有特殊风味的名酒就用某些特别地块出产的原料(包括水)酿制而成。这些产品的出售价格不仅可以大大超过生产价格,而且也超过其价值的垄断价格。这时的垄断价格只由购买者的购买欲望和支付能力决定,而与一般生产价格或产品价值所决定的价格无关。这种垄断价格产生的超额利润,由于土地所有者拥有对这种具有特殊性质的土地的所有权,因而转化为垄断地租,落入土地所有者手中。

5.2 竞租理论

5.2.1 早期竞租理论

1. 农业竞租理论

竞租理论最早的研究学者应该是李嘉图。根据他的观点,最有生产力的土地建立在相对最小生产力土地的优势上,农民之间的竞争确保了地主的全部优势以租金形式出现。李嘉图还解释了为什么不同用途的土地以及不同类型家庭会在空间上产生分离现象。屠能发展了这一理论,将该理论与交通成本结合,假设交通成本对所有活动来讲都不变,在任何位置的地租等于该位置的产出减去生产成本和交通成本,每一种农作物都有一条竞租曲线,在竞争条件下,土地将分配给愿意出最高价格的使用者,以各种目的所支付的地租构成一系列土地的最高竞标租金,即每一位置上的市场均衡租金。这样,最高生产成本的活动会安置在离市场近的位置,而低生产成本的活动距离市场会远一些,从而产生了单中心土地利用结构。

屠能的土地利用模型中,市场价格和位置均具有决定作用。在屠能之后,区位论成本派最早的代表人物龙哈特在检验该模型的价格-空间均衡时提出了竞租曲线。然而,龙哈特没将竞租曲线直接检验土地利用模式,他的竞租理论极其模糊和具有间接性。也许正因为具有如此,他对竞租函数的贡献没有引起人们的注意。布劳格(1985)指出,今天所谓的竞租函数已经成为说明屠能农作物理论的标准方法,并在城市和经济学的文献中不断被引用,但没人感谢龙哈特的贡献。

2. 城市竞租理论

自 19 世纪后期,在世界范围的城市化进程中,城市用地与农业用地矛盾日益紧张,在比较利益的驱使下,大量农业用地变为非农业用地,城市在人文景观上的地位日渐突出,从而引起许多经济学家对城市问题的关注。城市竞租理论的研究以区位论为基础,新古典经济学、土地经济学、生态经济学等学派均形成了自己的主要观点。

新古典学派的奠基人马歇尔认为,地租只受土地需求的影响,土地需求价格则决定于土地的边际收益产量。马歇尔还研究了地价高低与土地利用集约度的关系,认为地价高时,以节约用地、增加建筑物高度为宜;地价低廉时,则可朝平面发展。胡佛是最早提出竞价曲线来说明不同土地使用者之间的关系的学者。赫德(1903)运用区位理论分析了地租问题,总结出了"土地价值取决于经济组,经济组取决于便利性,便利性取决于到城市中心的距离"的关系,但是他的理论未考虑地块面积。

土地经济学派的代表人物海格(1926)提出了城市土地价值的高低取决于土地的区位条件,奠定了城市空间结构经济模型的基础。其理论要点与马歇尔及赫德的观点差异不大。不过,他更强调了地租与交通成本的互补性,提出了"空间摩擦"和"摩擦成本"的概念,指出交通是克服"空间摩擦",大都市的空间形态是由"摩擦成本"最小化衡量的原则决定的。

温格通过对居住土地市场的数学建模,将交通和土地经济学派的观点结合了起来,他加强了海格的观点,即在城市状态下地租和交通成本的互补关系,与屠能的农业竞租模型相似。

生态学派学者(以伯吉斯等人为代表)将地价看作是城市土地的使用在区位形态不变的情况下,潜在使用者竞租的结果。在其中的理论中考虑了居住环境、建筑成新度、设备完备性、服务设施好坏程度等因素,提出了"居民住宅租金可能与地价反向变动"的观点。

5.2.2 阿隆索的新古典城市竞租模型

源于20世纪60年代实证主义分析盛行的背景,现代城市竞租理论是比较典型的实证主义分析,其中美国经济学家阿隆索的著作《区位与土地利用:关于地租的一般理论》中建立的竞租模型是现代新古典城市区位理论的里程碑。阿隆索成功地将空间关系和距离因素引进经济学领域中。其模型框架是所有经济地理研究中最接近标准新古典主流的理论(克鲁格曼,1995)。

与其他新古典经济学理论一样,该理论的两大前提假设是:"理性人"假设和市场均衡假设。在其所建立的两个局部均衡的分析中直接用到的是微观经济学的消费理论、成本理论以及市场均衡理论。在市场均衡条件下得到的主要结论有:①土地使用者的竞价曲线越陡峭,选址离市中心越近;②用地者的边际价格-位置是紧挨其后的用地者的价格-位置。得到市场均衡解的特定条件是:①给定的可能的区位;②供给者追求最高价而非最大收益;③供给无限制,回避了供求相等的量的问题;④城市平原的简化。

在阿隆索建立的城市竞租模型中,城市是一个无任何特征的平原,所有的就业中心和商品以及服务都在市中心,区位是到市中心的距离表示。阿隆索分析的是地价的形成过程,其地价的内涵是竞标地价,这不同于探讨土地本质问题的地租,也不同于现实地价。阿隆索建立了两个局部均衡和一个一般均衡。在如何将农业竞租模型的分析应用到城市商业土地利用中这个问题上,阿隆索综合采纳了艾萨德和钱柏林的观点,用古典的替代理论分析城市企业区位均衡问题。企业的含义包括零售、批发、办公、财政金融、生产等企业。地价随位置不同而变化。企业在任何位置都获得同等的利润,在任何位置都一样,如图5-1所示。对居住用地的竞价分析,用无差异曲线和收入约束分析了在效用不变时,不同区位(到城市中心的距离)居民愿意支付的地价,如图5-2所示。在市场的一般均衡中,

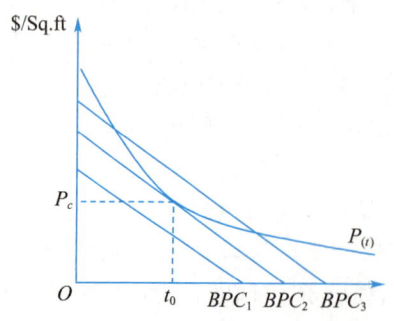

图5-1 企业均衡的竞价曲线及价格结构

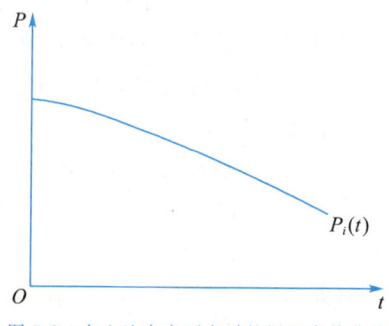

图5-2 在土地支出不变时的居民竞价曲线

分析的是两种商品:土地和距离;一种交易和一种价格:土地。在市场出清时,没有土地使用者会因为移动位置或购买更多或更少的土地增加其利润或效用;没有地主通过改变地价增加收益。

5.2.3 城市竞租模型的最新发展

城市竞租模型中涉及几个重要因素:土地价格和土地面积、城市特征、交通成本、距离、效用或利润等。随着城市中出现的新的景象,如:就业中心分散化、边缘城市的增长、居住的空间分异现象、交通拥挤和城市污染、城市的社会聚集和产业聚集现象等,城市竞租理论得到了新的发展。城市竞租模型应用中的检验方法也越来越成熟。

1. 城市特征

单中心城市到多中心城市在最初的城市竞租模型中,城市的特征是均质平原,所有的就业中心和商业中心均来自城市中心,是单中心城市模式。帕帕耶奥尔尤和卡塞蒂(1971)在阿隆索模型基础上提出了多中心城市竞租曲线。最近,关于城市多中心模型的研究,主要包括三条线索:

(1)城市两中心模型的局部均衡分析,这些模型给出了两中心的位置。

(2)没有事先说明任何中心,却得出了地租梯度和土地利用密度高峰点在城市空间的最易接近位置这一结论的模型。此类模型首次由卡尔奎斯特和兰德奎斯特及贝克曼建立,他们检验了家庭之间的相互作用;而索洛以及赫希曼等学者检验了公司之间的联系。帕帕耶奥尔尤和蒂斯(1985)通过模型既考虑公司又考虑家庭,发展了这些局部均衡模型。在他们的模型中,中心出现峰值的条件是消费者选址考虑企业位置。考虑企业与居民选址相互影响的模型,劳瑞认为零售业选址直接取决于顾客的分布,其假设前提是就业对人口分布不敏感。其他学者如斯坦尼斯和费希尔等通过实证检验印证了就业和居住选址相互影响的观点。

瓦德尔则给出了将家庭结合工作地点以及住房选择的嵌套模型。小川和藤田昌久(1980)建立了非单中心理论模型,分析了在不同交通成本下,用地均衡的混合状态,认为如果交通成本非常高,则形成完全的混合用地均衡状态,如果通勤成本偏低,且外部效应的衰减率较小,则集聚经济占主导,形成单中心城市。

(3)加入了企业集聚经济的多中心用地均衡。帕帕耶奥尔尤和史密斯(1983)论证了当来自集中的正外部性比距离所起到的负外部性强时,经济行为分布的均衡变得不稳定。阿纳斯(1988,1992)对这种不均衡进行了进一步的解释,他的理论表明,行为分布的统一性在于,行为集中于一个或几个地方的早期增长中是不稳定的。人口的增长最终会消耗掉来自集中行为的规模经济,并且中心会均匀分布。阿纳斯和金(1996)的一般均衡模型指出,如果没有聚集经济的外部效应,企业和居民趋于混合分布,外部效应较大,而交通成本较小时,单中心是稳定的平衡体系。随着交通成本的增加,单中心体系变得不稳定,开始分离为多中心。惠顿(2003)指出,在美国城市中实际就业中心和居民一样分散。

2. 交通成本：从距离函数到收入函数

城市竞租模型一个重要的简化是假设城市是同质的平原,交通的需要是外生的,交通成本只与距离有关。在交通成本方面的模型拓展主要用于分析不同收入家庭的选址问题,主要从收入分类的角度,将交通成本看作是收入的函数。

惠顿(1977)认为,根据交通成本收入弹性,土地需求收入弹性在统计上不能辨别,需要加入交通收入弹性分析。孔永孙(2005)将交通成本看作是收入的函数,进行了城市模型的比较静态分析,发展了惠顿的有关研究,指出,在标准的城市模型中,交通成本只取决于距离,但是更现实的情况是交通成本是收入的增函数。佐佐木(1990)用标准的城市模型将交通成本看作是距离和收入的函数,分析了两居民选择行为。

查尔斯和史蒂芬(2002)指出,如果土地需求的收入弹性充分,土地的购买产生节约。来自城市中心的节约对于高收入家庭要大,并且补偿了他们相关的交通成本的增长。在这种情况下,高收入家庭居住在大都市区的外圈,而低收入家庭居住在城市内圈。反之,如果土地需求对收入变化不敏感并且交通成本随收入增加,由于在接近中心区域居住对高收入家庭来讲得到了更大的交通好处,他们会在接近中心区域的竞租中出比低收入家庭更高的价钱。格雷瑟等(2000)论证了土地需求收入弹性非常小,从而单中心城市模型预测了生活在城市内圈的是高收入阶层。关于低收入者聚居的方面的解释是,公共交通的方便性是低收入者在城市内圈聚居的主要原因,因为低收入者利用公共交通到市中心去。

3. 效用：从距离到时间

在城市竞租模型中,效用是综合商品的数量、土地面积、到市中心的距离的函数。这里的距离指纯粹的空间距离,而现实生活中人们更重视的是时间距离,效用函数的组成变化主要体现在时间因素对效用的解释。

伊文思(1973)定义了以下构成个人效用因素的属性:地块面积、用于工作的时间、到达位于中央商务区的工作地点的交通时间、用于其他事情的时间。布吕克纳(1974)和亨德森(1985)的一个类似模型证明了阿隆索模型中的距离项可以用闲暇时间来解释。在效用函数中加入闲暇时间而不是距离,并假设它与通勤时间具有反向关系,这样就可以略去货币化的通勤成本。莫里斯格和尤斯达(1986)作出了与之相关的贡献,他们的发展是试图将时间理论的价值和区位模型相联系,得出的结论是:在不同事情上花费的时间是构成效用的主要因素。在运输理论中,个人根据不同事情作出的时间分配通过在时间约束下的效用函数直接影响选址行为。扎若迪亚斯和玛特尼斯(1999)发展了更为复杂的居民居住选址模型,他们提出效用最终取决于时间和质量这两个主要属性。

4. 模型的最新检验方法

在检验方法方面的最新发展主要有:山本幸雄(2006)使用完全信息最大似然法对竞租模型进行了验证,发现一般情况下土地使用遵循竞租模型中存在的规律,但第二级市中心的距离会直接影响土地使用。科威尔和莫奈克(2003)用分段抛物线多次回归检验了在非参变量框架内,关于到市中心距离的地价等级的具体收益。地价面源于覆盖芝加哥大都市区 2330 平方千米的地区基于空地的交易水平数据。其估算的价格面,为城市经济学中标准的地价随距离递减的理论提供了某些方面的支持。

5.2.4　竞租理论在我国的应用拓展展望

竞租理论是构成城市经济学的重要理论,它通过研究土地利用的形态问题,研究城市的空间结构。分析相关的现实问题,比如:住房密度的分布特点,不同阶层或不同集团的人口的分布特点,产业的分布特点,交通与房价,公共设施与房价等都可以以竞租理论作为基础进行分析。从竞租模型的特点看,可以有以下几个方面的拓展:

(1)竞租理论是"互换"论。简而言之,竞租理论是考虑土地面积时,将地价与交通成本进行互换的分析模型。在前面的综述中也已提到,"互换"的对象可从交通成本扩展到其他现实情况中存在的因素,来对模型进行拓展。这是对区位的资本化因素进行分析的过程,人们对居住只有两种至关重要的因素可供选择:一个是地点,另一个是环境(王兴中,1992)。因此,可以将互换的对象分为两种:一是与居民或企业活动发生直接关系的场所的位置,包括就业中心的位置,到学校、购物中心等公共设施的位置,到车站及交通要道入口的位置;二是区位的宜人性或聚集经济水平,包括自然环境、人文环境、社会环境、经济环境等。在此基础上建立竞价模型。

(2)竞租理论是假设无限供给条件下的需求理论,只考虑了土地需求者之间的竞争关系,没有对土地供给情况进行分析。阿诺特等(1996)在考虑住房质量和时间变化的条件下建立了住房供给和需求的一般均衡模型。这种均衡模型是完全竞争市场下的分析,而我国的房地产市场中的市场垄断程度很高,以北京为例,勒纳指数达到了 0.6(况伟大,2004)。因此,分析我国房价刚性情况的竞价非均衡也是模型的拓展方向。

(3)竞租理论是建立在微观经济学基础上,加入了距离或区位的因素对城市均衡形态进行的分析。如果说其微观经济研究了不同空间的土地价格的均衡问题,那么还需要通过对空间维度的抽象,运用宏观经济学研究土地市场的波动和不平衡现象。我国城市化进程达到了高速发展的阶段,城市的人口增长特征非常明显。另外,我国的土地制度是二元制,在实际的房地产开发中,开发区和小产权房等使得城市居住与农业土地利用的界限变得模糊,又会使城市竞价曲线出现跳跃。我国的利率等金融政策以及土地政策等均对城市的竞价水平造成影响。目前,需要结合国际先进的经验分析方法对这些宏观方面的影响进行实证分析。

(4)竞租理论在城市经济学中的应用,更加注重城市空间的动态分析。在更复杂的模型中,描述不同用地主体之间的基本相互依赖,这种依赖影响他们的选址决策,也影响城市空间结构。相互依赖性可能通过市场力量如交通成本和资本外部性产生(克鲁格曼,1991、1995);可能通过某用地主体、其他用地主体的空间分布的选择直接发生(佩吉,1999);还可能从来自拥挤外部性的空间外部性产生(阿纳斯等,1996);或者通过知识溢出产生。城市空间动态分析的另一个拓展方向是逐渐从微观的土地利用的分析,发展到中观的城市或区域经济的分析。比如,研究城市的边界问题、城市群的土地利用和地价空间结构问题、城市的最佳规模问题等。

5.3 城市土地集约利用

5.3.1 城市土地利用的特性

1. 城市土地供给的稀缺性

城市土地供应在总量上虽然具有扩张利用增大的可能,但一方面区域土地的农业和非农业用地的争地矛盾,以及各类用地在土地自然供给短缺的资源平衡,导致城市土地总量经济供给的短缺。另一方面,城市土地由于面积的固定性和区位的唯一性,在特定地段会出现经济供给的相对稀缺,因为该固定位置的地块只能为一家高出价者垄断。伊利·莫尔豪斯提出,在这里面有个原理,即土地的高价利用有排挤土地的低价利用的趋势。所谓的高价利用,就是使较小的土地面积能够带来很大收入的那种利用。也正是如此,城市土地出现了相应的地价分布形态,城市各种用途的土地通过竞争达到合理的配置。土地的稀缺性要求城市土地必须集约利用,充分挖潜土地级差,提高土地利用率。

2. 城市土地的区位性

区位对城市土地非常重要。城市土地的质量主要取决于城市土地所在位置及该位置下的区位条件,如繁华集聚程度、交通条件、基础设施状况和环境质量等。这一点同农业用地质量主要由土地肥力决定、受区位影响小的特点是截然不同的。区位不是一种简单的距离关系,而是多因素影响的空间关系的总和。从影响范围来看,城市土地区位分为三个层次,即宏观区位、中观区位和微观区位。

宏观区位是城市或地域之间的区位差异,中观区位是城市内部不同区域之间的区位差异,微观区位是不同地块之间的区位差异。不同的区位条件决定了城市土地的价值、利用战略和利用方向,并直接影响土地利用的可能强度。如区位优势好的地段,土地往往用于商业、服务业,然后是住宅和工业。同时,区位好的地段如一级地段,往往土地利用强度大。所以,集约利用土地的前提必须是充分分析城市区位条件。

3. 城市土地效应的聚集性和城市土地报酬递减性

根据聚集和规模经济理论,城市存在都市化规模经济。城市土地利用的一个非常重要的特性就是它的聚集效应。资本和物质在一定面积土地上的聚集,会产生超出各单位效益的更高聚集效益,并因此可以使城市土地具有极大的产出。土地报酬递减现象短期内在城市土地中表现不明显,一轮一轮的聚集效益的存在,会使城市土地相当长时期内处于效益递增阶段,递减时刻的到来会大大推迟,递减的区间也大大延长。但超过某一临界点时,继续增加对城市土地的投入时,集聚效应就开始出现负效应,即土地规模报酬出现递减。从城市整体角度讲,递减的效应主要来源于城市的拥挤成本,其中特别是环境成本。因此,提高城市土地聚集效益和降低城市土地拥挤成本是确定城市土地集约利用需要平衡的关键问题。

4.城市土地利用方式的可替代性

农业土地生产的过程中,种植不同的作物会有不同的经济产出。同样,在城市土地的利用过程中,选择不同的利用方式,其带来的经济产出也不相同。由于城市土地的区位性,不同区位的土地的便捷性也有所不同。根据地租理论,对于同一块具有很强区位优势的土地,经济产出高的利用方式(如商业用地)必定会取代经济产出低的利用方式(如住宅用地或农用地),即城市土地的利用方式之间存在可替代性。因此,城市土地利用方式上的可替代性决定了城市土地的集约利用。

5.城市土地空间利用的多样性

土地有两大类基本用途:一是作为农业的物质生产资料和生产要素,二是作为城市的空间位置的活动场所。城市土地对土地功能的应用完全有别于农业用地,土地仅作为承载空间,不直接作为生产要素。而且,城市各种社会经济活动对土地空间的利用是立体多维的。除了城市土地利用方式的平面结构开发外,重要的还能充分利用地上和地下立体空间。这就为城市土地空间利用的潜力挖潜提供了根本基础。也正由于这一特性,城市土地的空间利用存在多样性和复杂性,而土地集约利用的研究具有更大的挑战性。

6.城市土地生态的敏感性

城市是人类改造自然的产物,城市的生态环境是典型的人工生态环境,人工的控制和人工的作用对它的存在和发展起着决定性的作用。与自然生态系统相比,城市生态系统由于物种的多样性急剧减少,能量流动和物质循环的方式、途径都发生了变化,使系统自组织能力减弱,其稳定性取决于社会经济系统的利用方式、调控能力的水平。城市生态系统中,消费者有机体和物质能量高度集中性以及一级环境自净能力的有限性,产生了大量的城市污染和废弃物,加剧了城市生态系统的脆弱性。显然,过度利用城市土地,减少城市土地的生态用地,如城市水面、城市绿地、城市开敞空间数量,或者高楼林立,通风、采光不够,交通拥挤,加剧环境负荷和污染程度,都会导致城市土地的不可持续利用。所以,如何适度集约利用土地,确定适度土地利用强度,关系到城市生态的稳定性。

7.城市土地利用的综合性

城市土地是城市社会、经济、生活等各项活动的载体。一个自然历史经济综合体,是生态经济系统的基础因子。土地相互连接在一起,不能分割,不可移动。每块土地或每一区域的土地利用后果,不仅关系到本区域的经济效益以及本区域的生态和社会效益,更重要的是还影响到邻近区域甚至整个城市、国家的经济、生态和社会效益,产生巨大的社会后果。城市土地利用的综合性表现在各种用地类型,如居住、商业、办公、交通、基础设施等需要综合协调,也要与城市人口规模及其发展变迁相统一,还要求城市土地利用要有超前性的规划,同时要协调城市经济发展与城市生态环境保护。

5.3.2 城市土地集约利用的内涵

"集约"和"粗放"是两个相对的概念,是从英语中吸收过来的。英语中"Intensive"可译为"加强的、密集的、深入细致的、透彻的"。"Extensive"可译为"广阔的、广泛的、大规模的、外延的"。如前所述,城市土地的集约利用理论最早是从地租理论中的农业土地利用研究开始的,而城市土地集约利用的概念也是农用地集约利用借鉴而来的。因此,我们探讨城市土地集约利用内涵的时候,就必须先要了解农用地集约利用的内涵。

农业土地集约利用基本含义是指针对一种农业土地利用用途,通过在土地上增加投入资本、劳动,以获得土地的最高报酬。一般用单位面积土地上的资本和劳动投入量来衡量土地与资本、劳动的结合程度,即土地利用的集约度。由于土地利用报酬递减规律的作用,土地利用集约度的提高是有限度的,理论上,当对土地连续投入资本和劳动力达到经济上的报酬递减点,即边际收益等于边际产出时,经营者将不会追加投入,这一临界点就是土地利用的集约边界,达到了集约边界的土地利用被称为理论上的集约利用;反之,未达到集约边界的土地利用,称之为理论上的粗放利用。

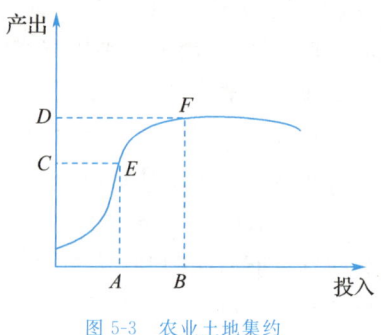

图 5-3　农业土地集约

从图 5-3 来看,如果土地投入在 A 点与其产出 C 达到了平衡状态,则土地所有者就不会增加其投入。此时,土地达到了集约利用的状态。而当投入到 B 点时,其产出开始下降,则表明土地达到了过度利用的状态。从投入产出的分析可以看出,土地的集约利用是一个区间,即从 E 到 F 这一区间,都表明土地达到了集约利用的状态。

在图中,从 E 到 F 点这一区间幅度的大小,则取决于土地的供应量和土地的价格水平。两种绝对的状况是如果土地的供给量是有弹性的,且土地的供给价格是与供应量的增加基本保持在同一水平,则这一区间的幅度会越来越小。而如果土地的供应是完全弹性的状态,则集约利用就成为一个点,即 E 点。

5.3.3　城市土地集约利用、合理利用、可持续利用辨析

土地集约利用是一个经济学范畴的专业名词。因此,在日常生活中,人们经常会产生这样一种看法,认为土地的集约利用就是土地的合理利用,很容易把城市土地集约利用与合理利用、可持续利用混为一谈。而作为房地产开发商,更是认为开发商拿到一块地肯定会最大限度地实现土地的合理利用,诸如增加层高,提高容积率,等等,认为研究土地的集约利用完全没有必要。这种情况下,房地产开发商只站在自身角度,考虑土地利用的经济层面而完全忽视了土地利用的社会及生态环境因素。尽管土地的合理利用、可持续利用同土地的集约利用关系非常密切,但仍存在差别。因此,有必要就三者进行一个比较,以便我们能更好地理解城市土地集约利用的内涵和概念。

1. 城市土地集约利用与合理利用的区别与联系

城市土地合理利用与集约利用提出的背景不同。人类真正研究合理开发利用土地和研究保护土地资源,是在近代大工业兴起后的事。特别是现代工业迅猛发展和近代科学技术不断更新、广泛应用,人类按照自己的需要和意愿任意地"改造"土地,违背了自然规

律,对土地资源乃至人类生存系统造成了无法估量的破坏。在这一历史背景下,人们才无可奈何地提出对土地要进行合理利用。城市土地合理利用,是根据土地资源的特点,通过科学技术和规划布局的手段,城市土地具有最佳的空间组合与利用方式,充分发挥土地功能要素在城市活动中的作用,以期获得最佳的社会、经济、生态效益,并保持这些效益的长期性。

城市土地集约利用是在土地合理利用不断发展的过程中,由于土地资源稀缺性的束缚及我国特有的国情提出来的。我国的土地以及生态环境,伴随着工业化不断发展,遭到了破坏。与世界上的其他国家一样,我国也需要注重保护生态环境和合理利用土地资源,走可持续发展的道路。并且从上述城市土地集约利用提出的必要性中,可以看出,在我国特定的国情下,城市土地利用必须采取更高一层次的土地利用方式——城市土地集约利用。

城市土地合理利用,其内涵要比城市土地集约利用的广。城市土地利用存在着低度利用、合理利用和过度利用三种方式,假如有合理度和集约度的话,合理度应包括集约度,并且两者的上限一致。集约利用是在合理利用的前提下,更注重技术和经济上的投入产出的最佳比例等因素。

2. 城市土地集约利用与可持续利用的区别与联系

土地的可持续利用是以经济可行性为前提,以资源与环境的可持续性为保障,以社会的可持续性为目标的。土地集约利用和土地可持续利用是不同但又常被人们混淆的概念。土地的集约利用是相对土地的粗放利用而言的。土地可持续利用概念源于可持续发展观念。城市土地的集约利用不能简单地等同于土地的可持续利用,二者虽然存在着交集,但也存在着很大的差别。

土地资源的不可再生性已使其成为经济社会发展中最为稀缺、宝贵的基本资源,因而土地利用的可持续发展是经济社会可持续发展的基础和关键。土地利用的可持续发展是指在有序合理利用土地、满足经济社会发展的基础上,尽可能减少对土地资源及环境的负面影响,从而实现既满足当代人的需要,又不对后代人发展构成危害的目标。其基本内涵包括保护和提高土地资源的生产能力或生态功能,保持土地资源的数量和质量,减少土地资源利用可能出现的风险。土地资源利用不仅在经济上合算,而且为社会所接受等。

土地可持续利用是人们接受了可持续发展观,对过去土地利用方式的反思,是可持续发展理论在土地利用研究中的实际运用。可持续利用发展是土地集约利用的指导思想和重要依据。城市土地集约利用又是实现土地可持续利用的重要手段。

从上面的分析我们可以看到,城市土地的集约利用同合理利用及可持续利用之间既存在紧密联系,又存在很大的差别。城市土地的合理利用包括土地集约利用的内容。土地集约利用不能完全取代土地合理利用的内涵。土地的集约利用及可持续利用都是在土地合理利用理论发展到一定阶段后,受土地资源稀缺束缚等因素影响的条件下而得到发展的。城市土地的集约利用必须在土地的合理利用及可持续利用的前提下开展,而可持续利用发展是土地集约利用的指导思想和重要依据。城市土地集约利用又是实现土地可持续利用的重要手段。

5.3.4　城市土地集约利用的目标

开展城市土地集约利用研究并评价,对土地资源稀缺的城市而言意义重大。城市土地集约利用,主要是研究城市土地开发和利用强度的合理程度,侧重于城市土地利用的潜力挖掘。由于我国土地资源短缺,城市化初始阶段非农业建设用地扩张占用农地的情况较为严重,同时城市存量土地资源又存在粗放利用的现象,所以为保护土地资源、充分利用土地资源,实行城市土地由粗放利用向集约利用转变是非常必要的。就其本质特征看,城市土地集约利用的目标主要包括以下方面:

(1)城市发展应符合当地的自然和资源条件,特别是城市的发展规模及人均用地水平应与土地的资源条件相适应。

(2)城市的空间结构和形态力求合理。

(3)城市的选址和用地发展方向应符合节约土地、保护耕地的基本国策。

(4)城市的布局与用地的功能组合相互协调并满足级差地租分布的规律,各类用地结构完善。

(5)投入土地的基础设施能满足生产生活的需要。

(6)城市土地具有较高的使用效率,并具有良好的环境生态和社会经济效益。

(7)城市土地利用应为城市今后的进一步发展打下良好的基础。

(8)城市土地利用管理应协调、高效及有序。城市土地利用涉及面广,影响因素多。土地集约利用管理必须采取多种途径,如配套政策法规、规划管理、经济调控、工程技术等综合措施,共同实现城市土地集约利用的目标。

5.3.5　我国城市土地利用的特点

从土地集约利用角度分析,我国城市建设用地呈现以下特点:

(1)城市建设用地利用潜力巨大。

(2)城市的载体功能加强,市政公用设施水平不断提高,主要表现在供水的保障率提高,燃气供应继续上升,公共交通事业发展迅速,市政建设发展较快,城市绿化水平不断提高,环境卫生状况进一步好转,住宅建设成绩显著及城镇建设固定资产投资大幅度增加,城镇用地经济效益增加明显。

(3)城市人均用地与城市规模等级成反比,小城市人均建设用地约为特大城市和大城市的 1.9 倍和 1.6 倍,特大城市和大城市的土地利用效率远高于中小城市。

(4)建制镇人均用地远大于设市城市的人均用地,土地利用率和土地利用效率偏低。

(5)城市间的人均用地差异较大。

5.4 ┼ 城市蔓延

5.4.1 城市蔓延的概念

要理解城市蔓延的过程及特征,首先要对城市蔓延的概念加以界定。而要界定城市蔓延(Urban Sprawl)概念,主要是对其中的蔓延(Sprawl)的理解。

Sprawl一词在《简明英汉词典》中的解释为"四肢伸开的躺卧姿势,蔓生"。汉语中这个词的原意是指蔓生的植物由于蔓的生长而向四周延伸扩展。

奥利弗·吉勒姆对城市蔓延的概念有细致的考察。他先是通过词典的考证,指出1958年出版的《美国韦伯斯特在线词典》对城市蔓延的定义为"在靠近城市的那些没有开发的土地上,城市开发住宅和购物中心的扩展"。而《英卡特世纪英语词典》对蔓延作了当代的解释,提出城市蔓延是"城市地区向它周围的乡村的扩张"。随后,吉勒姆又专门制作了一个表格,对从各不同角度关于城市蔓延的界定加以汇总和比较。这里列举如下:

历史遗产基金会的理解是:城市蔓延涉及超过城市限度而开发低密度的居住区的现象。

合理公共政策研究所的界定:许多人认为城市蔓延是郊区化的同义词,而另外一些人则认为,城市蔓延是"乡村土地使用方式向城市土地使用方式转换的过渡时期"。

马萨诸塞共同富裕环境事务部:什么是城市蔓延?规划师把城市蔓延定义为,在城市边缘进行低密度和单一功能的开发,这些地区的交通几乎完全依赖于私人小汽车。

美国国家环保局定义:蔓延是一个缺少规划的和随意的发展模式。

美国自然资源保护理事会认为:蔓延式的开发把农田、草场和森林变成了大型购物中心和成片的住宅区,那里对汽车的服务比对人的服务还周到。

美国国家历史保护信用社对蔓延的界定是:它就是撒播式的和低密度的开发,它们通常地处城市边缘的建成区和相邻的农业区域。功能分离和依赖汽车的交通模式是城市蔓延的基本特征。

斯尔俱乐部:城市蔓延——分散式的开发,它增加了交通量,以不可持续的方式使用地方资源,摧毁了开放空间。

吉勒姆列举的上述各类观点,虽然说法不尽一致,但总的内涵是相通的。

所谓城市蔓延,是城市开发过程中出现的一种现象,是城市由中心城区向城市的郊区、边缘的扩散过程。这个扩散过程中呈现出将湿地、农田、森林改造成住宅区和商业区,社会对家用轿车的依赖性在显著增强。总的来说,上述的各类观点对"Urban Sprawl"这个概念持批评的态度,因为其破坏了原本良好的自然生态系统湿地、森林和草场,增加了能源消费对汽车的过度依赖等,是一种不可持续的城市发展模式。

国内学者也有很多关于城市蔓延概念的解释。例如,我国学者蒋芳认为,城市蔓延是指城市边缘的建设用地以高速、低效、无序的形式向周边农田地区进行扩张。苏建忠认为,城市蔓延是城市发展中的低密度、外延扩张式的开发形式及这种开发形式所引发的结果等。

从对城市蔓延的多种定义中可以看出,城市蔓延是一个具有涉及面广泛,与城市规划学、环境学、社会学、美学相关的复杂系统。在集合多种对城市蔓延的解释之下,基于我国城市发展处于一个高速增长的社会经济背景,本书对中国城市蔓延定义的理解是:城市蔓延是以土地为导向,城市边界不断外扩,人口向密度更低的郊区迁移,城市化发展速度过快的土地开发过程。

5.4.2 发达国家的城市蔓延

如同很多事物的发展一样,城市蔓延也是一个漫长的过程,所以想讨论城市蔓延的历史是很困难的一件事,或者我们很难严格地确定说,从什么时候开始有了城市蔓延。

罗伯特·布鲁格曼在他的著作《城市蔓延简史》(2005年出版)中将城市蔓延的历史大体分为四个阶段:

1. 早期的城市蔓延

起因于刚刚有了城市的两千多年前。布鲁格曼指出,无论是巴比伦城还是美索不达米亚南部的吾琪城,都已经具备了古老大城市的明显特征。到了公元前后的古罗马时期,罗马城内的居住人口已经达到了一百万。这些城市的城墙之内,有着密集的街道和拥挤的建筑物。在这些社区内的住所几乎没有直射的阳光,通风也不好,人类的粪便排泄物直接从房屋扔到街道上,污染了土壤和水源,大量用于取暖的燃烧污染了空气,瘟疫流行。于是,富人们便在罗马城外的郊区或者海边建造高雅的别墅,建造宫殿。按照布鲁格曼的说法,这是城市蔓延的萌芽。后来的多个世纪里,城市蔓延一直在缓慢地持续着。城市蔓延的程度显然受到经济发展水平的影响和制约。

经济增长的迅速与激烈时期,分散在乡村的农民融入城市,此时向城市的集中化超过分散化,集中化占优势。而当经济进一步发展,居民向城市的集中和由城市向乡村分散的平衡被打破。因为有能力向外迁徙到郊区的居民数量超过了由农村向城市中心转移的数量。

以伦敦为例。伦敦在18世纪是世界上最富有经济活力的城市之一。蒸汽机的发明与应用使得产业结构与生产方式发生变化,新的工业生产模式强烈地吸引着那些不再从事农业耕作的居民。许多人进入城里的劳动力市场,城市中心的人口密度显著增高。马克思在其著作中提到的圈地运动指的就是这个时期。在这个农业人口向城市集中的城市化过程之后,也出现了人们由伦敦市内向外围反迁移的趋势。布鲁格曼将这些统统称为早期的城市蔓延。

2. 在第一次世界大战和第二次世界大战期间

主要是指20世纪的早期,这个时期人口和商业的向外蔓延开始变得明显。到20世纪的20年代,在北欧和美国,向城市外围迁移的潮流不再限于有钱人和有权势地位的人,已经成为一种大众运动。再以伦敦为例。成千上万收入不太高的家庭也能从拥挤的市中心迁移到城市外围的连栋住宅、独立式住宅中。当时最流行的是"半独立型"或双屋别墅 (Double House)。伴随着居住人口的迁移,各种工业也向城外迁移广为流行。1921 年到 1931 年的十年间,伦敦的人口只增加了 10%,但用于城市开发的土地面积却增长了 200%,大型工业中心在主要的出城公路沿线迅速崛起。此时的城市蔓延在其他的发达国 家如德国的汉堡、瑞典的斯德哥尔摩都有所表现。而在此时期,美国的一些大城市如纽 约,城市向外扩张的规模与程度要比欧洲城市来得更大更快。发达国家在这个时期的城 市蔓延无论从规模还是速度都是一个明显加速的时期。

3. 第二次世界大战后城市蔓延的快速发展时期

如果说,在第二阶段及 20 世纪的前 40 年里,欧洲和美国的城市蔓延有很多相似之 处。那么在第二次世界大战之后,美国与欧洲的城市蔓延出现了显著的区别。美国的城 市蔓延要比欧洲的城市蔓延来得更加明显。其主要的原因有以下几点:一是在第二次世 界大战期间,欧洲的城市和美国的城市受损害程度不同,美国的城市几乎没有受到战争的 影响。而欧洲不同,很多城市迫切需要在战争造成的废墟上重新建设,而这种建设主要是 由政府来支持、设计和规划的。显然,欧洲的城市在建设之初是不可能迅速向外扩张的。 二是人口的数量以及社会的富裕程度的差别。欧洲许多国家的城市居民因为战争而被杀 害,许多大城市人口的增长缓慢。例如,汉堡、柏林、维也纳、格拉斯哥和伯明翰人口的数 量远远少于战前。而美国则不然,此时的美国经历了巨大的生育高峰。战后的 20 年里, 美国的人口从战前的 1.5 亿一跃超过 2 亿。空前的富裕加上人口的迅速增加,各居民家 庭都为寻找更大的居住空间而努力。其结果是城市中心的密度急剧下降,城市的面积迅 速膨胀。

4. 20 世纪后半期

当时世界上的所有城市在人口和用地面积方面都经历了巨大的增长。如今城市蔓延 穿过了大面积地区,包括城市区域的高速公路、购物中心、工业园、房屋用地、机场以及许 多原先单独的城市实体。富裕的工业化国家中,由于中心城市的传统商业和工业功能迁 移到城市边缘,相当多的城市在一定方面已将城市内圈向外转移。同时,中心城市以及接 近市中心的地区已经成为富裕居民不断增加的和拥有先进而昂贵服务的经济地区。

与第三个阶段相比,发达国家这个阶段的城市蔓延又有新的特点,即蔓延在郊区迅速 展开,导致郊区的人口密度和住宅密度加大,甚至与城区没有明显的差别。布鲁格曼分析 美国的这个时期城市蔓延时提到,在这个过程中,一些郊区目睹了他们居民的年轻化或者 老龄化,以及房屋价格的上升或下降,当地经济的延伸范围以及许多其他因素。到现在为 止,许多郊区内圈从视觉上到感觉上都和中心城市里的邻近社区一样。由于郊区比原先 更多样化,因此城郊差别已经模糊。

这种由人口从整个都市地区向郊区迁移和调整,在城市边缘建造的新郊区社区引起 的一系列连锁反应之一是工业园和商务别墅的迅速增长。尽管第一个工业园出现在 19、 20 世纪之交,最早的商务别墅出现在 20 世纪 50 年代,但是它们都是在 20 世纪 70 年代普 遍流行起来的。制造业从中心城市向边远地区移动,是产生如今的城市地区后工业化的 原因之一。许多大都市区制造业的数量在增长,而不是下降。其变化仅仅是位置远离市 中心而且需要较少的工人。几百年来,大多数工业生产通常都紧密地分布在位于毫无生气的工业景观地带的建筑内,肮脏、危险。在新的工业园内,通常密度较低,遍植花木,工作场所在干净且高效的新建筑内,但薪水仍旧很低,工作重复性强,但是白领和蓝领之间的实际差别已经伴随着城市蔓延明显减弱了。进入 20 世纪 70 年代,由于许多城市商业区的商业协会已经试图改善其竞争位置,把它们的历史遗产变成资本重建建筑,以及安装传统的街道设施,所以郊区的开发商都试图通过开发新的郊区"城市商业区"来反击,这些新型郊区"城市商业区"的外观和功能都和历史上的城市中心一样。

5.4.3　中国的城市蔓延

在第二次世界大战之后,全世界都受到美国汽车文化输出的影响,并且常常将其副产品郊区化生活方式作为效仿对象,忽略了这种生活方式带来的消极影响。亚洲国家在现代化进程中,受到城市蔓延的影响是深远的。中国的城市蔓延具有相对的特色,与亚洲和拉丁美洲的情况相比,更多一些相似性。其实,中国对城市蔓延一直有一个自己的既准确又生动的描述,即"摊大饼"。表现在几个方面:

(1)市中心郊区化。在我国,城市蔓延是中心开花式的,即对城市中心区进行了郊区化改造。

(2)过境交通和环路。为了满足快速交通的需要,在城市中心区内出现了封闭的道路。其中,封闭的高速路常以环路的形式出现,当环路一圈圈从城市中心向外扩散出去就形成了所谓"摊大饼",同时也意味着无论城市规模多大,也只可能存在一个中心。

(3)城市综合体。所谓城市综合体,是将美国式的郊区购物中心搬到城市中心区,意味着破坏掉城市原有的空间结构、尺度以及街道的连续性。并且,这种城市综合体通常以商业和办公为主,或有酒店,但不包含住宅,造成城市功能布局的失衡。

(4)高密度。美国郊区的形态是低层低密度,而在中国的郊区却是高层高密度。如果住宅空置率很高,这种高密度并不能构成城市生活质量。

(5)封闭社区。在我国,封闭社区是普遍存在的。城市空间被一个个孤立的住宅区所瓜分,真正的街道则变成了城市的剩余空间。如今的打开社区政策,一方面是势在必行,但同时实施起来也极为困难。

思考题

1.简要阐述地租理论。

2.阐述新古典城市竞租模型。

3.阐述城市土地集约利用的特性。

4.阐述城市土地集约利用的内涵。

5.阐述城市土地集约利用的特点。

6.结合中国实际谈谈城市蔓延。

第6章

房地产供求与市场均衡

本章导读

　　需求和供给是经济学研究永恒的课题,房地产市场亦是如此。本章在阐述房地产市场需求和供给的基础上,研究房地产市场均衡的四象限模型。通过本章学习,学生可以掌握房地产需求供给及其弹性理论,了解影响房地产市场需求供给的各项因素,了解房地产市场的均衡与非均衡。

6.1　房地产需求

6.1.1　房地产需求的内涵及其影响因素

　　经济学中需求(Demand)的概念,与人类无限多样化的需要(Needs)不同,它同时涉及两个变量:一是该商品的销售价格,二是与该价格相对应的人们愿意并且能够购买的商品的数量,它是主观偏好和客观能力的统一。依据需求的内涵,房地产需求是指在某一特定时期内,消费者或投资者在各种可能的价格下,愿意而且能够购买的房地产产品和服务的数量。这又称之为房地产的有效需求。如住宅房地产的有效需求,一般是居民收入、住宅价格、抵押贷款能力等因素的函数。通常,在某一特定的价格下,消费者愿意且能够购买房地产的数量,称之为房地产的需求量。

与房地产有效需求相对应,房地产潜在需求是指过去和现在尚未转化而未来可能转化为实际购买力的需求,表现为消费者对房地产的消费欲望。如住宅房地产潜在需求一般受人口数量、婚姻状况、家庭户数、居民年龄、性别等变量的影响。其中,人口数量是影响住宅需求最主要的因素。

影响房地产需求的因素是多方面的,对于房地产产品和服务而言,消费者对它的需求量取决于多种因素,而最重要的因素可以说是该产品的价格。除了房地产价格外,影响房地产需求的因素主要有以下七个:

第一,国民经济发展水平。房地产需求水平与国民经济发展水平呈正相关关系。从横向空间来考察,一个国家、地区或城市经济发展迅速,这个国家、地区或城市的房地产需求水平就高一些,反之则需求水平低一些。从时间序列来考察,一个国家、地区或城市哪个时期国民经济发展得快,这个时期的房地产需求水平就高一些,反之则低一些。当国民经济发展水平发生变化,必然体现在投资规模的变化和消费需求的变化两个方面,具体表现为房地产生产性需求和消费性需求的变化。

第二,人口数量和结构。房地产需求量与人口的规模成正比,人口增长必然需要更多的住房和生产工作场所。房地产需求结构受人口结构如年龄、性别、职业等因素影响,不同的人口结构对房地产有着不同的需求。两个人口规模相同的区域由于人口结构差异会有截然不同的房地产需求。如高校和中央商务区是单身青年集聚的两个区域,由于收入和消费能力的不同,他们对住房需求有所不同。影响住房需求的因素还有家庭规模,三口之家的核心家庭和四代同堂的大家庭需要的住房面积和结构有很大不同。

第三,消费者的收入水平。房地产市场需求对城市居民就业率、收入水平和消费水平的变化比较敏感。随着城市经济发展,人均实际收入水平不断提高,人们对于住宅的支付能力增强,必然增加对住宅的需求。技术进步和劳动生产率的提高,使城市居民在增加收入的同时增加了休闲时间,绝大多数家庭要求丰富精神生活、增加娱乐机会和提高教育程度,从而增加了对城市公共活动场所类建筑物的需求。与此同时,居民教育水平的提高,推迟了大量潜在劳动供给者进入劳动力市场的时间,提高了他们的科学文化素质,唤起了他们对现代物质、文化生活的追求,这进一步提出了对住宅内部结构与功能改变的要求,以及对整个现代城市各类服务设施的新需求。

第四,信贷能力。无论是出于什么目的,房地产生产、消费或投资,对大多数人来讲都是一宗大笔的投入,很少有人全部靠存款或自有资金一次性支付,往往需要信贷支持。获得信贷的难易程度及成本高低会影响房地产的有效需求。1998—2010 年,我国个人购房占住房购买者的比例由百分之几提高到百分之九十几,很大程度上是由于鼓励购买信贷政策的出台与实施,如贷款对象的放宽、可贷款额与房价比的提高、贷款利率的多次下调等,提高了信贷能力。

第五,消费者或投资者的偏好。消费者的偏好表现在愿意把大部分收入花在住房上还是花在其他方面,愿意租房还是购房,喜欢多层还是高层,市中心还是城郊。消费者的偏好受职业、生活习惯、亲友观念等因素的影响较大。投资者的偏好表现在愿意投资房地产还是投资其他产业,愿意投资住宅还是商铺,等等。

第六,对市场的预期。与其他商品一样,消费者或投资者对市场的预期会影响其对房地产的需求。一般而言,预期价格上涨,当期的需求会上升;预期价格下跌,当期的需求会下降。

第七,政策因素。城市土地产权制度、税收、住房制度,银行房地产抵押贷款政策、城市发展政策等也会对房地产需求产生影响。如购买住房可以享受退税,住房不再福利分配,个人拥有房地产的合法权利得到保护等,都会刺激房地产的需求。若政策取向相反,则会抑制房地产的潜在需求向有效需求的转化。

6.1.2 房地产需求的分类

房地产需求按目的可以划分为生产性房地产需求、消费性房地产需求和投资性房地产需求。

1. 生产性房地产需求

生产性房地产需求是指用来满足工商、服务等行业生产和经营场所需要而形成的房地产需求。生产性房地产需求的主体是各类企事业单位及个体工商业者等。

土地和房屋及附属的固定设施作为一种生产要素,不能单独用于生产,它只有与其他生产要素结合,才能产生收益。所以,对某项房地产的生产性需求,取决于它与其他投入品结合后所能产生收益的能力。因此可以说,生产性房地产需求实际上是一种派生需求。对工业厂房的需求来源于对工业品的需求;对写字楼的需求来源于对第三次产业服务的需求;对商业地产的需求来源于对商业服务的需求。

生产性房地产需求,取决于厂商对房地产的预期收益水平,如果说厂商租用或购买房地产组织生产,预期在支付了其他生产要素报酬及使用房地产的代价后,仍可取得收益,这时就会产生购买或租用生产性房地产需求。因此,生产性房地产需求,房地产价格对其会产生重要影响,厂商对房地产预期收益水平起着更为重要的作用。生产性房地产需求(D),与房地产的价格(P)成反比,与房地产的收益水平成正比,与净收益(净收益=预期收益−房地产使用成本)成正比(图 6-1)。

如果厂商在使用某宗房地产进行生产时不能得到收益,其就不会租用房地产,因此净收益只有达到图 6-1 中横轴以上的位置,生产性房地产需求才会产生。事实上,为了维持产业的完整性,国家总是要保持一定规模的公共产品,即使是亏损也要扶持,这时就要通过无偿划拨土地、低价供应房产来维持这些行业的运转。由于支付的

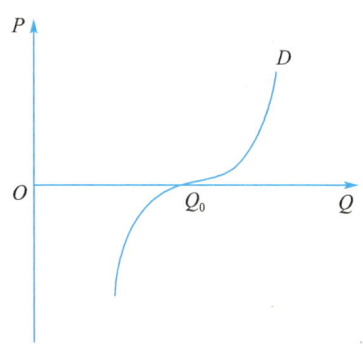

图 6-1 生产性房地产需求曲线

房地产使用成本较低,这些行业的实际收益仍可表现为正值,继而产生了生产性房地产需求。

如图 6-1 所示,横轴以下的净收益被看作影子净收益,它反映的是资源在最佳利用状态下的收益水平,图中 Q_0 点以前的房地产资源不能由市场配置而缺乏效率,我们也可将

之看成是为了维持全社会正常生产所必需的生产性房地产需求数量。在 Q_0 点之后,生产性房地产资源按市场规则进行配置,即需求者根据房地产的预期收益和成本进行比较,净收益越高,对房地产需求越强,如果净收益下降,对房地产需求随之减弱,直至边际收益为零时,对房地产追加需求量下降为零。生产性房地产需求量不仅与净收益相关,还与对经济景气的预期有关,如果经济景气,则房地产预期收益高,生产性房地产需求也会随之增加。

微观经济学经常用等产量线和等成本线来分析厂商对不同生产要素的需求。等产量线被称为生产无差异曲线,用来表示生产任一给定产量所需两种要素的各种可能性组合。等成本线表示任一给定总成本可能投入的两种要素的各种可能性组合。厂商所要作的决策就是要确定两种要素投入数量的最佳组合,从而达到利润的最大化的目的,即用最少的成本来生产既定数量的产品,或者用既定数量的成本来生产最大量的产品。

假设厂商购买房地产、房地产以外的其他资源两种生产要素,并且这两种要素是可以相互替代的。如图 6-2 所示,等产量曲线 Q_1 与等成本曲线 B_1 切于 E_1 点,这一点就是成本最低点。在这点上,等产量曲线的斜率与等成本曲线的斜率相等,并有以下等式成立:

$$P_1/P_2 = MP_1/MP_2 \qquad (6\text{-}1)$$

这一结论适用于厂商对多种要素的选择。每一条可能的等成本线都有一条与之相切的等产量曲线,把切点连接起来,就得到一条生产扩展线 E,厂商沿着 E 线的轨迹扩大生产。

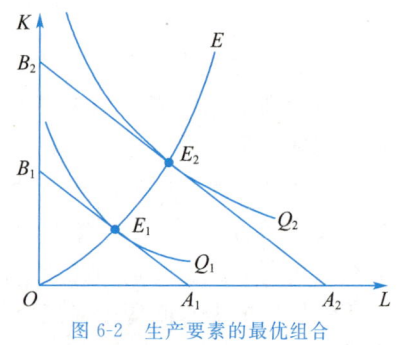

图 6-2　生产要素的最优组合

房地产区位选择问题会对生产性房地产需求产生影响。相同地块往往具有多种用途,如何确定各种用途,取决于土地价格及各种用途可能带来的收入,也取决于法律规定和约束条件,如土地利用的限制性措施和分区制等。在市场经济中,按照土地最有利的用途来分配城市土地。而区位选择是确定土地用途的关键。招标租金理论是从经济学的角度解释房地产区位选择的最合适的理论,它最早由冯·屠能提出,后经阿隆索等人进一步完善。

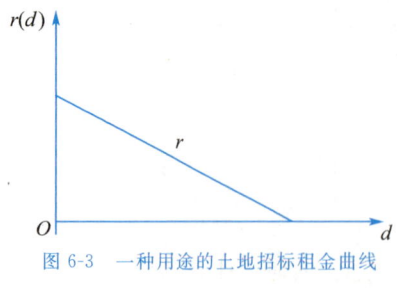

图 6-3　一种用途的土地招标租金曲线

假定生产成本一定,土地只有一种用途,运输成本随离市场中心的距离增大而增大,在市场价格不变的情况下,厂商的租金支付能力(租金支付能力＝总收入－包括利润在内的总支出)随着离市场中心的距离增大而下降,直至到零,从而形成了一条招标租金曲线,每一种土地用途都会有一条招标租金曲线(图6-3)。当土地两种用途竞争的时候,按照土地能够获得的最高招标租金来确定用途。

如图 6-4 所示,在 E 点右侧,土地将用于第一种用途,在 E 点左侧,土地将用于第二种用途。当土地具有多种用途时,因为各行业、各部门有不同的土地租金支付能力,因此会形成斜率不等的多条招标租金曲线。这些斜率不等的多条招标租金曲线的包络线就形成了土地市场租金曲线(图6-5),它反映的是所有土地使用者的土地租金支付能力,通过市场的调节,与某个厂商的租金支付能力没有直接关系。

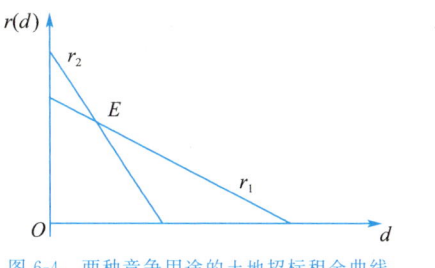

图6-4　两种竞争用途的土地招标租金曲线　　　　图6-5　土地市场租金曲线

在市场机制的作用下,市场上所有的土地使用者都按该曲线支付租金,所获得的利润与其生产经营能力相符。因此,可以把土地市场租金曲线理解为市场竞争中客观存在的土地租金标价。最低土地招标租金曲线与土地市场租金曲线相切的位置即为厂商最佳选择位置。如图6-6所示,在 M 点上,厂商支付最低租金;在 M 点以下的地方,租金低于市场租金,厂商租不到土地;在 M 点以上,租金高于市场租金,在经济上不划算,厂商不会去租土地。

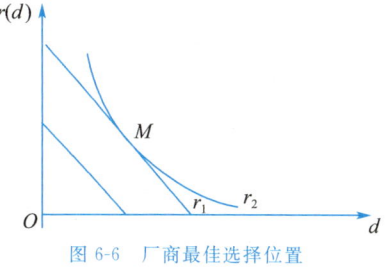

图6-6　厂商最佳选择位置

2. 消费性房地产需求

消费性房地产需求是指用来满足人们居住需要的房地产需求。消费性房地产需求的物业主要是住宅,其需求主体是家庭。人们通过以下方式来满足消费性房地产需求:①自建住宅;②购买住宅所有权或较长时间的使用权;③承租住宅;④在典当方式下承典人行使典当权等。住宅需求的不同方式,虽然在价格形式上存在差异,但其本质却是一致的,都可以用一定时期的住宅租金来表示。

一般而言,一种商品需求的影响因素有以下几种:①该商品的价格;②消费者的收入;③消费者偏好;④其他商品的价格;⑤预期。住宅需求也不例外。下面利用微观经济学的消费者均衡来分析消费性房地产需求。

消费者均衡,是指消费者能够取得最大效用的不同消费组合。微观经济学认为,消费者均衡在无差异曲线与预算线的切点上。无差异曲线(Indifference Curve)是表示在偏好既定的条件下,消费者获得满足程度相等的商品组合点的轨迹。消费者的预算线(Consumer's Budget Line),又叫消费可能线(Consumption Possibility Line),是指在消费者收入和商品价格既定的条件下,消费者的全部收入所能够买到的两种商品的不同数量的各种组合。在市场上,消费者的行为目标是自身效用最大化,消费者所要作出的选择就是如何在既定收入和价格水平下,实现最大限度的效用满足。

如图6-7所示,假设消费者购买两种商品:①住宅;②住宅以外的其他产品。无差异曲线用 U 表示,预算线为 AB,当消费者的收入全部用于支出时,可以购买这两种商品的组合,用方程式表示为:

$$P_1Q_1 + P_2Q_2 = I \qquad (6\text{-}2)$$

其中,P_1 表示住宅租金,Q_1 表示住宅承租量;P_2 表示其他商品的价格,Q_2 表示其他商品的购买量。

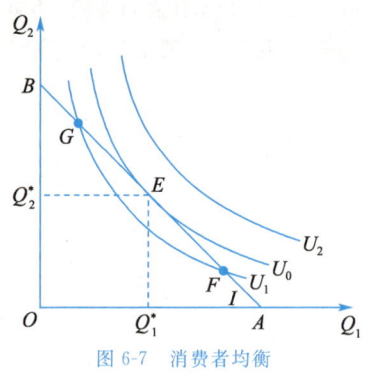

图 6-7 消费者均衡

U_1、U_2 代表两条水平不同的无差异曲线,AB 为预算线,E 为无差异曲线 U_0 与预算线 AB 的切点,即消费者均衡点。这一点代表了现有收入和价格条件下的最大效用组合,也代表了消费者所能实现的最大效用。这时住宅需求量为 Q_1^*,其他商品需求量为 Q_2^*。图中 E、F 点虽然在支出水平 I 下能够达到,但是没有满足消费者的最大效用,U_2 上的点代表了更高的效用水平,但此点的商品组合超过了消费者的支出预算。因此,只有 E 为消费者的均衡点。

衣食住行是任何人类社会生存都无法回避的,个人和家庭总是要支付一定数量的货币换取一定的住宅空间,以满足生理和心理的居住需要。因此,在某一居住水平下,住宅需求表现为刚性增长,人们总是想方设法节衣缩食或自建或购买或租赁一间空间,安顿下来。因此,没有满足基本居住需求的时候,住宅需求的价格弹性很小,接近于完全无弹性。满足了居住的基本需求之后,人们还将追求更大的居住面积来追求舒适,这时消费性房地产需求通常受多种因素的影响而呈现出弹性。

消费性房地产需求曲线如图 6-8 所示。图中,Q_b 表示满足基本住宅需要的需求量;D_1 表示满足基本住宅需要的需求曲线;D_2 表示满足基本住宅需要后的需求曲线;Q 为住宅需求数量;P 为住宅价格。

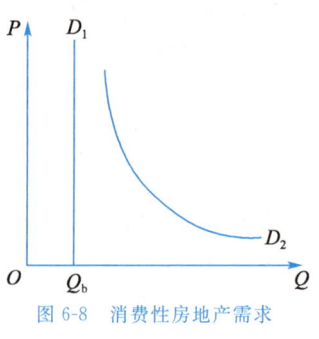

图 6-8 消费性房地产需求

从图 6-8 可以看出:①D_1 是垂直于横轴的直线,它表明无论住宅价格高低,人们对它的需求都是没有弹性的,因此可以接受住宅价格的任何变化。当然,一个国家为了保证一定的社会福利水平,不仅会对住宅价格进行管制,而且,在存在住宅特困户时,政府会建设一些廉价住宅来填补这些需求缺口。②D_2 曲线符合正常的需求规律,在收入等其他条件没有变化的情况下,人们对住宅的需求量会随着价格的变化而变化,表现为一条斜率为负的曲线。

如图 6-9 所示,在收入和其他商品价格不变的情况下,如果住宅租金上涨,则 I_3 旋转至 I_2。从短期来看,由于住宅是耐用消费品,因此消费者对住宅的消费量在短期内仍将维持在 Q_{13},但对其他商品的消费量减少。从长期来看,消费者将减少住宅的消费至 Q_{12},相对增加其他商品的消费。综上所述,可以描绘出一条住宅价格消费曲线,表示在不同住宅租金水平下,消费者的住宅商品消费量,并由此导出消费者对住宅的需求曲线。

如图 6-10 所示,在住宅租金和其他商品价格不变的情况下,如果收入增加,I_1 则平移至 I_2。从短期来看,由于住宅是耐用消费品,消费者对住宅消费量在短期内仍将维持原来的数量,但其他商品的购买量则会增加。从长期来看,消费者将增加住宅消费,相对减少其他商品的消费量,使无差异曲线提高。根据上述分析,可以给出一条收入消费曲线,表示在不同收入下消费者对商品的消费量,并由此导出一条住宅的收入需求曲线。

由此可见,随着收入的增加,消费者的住宅需求量将随之加大。反之,随着收入减少,消费者的住宅需求量随之减少。

3. 投资性房地产需求

投资性房地产需求又称保值增值性需求,是指购置房地产并非为了生产和消费,而是作为一种价值形式加以储存,在合适的时候再出售或出租,以达到保值增值的目的。在发达国家,消费者通常会以持有房地产的方式进行投资或理财。在中国,改革开放以来经济的高速增长,居民财富随之快速积累,人们对房地产的投资及理财需求也不断增强。

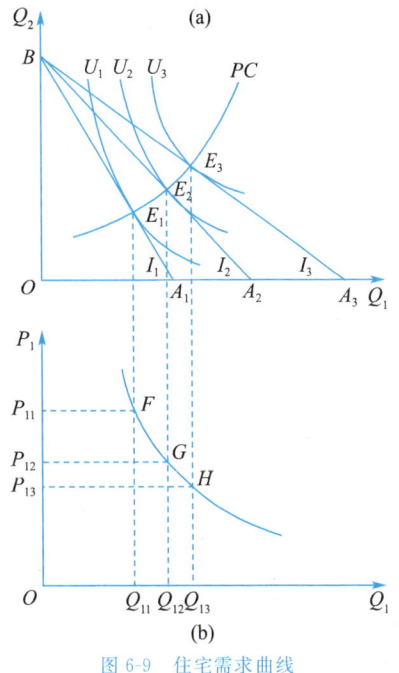

图6-9 住宅需求曲线

投资性房地产需求的收入,主要来源于两个方面:一是房地产用于出租所带来的租金收入;二是房地产买卖时价格上涨带来的增值收益。从长期来看,房地产出售时价格的变化,也会引起其租金水平发生相应变化,价格/租金比会维持在一个比较合理的水平上。投资者如果长期持有房地产,租金收入是其真正的收入来源,会随着房地产出售价格的上涨而增加,而买卖差价却不是其真实收入,可以看成一种影子收入,这种影子收入同样会对投资和理财决策产生直接影响。

相对于消费性房地产需求,房地产投资及理财的风险较大。随着房地产价格的不断上涨,房地产泡沫不断积累,房地产投资及理财的风险也将不断增加,甚至房地产泡沫会随时破裂。因此,房地产价格的剧烈波动和房地产交易量的大幅涨落,都会导致相应的房地产风险,比如市场风险、利率风险、流动性风险等。

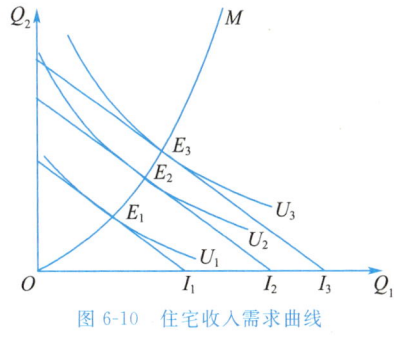

图6-10 住宅收入需求曲线

房地产投机是房地产投资的一种特殊形式,其购买房地产的目的不是居住,而是以后出售,以赚取买卖之间的差价。房地产投机者,既不是生产者,也不是使用者,买卖房地产的目的只是赚取价差。房地产投机行为具有稳定房地产市场的作用:房地产市场低迷时,投机者通过购买房地产来激活房地产市场;房地产市场高潮时,投机者通过卖出房地产来抑制房地产市场。而且,投机者愿意承担风险,则能使别人避免风险,因此房地产投机者的知识和冒险性是有益于社会的,他们能减少房地产价格的波动和别人的风险。

但是,与此同时,房地产投机者的炒作行为不利于房地产市场的价格稳定。因为,对未来价格的预期是影响房地产投机的重要因素,如图6-11所示。

当房地产价格上涨时,人们纷纷投资房地产,导致需求急剧增加,从而推动价格进一步上涨。相反,当房地产价格下降时,人们因为担心其拥有的房地产贬值而纷纷抛售,从而加剧了价格的下降。所以,投机性房地产需求,与其他类型的房地产需求曲线不同,是一条自左下向右上倾斜的曲线。

房地产具有很强的保值增值性,当价格下降到一定程度,投资者宁可选择持有房地产也不会出卖。此时,投机性房地产需求曲线发生了移动,由另一条价格上升、需求增加、价格下降、需求反而减少的曲线来说明,这时投机性房地产需求曲线与西方经济学当中的吉芬品非常相似。

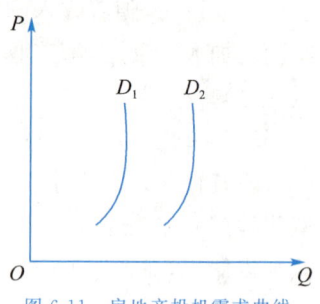

图 6-11　房地产投机需求曲线

6.1.3　房地产需求弹性

房地产需求弹性,是用来研究影响房地产需求诸因素发生变化以后,房地产需求量作出反应程度大小的指标。

1. 房地产需求的价格弹性

根据经济学的一般原理,房地产需求的价格弹性是指房地产商品价格变化的比率所引起的房地产需求量变动的比率,它表示房地产需求量变动对房地产价格变动的反应程度。用公式表示为:

$$E_d = \frac{\Delta Q/Q}{\Delta P/P} \tag{6-3}$$

式中:E_d 为房地产商品需求的价格弹性系数;P 为房地产商品价格;ΔP 为房地产商品的价格变动量;Q 为房地产商品的需求量;ΔQ 为房地产商品需求的变动量。

由于价格与需求量呈反方向变动,所以房地产需求的价格弹性系数应为负值。但在实际运用时,为了方便起见,一般都取其绝对值,即 $E_d > 0$,当 $0 < E_d < 1$ 时,称这种商品需求缺乏价格弹性,即需求量变动对价格变动的反应小,也就是需求量变动比率小于价格变动比率;而当 $E_d > 1$ 时,称这种商品需求富有价格弹性,即需求量变动对价格变动的反应大,也就是需求量变动比率大于价格变动比率。

从一般意义上讲,当房地产价格在一定幅度内变动时,房地产需求缺乏价格弹性。这是因为对商品用房而言,由于其区位条件至关重要,又难以替代,因此,在此时价格变动需求量的影响程度不大。对住房而言,由于其是生活必需品,根据国外经验,当住宅的售价相当于住户收入的 3~6 倍时,这时的需求缺乏价格弹性;但当房地产价格超过一定幅度而继续上涨时,房地产需求的价格弹性较大。这是因为房地产是耐用品,并且具有一定的容纳弹性,因此当价格偏高时,消费者会紧缩正常需求量,导致住房需求量减少。

上述情况表明,房地产商品的需求曲线一般呈现为一条拐折线,如图 6-12 所示:OP 表示价格,OQ 表示需求量,$D_1 E D_2$ 表示房地产需求的拐折需求曲线。$D_1 E$ 段为房地产需求缺乏价格弹性,即需求量变动比率小于其价格变动比率,其曲线表现为比较陡峭状态;$D_2 E$ 段为房地产需求富有价格弹性,即需求量变动比率大于其价格变动比率,其曲线表现为比较平坦状态,而且这种"富有价格弹性"呈现出单向性,即价格上升时呈现这种趋势,而价格下降时,则并不呈现这种趋势。因此,图中 D_2E 段画得细一些,以示与 D_1E 段的区别。在一些特殊场合,房地产需求的价格弹性会显示出某些特殊的规律,故需视具体情况而定。

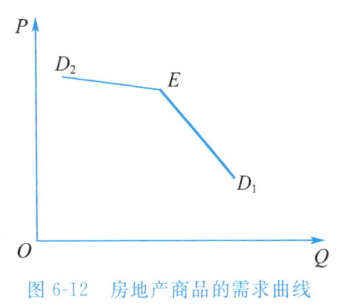

图 6-12 房地产商品的需求曲线

2. 房地产需求的收入弹性

房地产需求的收入弹性是指收入变动的比率所引起的房地产需求量变动的比率,它表示房地产需求量变动对收入变动的反应程度。用公式表示为:

$$E_Y = \frac{\Delta Q/Q}{\Delta Y/Y} \tag{6-4}$$

式中:E_Y 为房地产需求的收入弹性系数;Y 为消费者的可支配收入;ΔY 为消费者的可支配收入的变动量;Q 为房地产商品的需求量;ΔQ 为房地产商品需求的变动量。

由于价格与需求量同方向变动,所以房地产需求的价格弹性系数应为正值,即 $E_Y > 0$,并且,当 $0 < E_Y < 1$ 时,称这种商品需求缺乏收入弹性,即需求量变动对收入变动的反应小,也就是需求量变动比率小于收入变动比率;而当 $E_Y > 1$ 时,称这种商品需求富有收入弹性,即需求量变动对收入变动的反应大,也就是需求量变动比率大于收入变动比率。

从一般意义上讲,房地产需求的收入弹性与一国或一个地区的经济发展水平和国民收入水平有密切的联系。这主要是由于不同的经济发展水平和阶段,对居民的消费结构的变化有着不同的影响。

从特殊意义上讲,不同的房地产商品,其需求的收入弹性是不同的。例如,普通住宅面向广大工薪阶层,其需求的收入弹性较大;而高档别墅、高档商品住宅面向外商和高收入阶层,其需求的收入弹性较小。

3. 房地产需求交叉价格弹性

房地产需求交叉价格弹性是指相关房地产间一种房地产价格变化所能引起的另一种房地产需求量变化的程度。房地产需求交叉价格弹性的公式为:

$$E_{XY} = \frac{(\Delta Q_Y/Q_Y)}{(\Delta P_X/P_X)} \tag{6-5}$$

式中:P_X 表示一种房地产的价格;ΔP_X 表示这种房地产价格的变化量;Q_Y 表示另一种房地产的需求量;ΔQ_Y 表示另一种房地产需求的变化量。房地产需求交叉价格弹性主要是用来考察这两种房地产是替代关系还是互补关系。从需求角度而言,两宗房地产具有负的房地产需求交叉价格弹性时,是互补关系,具有正的房地产需求交叉价格弹性时,则是替代关系。

一般而言,在需求方面,大多数房地产商品之间具有互补关系。比如,当住宅价格下降时,住宅的需求量会增加,进而其他房地产的需求也会增加,如休闲设施、公共建筑、零售商业活动等。因此,对购物中心、游乐区、商业建筑、公共设施等房地产的需求量便会增加。这说明在其他条件不变的情况下,住宅价格的下降,会导致其他房地产的需求量上升,即房地产需求交叉价格弹性为负。

6.2 房地产供给

6.2.1 房地产供给的含义及其影响因素

从微观经济学角度看,房地产供给是指生产者在某一特定时期,在每一价格水平上愿意而且能够租售的房地产商品量。在生产者的供给中,既包括新生产的房地产商品(俗称增量房),也包括过去生产的存货(俗称存量房)。在现实经济生活中,新增商品房供给又包括销售的现房和期房(达到一定标准的预售房)。在商品房供给中,按供给方式划分,又可以分为出售的商品房供给和出租的商品房供给两种。从宏观经济角度来看,房地产供给是指房地产总供给,即在某一时期内全社会或某一地区内房地产供给的总量,包括实物总量和价值总量。

房地产供给要具备两个条件:一是出售或出租的愿望,这主要取决于价格为主的交易条件;二是供给能力,这主要取决于房地产开发商的经济实力和经营管理水平。两者缺一不可。但在市场经济条件下,以价格为主的交易条件是主要的。

在一定时期内,除了价格以外,房地产供给的数量和质量还要受到其他因素的影响。房地产供给的变化相对于房地产价格的变化会表现出时滞,这是因为房地产的开发周期较长和房地产市场信息不充分的特性。影响房地产供给的其他因素包括:经济发展水平、地段、技术条件、经济制度和政策因素等。

1. 经济发展水平

在自然限制因素一定的条件下,房地产供给受经济发展水平变化的影响比较大。随着经济的快速发展,人们对房地产的需求随之增长,敦促城市通过再开发已利用的土地来实现对土地的集约利用(提高容积率),从而达到增加新的房地产供给量(单位面积土地上容纳更多的建筑面积,建筑空间得到更深度的开发)的目的。当对土地的集约利用达到极限时,城市必然走向郊区化。将一部分农地转变为非农用地,以达到增加房地产供给的目的。

房地产供给的竞争比较激烈,房地产经营者和使用者之间、房地产的不同用途之间都存在着竞争。一般来说,经营能力较强、出价较高和具有明朗前景用途的开发者,能够获得位置较好、价格较高的房地产,反之亦然。但每个经营者所能得到的房地产数量,受到其支付能力的限制。此外,房地产开发成本与房地产市场价格的比值也会影响到房地产供给。

2. 地段

对于非农用地来说,地段具有极为重要的意义。因为非农用地受气候等自然条件的限制要比农用地小得多,只要地表下层能提供一个坚固的建筑基础就行。城市地段既是决定城市土地利用价值和地租或地价的关键,又是影响城市土地利用集约度的重要因素。

地段一般包括以下要素：

①自然位置，主要由自然环境条件决定，比如靠近河流、海湾的地区，能够为贸易、工业和旅游等提供优越条件。

②经济区位，通常商业繁华、人口稠密的地段具有区位优势，商业经营者在此经营能够获得最大的消费者流量和最大的贸易额，从而取得最大利润。需要注意的是，住宅区、工业区与商业区在经济区位上的要求是不相同的。

③交通位置，靠近铁路、公路、地铁、港口等内外交通便捷的城市土地利用价值较高。

区位条件的微小差别对于房地产地段来说都是极为重要的。在繁华的城市商业中心，即使面积、形状和其他条件相同的两个铺面，往往由于几米之隔的距离，其位置优劣和利用价值就截然不同。城市土地的供给受地段条件的限制非常明显，体现了地段对于城市土地的极端重要性。在一定的时间和区域内，一定条件的土地只适合于某种特定的用途，这会影响到该土地的供给总量。因此，城市土地在短期内供给弹性一般较小。

3. 技术条件

房地产收益是房地产价格的基础。人们开发利用土地的能力决定了房地产收益的大小，人们开发利用土地的能力又取决于技术进步。技术进步，能够使原来不能利用的土地变为可以利用，使原来已经利用的土地提高集约度，提高土地的利用率和土地的容积率，从而扩大城市土地供给的数量。与此同时，技术进步还能够降低土地利用成本，提高土地利用效益。

进一步来说，技术进步还能够改变城市不同种类房地产供给的状况。例如，建筑设计的创新、建筑材料的改善和施工质量的提高，能够为人们提供更便利、更舒适、更美观的现代住宅及其他建筑物，在扩大房地产供给数量的同时，提高房地产供给的质量。

4. 经济制度和政策因素

影响房地产供给的经济制度和政策因素很多，它们或直接或间接地影响城市房地产的供给。例如，城市土地产权制度、住宅制度、城市发展政策会影响房地产的产业政策；国家的财政政策、金融政策、投资政策、国民经济发展规划等对房地产投资总量和投资结构有一定的决定作用；房地产税收制度，如税种的设立、税率的调整、税收优惠政策的出台、扣除项目的增减等，都对房地产投资者的收益产生直接和间接的影响，从而影响到房地产投资者的投入，进而对房地产供给产生影响。

需要注意的是，风俗习惯、公共舆论、环境意识和社会需求等也会对城市房地产供给产生影响。城市房地产开发具有很强的扩散效应，某些土地的开发会对毗邻土地的价值和使用价值产生影响，从而影响到房地产供给的数量和位置。随着越来越多的人对环境质量、土地资源保护的重视，对公园、绿地及公共娱乐场所的在意，某些特定用途的土地和建筑物的供给发生了很多变化。

6.2.2 房地产供给的生产函数

房产供给，是土地和服务设施的函数。房产和服务设施的供给产生对土地的派生性需求。服务设施包括原材料、劳动力及建设中的各种设备服务,这些不同种类的物资和服务再进行合理组合。服务设施属于非土地产品。

在建设服务中需要投入不同类型的建设物资。因此,建设服务指数只能在非常严格的和非实际的假定下才能得出。在建设服务过程中,土地可能既是一种投入,又是一种产出。在技术规模报酬(Returns to Scale)不变的前提下,通常建设服务的价值等于房地产的价值减去土地的价值。

替代弹性是这里的关键变量,即土地和服务设施之间可以相互替换的伸缩性的量度。在图 6-13(a)中,S 代表服务设施,L 代表土地,等产出线是 H。H 代表房产,表示能够提供同样产出的各种土地和服务设施组合的轨迹。

在图 6-13(a)中,土地和服务设施之间不能够相互替代。房产对土地的需求是相对固定的,劳动力和原材料不可能替代它。在 A、B、C 点,生产相同数量的房产,但所需的土地和服务设施的量却并不相同。A 点所需的土地和服务设施的量都是最小的;B 点,存在一个土地的增加量,但由于建设服务的约束条件,因此并没有生产出更多的房产;C 点,则存在一个服务设施的增加量,但由于土地的约束条件,因此也没有生产出更多的房产。

需要注意的是,在其他条件不变的情况下,如果房子是建在比较开阔的地段上,它会具有更高的价值。带有服务设施经过开发的土地是非常昂贵的,在如此地段生产出的房产当然更有价值。这就与图 6-13(a)中的等产出线所表述的生产函数大相径庭。因此,等产出线应该更接近于 L 型。

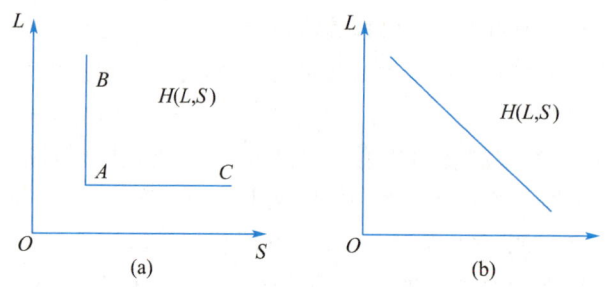

图 6-13　房产供给中的土地和服务设施

图 6-13(b)中,显示的是等产出线的另一种情形。等产出线是线性的,它表示土地和建设服务是可以相互替代的。一方价格的任何变化会充分影响到另一方。但是,在实际生活中,技术和制度因素限制了土地和建设服务之间的相互替代。相对于建设服务而言,土地越来越稀缺和珍贵,因此更为常见的是用建设服务来替代土地。

房产供给的生产函数可以表示如下:

$$H = H(L, S) \tag{6-6}$$

在房产生产中,土地替代建设服务的程度用土地(L)和建设服务(S)之间的替代弹性来表示。$MRS_{SL} = \Delta L / \Delta S = MP_S / MP_L$。在这里,$MRS_{SL}$ 表示边际技术替代率,ΔL 表示土地的增量,ΔS 表示建设服务的增量,MP_L 表示土地的边际生产率,MP_S 表示建设服务的边际生产率,P_L 表示土地的价格,P_S 表示建设服务的价格。

假定等产出线在原来的基础上凸向原点（图6-14），表示边际技术替代率正在减少，$\Delta S/\Delta L$ 增加，则表明这个产业中建设服务与土地之间是可以相互替代的。生产成本最小时必须满足下列条件：$MP_L/P_L = MP_S/P_S$。这一条件是建设服务与土地之间相互替代的约束条件。假设在财产税增加，不影响使用成本结构的前提下，税额增加，会导致 P_L 的增加，从而使土地变得更加昂贵。

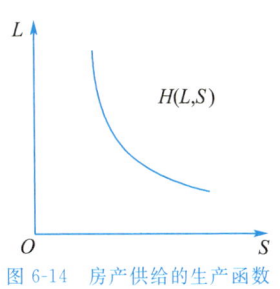

图6-14　房产供给的生产函数

厂商的供给曲线是指在一定的销售价格下，厂商愿意并且能够生产和销售产品的产量。在完全竞争的市场中，短时期内厂商获取最大利润的条件是，边际成本等于既定的市场价格时的产量。完全竞争厂商的短期供给曲线，可以由该厂商边际成本曲线中高于可变成本曲线最低点以上的那部分边际成本曲线来表示。

房地产市场与完全竞争市场不同，是一种具有较强垄断性的市场，开发商是价格的设立者。开发商在确定产量时，根据需求的变化，同时决定了市场价格，而不是按照市场价格去决定产量。因此，开发商会根据不同的市场需求条件来确定其供给量，而没有一条理论上的供给曲线。

存量房产的供给与新建房产的供给有较大区别，其供应量由原用户的退租量、转让量来决定。原用户退租和转让的决定取决于经营活动的期望利润。在经济快速发展时，经营活动的期望利润增加，致使原有房产的供应量降低，原有业主或租户就不会出售或退租。而且，此时由于经济的快速发展对房产的需求也随之增加，所以，存量房产的供应量与需求量成反比。经济衰退时，则与之相反。

无论是存量房产还是增量房产，其短期供给价格弹性都是缺乏的。但长期房产供给价格是富有弹性的。总而言之，整个房产市场的供给曲线是一条自左向右倾斜的正斜率曲线。

6.2.3　房地产供给弹性

根据经济学的一般原理，所谓房地产供给弹性，就是指供给的价格弹性，即房地产价格变动的比率所引起的其供应量变动的比率，它表示房地产供给量变动对房地产价格变动的反应程度。用公式表示为：

$$E_S = \frac{\Delta Q/Q}{\Delta P/P} \qquad (6\text{-}7)$$

由于房地产价格与供给量同方向变动，所以房地产供给弹性系数应为正值。如前所述，不同时期的房地产供给具有明显的区别。下面对不同时期的供给弹性，分别作简要的阐述：

1. 特短期内房地产供给无弹性

由于房地产生产周期长，特短期内其生产要素和产品不可能发生变化，因而房地产供给无弹性，即 $E_S = 0$。

如图 6-15 所示，OP 表示价格，OQ 表示供给量，S 线表示房地产供给曲线。当价格低于某一特定水平时，供给消失，因此 S 线与 OQ 线没有相交，存在一段虚线的距离。

无论价格从 P_0 变化到 P_1 或到 P_2，供给量总是 Q_0，因而 S 线表现为垂直于 OQ 线的直线。

2. 短期内房地产供给弹性较小

短期内土地供给不可能发生变化，因而土地供给无弹性，如图 6-16 所示。房地产可以通过可变要素的增减而改变其供给，但变动幅度不会很大。因此，房地产供给弹性较小，即 $0 < E_S < 1$。如图 6-16 所示，供给曲线 S 呈现出较为陡峭的状态。

3. 长期内房地产供给弹性较大

长期内土地供给量可以变动，具有一定的弹性，房地产的供给量变化更明显，因此房地产的供给弹性更大，两种因素综合在一起，使房地产供给富有弹性，即 $E_S > 1$。如图 6-17 所示，供给曲线 S 呈现出较为平坦的状态。

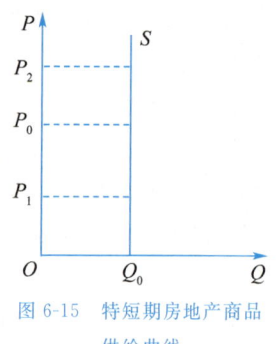

图 6-15　特短期房地产商品
　　　　　供给曲线

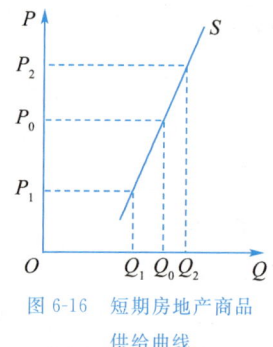

图 6-16　短期房地产商品
　　　　　供给曲线

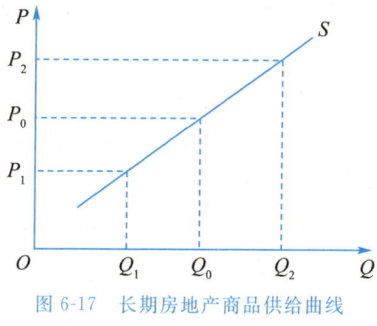

图 6-17　长期房地产商品供给曲线

以上三种情况是房地产供给弹性的一般规律，其在特殊的条件下，也会发生一些特殊的现象。例如，当房地产需求低迷而价格下降时，弹性系数也变成负值，其绝对值或大或小，但这只是一种特例。

房地产供给交叉价格弹性，是表示相关房地产间一种房地产价格变化对另一种房地产供给量变化的敏感程度。房地产供给交叉弹性系数的公式为 $E_{XY} = (\Delta Q_Y/Q_Y)/(\Delta P_X/P_X)$，这里 P_X 表示一种房地产的价格，ΔP_X 表示这种房地产价格的变动量，Q_Y 表示另一种房地产的供给量，ΔQ_Y 表示另一种房地产供给的变动量。

从供给的角度看，绝大多数的房地产商品之间可以相互替代。在某一特定区域，某项房地产商品价格上涨，其生产利润较高，房地产开发商会将大量资金投入此项商品中，而减少其他种类房地产的供给数量。例如，某区域商业地产价格上涨，房地产建筑开发商会将大量资金投入兴建商业地产，如果可能甚至会将原有住宅或工厂转为兴建商业地产，造成商业地产的供给量增加、住宅或工厂的供给量减少的局面。因此，一般而言，当某类房地产价格上扬时，会造成其他类型房地产供给量的减少，所以房地产供给交叉弹性为负。

6.3 房地产市场的均衡

6.3.1 房地产市场供求均衡

传统经济学中,房地产市场的供求均衡状态是指房地产的供给价格与需求价格相等,而且供给量与需求量相等时的经济状态。在完全竞争条件下,均衡状态时,价格可以自行调节供需,是一种相对静止的状态。

如图 6-18 所示,供给曲线 S 与需求曲线 D 相交于 E 点,E 点即为市场供求的均衡点。在均衡点 E 上,供给与需求处于均衡状态,$Q_S = Q_D = Q_0$。当价格发生变化时,需求量和供给量都会向 E 点运动,在 E 点上,价格是稳定的。如果是一个理想的完全竞争市场,E 点的价格 P_0 和房地产价值相适应的价格相一致。一般而言,需求增加的结果是均衡产量增加,均衡价格上升;供给增加的结果是均衡产量增加,均衡价格下降。

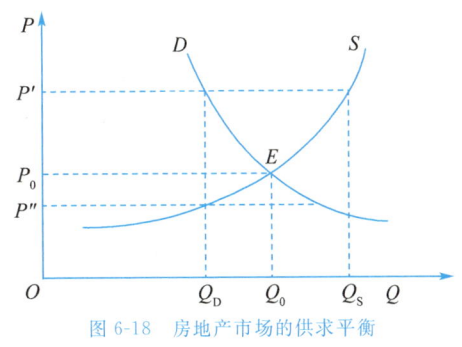

图 6-18　房地产市场的供求平衡

从理论上说,房地产市场总是会达到均衡状态的。如果某种原因导致了房地产价格由 P_0 上升至 P',这个价格对开发商是有利的,此时,开发商愿意增加供给量。但对消费者来说,价格 P' 可能有些太高,在这个价格水平下,出现了供大于求的现象。供过于求的状态会使房地产市场出现大量的空置房屋,这时房地产供给商就会降价出售,使房地产价格下降,直到需求和供给相等,形成均衡。这种均衡状态是一种市场出清的状态,是买卖双方都能在同一价格下卖出和买到自己想要的房子,市场不会出现过剩或需求得不到满足的情况。

均衡状态是相对的、偶尔的,非均衡状态是绝对的、常在的。房地产市场的供求均衡状态在现实中是很少见的。正如 19 世纪末英国经济学家马歇尔指出的:均衡只是一种永远的趋势。在现实世界中,很少真正达到供求均衡,而多半是处在走向均衡的过程中,这种过程可能是收敛的(最终能实现均衡),也可能是发散的或是循环的(无法达到均衡状态)。而且,由于供给调节的滞后性,这种调整过程是非常缓慢的,供求均衡的调整主要体现为房地产供给对房地产需求的响应过程。

6.3.2 房地产市场的非均衡

从经济总量和结构的角度,宏观经济运行中出现的非均衡状态可以分为总量非均衡和结构非均衡。总量非均衡是指社会总需求和总供给在总量上不相等、不平衡。结构非均衡是指一个部门或企业内部若干个部门或企业之间的供求总量关系不对称。在现实中,总量非均衡和结构非均衡常常同时出现在宏观经济的非均衡状态中。具体而言,我国房地产市场的总量非均衡和结构非均衡有如下表现:

1.总量非均衡

房地产市场中的总量非均衡一般表现为潜在总需求大于有效总需求,实际供给大于有效供给。事实上,我国房地产市场中一直存在潜在需求巨大与有效需求不足、大量闲置房屋等非均衡问题。下面以住房市场为例来说明问题。

一方面,我国住宅市场具有巨大的潜在需求。随着国民经济的持续增长,城镇化城市化水平的不断提高,我国居民支付能力逐步提高,极大地激发了广大居民的潜在住房需求。此外,消费结构的升级带来住宅市场的巨大需求。国际经验表明,恩格尔系数与住宅消费支出比重是反方向变动的关系,一般情况下,恩格尔系数下降到 0.4～0.5,住宅的消费比重会增加 18% 左右。

消费结构的升级应该与住宅消费的提高相辅相成,但事实却并非如此。

另一方面,我国现在有大量的房屋处于闲置状态,这个问题在一线城市更为严重。我国住宅市场还具有巨大的潜在需求。

2.结构非均衡

在全国或局部地区,在不同的地区和不同的城市,存在住宅、商业地产、经济适用房比例不合理的问题。经济适用房的土地是"免费"的,利润相对较低,开发商对此没有太多的热情,市场上的经济适用房供给严重不足。

此外,高中低档住房的开发比例也不尽合理。开发商更愿意开发高档房、大户型,而针对于中低收入家庭的小户型、低价房的供给相对较少。

6.3.3　房地产市场均衡的四象限模型

房地产是一种耐用品,具有消费品和投资品两种属性。因此,可以将房地产市场分为针对消费品生活资料的空间市场和针对投资品的资产市场,空间市场的租金决定了资产市场的需求,空间市场的供给由资产市场决定。

为了更为直观地显示两个市场的关系,美国学者丹尼斯·迪帕斯奎尔、威廉·C.惠顿提出了四象限模型,通过对房地产资产市场和使用市场(或物业市场)相互作用过程的剖析,更为全面直观地刻画了房地产市场实现均衡的过程。

为了使分析更加简化,假定资产市场和空间市场可以完全分开,即产权人不使用自己的房子,他们靠租赁市场上的房子来满足自己的居住需要,这样房地产市场上的房子先由投资者买进,然后出租给房地产空间需求者。

按照逆时针方向来对图 6-19 中的各象限进行解释,四象限模型将平面划分为四个象限,右侧的两个象限(第Ⅰ和第Ⅳ)代表空间市场,左侧的两个象限(第Ⅱ和第Ⅲ)代表资产市场,两个纵轴分别代表新开发建设量和租金,两个横轴分别代表房地产价格和存量。在四象限模型中,每个象限对应一个方程,四个象限所对应的四个方程联立表示在市场均衡状态下房地产租金、价格、新开发量和存量之间的对应关系。

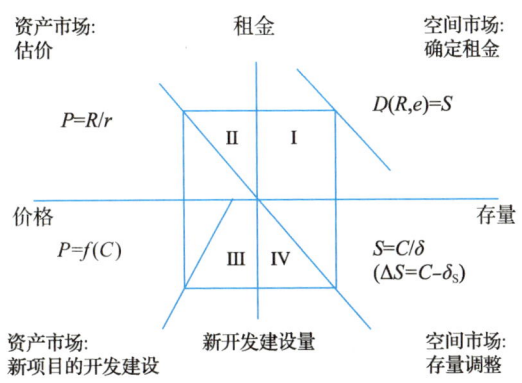

图 6-19　房地产资产市场与使用市场均衡的实现

1. 第 Ⅰ 象限：租金的确定

第 Ⅰ 象限是空间市场的一部分，有租金和存量两个坐标轴：租金（每单位空间）和存量（也以空间的计量单位进行衡量）。向右下倾斜的曲线表示在特定的经济条件下，空间的需求与租金之间的关系，它实质上是一条需求曲线。在均衡状态下，市场的租金水平使空间需求与空间供给相等，因此在第 Ⅰ 象限可以依据空间存量（均衡状态下的房地产空间需求量）来确定租金水平。

如果不管租金如何变化，家庭或企业的空间需求数量不变，那么这条需求曲线就是无弹性的、几乎垂直的直线；如果空间的需求量相对于租金的变化特别敏感，那么需求的弹性就比较大，曲线就会变得比较平坦，如果社会经济状况发生变化，那么整个曲线就会移动。当公司或家庭数量增加（经济增长）时，曲线会向上移动，表明在租金不变的情况下，空间需求会增加；当经济衰退时，曲线向下移动，表明空间需求会减少。

第 Ⅰ 象限中，空间需求与租金的关系可以用下列方程表示：

$$D(R, e) = S \tag{6-8}$$

这里，e 代表某一时期的经济状况。

例如，写字楼的需求量 $D = E(400 - 10R)$，这里 E 代表整个经济中办公人员的数量，它从就业的角度来衡量某一时期的经济状况。当空间市场处于均衡状态时，$D = S$。因此，$R = 40 - S/10E$。

如前所述，空间市场上的存量供给是由资产市场给定，因此，在图 6-21 中，对于横轴上的某一数量的空间存量，向上画一条垂直线与需求曲线相交，然后从交点再画一条水平线与纵轴相交，按照这种方法也可以找出对应的租金 R。

2. 第 Ⅱ 象限：价格的确定

第 Ⅱ 象限代表了资产市场的一部分，纵坐标代表房地产价格，横坐标代表租金。以原点作为起点的这条向左上倾斜的射线，表示租金和价格的关系，这条斜线的斜率代表了房地产资产的资本化率，即租金和价格的比值。这是投资者通过拥有房地产希望得到的收益率。

资本化率是一个外生变量。一般说来,确定资本化率需要考虑四个方面的因素:长期利率(房地产抵押贷款利率)、租金的预期上涨率、租赁风险和房地产政策对房地产市场的影响(比如税收政策)。当这几种因素发生变化时,资本化率会发生相应的变化,斜线会绕着圆点转动。当斜线以顺时针方向转动时,资本化率提高,以逆时针方向转动时,资本化率下降。该象限的目的是对于租金水平只利用资本化率 r 来确定房地产资产的价格 P,即

$$P = R/r \qquad (6\text{-}9)$$

同样,也可以利用作图来确定房地产价格 P,从纵轴上的某一租金水平出发,画一条水平线与第 Ⅱ 象限的斜线相交,从交点向下画一条垂直线,该垂直线于横轴的交点就是房地产资产的价格。

3. 第 Ⅲ 象限:新开发量的确定

第 Ⅲ 象限是房地产资产市场的一部分,横轴是价格,纵轴是新开发量。在这个象限中,对房地产新资产的形成原因进行了解释。这一象限的曲线 $f(C)$ 代表房地产的重置成本与新开发量之间的函数关系。从长期看,房地产的重置资本与房地产价格相等。所以,新项目开发建设的重置成本随着房地产开发活动(C)的增多而增加,因此这条曲线向左下方倾斜。斜线在价格横轴的截距表示启动开发所必需的最低价格。如果开发成本几乎不受开发数量的影响,则这条曲线会接近于垂直;如果建设过程中的瓶颈因素、稀缺的土地和其他一些影响开发的因素致使供给非弹性变化,则这条曲线将会变得较为平坦。

在第 Ⅲ 象限某个给定的房地产资产价格,向下画一条垂直线,该垂直线与开发成本相交,从这一交点画一条与纵轴相交的水平线,此纵轴交点便是此价格水平下的新开发建设量,此时开发成本等于资产的价格。

如果房地产实际开发量小于资产市场满足需求的供给量时,开发商获取超额利润;反之,如果实际开发量大于这个平衡数量,开发商则无利可图。该曲线可以用下列方程表示:

$$P = f(C) \qquad (6\text{-}10)$$

例如,假设写字楼市场的 $f(C)=200+5C=P$,所以,$C=(P-200)/5$。

4. 第 Ⅳ 象限:房地产存量的调整

第 Ⅳ 象限是房地产空间市场的一部分,从原点出发的曲线表示开发量与存量之间的关系。在一定时期内,存量变化 ΔS,等于新建房地产数量减去以折旧率 δ 计算的折旧量,则:

$$\Delta S = C - \delta S \qquad (6\text{-}11)$$

如果市场处于均衡状态,存量不会发生变化,应有 $\triangle S = 0$,这时开发量等于折旧量,因此,$S = C/\delta$ 或 $C = \delta S$。

例如,如果写字楼的年折旧率是 1%,则 $S = C/0.01$ 或 $C = 0.05S$。所以,第 Ⅳ 象限的曲线实质上表示的是为了保持市场均衡和存量稳定所需要的新开发量。

将上述四个方程联立,得到房地产市场均衡的数量模型:

$$\begin{cases} D(R,e)=S \\ P=R/r \\ P=f(C) \\ S=C/\delta \end{cases} \tag{6-12}$$

以上面写字楼市场为例,上述联立方程演变为:

$$\begin{cases} D=E(400-10R)=S \\ P=R/r \\ C=(P-200)/5 \\ S=C/0.01 \end{cases} \tag{6-13}$$

求解,得到:$S=E\dfrac{800-4\,000i}{iE+2}$

上述分析从某一市场存量开始,在空间市场确定租金,租金可以通过资产市场转换成房地产价格。接着,这些房地产价格可导致形成新的开发量。再转回到空间市场,这些新的开发量最终会形成新的存量水平。当存量的开始水平和结束水平相同时,空间市场和资产市场达到均衡状态。假如结束时的存量与开始时的存量之间有差异,那么四个变量(租金、价格、新开发量和存量)的值将不处于完全的均衡状态。假如开始时的数值超过结束时的数值,租金、价格和新开发必须增长,以达到均衡。假如初始存量低于结束时的存量,租金、价格和新开发量必须减少,使其达到均衡。

思考题

1. 房地产需求和供给的内涵是什么?
2. 住宅租金变化是如何影响住宅需求的?
3. 简述房地产需求的价格弹性和收入弹性。
4. 影响房地产供给的因素主要有哪些?
5. 如何理解四象限模型中资产市场和空间市场均衡实现的过程?

第7章

房地产价格

本章导读

　　价格是消费者、生产者共同关注的问题,房地产市场的价格更为敏感,关乎国计民生。由于房地产商品的地域性,本章从房地产区位理论入手,在此基础上阐述房地产价格的内涵和构成,最后阐述影响房地产价格的各项因素。通过本章学习,学生可以熟悉房地产区位理论,掌握房地产价格的内涵和构成,了解房地产价格的影响因素。

7.1　房地产区位理论

　　关于区位概念,一般有狭义和广义两种用法。狭义的区位概念是指特定地块(宗地)的地理和经济空间位置及其与相邻地块的相互关系;广义的区位概念是指人类一切活动,包括经济的、文化教育的、科学卫生的一切活动以及人们的居住活动的空间布局及相互关系。

　　区位理论就是研究地块地理和经济空间位置分布、相互关系及其影响因素的学说。许多经济学家、地理学家对区位问题都有论述,但系统性的研究则开始于19世纪20年代,以德国经济学家屠能于1826年出版的《孤立国同农业和国民经济的关系》一书为标志。该书系统地阐述了农业用地的空间分布问题。1909年德国经济学家韦伯出版了《论工业区位》一书,运用工厂区位因子分析的方法,对当时的鲁尔工业区进行了研究,奠定了现代工业区位理论的基础。其后,20 世纪 30 年代,德国地理学家克里斯塔勒根据聚落和市场的区位,于 1933 年写了《德国南部的中心地方》一书,提出了中心地理论,即城市区位理论,这一理论并成为韦伯以后区位理论的重要组成部分。1943 年,德国经济学家奥古斯特·勒施出版的《经济空间秩序——经济财货与地理间的关系》一书则代表市场区位理论的诞生。此后,随着经济发展和分析技术进步,各国经济学家对区位问题的研究也日益深入。

7.1.1 农业区位理论

屠能在《孤立国同农业和国民经济的关系》一书中,首先作了如下假设:

(1)孤立国建立于一个面积相当大的区域内,其土地面积是一定的,而且全部作为农业用地,经营以获得尽可能高的纯收益为目的。

(2)孤立国实行自给自足,只有一个城市,位于其中心,也是全国农产品的消费中心。

(3)孤立国周围是荒地,城市和郊区只有陆上道路相通,交通手段是马车。

(4)所有土地的肥力、气候条件、农业技术条件和农业经营者能力是相等的。

(5)市场股价、工资、利息也是均等的。

(6)运输费用与农产品的量及从生产地到消费市场的距离成正比。

根据上述假设,生产某种农产品的总成本除运费这一项外,其他都是一样的,这样市场销售价格也是一样的。越靠近市场即城市的企业,其总成本就越小,纯收益就越大,反之则相反。在这种情况下,在什么地方种植何种农作物最为有利,完全取决于利润,而利润由农业生产成本 C、农产品销售价 P 与把农产品运到市场上的运费 T 等三个因素决定。

这样,屠能就提出了农业区位的理论模式:

利润＝农产品销售价－农业生产成本－运费

用公式表示:

$$\pi = P - C - T \tag{7-1}$$

若 P、C 不变,则 T 的增减直接决定 π 的大小。所以,这是单一因素即运费决定利润,从而决定在什么地方种植何种作物的区位论。这种由空间距离(运费)造成的价格差,决定了土地利用的不同类型,表现为以城市为中心向外呈同心圆状分布的农业耕作地带,如图 7-1 所示。屠能将第一圈称为自由农作物地带,距市场最近,生产易腐、不适于长途运输或者质量大、单位质量价格低,需要及时消费的农产品,如蔬菜、牛奶、花卉等,其集约度和收益最高。第二圈为林业地带,其单位产品体积大、质量大、运费高,主要供应城市燃料。第三圈为轮作农业带,以集约方式种植农作物,实行二年轮作。第四圈为谷草式农业带,种植粮食、牧草开放放牧及荒地。第五圈为三圃式农业带,实行粗放的三年轮作,并有33％的荒地。第六圈为畜牧业带,主要放牧,还可实行粗放种植业。六圈以外的荒地,由于距离市场过远,供狩猎用。

农业土地区位理论在屠能的《孤立国同农业和国民经济的关系》中的论述最为全面和精辟。其中心内容是：农业土地利用类型和农业土地经营集约化程度，不仅取决于土地的天然特性，而且更重要的是依赖于当时的经济状况和生产力发展水平，其中尤其是农业生产用地到农产品消费地（市场）的距离。这样，屠能就从农业土地利用角度阐述了农业生产的区位选择进行经济分析的方法。

进一步而言，如果将屠能的分析扩展到其他生产领域也会得出相同的结论，即运费是影响区位选择的重要因素，只不过在屠能所在的年代农业占统治地位而已，他的研究重点也只能局限于农业用地。后期的区位理论莫不是以屠能的理论作为基础的。但是屠能只考虑运费因素，其他如土地占有形式、工资多少、资源丰度、农业专业化、世界市场等都没有考虑，所以这种单一因素的区位论是有很大局限性的。不过，另一方面也要注意，虽然屠能的理论模式比较简单，但如果要应用于实际，只需要将其理论假设根据实际情况进行适当调整。正是因为其理论框架较为简单，屠能才能深刻地研究农业土地资源合理配置问题，也才能得出农业土地利用的最优条件。

7.1.2 工业区位理论

韦伯的工业区位理论的主要思想是通过运输、劳动力及集聚因素相互关系的分析与计算，找出工业产品生产成本最低的点作为工业企业的理想区位。

与屠能的农业区位理论不同，韦伯的工业区位理论是以现代运输方式为前提的，寻求的是在原材料和消费中心一定的情况下，工业企业的最佳分布点。韦伯在其区位理论中提出"区位因素"的概念。他提出的区位因素是指一个地理点上能对工业生产起积极作用和吸引作用的因素。根据区位因素的特性，可以分为自然—技术方面的区位因素，例如气候、劳动力技术水平等及社会—文化方面的区位因素，例如居民的消费水平与习惯、利息率的地区差异等。韦伯在阐述他的区位理论时，排除了社会—文化方面的区位因素，认为只要考虑到原材料、劳动力、运费和集聚因素就足够了。至于原材料费用及其他区位差异，可纳入运费之中，价格贵一些的原材料可以理解为运输距离远些，这样，工业的区位选择主要涉及三个因素：运费、劳动成本和集聚因素。

韦伯认为，运费对工业区位起着最有力的决定作用，工资影响则可能引起运费定向的工业区位产生第一次"偏离"；集聚因素的引进则使运费、工资定向的工业区位产生第二次"偏离"。在运费、工资和集聚三者关系中寻求工业企业最优区位，并以此为基础，联系其他因素对区位的影响，这就构成了韦伯工业区位理论的基本思想。

（1）运费因素。韦伯认为，厂址应选择运输成本最低的地点。运费决定于两个因素：一是距离远近，与运费成正比；二是原料性质，是常见性还是稀有性原料。根据原料的基本特征，他将其分为两大类：一类是广布原料，即到处都有分布的常见性原料，对工业区位没有影响，如粮食、水、土、空气等。另一类是限地原料，即只有个别地区有分布的稀有性原料，对工业区位有重大影响，如煤、铁、金属矿。韦伯进而把稀有性原料分为两种：一是纯粹原料，加工后基本上成为制品，很少失重；另一种是失重原料，生产过程中大部分损失掉,不会转换到制成品中去。在此基础上,韦伯提出原料指数概念,定义为运进工厂的稀有性原料与运出工厂的产品总重之比。

原料指数＝稀有性原料总重量/制成品总重量

由此,当原料指数小于 1 时,即采用稀有纯粹原料,其运进工厂的物质总重量小于运出工厂产品的总重量,为节约运费,生产工厂应设在消费中心区。当原料指数大于 1 时,即运进工厂的物质总重量大于运出工厂产品的总重量,如金属冶炼、食品加工等,为节省运费,生产工厂应设在稀有性原料产区附近。当原料指数等于 1 时,即采用纯原料,其运进工厂的物质总重量与运出工厂产品的总重量相等,工厂既可选择原料产地,也可选择消费地或两者之间的任何一点。此外,如果有两种主要原料,而且都是稀有的失重原料,与市场位置不在一条直线上,情况比较复杂,但基本原理同上,此处不再叙述。

(2)工资成本。假定一个工厂,从运输成本出发,选择某一区位作为理想的厂址,但发现别处的工资较低。于是需要把增加的运输成本和节约的工资对比。韦伯认为,如果每吨成本所增加的运输成本大于所节省的工资成本,不应当迁移;如果每吨成本所增加的运输成本小于所节省的工资成本,则应把厂址迁至工资较低地区。

(3)集聚因素。当工业的集聚和分散带来的利益或节约超过离开运输成本最小或工资成本较低的位置而追加的费用,则工业选址由集聚因素决定。韦伯认为,集聚经济效益的产生,首先是由于工厂企业规模扩大所带来的大生产的经济效益或能节约的成本。其次,几个工厂集中于一个地点能给各工厂带来专业化的利益。如有专门的机器修理与制造业可为各工厂服务,有专门的劳动力市场,各厂享有购买原料方面的协作与便利等利益。最后,集聚因素带来了外部经济利益的增长。

7.1.3 城市区位理论

克里斯塔勒从城市或中心居民点的物资供应、行政管理、交通运输等主要职能的角度提出了城市区位理论,即在一定区域内城市和城市职能、规模及空间布局的学说,并概括为六边形城市空间分布模型。

克里斯塔勒认为,任何一个确定级别的中心地生产的某一级产品或提供的某级水平的劳务,都有大致确定的经济距离和能达到的范围。中心地的规模与其所影响的区域的大小、人口规模,是通过对产品和劳务的需求而建立起相关关系的。交通是城市经济发展中独立的经济因素,它起着"中间介质"的作用,使得物质的空间交换得以进行。由于运输必须克服一定的距离,付出高低不等的代价,因此在很大程度上影响到中心货物的范围,进而影响到城市的规模、居民点之间的距离及空间分布等。另外,行政管理因素也是影响乃至决定城市分布的重要因素。

克里斯塔勒从上述内容分析了城市等级的形成,同时指出了城市对其周围地区承担的各种服务职能,理论上必须是最接近所属地区的地点。由此,他运用数学方法推导得到在正常情况下应当位于正六角形服务区域的中心,从而形成他的六边形的城市空间分布模型。

7.1.4 市场区位理论

奥古斯特·勒施提出了市场区位理论。他把生产区位和市场区位结合起来,把利润原则同产品的销售范围(市场区位)联系起来,以利润来判断企业区位选择的方向。勒施的市场区位理论,是通过对整个企业体系的考察,从总体均衡的角度揭示区位的分布和选择问题。勒施从最大利润原则出发,对市场价格、需求、人口分布等多种因素进行分析,提出了"市场圈"的概念,分析了区域集聚和点集聚的问题,进而指出市场圈扩大,运费增加,价格就会提高并导致销售量下降。他还提出以垄断取代韦伯的自由竞争,以最大利润代替最低成本。奥古斯特·勒施还在假定运输条件相同、分布平均的足够的原料、均衡分布的人口、居民购物相同的条件下,分析了市场区、市场网、市场网系,指出不同区位的生产费用、不同区位控制的市场范围大小,以求得最大利润,并从理论上剖析了经济区形成的内部机制。

区位理论为房地产业的发展提供了理论指导,房地产业的发展必须遵循土地区位规律。在宏观方面,为了保证社会的整体利益及城市规划的整体实施,促进房地产业的健康发展,必须使不同地区、不同地段的所有土地获得最佳用途,从而取得最佳的经济效益、社会效益和生态效益。这些都决定了房地产业的发展必须遵循城市土地区位规律。在微观方面,房地产企业为了最大限度地获得利润,必然要寻找最佳的城市土地区位,用地用房的企业也要购买能够取得最大效益的区位土地,而事业单位、机关和居民也将寻找经济上能承受又适合自己活动的最佳位置的房地产。可见,无论从宏观角度,还是从微观角度,土地区位理论都能对房地产业的发展起到积极的指导作用。

从城市发展的历史来看,城市土地区位开始是自发形成的。随着工业化、城市化的发展,城市土地利用中不利的即消极的外部因素的产生、发展及其日益累积,引起了社会的注意,并开始由政府加以一定程度的控制。城市土地区位的形成越来越受到人们的自觉行动的影响。因此,在一定程度上,城市土地区位是可变的。随着决定城市土地区位因素的变化,其方向可能趋向更优的区位,也可能趋向衰退、丧失原来的区位优势。所以,在房地产业的发展过程中,需要政府的宏观调节,以使其发展遵循土地区位规律,提高土地的使用效益。

此外,每一宗特定区位的城市土地都可以有多种用途,每一宗特定城市区位的土地都有一个最优的用途。前已述及,制定城市土地利用规划就是要使城市不同区位的土地实现其最优用途,并逐步调整那些使用不合理的土地用途,以达到城市土地资源的优化配置。所以,城市土地利用规划需要遵循城市土地区位形成和变化的基本规律。

由此可见,区位理论在房地产业发展中的作用,主要表现在两个方面:一是能够指导整个城市规划,包括土地利用及城市建设工作;二是能够指导房地产企业及房地产用户,更好地进行区位选择,从而取得良好的经济效益和社会效益。

7.2   房地产价格概述

7.2.1   房地产价格的本质

现代产权经济学认为,商品交易的本质不是物品物质上的转移,而是一组权利束的转让。人们进行交易的目的是获得某种权利。因为"权力束"是附着在某种有形的物品或服务之上的,所以通常表现为物品的交易。但是,交换物品的价值是由权利的价值决定的。例如,当一个人购买土地时,他付出一定代价,是为了获得某些规定的权利,并通过这些权利的实施来获得收益。因此,在交易过程中,外在表现形式的财产实体并不重要,真正重要的是包含财产实体的产权束,价格只是对附着于这一物品上的权利的衡量。

房地产这一财产客体的产权有很多种,除房地产所有权(房地产所有者在法律范围内拥有的最完全权利)外,还有使用权、地上权、永佃权等。这些权利都可以成为房地产交易的交易客体。不管是通过法律程序,还是通过契约或其他方式,当某项产权被最初界定给某一主体以后,只要界定明确,房地产产权主体就有可能,也有权利选择怎样实施这一产权。产权主体可以自己使用房地产,也可以将房地产产权转让而获得收入,选择的标准就是实现收益最大化。

当房地产产权主体决定出卖他的一部分甚至全部权利,就是通常所说的房地产买卖。房地产买卖并不一定就是房地产所有权和使用权的转让,也可以是其他有关房地产的产权,如发展权、抵押权、典当权的转让,甚至就同一地块而言,地下采矿权、地上权、空间权也可以分别转让。因为房地产交易是房地产产权的交易,交易价格就会因为交易中转让的权利的种类、范围的不同而不同,形成不同的产权价格。从本质上说,房地产价格是一种产权价格,是房地产权利的未来收益价格。

需要注意的是,房地产产权是指在未来对房地产利用中如何获益、如何受损的权利。能够进行交易并且具有一定价格形态的房地产产权必须是明确的、有收益能力的和可转让的。只有产权明晰,人们才能够对产权的未来收益能力形成合理的预期,从而达成合理的、双方都能接受的价格。

7.2.2   房地产价格的种类

房地产价格的种类较多,按产权的内容和形式来划分,可以分为房地产所有权价格、房地产使用权价格、房地产抵押权价格、房地产典当权价格、土地发展权价格;按某种目的来划分,可以分为基准地价、土地批租价格、房地产课税价格等。下面简要介绍房地产所有权价格、房地产使用权价格、房地产抵押权价格三种价格形式。

1. 房地产所有权价格

不管是自用还是出租给他人使用,只要利用得当,房地产就会长期为其所有者带来稳固的收入流,即房地产租金。如果该房地产已经开发,那么其收益就不仅包含纯粹的地租,还包括房地产资本的利息。如果房地产所有者出卖其所有权,他就把未来获取租金收益流的权利让渡给了别人,但这种让渡必须得到补偿,否则表明其自动放弃了他的所有权。如果将这笔补偿存入银行,其利息应该等于失去的租金额。如果这笔补偿小于失去的租金额,房地产所有者就会保留房地产,或者收取租金或者保留资金收取利息,既不出卖房地产,也不买进房地产。

实质上,房地产价格就是资本化的租金,即未来期望租金收益折现的总和。房地产价格是出租房地产资本化的收入,是租金收益权的体现。用公式表示为:

$$P = R/r \qquad\qquad (7\text{-}2)$$

式中:R 为每年租金纯收入;r 为房地产基准贴现率。

2. 房地产使用权价格

房地产使用权价格是一定期限(n)内对租金的购买,数量上等于未来一定期限内可获租金的折现之和。用公式表示为:

$$P = \frac{R}{r}\left[1 - \frac{1}{(1+r)^n}\right] \qquad\qquad (7\text{-}3)$$

一般来说,在相同条件下,房地产所有权价格大于使用权价格。如果期限 n 足够长,P 将与 R/r 趋近,在数量上房地产使用权价格与房地产所有权价格接近。然而即便如此,房地产所有权价格与房地产使用权价格还是有一定的区别。

如果两宗房地产具有相同的初始价值,由于获得使用权的投资者最终要失去他的投资物,因此在租约期前期,他的年租金纯收入应该比所有者高,以弥补租约期结束时的资本损失。在接近租约期结束时,他的收入迅速下降,如图 7-1 所示。在两种产权方式下,相同的房地产所提供的年收入不同,其价格增值幅度和趋势也不一样。一般来说,购买所有权的投资者比购买使用权的投资者要承担更多的风险。

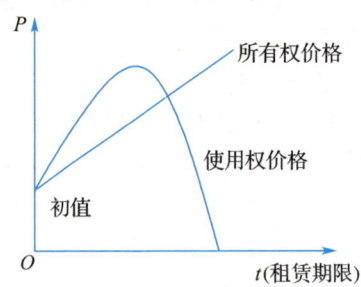

图 7-1　房地产所有权价格与使用权价格的关系

在我国,城市土地属于国家所有,国有土地所有权不允许交易,政府出让的只是一定年限的土地使用权。土地使用者支付一笔出让金后,获得出让期内的土地使用权、收益权及有限的处分权,而土地所有者则保留到期收回的权利。

3. 房地产抵押权价格

无论是房地产所有权还是使用权,都可以通过抵押获得贷款。银行在借贷之前,必须要确定房地产抵押权的价格,即查定价格,也就是从正常价格中扣除各种风险后所能得到的价格。正常价格是指在公开市场上形成的市场价值的货币额,即将来如需要清偿债务而对房地产进行处置时所能预计的最高价格。由于房地产经济活动风险较多,不一定能按正常价格处置,因而必须扣除一定的风险因素。从本质上来看,房地产抵押权价格等于抵押标的物在未来出卖时可能获得收益的购买价格。

7.2.3　房地产价格的特点

1. 地域性

土地和房屋都具有位置固定性和差异性的特点。不同位置的土地,影响到土地的级差地租,从而影响到土地的级差地价,有时这种级差地价之间的差别非常大。处于不同土地位置的房屋,其房屋价格具有很大的差异,即使设计、规格、质量等都一样的房屋,如果位于不同的位置,其价格也会有所不同,有时差距甚至相当大。

究其原因在于,除了土地的级差价格外,房价受供求状况的变化的影响相当大。位置不同的房产,即使其他条件完全相同,也会因为供求状况的差异而形成差别价格。位置好、需求旺盛、供应相对不足的地区,房价必然高涨,反之则疲软,有时甚至因为无人问津而无法脱手。

房地产的位置差异,使房地产价格具有明显的区域性特点。房地产价格的区域差异,与一般商品的地区差价不同,一般商品如果存在地区差价,人们可以把甲地生产的一般商品运往乙地销售,形成一个竞争的市场价格。房地产位置的固定性,使其在区域间不能流动,因而不存在产地和销售地的价格差异,也不能将甲地生产的房地产运往乙地销售,这就导致房地产价格具有明显的地域性。

2. 个别性

房地产位置的差异性和影响房地产价格的其他因素的差异,使每宗房地产价格都是独一无二的,是个别的。因为每一块土地的位置、地形、环境等因素都是千差万别的,因此,世界上没有两宗完全相同的地块。虽然两宗房屋其他条件完全相同,但当它们位于不同的地块时,其价格也会相应地出现很大的差异。因此,房地产价格具有个别性。

个别性的特点使得房地产价格与其他标准化产品价格之间存在很大的不同,因而需要个别定价。由于房地产价格受多种因素影响,在同一城市位置不同的房地产,尽管其位置可能相差很大,但如果各项影响价格的因素优劣互相抵消之后,也可能出现价格相同或大体相同的两宗房地产。这不能说明房地产价格不具有个别性,而只能说明房地产价格的个别性是在其相似性和相异性的比较中确定出来的。

3. 政策性

房地产价格受政策的影响比较大,政府制定的土地利用规划、土地供应计划以及其他有关政策都会对房地产价格产生影响。比如,政府的产业政策会影响到房地产价格。公用事业用途的房地产中,大部分属于非营利性的,一般政府所提供的土地的价格比较低,这是保障公用事业发展必不可少的条件,因此大部分公用事业的房地产价格较低。

一般来说,政府比较重视住宅产业的发展,在政策上会通过控制地价和降低住宅生产成本的方式来支持住宅产业发展。由于城市居民存在一定的收入差距，为了保障低收入者必不可少的居住空间，政府必须采取措施，筹建低价商品房，诸如经济适用房或者廉租房，供低收入者购买或租用。因此，房地产价格具有较强的政策性。

4. 趋升性

一般来说，房地产价格总是呈现不断上升的趋势，因此具有明显的趋升性。随着土地稀缺程度不断提高，以及房地产投资的不断增加，房地产价格会随着时间的推移逐渐上涨。当房地产价格上涨幅度超过社会物价上涨幅度时，则表明房地产出现了增值，它说明同一宗房地产所包含的社会实际购买力增长的总趋势是不可逆转的。

房地产增值的重点在于其土地增值。在我国，因为房地产有效期的限制，在有效期内，期初房产的价格会因为供求、装修等而有所增加，但随着时间的推移，房屋又会因物质磨损和精神磨损的不断积累而最终报废。但土地价格却并不如此，其变动的总趋势是不断上升的。随着社会经济的发展，人们对土地的需求不断增加，对土地的投资也不断增加，但城市土地的供给却是大体不变的，因此，房地产价格的升值是伴随土地价值的升值而产生的。房地产价格的趋升性，是在房地产价格的周期波动过程中实现的，其具有以下几个特点：

①房地产价格趋升是一种长期趋势。趋升的形式有时不是直线式的，而是上下波动、螺旋式上升的。短期内，由于经济周期性的萧条或某些不确定性因素，或者一些其他的非经济原因，房地产价格稳定不变或下降。但从长期来看，房地产增值是一种不可逆转的长期趋势。

②房地产价格趋升是一种整体趋势。由于社会经济条件的改变，如经济中心转移，码头、车站等交通设施搬迁，可能造成区域内某些地段或某一宗具体的房地产发生价值减少或贬值，但就房地产市场整体区域而言，房地产价格水平是逐渐上升的。但不排除在个别城镇，由各种因素所决定的房价会在较长时期之内平而不升，甚至降而不升。例如，某些二三线城市中偏僻小城镇，经济社会发展缓慢，其房地产价格难以上升，或者一些以开采地下矿藏为主的城区，当地下资源枯竭之后，其房地产价格会显著下降。这些情况的存在并不能说明房地产价格趋升的整体趋势发生了改变，因为即使在那些情况特殊的地区，随着社会经济的发展，最终房地产价格也会出现上升。

③房地产价格趋升是指相对于社会整个物价水平而言。换言之，房地产价格上涨幅度是高于整个社会物价上涨的幅度的。房地产价格的上涨是指剔除通货膨胀因素之后的纯上涨，房地产增值的关键是房地产价格年增长率大于同期消费品价格的增长率。以英国为例，1970—1986年，零售物价指数上涨了5倍，而同期土地价格指数平均上涨了11倍。以中国为例，1998年以来，中国商品房的销售价格指数上升幅度大大高于居民消费价格指数。

7.2.4 房地产价格的构成

从商品价值构成的角度分析，房地产价格包括成本和利润两个部分。根据具体用途，成本可以划分为土地开发费用、房屋开发费用及各种交易费用,各类费用中又包括更为详细的开支项目。

不同国家房地产的成本项目有较大的差异,我国各地区、各城市之间的费用项目也不完全相同。根据一些典型城市的状况概括如下:

1. 土地开发费用

(1)征地补偿费。包括土地补偿费、青苗补偿费、集体财产补偿费、迁转人员安置费、农转非人员级差补贴、菜田基金、安置劳动力补偿、平地补助费和私人财产补偿费。

(2)拆迁安置费。包括私房收购与补偿费、地上物补偿费、搬家费、拆房费、渣土清理费、临时设施费、周转房费、农户房屋原拆原建费、单位拆迁费、安置用房费。

(3)七通一平费。即用于通路、通气、通暖、通信、通供水、通排水、修筑好通往开发场地的输电配电设施,以及场地平整的费用。

(4)勘察设计费。

(5)拆迁征地管理费。

(6)土地出让金。

2. 房屋开发费用

各城市的房屋开发费用大同小异,其中最主要和常见的包括:

(1)房屋建筑安装费。

(2)附属工程费。

(3)室外工程费。包括开发区红线内外的上水、雨污水、电力、电信、热力、煤气、天然气、围墙、人防出入口等工程费。

(4)公共建筑配套工程、开发区内配套建设的各种公共福利设施。

(5)环卫绿化工程费。

3. 各类交易费用

在房地产经济活动中,涉及很多种税收和交易费用。目前,我国房地产税收主要包括以下几种:营业税、城市建设维护税、企业所得税、房地产税、印花税、契税、国家能源交通重点建设基金等。这些都是由税务部门按统一规定征收的。

与房地产开发有关的规费,是指各类政府部门和公共事业部门向房地产开发企业征收的各种管理费,如建设工程设计招标管理费、工程定额编制管理费、建筑工程执照收费、建筑物命名收费、房地产登记勘丈收费、人防建设费、绿化建设费等。从本质上讲,这些费用是对行政和公共事业部门为房地产开发所付出劳动的补偿,应当列入房地产开发经营成本当中。

利润也是房地产价格的重要组成部分。房地产开发利润是指按房地产开发企业平均利润率计算,房地产开发企业投入的全部资本所应获得的正常利润。

房地产开发利润等于房地产开发企业年销售收入扣除开发经营成本(包括土地开发费用)以后的余额。在一定价格水平下,成本和利润呈现负相关的关系,即成本高,利润低;成本低,利润高。如果一个房地产开发企业的成本与社会平均成本持平,它就可以获得社会平均利润;如果一个房地产开发企业的成本低于社会平均成本,它就可以获得超额利润。

房地产是高投资、高风险、高回报的产业,虽然房地产会随着经济周期的波动出现上下波动的情况,但从总体上来说,房地产仍然是利润率较高的行业。国外房地产行业的平均利润率一般为 6%～8%,由于中国房地产正处于快速发展阶段,因此其利润率能够达到 20%～30%,但具体到某一个开发商,其利润大小如何甚至亏损,取决于房地产市场的供求状况、房地产的市场结构、房地产商的投资决策水平以及房地产商本身的定价策略和管理能力等。从长期来看,房地产行业的利润率将趋近于全社会平均利润率。

7.3　房地产价格的影响因素

7.3.1　房地产价格的内生影响因素

房地产开发成本和供求关系是影响房地产价格的决定因素。还有一些因素能够影响房地产价格的变化,主要有:

1. 政府的土地供应计划及其利用规划

城市土地供应计划及其利用规划对房地产价格的影响很直接也很灵敏。土地供应计划及其利用规划决定着一个地区一定时期的土地供给量,规定了土地和房地产的用途,因而是房地产价格的重要决定因素。当某一城市将一片土地规划为城市新区时,这片土地的价格就会急剧上升,在划定不同用途的功能区时,中央商务区被认为是潜在收益最高的功能区,这一区域的土地价格更是扶摇直上。

土地规划如何确定土地利用程度也会影响到土地价格,这主要体现在规划确定的建筑容积率上。容积率如果能够被确定在一个比较合理的水平上,土地集约利用程度也会随之提高。城市土地供应计划及其利用规划是政府调控房地产市场的重要工具,政府会根据经济形势的变化和城市发展的要求,有计划地供给土地,包括土地总量及其结构,以避免房地产价格的大起大落,保持房地产价格稳中有升的发展趋势,保证房地产业的健康稳定发展。

2. 国民生产总值和人均收入增长状况

国民生产总值或人均收入增长状况会对房地产投资、房价、空置率等房地产市场的一系列指标产生直接影响。一般来说,当宏观经济蓬勃发展,人均收入快速增长时,人们对未来收入和经济增长有乐观的预期,此时会倾向于从银行融资,从而增加杠杆,推高房价。如果宏观经济衰退,人均收入下滑,人们将减少房地产需求,加上过去景气状态下积累的债务仍在,非常容易造成费雪所说的债务性通货紧缩,从而导致房地产价格调整甚至下跌。

3. 货币供应和信贷政策

货币供应量的松紧,会直接影响到房地产市场。货币供应量的增加和宽松的信贷政策将对房地产投资和房价产生积极的影响。当货币供应量超常规的增加引起通胀预期时,通常资产价格将快速上涨。当央行迫于通胀压力开始收紧银根,改变宽松的货币供应和信贷政策时,房地产投资和房地产消费需求将受到抑制,房地产价格随之出现调整。

4. 房地产调控政策及相关法规

政府制定的房地产调控政策对房地产价格产生重要影响。政府对房地产市场的价格控制可以采取多种形式,如固定价格限制、最低价格限制等。此外,政府关于房地产需求和供给的调控政策也会影响到房地产价格的变化,如政府对个人购买房地产给予减税,或给予补贴,或给予贷款支持,也可以通过对房地产投资给予优惠政策,都会导致需求和供给的变化,进而影响房地产价格的变化。相关法规对房地产价格也会产生重大影响,诸如:土地使用分区管制、契约限制、所有权的条件(或形式),以及对房地产所有权的立法保障等。

5. 时间因素

因为房地产开发周期比较长,时间因素在房地产价格的变化中发挥着独特的作用。例如,开发初期的房价与销售时的房价之间存在着时滞的影响;开发商可以通过控制开发进度来达到提升房地产价格的目的;土地使用权出让期限的变更也会给房地产价格带来变化。

6. 预期及心理因素

人们的预期对未来的房价趋势具有重要影响,甚至有时能够成为导致房价波动的主导力量。在经济快速增长的时候,人们对经济前景和未来个人可支配收入的预期乐观,将同时激发消费性房地产需求和投资性房地产需求,因为房地产供给的滞后性,促使房地产的市场价格高于其均衡价格。

7.3.2　房地产价格的外生影响因素

下列因素不仅影响房地产商品的需求,同时影响房地产商品的供给。它们作为房地产价格的影响变量,同其他经济变量之间相互影响,使其对房地产价格的影响尤为复杂。

1. 利率

利率的高低与房地产价格的涨跌密切相关。微小的利率变动都有可能导致房地产价格的剧烈波动。一般来说,影响房地产价格的利率体系包括:①国内房地产抵押贷款二三十年来长期利率的平均数;②国家银行所发行的土地债券的平均利率;③当时国内各地房地产抵押贷款的平均利率;④政府发行的中长期国债的平均利率。具体而言,哪种标准利率对房地产价格的影响较大,取决于房地产交易者对房地产未来收益及其风险的判断和承担风险的能力。

人们为了获得未来收益,购置房地产就要承担相应的风险并经过长时间的等待,而人们对未来收益与目前收益的看法大相径庭,甚至有的消费者为了获得现在的收益而情愿把将来的收益打折出让。这种折扣率等于未来收益的贬值率或投资的预期收益,而折扣率的确定是根据当时社会通行的利率和房地产交易双方对未来收益与风险大小的评估。如果投资者认为房地产投资比较安全,每年的收入稳定,则接受较低的利率,即愿意支付较高的房地产价格;如果投资者认为房地产投资风险较大,每年的收入不稳定,则要求较高的利率,即不愿意支付较高的房地产价格。

因此,理论上房地产价格与利率负相关,即利率上升,房地产价格会下降;利率下降,房地产价格会上升。具体而言,利率从以下几个方面影响房地产价格:

(1)从成本的角度,利率上升会使房地产开发投资的利息增加,从而使房地产价格上涨;利率下降则会减少其投资利息和资本成本,在利润水平一定的条件下,促使房地产价格下跌。

(2)从投资的角度,房地产因其具有很好的保值增值性,所以它是一种重要的投资品。当利率下降时,抵押贷款将大规模地流入房地产行业,推动房地产价格上涨;当利率上升时,抵押贷款将从房地产业中流出,导致房地产投资与房地产价格下降。

(3)从住房消费的角度,消费者的年成本主要是银行抵押贷款利息。因此,房地产消费对实际利率的变化非常敏感。紧缩性的货币政策导致银行利率提高时,房地产消费随之下降;反之,扩张性的货币政策导致银行利率下降时,房地产消费则会随之上升。

(4)从房地产价值的角度,房地产价值是房地产未来预期收益的现值之和,房地产价值与折现率负相关,折现率与利率正相关,所以利率与房地产价值负相关,利率上升会使房地产价格下降。

综上可见,利率与房价的关系是多种因素共同作用的结果。而且,在现实中,利率的变化也不是孤立的,往往同时伴随着其他经济变量的变化。由于这些经济变量之间存在相互影响,对利率与房价关系的考察变得更为复杂。

2. 汇率

汇率与资产价格之间的互动关系在新开放经济宏观经济学关于汇率问题的一般均衡范式中得到分析,相关学者得出的结论是,本国货币相对于外国货币的升值会导致国内资产价格上涨和外国资产价格下跌(2002)。大量的事实验证了这一理论。例如,在20世纪90年代,大量资本流入美国,美元处于持续坚挺的状态,导致美国利率的下降以及股票价格与房地产价格的同时上涨;再如,1997年亚洲金融危机发生后,大多数发生危机的经济体伴随着本国货币的贬值而出现了股票价格与房地产价格同时下跌的"三重危机"现象。

在开放经济条件下,资产价格不仅受自身供求因素的影响,也越来越多受到汇率变动的影响。从各国的实际情况分析,一国(地区)货币升值或贬值,都有可能对本国(地区)的房地产价格变化产生影响。

如果现实汇率偏离了均衡汇率,从理论上来讲,汇率调整一般通过以下几个途径影响国内的房地产价格:

(1)流动性效应

流动性效应是指境外资金在东道国房地产市场进行的投机活动。当东道国货币具有升值预期或持续升值时,投资者会先把外币兑换成东道国货币,然后在东道国购置房地产,等到东道国货币升值之后,投资者将持有的房地产出售,并且兑换成外币,这样投资者就可得到货币升值和房地产价格上涨两方面的收益。短期内房地产供给比较难增加,因此这种房地产投机需求必然会拉高房地产价格。反之,当东道国货币发生贬值时,这些投机者就会抛售持有的房地产,导致房地产价格的下跌。因此,汇率变动能够导致境外投机性资金对东道国房地产市场产生冲击,引起房地产价格的剧烈波动。

(2)预期效应

一般而言,境外资金投资东道国房地产的预期回报率公式可写成:

$$E(r) = R/H + E(h) + E(e) \tag{7-4}$$

式中:$E(r)$ 为投资预期回报率;R/H 为房地产租金收益率;R 为租金收益;H 为房地产购买价格;$E(h)$ 为预期房地产增值率;$E(e)$ 为预期东道国货币升值率。

当投资者预期东道国货币会升值时,在东道国投资房地产的回报率将会上升,便会吸引境外资金流入东道国的房地产市场。外资的不断进入使东道国的房地产市场需求增加,从而拉高了房地产价格。如果投资者预期货币将持续升值,将会吸引更大规模的外资流入。反之,货币贬值时,境外房地产投资者的投资回报率将会降低,他们将抛售房地产,外资流出东道国。抛售房地产使大量外资流出房地产市场,房地产供给将增加,从而导致房地产价格下降。

(3)财富效应

当货币升值的时候,货币购买力增加,进口商品价格下降,消费者愿意花更多的货币用于购买进口商品,导致进口增加,进而促使国内一般消费品价格下降,货币也变得更为值钱。由此产生的多余购买力将寻找投资项目,大量剩余资金将进入房地产领域,增加的房地产需求进一步拉高本已上升的房地产价格。相反,当货币贬值的时候,货币购买力下降,消费者不得不花更多的货币用于国内一般消费品的消费,减少对房地产的需求,导致房地产价格下跌。

(4)溢出效应

一般来说,货币升值可能导致国内经济的紧缩,因为货币升值会影响到东道国的产业增长,还可能通过生产成本机制、货币工资机制、收入机制、货币供应机制等途径造成物价的下跌。因此,在东道国由于外部的压力而被迫升值的情况下,政府担心货币升值将要给本国经济带来的紧缩和打击,因此会实行扩张性的货币政策,诸如降低利率、增加货币供应等,这会促使资金流进房地产市场,促进房地产价格的上升,给房地产市场带来扩张性的溢出效应。反之,若当一国货币发生贬值的时候,为了应对国际投机者的冲击,货币当局一般会实施紧缩性货币政策,这会给房地产市场带来紧缩性的溢出效应。

(5)信贷扩张或收缩效应

在固定汇率制度下,东道国货币升值或升值预期会吸引大量的外资,为了保持本国币值的基本稳定,东道国将被迫买进外币,而放出本国货币,从而大幅度增加了流动性。与此同时,在财富效应作用下,居民的储蓄存款大大增加,这使银行资金过剩,银行资金会将房地产信贷领域作为投资渠道。此时,银行信贷资金大量进入房地产领域,致使房地产价格上涨。相反,货币贬值将可能促使银行"惜贷",银行收紧信贷政策导致房地产市场降温。

上述假设,仅仅是理论上的,虽然一些事实部分地验证了上述假设,但有一些国家成功地避免了在货币大幅度升值或贬值时房地产泡沫问题的出现。因此,汇率调整并不对房地产价格产生直接影响,而是通过相关经济变量的传导来影响房地产价格。在这种传导过程中,众多经济变量纷繁交错,同时对房地产价格的变化起作用,汇率变动只是房地产泡沫演化的一个解释变量,房地产泡沫膨胀甚至崩溃是在一系列条件下发生的,单纯的国际"热钱"投机冲击并不必然导致房地产泡沫的膨胀或崩溃(高波、毛中根,2005)。

3. 股票价格

房地产既是耐用消费品,又是投资品。因此,股票价格变动对房地产价格的影响是复杂的,通过多个途径传导,而且作用效果不尽相同甚至截然相反。从统计数据来看,一国的股票价格走势与房地产价格走势之间几乎没有规律可循。导致这一结果的根源在于,股票价格与房地产价格一样,是一系列因素相互作用的结果,总而言之,股票价格通过以下途径影响房地产价格:

(1)财富效应

无论是作为消费品还是作为投资品,房地产价格都会受到股票价格财富效应的影响。根据《新帕尔格雷夫经济学大辞典》的解释,所谓财富效应(Wealth Effect)是指:"货币余额的变化,假如其他条件相同,将会在总消费开支方面引起变动。这样的财富效应常被称作庇古效应或实际余额效应"。现代意义上的财富效应,是指居民资产价值的变动对于居民消费需求的影响。

从消费角度来看,股票的财富效应通过两种途径来实现:直接财富效应,是指当股票投资能够带来持久而稳定收入时,并且股票是投资者财富重要组成部分的条件下,股票价格变化导致的个人财富水平变化能对房地产消费支出产生显著影响,从而引致房地产价格变化。间接财富效应指的是股票价格上升导致人们对未来经济发展有良好的预期,消费者信心增强,从而增加消费支出。从投资的角度来看,根据马柯维茨的资产组合理论,股票价格上涨将导致投资者的总财富增加,同时资产组合中的股票财富所占比例上升,为了重新平衡其资产组合,投资者将会卖掉一部分股票而购买其他资产,房地产是其中的主要部分。

(2)挤出效应

作为投资品,股票与房地产一样,都是风险资产,它们之间还存在挤出效应。股票价格上涨,导致风险资产在个人总资产中所占比例增加,风险中性的投资者会减少风险资产的资金,将这部分资金投入其他资产当中,房地产市场是一个较好的选择。因此,当股票价格上涨到一定程度,房地产价格也会随之上扬。

(3)替代效应

股票市场与房地产市场一样,都是重要的投资场所,在资本量一定的情况下,股票投资与房地产投资是竞争的关系。在其他条件不变的前提下,当股票和房地产相对收益发生变化时,将产生它们之间的相互替代,即资金从相对收益低的资产转移到相对收益高的资产。如果资本的投入能够带来价格的上涨,则房地产价格与股票价格之间存在着此消彼长的关系。也就是说,当股票价格低迷时,就会有更多的资金从股市抽出,而投入到房地产市场上,从而促进房地产价格的上涨;当股票价格上涨时,就会有一些人抛售房产,将资金转移到股市,从而部分地抑制房价的上涨。

股票价格的变化对房地产市场的影响,在大多数情况下,财富效应会大于替代效应和挤出效应之和。但是在特定的条件下,也可能出现相反的情况:替代效应和挤出效应之和超过财富效应,此时股票价格与房地产价格将表现出负相关关系。

思考题

1. 阐述房地产区位理论。
2. 房地产价格的种类有哪些?
3. 阐述房地产价格的特点。
4. 房地产价格是由什么构成的?
5. 影响房地产价格的因素有哪些?

第8章

房地产投资与经济增长

本章导读

　　房地产市场是与宏观经济的关系最为紧密的领域之一。房地产投资与宏观经济是相互影响,共同增长的。本章首先阐述房地产投资对经济增长影响的理论依据,在此基础上分别研究房地产与城市经济增长和宏观经济增长之间的互动关系。通过本章学习,学生可以了解房地产投资乘数的相关概念,掌握房地产与城市经济增长和宏观经济之间的互动影响。

8.1 房地产投资乘数效应

8.1.1 相关概念

1. 房地产投资

　　有学者把投资的概念定义为:经济主体为获得未来的不确定收益,而将一定量的货币或其他经济要素投入到某种事业,以增加资本或资产存量的经济行为。这里可以肯定地说,投资是人类最基本的经济活动之一,与人类社会的进步与发展密切相关。

　　在西方经济学中,不同的学者对待投资的定义稍有差别:《新帕尔格雷夫经济学大辞典》中对于投资的定义是："投资就是资本形成、获得或创造用于生产的资源。资本主义经济中非常注重在有形资本——建筑、设备和存货方面的企业投资。但是政府、非营利公共团体、家庭也进行投资，它们不但包括有形投资，而且包括人力资本和物性资本的获得。原则上，投资还应该包括土地改良或自然资源的开发，而相应的，生产的度量除包括生产出来用于出售的商品和劳务外，还应包括非市场性产出。"

凯恩斯在《就业、利息和货币通论》中提出，投资是指一个私人或一个法人购买一件新的或旧的资产，一般意义来说，投资既包括一切资本设备之增益，不论所增者是固定资本还是流动资本。马克思认为，投资就是剩余价值资本化，投资的过程即货币向资本转化的过程。投资的实现取决于两个方面：利润率的高低和投资产品价值的实现。保罗·萨缪尔森在《经济学》一书中谈到投资的问题时，提出投资的意义在于社会实际的资本的形成，增加存货的生产，或新工厂、房屋和工具的生产，即房屋、设备和存货的净增加额。对于一般人而言，投资的意义仅仅是购买几支股票，购买地基或开立储蓄存款的户头。但就这种行动对于经济学家而言，可以认为投资和储蓄都没有增长，也就是说，只有当物质资本形成产生时，才有投资，即投资的意义总是实际的资本形成。在赫伯特杜格尔和弗朗西斯科里根合著的《投资学》一书中提到，投资的本质在金融意义上的或是一般意义上的说法与其在经济上的含义不同，在经济上的含义更是以新的建筑、新的生产者的耐用设备，或追加存货等形成构成的新的生产性的资本。可见，西方学者在对投资的定义中多考虑了金融意义的投资和人力资本投资等，但更多的学者在研究社会经济现象时，对于投资的定义更偏向于从实际的资本形成出发，也就是多将其定义为生产性的物质资本的增加。

房地产投资属于投资的范畴，结合投资的定义，可以认为房地产投资是投资主体为实现未来的某种预定目标，而将一定量的货币或其他经济要素直接和间接投入到房地产的开发、经营、管理、服务或消费而进行的一项经济行为。按照房地产投资的投资途径，房地产投资可以分为直接投资或间接投资两种。其中，直接投资多是指投资主体直接参与房地产的开发、购买过程的有关工作，主要包括开发投资和置业投资等。间接投资是指将房地产投入资金投入与房地产相关的证券市场的行为，投资主体并不直接参与房地产的开发、购买等相关管理工作。按照房地产投资的用途，可将房地产投资业分为住宅投资、商业地产投资、工业地产投资等多种类型。

2. 经济增长

对于经济增长问题的研究一直是经济学研究的一个重大理论课题。虽然经济增长的概念被明确提出较晚，但马克思和早期的西方经济学家已经从不同的角度对经济增长的内涵进行了表述。马克思在《资本论》中对经济增长的表述为"生产扩大""产品增加""价值增大"等，所以我们可以理解为，在马克思看来，经济增长就是生产的扩大、财富和产出的增加，其表现为规模扩大的再生产。因此，马克思对经济增长的表述可以说是一个社会化大生产的动态过程。亚当·斯密在《国富论》中认为，经济增长的内涵即国民财富的增长、人均产出的提高和社会产品的增加。凯恩斯则赋予了经济增长国民收入增加的内涵。萨缪尔森也认为"经济增长，是指一国潜在的国内生产总值（或国民产出）的增加"。刘易斯在《经济增长理论》一书提出，经济增长是按人口平均产出的增长。库兹涅茨在《现代经济的增长：发现和反思》中提出，一国的经济增长，可以定义为给居民提供种类日益增多的经济产品的能力上升,这种不断增长的能力建立在先进技术以及所需要的制度和思想意识相应调整的基础上,表现为对不断增长的人口提供更多的人均商品和劳务能力的不断提高。

因此,综上所述,可以认为,对于经济增长概念的论述发展到今天,分为两种类别:一类是多数经济学家普遍认为的把经济增长看作国民总产出增加的过程。另一类是考虑到人口增长的平均增长。下面所讨论的经济增长均指总产出的增长,用总量指标来进行衡量。

8.1.2　房地产投资在经济增长中的作用的理论分析

房地产投资是投资的一种,我们对于房地产投资在经济增长中的作用的理论分析是基于基本的投资理论。

1. 基于哈罗德-多马经济增长理论的分析

早在 20 世纪 40 年代,哈罗德-多马经济增长理论突出了投资在经济增长中的作用,其动态方程为

$$\frac{I}{K}=\frac{I/Y}{K/Y}=\frac{I/Y}{\sigma} \tag{8-1}$$

式(8-1)成立的前提为:资本产出比 $\sigma=K/Y$ 不变,所以又有 $\sigma=K/Y=\Delta K/\Delta Y$。$\Delta K$ 由投资 I 形成,所以有 $G=\dfrac{I/Y}{\sigma}$,即经济增长率等于投资率 I/Y 与资本产出率之比。哈罗德-多马的经济增长模型显示,投资率的大小直接决定了经济增长率的大小。这里的投资是指包括房地产投资在内的多种投资。房地产投资占全社会固定资产投资比例自 2000 年以来一直超过 15%,可以认为房地产投资的投资率对我国的经济增长产生了重要的直接影响。

2. 基于一般生产函数的分析

自哈罗德-多马经济增长理论之后,经济增长理论取得了长足的发展,但无论是索洛的新古典增长理论、最优增长理论还是内生增长理论,其基本的生产函数中都包含投资要素。投资形成资本,与劳动投入一起成为经济增长中不可缺少的投入要素。经济增长理论不断发展,技术、人力资本等投入要素被引入生产函数,但基本的生产函数一直是人们研究经济增长问题的基本出发点。一个一般的基本生产函数表达式为

$$Y_t=K_t^\alpha L_t^{1-\alpha} \tag{8-2}$$

式中:Y 代表产出;K 代表资本投入;L 代表劳动;α 和 $1-\alpha$ 分别代表资本和劳动的投入比例。可以看出,资本的投入直接决定了产出的多少。进一步地,我们将资本区分为房地产资本和非房地产资本,房地产资本由房地产投资形成,同样,非房地产资本由非房地产投资形成。此时的生产函数变为

$$Y_t=K_t^\rho H_t^\theta L_t^{1-\rho-\theta} \tag{8-3}$$

式中:H 代表房地产资本;θ 代表其在生产函数中的投资比例。

对 r 进行对数线性化可以得到

$$\hat{Y}_k = \rho \hat{K}_t + \theta \hat{H}_t + (1-\rho-\theta)\hat{L}_t \tag{8-4}$$

式中, $\hat{Y}$、$\hat{K}$、$\hat{H}$、$\hat{L}$ 分别代表产出、非房地产资本、房地产资本以及劳动投入的增长率。

由式(8-3)可以看出,房地产资本的投入比例以及房地产投资占比对于总产出有直接的影响。

3. 基于投资的乘数效应的分析

宏观经济学中对投资乘数效应有这样的描述:转发投资的增加将使得国民收入增加,并且国民收入的增加量 ΔY 是自发投资量 ΔI 的倍数 $m = \Delta Y / \Delta I$。这个倍数 m 即被称为投资乘数(multiplier)。最早研究投资乘数效应的是凯恩斯,他认为国民收入取决于消费和投资,当消费不足时,应该增加社会投资来拉动经济增长。当经济均衡时,储蓄等于投资,投资乘数可以进行如下的推导:

$$m = \Delta Y / \Delta I = \Delta Y / \Delta S = 1/\Delta S \Delta Y = 1/(1-\Delta C / \Delta Y) \tag{8-5}$$

式中, $\Delta S / \Delta Y$ 和 $\Delta C / \Delta YD$ 分别为边际储蓄效应和边际消费效应。

式(8-5)表明,投资乘数与边际消费倾向成正比,与边际储蓄倾向成反比,当社会的边际消费倾向大,社会的需求旺盛时,投资的增加会更大程度地促进产出的增加。

投资乘数理论描述了在经济增长中投资的重要作用,这也同样适用于分析房地产投资。但值得注意的是,投资乘数理论成立的前提是社会中有大量的限制资源,所以投资的增加导致消费的增加才能够大幅度地使国民产出增加。

与投资乘数效应对应的是国民收入对于投资的加速效应,即国民收入增加时也会对投资产生加速作用,投资的乘数效应和国民收入对投资的加速效应一起构成萨缪尔森提出的乘数-加速数模型,这个模型对于经济周期的形成有很好的描述。但本章的重点在于分析房地产投资对经济增长的影响,因此,对于经济增长对投资的反向作用不作阐述。

经济增长理论主要从生产函数和供给角度分析了房地产投资在经济增长中的作用,而投资乘数理论则偏重从需求角度分析,本章的分析主要从需求角度来展开。

8.2　房地产与城市经济增长

8.2.1　城市经济增长概述

城市是一定的区域在经济、社会和生态在空间中的统一体。作为一个经济实体,经济增长是其主要内容之一。城市经济增长是指城市经济的动态演化过程,是城市经济作为一个整体规模的扩张及水平和质量的提高。城市经济增长主要涉及两方面的内容:城市规模的扩大和城市经济效率的提高。其具体包括以下三方面内容:城市价值的增长,即城市经济部门创造的城市生产总值和人均生产总值的不断增加;城市物质财富的增长,即城市所生产的最终产品和劳务以及城市所积累的有形资产和无形资产的不断增多；城市人口的增长，即城市人口数量的增加和人口质量的提高。

城市经济增长的本质是发展城市生产力。城市现有的生产力水平是城市经济能获得持续增长的基础，而城市经济规模的扩张、经济结构的升级转换以及经济功能的不断完善、强化，在很大程度上推动着城市经济的增长，同时也促进着城市生产力的发展。并且，城市经济增长的速度、质量可以作为评价城市生产力发展的主要指标之一。

城市经济增长有两个主要的测度指标：就业量和国民收入。之所以将就业量作为城市经济增长的测度指标，主要有两个原因：①城市就业量与人口之间存在着稳定的对应关系，而人口规模是测度城市规模的最适宜工具；②在外部条件不变的前提下，就业量与城市经济的规模存在着稳定的对应关系。以就业量作为测度指标，就是以它来表示一个城市的经济规模，城市经济增长的动力就来源于劳动力的需求或供给的增加。国民收入考查的是某一特定城市的国民收入或人均国民收入。

城市经济增长理论认为，三种经济力量决定着城市的存在和发展——比较利益、规模经济和聚集效益。比较利益是指建立在区域分工基础上的贸易比较优势所带来的经济利益；规模经济是指大规模的集中生产，可以大幅度地降低物流成本，从而为城市的形成创造初始条件；聚集效益是指大量的和多样化的厂商、居民及相关单位在空间上集中，推动城市的形成、发展和扩大，是城市形成和发展的直接推动力。

1. 城市经济增长的驱动因素

（1）国家和国际宏观经济环境。城市的经济增长与国家的经济增长存在密切关系，国家宏观经济的状况对城市经济增长有着重要的影响。例如，北京、上海等一线城市，其城市 GDP 增长率变化趋势与全国的 GDP 增长率变化趋势基本一致。国际宏观经济环境对城市经济增长也有重要的影响作用，尤其是以出口为主的大中型城市受此影响更多一些。

（2）自然环境。自然环境与资源自身承载力的限制是城市经济增长的外部约束条件。因为在城市发展过程中，城市土地的利用强度、方向、效率等受到城市自然资源条件和环境条件的制约。制约城市经济增长的自然资源环境主要包括地质地貌条件、水文条件和气候条件等。地质地貌条件对城市经济增长有着根本性的作用。地质条件好的城市可以使城市建筑有牢固的基础。地貌状况则会影响到城市的布局、平面结构和空间布置。城市的发展离不开水资源，水文条件如江河湖泊等水体，不但可作为城市水源，同时还在水运交通、改善气候、稀释污水、排除雨水以及美化环境等方面发挥作用。气候条件为居民创造适宜的生活环境，防止环境污染，因此对城市经济增长也起着十分重要的影响作用。

得天独厚的适宜的自然条件是城市产生的自然基础。例如，世界上最早的城市大都出现在一些大河流域，例如尼罗河流域、两河流域、小亚细亚和地中海东部沿岸、中国黄河流域以及印度河流域。一定的自然资源条件对城市的形成和发展至关重要。

从我国的城市发展和城市布局也可以看出自然资源条件对城市发展的重要作用。改革开放后，我国最先发展起来的城市绝大多数出现在东部沿海地区。东部沿海地区气候适宜，交通便利，地质条件适合城市经济的建设和发展。我国已初步形成以沪宁杭为依托的长江三角洲城市群、以广深为依托的珠江三角洲城市群、以北京和天津为依托的京津冀城市群。

（3）市场环境。城市经济增长离不开市场。从我国的经济增长的轨迹来看，市场经济体制更有利于常规时期的城市经济增长。在市场经济体制下，市场根据自然法则和经济运行的规律来配置各种生产要素，在效益最大化原则下，各种生产要素和劳动力在空间上选择自由流动和聚散，进行有效组合，促进经济发展的规模化和专业化，也促进城市经济的增长。在市场经济体制下，产业的转换与发展、要素流动、城市聚集效应等其他动力因素都能有效地发挥作用，推动城市经济不断向前发展。

现代城市是一个聚集各种生产要素和劳动力的大市场，也是经济系统中人流、物流、能源流、信息流和资金流等的枢纽。在市场经济条件下，经济系统中的这些资源和生产要素都向能获得最高收益的最佳区位聚集，这种要素流动需要完善的市场和市场作用机制。在市场机制的环境下，要素向城市流通聚集，城市经济以其特有的高收益率吸引经济要素持续不断地向城市集中，并通过市场进行有效的配置，然后向城市以外的地区扩散。这样的循环使城市经济发展成为一个连续的、具有累积因果效应的发展过程。

从某种意义上说，市场机制与城市经济增长互相促进，城市经济增长是经济社会发展的客观要求和必然结果，是市场经济发展选择的唯一的空间形式。城市体系的发展促进市场体系的发展成熟，市场的发展和扩大又能够带动城市的发展。改革开放以来，我国东部沿海城市，诸如浙江义乌市、福建石狮市、浙江温州市等城市经济的快速发展，是市场经济发展的必然结果，充分显示了市场与城市相互促进和成长的过程与规律。

（4）政府的政策制度。城市经济是国民经济的主体，劳动力是国民经济的主导，为城市经济的可持续发展提供了一定保障。部分地区户籍制度的改革促进了农村剩余劳动力自然有序地向城市或其他工业区流动。

2. 城市经济增长的动力机制

所谓城市经济增长的动力机制，是指推动城市经济持续稳定增长所必需的动力的作用机理，以及维持和改善构成这种作用机理的各种组织制度、经济关系等综合系统的总和。

在城市经济体内，国民经济的增长取决于城市现有的产出（生产能力）和需求。产出取决于资本、劳动力和土地等生产要素的数量和质量。需求由个人和公共的消费需求及其投资需求两部分构成。除此之外，经济增长还取决于技术进步、产业结构和布局以及社会政治体制等。

扩大投资是加快经济增长、推动经济增长的有效途径。具体而言，发展中国家和地区的城市借助投资来持续建设和发展城市的基础工业，形成自己的工业体系；扩大投资可以刺激需求，从而拉动城市经济较快增长，为企业提供良好的需求市场，刺激其扩大生产规模，为城市创造更多财富；扩大投资可以使城市具有持续的活力，城市经济将会持续增长。但是，扩大投资必须是有限度的，适度的投资率是衡量这个限度的指标。目前世界上比较认同的适度投资率选择标准包括：①城市社会心理上和物质上能够承受，并且能够推动城市经济高速稳定增长；②计划投资率=需求投资率=供给投资率；③计划投资率变动幅度介于城市居民心理所能承受的消费率变动范围之内。

从城市发展的历程来看，经济发展的过程就是生产力发展的过程。在这个过程中，技术进步起着关键的作用。技术进步通过创新能力突破人类认识的范围，从而产生新的科学思路和技术方法,不断实现纵向和横向的发展与积累,不断对城市经济增长和发展产生革命性的影响,为城市经济增长提供必要的动力。具体而言,技术进步的动力作用主要体现在以下方面:①节省要素的投入,增加产出的数量,提高产出的质量;②减少对自然资源的依赖,增强经济发展的内在稳定性以及提高一个城市的综合竞争力;③促进产业结构多样化、高度化,提高劳动生产率,增加城市经济总量;④形成新兴产业,尤其是高新技术产业,扩大新兴产业的联动效应,引起新的劳动需求,从而创造新的就业机会,达到改善城市居民生活的目的。

美国经济学家索洛提出了"余值法"来测算技术进步对经济增长的贡献率,以增长速度方程的模型为基础。通过现实数据的检验,索洛的"余值法"是正确的。随着我国经济水平的不断发展,技术进步的贡献作用将越来越显著,成为城市经济增长的持续动力。

人力资本是创造城市价值的活动主体。在城市价值体系的变化中,人力资本可以直接参与生产和形成价值的过程,具体表现为:人力资本凭借技术进步,有效地促进科学技术的进步,使物质生产要素和劳动力有效结合,提高劳动生产率,为城市经济长期持续增长提供动力。人力资本可以借助多元的金融工具在全国甚至全世界范围吸引和整合各种生产要素,以弥补本城市资源的不足,从而更有效地推动本城市经济增长。人力资本通过现代信息技术手段,不断寻找最优的"劳动-资本及其他因素"的结合形式,使产出增长超过要素的投入增长。

在城市经济系统中,企业是创造财富的经济组织,为城市提供持续发展基础。它既是城市经济活动的主体之一,是推动经济增长的力量单元,又是城市扩大投资、拓展生产力发展规模和提高生产力发展水平的重要基础。企业素质的好坏关系到企业活力的大小,部分地决定城市经济增长速度的快慢和效益的高低,是决定企业能否成为城市经济增长的基础性机制。

总之,城市经济增长不仅受宏观经济环境、自然条件、市场因素和社会制度等外部环境条件的影响,同时又受到投资、技术进步、人力资本和企业素质等内部驱动力的作用。

8.2.2 城市经济增长对房地产业的影响

城市经济增长使城市的综合经济实力和各种物质形态发生变化,进而影响到城市房地产业的发展。

1. 城市空间扩张

国外经验表明,房地产业的发展是伴随工业化、城市化的进程而发展的。聚集性是城市经济最大的特征之一,其主要表现为产业、经济、人口、科学技术向一定的空间集中以及城市土地面积不断地扩大。城市空间的扩张、城市规划用地面积的扩大,意味着土地用途的改变,这种改变是通过房地产业的经济活动而逐步实现的。城市土地资源是有限的,在城市经济增长的作用下,城市的空间扩张通过横向和纵向双方向发展。横向发展是城市用地规模的不断扩张,而纵向发展是城市空间利用效率的提高。

2. 对房地产投资产生影响

经济增长是指一个国家或地区产出或经济生产能力的持续增加,可表现为国民收入的持续增加、人民生活的改善和社会经济活力的增强,是一种长期的经济现象。房地产投资是城市经济投资中重要的一部分,其发展很大程度受到城市经济增长状况的影响。城市经济增长的内容主要包括城市价值的增加和城市物质财富的增长。城市价值的增加表现为城市经济实力,城市物质财富的增长表现为城市经济活力。换句话说,城市经济的平稳快速增长能够增加城市经济的实力和活力,增加社会投资资金的规模,为房地产投资提供稳定和足够的资金来源。

另外,城市经济增长还可以通过提高城市消费水平来影响房地产业的投资。城市经济增长能够增加国民收入,提高城镇居民收入水平,进而促进居民消费水平的增加。房地产消费是城市居民消费的重要组成部分,当总体消费水平提高时,房地产消费当然随之增长,这样就会刺激房地产投资的持续增长。

如果城市经济增长较快且比较平稳,国民经济将持续健康发展,这就会带动房地产投资,房地产业也会快速发展;相反,如果城市经济增长放缓甚至停滞,总体经济处于萧条状态,各类投资与消费需求势必呈现不景气状态,这时房地产投资就会大大缩水。

3. 对房地产需求产生影响

房地产本身具有特殊性质,其作为重要的生产和生活要素,为城市经济提供了必要的空间基础和物质载体。

首先,城市经济总量的增长,会使城市各个经济部门和企业对工业厂房、仓库和写字楼等房地产产品的需求不断增加,城市商业经济的较快发展,也会促进商业地产的巨大需求。

其次,城市人口增加也会促进城市住宅需求量的上升。城市人口增长不是简单的人口增加,而是城市的劳动力和消费群体的增加。劳动力的增加就会产生办公楼、工业厂房或仓储用房的需求,产生生产性房地产需求。当人口增加转化为对商业、娱乐和服务等其他消费需求后,就间接地产生了消费性房地产需求。

另外,从消费的角度来看,城市经济增长必然带来较高的消费水平,改善居民消费结构。房地产消费是居民消费中主要的消费之一,是居民必需的消费需求。居民消费投入的增加必然会引起房地产消费的增长,也会促进房地产需求量的上升。

目前,我国正处于城市化水平不断提高的阶段,越来越多的农村剩余劳动力向城市转移。城市人口的增长受到城市户籍的开放性的影响,出现了城市流动人口增加的现象。在经济发达的长三角、珠三角和京津冀地区的城市,流动人口已经成为城市人口的重要组成部分。

流动人口不仅对城市房屋租赁市场的影响明显,随着在城市购房的流动人口数量的不断增加,流动人口已成为未来城市房地产的重要需求源之一。

随着我国经济水平的发展和城市经济的增长,城市流动人口增长将是一个趋势,必然会对城市房地产业的发展产生重要的推动作用。

4. 对房地产供给结构产生影响

城市经济的发展水平与城市产业结构发展的高级化程度密切相关。产业结构高级化也称产业结构高度化,是指一国经济发展重点或产业结构重心由第一产业向第二产业和第三产业逐次转移的过程,标志着一国经济发展水平的高低和发展的阶段及方向。

城市经济增长必然会带动产业结构升级。从世界城市经济的发展历程看,随着经济的发展,城市工业产值会逐渐上升至最高点,然后处于下降趋势,第三产业会随着经济增长而逐渐成为城市的主导产业。在城市产业结构升级过程中,房地产供给结构也会随之升级。在城市经济发展初期,城市房地产的供给主要是工业厂房、仓储等基础工业所需的房地产产品。住宅供给也主要是低档的多层住宅。城市工业化发展,第二产业成为城市经济主要动力,集中的工业区不断出现,这就需要开发建设新的工业化厂房、研发用房、仓储物业以及办公用房等。在城市经济增长过程中,城市工业化会带动商业经济发展,进而改善城市空间结构。因为商业经济发展需要大量的酒店、商场、娱乐场所等商业物业和写字楼、公寓式住宅等。在这一经济发展阶段,住宅商品主要是成片开发的中高档小区,建筑形式也会越来越多样化。当第三产业成为城市经济的主导产业时,房地产供给也会呈现出多样化的特点。例如,旅游地产、区域房地产综合开发、SOHO 住宅区、历史文化遗址地产开发等房地产开发形式都会出现。

8.2.3　城市化和郊区化对房地产市场的影响

城市化是指人口和产业活动在空间上集聚、乡村地区转变为城市地区的过程。城市化是社会生产力发展到一定阶段,农村人口转化为非农村人口,人口向城镇集聚,农村地区转化为城镇地区,城镇数量增加的过程。有的学者将之称为城镇化、都市化,是由以农业为主的传统乡村社会向以工业、服务业为主的现代城市社会逐渐转变的历史过程,具体包括人口职业的转变、产业结构的转变、土地及地域空间的变化。

衡量城市化水平的标准通常有以下几个:①人口变动指标,如城市人口占总人口比例、城市非农业人口比例,非农劳动力占总劳动力的比例等城市人口比例等;②经济变动指标,如国内生产总值、城市人均国内生产总值、城市 GDP 占全市 CDP 的比例、经济集聚度、城市基础设施、城市辐射能力、城市产业结构等;③社会变动指标,如城市居民人均可支配收入、城市人均居住面积、城市适龄青年大学入学率、住房成套率、人均公共绿地面积、恩格尔系数、城市公共教育经费占 GDP 的比例、科研和开发占 GDP 的比例、城市每千人拥有医生数、社会保障覆盖率、城市文明程度和城市生态环境指标等。

改革开放以来,中国城市化水平不断提升,1978—1998 年,城市人口从 1.7 亿人上升至 3.7 亿人,城市人口占总人口比例也从 17.92% 上升为 30.40%。1980 年至 1995 年,我国城市人口的年均增长率为 4.2%,高于低收入国家的平均水平 4%,这标志着我国开始步入了城市化发展的“快车道”。

作为一个过程,城市化包括两个方面的变化:一是人口的迁移,大量人口从农村搬向城市,并在城市中从事非农业工作;二是生活方式的转变,乡村生活方式变为城市生活方式,包括价值观、态度和行为等。城市化进程中,房地产市场起着至关重要的作用,前者是对人口密度和经济职能的强调,后者是对社会、心理和行为因素的强调。

从物质形态上讲,房地产市场特别是住宅市场的发展是城市化的依托。中国城市化水平每年以约一个百分点的速度向前推进。各国国情不同,联合国通常将 100 万人口以上的城市化定为特大城市。2014 年 11 月,中国国务院发布《关于调整城市规模划分标准的通知》,其中规定:城区常住人口 1 000 万以上的城市为超大城市;城区常住人口 500 万以上 1 000 万以下的城市为特大城市;城区常住人口 100 万以上 500 万以下的城市为大城市,其中 300 万以上 500 万以下的城市为Ⅰ型大城市,100 万以上 300 万以下的城市为Ⅱ型大城市;城区常住人口 50 万以上 100 万以下的城市为中等城市;城区常住人口 50 万以下的城市为小城市。

从社会因素看,城市化进程中,现代生活方式的推动促进了非住宅类房地产市场的快速发展。一方面,随着经济发展水平的提高,城镇居民家庭的恩格尔系数迅速降低,消费结构发生了根本性的变革。工作时间降低的同时增加了闲暇时间,流动性消费大大增加。观光、旅游、休闲娱乐、访问、出国、带薪休假进入居民家庭的消费支出预算,于是,带动了季节性、度假性、公共性物业设施如酒店、度假区等的增加。另一方面,工作方式变化带动了写字楼等工业物业的发展。

总而言之,城市化是推动房地产发展的重要因素,也是产生房地产问题的重要根源。一个国家或地区房地产的发展水平总是与这个城市的经济水平和城市化水平的发展阶段相一致,否则就会引起各种经济关系和市场的失衡。因此,房地产开发规模和速度也应与该城市现阶段及城市化发展的经济水平相契合。

郊区城市化或称城市郊区化,简称郊区化。这是人口、就业岗位和服务业从大城市中心向郊区迁移的分散化过程。所谓的郊区,指中心城市行政边界以外的邻界地域,主要是城市化地区核心以外的城市边缘。郊区化包括三种外迁:一是人口外迁,主要是因城市中心的巨大人口压力,以及这一压力对生活环境的不利影响而引发的。二是工业外迁,主要原因在于市中心以外有大面积的价格低廉的土地,以及能更好地与铁路、港口、高速公路等交通设施相互配置。三是零售业外迁,这是由于人口和工业外迁后,市中心商业面对来自郊区商业激烈竞争而被迫采取的措施。郊区化并不意味着大城市的衰落,只是城市由高密度集中向低密度扩张的转变,这一转变中,建成区在扩张,城市人口在增长。

郊区化人口的聚居结构与收入水平、家庭周期(或年龄周期)、社会地位、居住偏好、种族差异等有直接关系。从美国郊区化的发展史可以看出,最初从城市中心外迁的人口是相对富裕的人;到了电车时代,中产阶级也加入到郊区化的行列;随着汽车的普及,一些中低收入阶层也开始迁往郊区。由于市区地价较高,而且可利用土地规模小,房地产开发公司大规模地建设郊区住宅。由于美国政府住宅政策和基金的补偿和鼓励,许多蓝领工人可以到郊区购买比较便宜的住宅,因此,在郊区的美国社区蓝领工人几乎与中产阶级家庭社区一样普遍。但富人往往迁移得更远一些,而中低收入者则通常迁到近郊。

在郊区往往形成一定的居住空间分异特征。马勒将美国郊区的居住类型分为 4 种:①排他性高收入社区,主要分布在远离城市的地区,住宅以庄园的形式零散分布,并由树木、篱笆分离成私家空间。社会交际网络以教堂、乡村俱乐部等自愿团体为基础。②中产阶级家庭社区,住宅的分布特点是单个家庭的独户住宅,社会交际形式以核心家庭为基础。社区的子女抚养教育是家庭的核心问题,因此出现了诸如童子军、青少年体育群体等社区组织。③工人阶级或蓝领阶层社区,这类社区也以独立住宅为空间特点,但社区内公共户外空间的广泛使用促成社区的紧密联系,社区整合更加重视人而不是物质或地位。

这些蓝领工人的地理移动性较低,常规社区为永久居住地,进而促进社区联系更为紧密。④郊区组合型社区,这类社区中包括职员、知识分子、学生、艺术家、作家等志愿者,通过桥牌俱乐部、剧组和策划等文化活动自愿组织进行一定的社区交往,但通常有更广泛的社会联系,追求高水平的文化生活,与大学院校的联系比较普遍。

郊区化进程中的房地产开发应汲取中心城区房地产开发的经验和教训,顺应城市郊区化的内在发展规律。特别需要注意以下几个问题:

(1)郊区房地产开发应注意保护原有的生态系统,创造良好的人居环境。郊区地产开发应注意的生态支持系统是由包括森林、农田、果园、苗圃、河流、公园、林荫道、绿化等自然要素和人口要素构成的。在郊区的房地产开发过程中,应以人和自然的协调作为价值取向,建设和完善一个完整、连续、功能高效、丰富多样的郊区生态支持系统,创造良好的人居环境。

要创造良好的人居环境,第一,要运用技术的手段改进生产工艺,在源头控制污染物的产生,提倡清洁工艺;第二,在污染处理过程中加大投资和建设力度,提高污染处理能力和处理率;第三,完善物质循环体系,提高资源的重复使用率,做到废物资源化,废物减量化;第四,促进废物"无害化",把它对环境的污染控制在最低限度;第三,增强生态系统对污染物的稀释、净化能力,即增加绿地、自然保留地面积,改善生态环境。

(2)充分考虑知识经济和高新技术对居住环境和居住观念产生的影响。随着信息产业的发展和知识经济社会的来临,网上购物、网上学校、网上医疗等虚拟空间的存在,"居家工作"的人会越来越多。在21世纪,会有相当多的职业允许在家里办公,住宅不仅是生活场所,也成了工作场所。郊区住宅因其优美的自然环境吸引了众多的市民,必将成为知识经济时代理想的居住地,但其建造标准应当充分考虑信息时代的特点,具备智能化、人性化等优点,即住宅的功能和质量一定要预留适当的发展空间。

(3)郊区房地产开发、销售应重视消费群体的定位。对郊区住宅消费感兴趣的人群可分为四种类型:第一种是居住文化消费为主型,主要对郊区的环境、景观、休闲方式感兴趣。第二种是郊区度假型,将郊区物业的选择作为生活方式的提升与补充。第三种是对郊区目前较低的价格感兴趣,属于居住实用型。第四种是看好郊区的发展趋势,以购房作为投资。

我国目前的郊区化现象主要是基于旧城改造和工业外迁引起的。郊区化过程中迁移的大多是一般市民,其目的只是由于旧房改造等想增加住宅面积,改善基本的居住环境。因此,房地产开发企业应选择城郊接合部或者近郊区,建造造价低廉、距离城区较近的经济适用住宅。一般而言,这类居住区在近郊10公里以内。

随着经济的发展、社会阶层的分化,富裕阶层愿意承担较高的交通和时间成本,并由此而获得较高的社区环境和自然环境享受,更加倾向于选择自然环境更好、造价较高的远郊住房。离市中心20公里以外的较高档次的住宅将成为富裕者倾心的居住地。

(4)注重社区文化建设,预留可持续发展空间。居住区不仅是人们生活、休息甚至工作的场所,也是人们进行社会交往的重要场所。因此,郊区住宅开发应当营造与居民身份、知识相符的文化设施、文化氛围。文化层次相近的人聚集在一起可以实现精神上、文化资源上的相互影响、相互借势和彼此共享,可以促进社区意识的形成。

8.3 房地产与宏观经济

8.3.1 房地产业对宏观经济的影响

房地产业在现代社会经济系统中所起的作用,不仅包含其固有的承载体的基本作用,同时还包含它在国民经济活动链中联结生产与生活的作用、影响公共投资和个人消费倾向的作用,以及促进产业结构优化调整、拉动城市基础设施发展,改善城市生产、生活环境,促进城市化经济发展的重要作用。因此,房地产业具有很大的带动效应。这不仅是一种经济效应,还表现为一种社会效应,通过促进城市经济的繁荣和发展,最终起到直接推动整个国民经济持续增长的作用。

1. 有助于优化城市经济结构,提高城市集聚效益

城市经济是以城市为依托的各种经济活动和经济关系的总和。城市经济的特殊性就在于它的集聚性,而城市这些集聚效益的获得及多少,与房地产业为之提供的城市基础设施、生活设施和各行各业的用地用房的质量、数量和结构是分不开的。通过房地产业的发展,对城市进行综合开发,建设道路、供水、供气、供电、通信系统和市政设施、住宅小区,可以扩大城市的基础设施、公共设施和生活设施的数量和质量,增加设施功能合理的各类设施的分布,以组成生产协作网和商业流通网络,从而吸引更多人才,提供更好的投资环境,聚集更多的技术、资金等生产要素,促进城市经济活动的社会化、现代化的发展,提高集聚效益。

2. 有利于优化城市生态结构,改善投资环境

随着对外开放政策的深化,中国经济发展需要有一个对国内外投资具有强大吸引力的投资环境,客观上需要对城市进行开发和改造,使投资者不仅能够获得便于投资设厂、兴办各类企业和商务等所需要的土地、厂房、商用办公楼和各种便捷、畅通、安全的基础设施和服务设施,而且能在生活上获得一个包括吃、住、行、玩在内的基础设施、文化娱乐设施和生活服务设施,开辟公园,建造绿色生态标准化厂房、商店、花园工业区、智能化办公大楼等,提高生产、生活环境质量,优化城市空间结构,建设良好的城市生态环境和投资环境,以吸引国内外的投资。

3. 能够促进房地产资源的合理配置,增加财政收入

房地产资源是否合理配置和经济利用,直接关系到城市的功能结构和空间布局,关系到城市人流、物流、商流、信息流的流向和质量,关系到城市的规模效益、空间效益和集聚效益。因此,一是可以通过房地产业的综合开发,来转换土地利用方式,进行结构调整,优化产业结构。二是积极推进土地有偿使用制度,加快土地的市场化,促进城市用地结构重新调整和合理布局,从而获取土地的最大使用效益。三是通过房地产的多元化经营,为城市财政提供一个稳定的资金来源,使城市建设进入"以土养土,以房养房"的良性循环。我国房地产经营税金随着房地产业的兴起迅速提高,已经成为我国财政收入中不可低估的

组成部分。

4. 有利于市场体系的培育和完善

房地产,尤其是地产,是一切商品(包括生产要素和生活资料)的源头。在现代市场经济条件下,商品市场和生产要素市场要发展,规模要扩大,首先要有房地产市场的发展。房地产不仅存量大,而且增量也很大,一旦进入市场,并由市场机制进行调整,就能迅速地扩大商品市场规模,并且推动和活跃其他要素市场的发展。

5. 优化消费结构,提高人民生活质量和消费水平

由于过去中国所实行的是实物性、福利性和行政分配住房政策,住房不允许进入市场,人们对居住消费缺乏选择的自由。低租金、福利分房制度导致住房消费的比重不合理。1998 年住房制度改革以来,按照市场经济规律,通过发展房地产业来优化居民的消费结构,通过改革土地使用制度和住房制度,取消无偿的福利、实物分房,住宅分配实行商品化、货币化;开放房地产市场,鼓励居民私人购买住房;发展房地产金融,建立住房公积金、住房储蓄贷款制度,以支持居民购房,提高人们的居住水平和环境质量。总之,随着房地产业的发展和住宅消费资金转化为住宅生产资金的增加,人们的消费结构逐渐得到优化,房地产业促进社会消费结构合理化的作用也将充分体现。

8.3.2 房地产业对经济增长贡献的实证分析

房地产业对经济增长的贡献来自两个方面:第一,房地产存在着对经济增长的直接贡献;第二,房地产行业的发展通过关联产业带动经济增长。本节将运用两部门模型来揭示房地产业促进经济增长的微观传导机制。

假设中国整体经济可以划分为房地产部门与非房地产部门两个部门。房地产作为一个部门,与经济中其他部门的联系是十分重要的。房地产对经济增长具有重要影响,其影响可以分为房地产部门的直接贡献和对非房地产部门的间接作用,正是这种间接作用提高了生产要素的品质,大大改善了经济活动赖以存在的社会环境,从而使经济活动具有更高效率,加快了经济增长的速度。基于这样一种认识,非房地产部门的产出将是劳动力、资本投入、房地产部门产出的生产函数,而房地产部门的产出则是劳动力、资本投入的生产函数。在本模型中,技术进步等系列因素视为外生变量。据此,可以得到:

$$F = F(L_F, K_F) \tag{8-6}$$

$$Q = Q(L_Q, K_Q, F) \tag{8-7}$$

其中,F、Q 分别代表房地产部门和非房地产部门的产出,L、K 分别代表劳动投入和资本投入,下标代表部门。式(8-7)中引入解释变量 F,表示房地产部门对非房地产部门的间接带动作用,房地产部门的产出(F)作为投入要素影响非房地产部门的产出水平(Q)。同时,假定这两个生产函数满足经典假定,即边际生产力递减,则:

$$\frac{\partial^2 F}{\partial L_F^2} < 0, \quad \frac{\partial^2 F}{\partial K_F^2} < 0 \tag{8-8}$$

$$\frac{\partial^2 Q}{\partial L_Q^2} < 0, \quad \frac{\partial^2 F}{\partial K_Q^2} < 00 \tag{8-9}$$

根据前文假定,则全国的总产出(Y)、劳动总投入(L)和资本总投入(K)有:

$$Y = F + Q \tag{8-10}$$

$$L = L_F + L_Q \tag{8-11}$$

$$K = K_F + K_Q \tag{8-12}$$

考虑到两个部门的边际要素生产力可能存在差异,同时根据公式(8-8),当经济达到均衡时,可以定义如下关系:

$$\frac{\partial F / \partial L_F}{\partial Q / \partial L_Q} = \frac{\partial F / \partial K_F}{\partial Q / \partial K_Q} = 1 + \delta \tag{8-13}$$

其中,$\frac{\partial F}{\partial L_F}$,$\frac{\partial Q}{\partial L_Q}$ 分别代表两个部门的劳动边际生产力,$\frac{\partial F}{\partial K_F}$,$\frac{\partial Q}{\partial K_Q}$ 分别代表两个部门的资本边际生产力,δ 反映两个部门的边际生产力差异。

对式(8-6)、(8-7)、(8-10)、(8-11)、(8-12)两边取全微分有:

$$dF = \frac{\partial F}{\partial L_F} dL_F + \frac{\partial F}{\partial K_F} dK_F \tag{8-14}$$

$$dQ = \frac{\partial Q}{\partial L_Q} dL_Q + \frac{\partial Q}{\partial K_Q} dK_Q + \frac{\partial Q}{\partial F} dF \tag{8-15}$$

$$dY = dF + dQ \tag{8-16}$$

$$dL = dL_F + dL_Q \tag{8-17}$$

$$dK = dK_F + dK_Q \tag{8-18}$$

将式(8-13)(8-14)(8-15)(8-17)(8-18)带入式(8-16),并整理得:

$$dY = \frac{\partial Q}{\partial L_Q} dL + \frac{\partial Q}{\partial K_Q} dK + \left(\frac{\delta}{1+\delta} + \frac{\partial Q}{\partial F}\right) dF \tag{8-19}$$

为了便于计量估计,将式(8-19)两边同时除以 Y,得到:

$$\frac{dY}{Y} = \frac{\partial Q}{\partial L_Q} \frac{L}{Y} \frac{dL}{L} + \frac{\partial Q}{\partial K_Q} \frac{dK}{Y} + \left(\frac{\delta}{1+\delta} + \frac{\partial Q}{\partial F}\right) \frac{F}{Y} \frac{dF}{F} \tag{8-20}$$

其中,$\frac{\partial Q}{\partial L_Q} \frac{L}{Y}$ 代表劳动力在非房地产部门的边际生产力与整个经济的单位产出之比,用 α 表示;$\frac{\partial Q}{\partial K_Q}$ 为资本在非房地产部门的边际生产力,用 β 表示;$\left(\frac{\delta}{1+\delta} + \frac{\partial Q}{\partial F}\right)$ 代表房地产部门对经济增长的全部贡献,用 γ 表示。于是式(8-20)简化为:

$$\frac{dY}{Y} = \alpha \frac{dL}{L} + \beta \frac{dK}{Y} + \gamma \frac{F}{Y} \frac{dF}{F} \tag{8-21}$$

为了测定房地产部门对于非房地产部门的带动作用,以估计房地产业对其他产业的影响,将式(8-15)两边同时除以 Q 可以变形为:

$$\frac{dQ}{Q} = \frac{\partial Q}{\partial L_Q} \frac{L_Q}{Q} \frac{dL_Q}{L_Q} + \frac{\partial Q}{\partial K_Q} \frac{K_Q}{Q} \frac{dK_Q}{K_Q} + \frac{\partial Q}{\partial F} \frac{F}{Q} \frac{dF}{F} \tag{8-22}$$

此处,假定房地产部门通过不变弹性影响非房地产部门的产出,则间接带动作用可以表示为弹性 $\theta = \frac{\partial Q}{\partial F} \frac{F}{Q}$。将式(8-22)最后一项变形,有:

$$\frac{\mathrm{d}Y}{Y}=\alpha\frac{\mathrm{d}L}{L}+\beta\frac{\mathrm{d}K}{Y}+\lambda\frac{F}{Y}\frac{\mathrm{d}F}{F}+\theta\frac{\mathrm{d}F}{F}$$

其中，

$$\lambda=\frac{\delta}{1+\delta}-\theta \qquad\qquad (8\text{-}23)$$

从式(8-23)可以看出，房地产部门对经济增长的影响渠道主要有两个：一是房地产对经济增长的直接拉动作用；二是房地产对其他部门的带动作用，即对经济增长的间接贡献。

在进行参数估计时，根据式(8-21)、(8-23)具体采用如下计量模型：

$$\frac{\Delta Y}{Y}=c_1+\alpha_1\frac{\Delta L}{L}+\beta_1\frac{\Delta K}{Y}+\gamma\frac{F}{Y}\frac{\Delta F}{F}+\mu_1 \qquad (8\text{-}24)$$

$$\frac{\Delta Y}{Y}=c_2+\alpha_2\frac{\Delta L}{L}+\beta_2\frac{\Delta K}{Y}+\lambda\frac{F}{Y}\frac{\Delta F}{F}+\theta\frac{\Delta F}{F}+\mu_2 \qquad (8\text{-}25)$$

中国房地产业的市场化发展是从 1998 年住房分配制度改革以后，从此与国民经济的关系日趋紧密，因此实证分析的数据从 1998 年开始，选取季度样本点，样本区间为 1998年第四季度至 2009 年第三季度。数据来源于各年度《中国统计年鉴》《中国季度国内生产总值核算历史资料 1992—2005》、国家统计局数据库、国泰安数据库以及 CCER 数据库。

利用 Eviews6.0 对式(8-24)进行 OLS 分析，实证结果显示：房地产业对经济增长具有促进作用，房地产业间接带动作用对经济增长的贡献远远高于未包含带动作用的贡献。这种间接作用比房地产业对经济增长的直接贡献更有意义，体现了房地产业在国民经济中的重要地位。由此可见，房地产业已然成为中国经济发展的支柱产业，其他各产业的发展需要作为主导产业的房地产业的带动作用，房地产业的发展对经济起到巨大的推动作用。

8.3.3　房地产业对三次产业贡献度的实证分析

房地产业通过关联产业产品和服务的投入对其他产业产生需求拉动效应；通过房地产产品的供给为其他产业提供基础性服务，对其他产业产生供给推动效应。房地产业的需求拉动效应是指房地产对其他行业的依赖，即房地产的发展需要其他行业产成品的投入。房地产业发展需要国民经济中许多部门和行业提供物质资料与之配合发展，需求拉动最为明显的行业首先是第二产业中的建筑业，房地产业的发展不能离开建筑业而独立存在。其次是部分重工业。我国建筑成本中，70％是由其他部门和行业产品配合的材料消耗，发展房地产业需要国民经济中的建材、设备、机械、冶金、陶瓷、仪表、森工、化塑、玻璃、五金、燃料动力等许多物资生产部门和服务行业的产品生产和劳务提供配合，从而拉动其发展。

房地产的供给推动效应是指房地产通过提供产成品推动其他行业的发展。一方面，作为房地产业生产成果的房地产产品，为国民经济许多部门和行业的发展提供了前提和场所，其中最为显著的就是第三产业和部分轻工业，例如商业、家具业、家用电器业、房屋装修业、园林花木业、家庭通信业、搬家公司、房屋金融保险业、物业管理业、家庭特约服务业、房屋买卖中介业等,第三产业的主要生产资料是房屋,房地产产品为其发展提供了前提,促进了其发展。另一方面,发展房地产业可提高居民住房消费水平,从住房综合消费方面来讲,为人民生活其他方面水平的提高创造了条件,从而促进生活消费水平全面提高。

房地产业的间接贡献主要是通过开发投资活动来带动其他产业的发展,因此在分析其对三次产业的影响时,选取的房地产行业指标为房地产开发投资完成额,分别代表第一产业的增加值、第二产业的增加值和除房地产外第三产业的增加值。

根据 1999 年第一季度至 2009 年第三季度的数据作出房地产开发投资完成额(F_t)和第一产业的增加值(GDP_{1t})、第二产业的增加值(GDP_{2t})、除房地产外第三产业的增加值(GDP_{3t})的时间序列图,如图 8-1 所示。

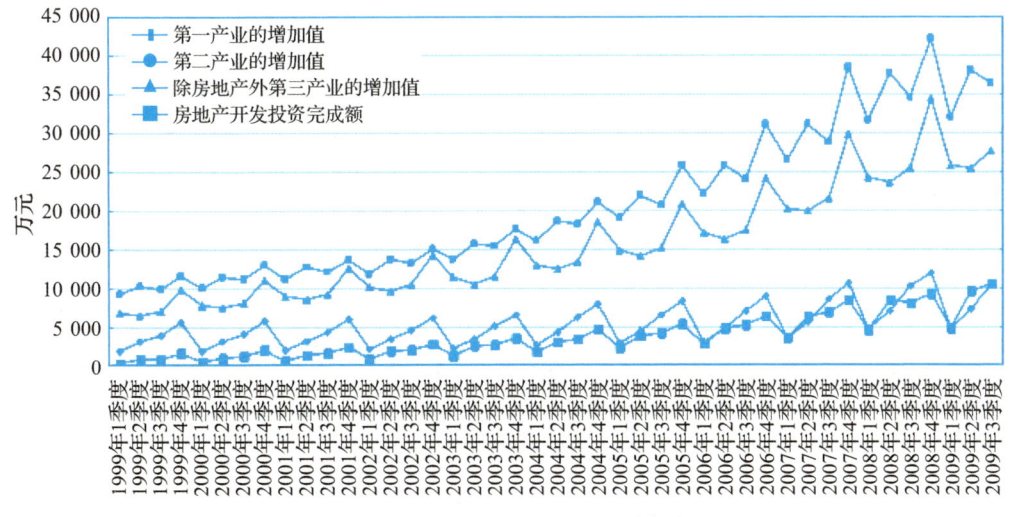

图 8-1　GDP_1、GDP_2、GDP_3、F_t 时序图

从图 8-1 中可以发现,房地产开发投资完成额(F_t)和第一产业的增加值(GDP_{1t})、第二产业的增加值(GDP_{2t})、除房地产外第三产业的增加值(GDP_{3t})的波峰和波谷存在一定程度的重合,两两之间存在一定的相关性。

进一步利用 Eviews6.0 对中国房地产开发投资完成额(F_t)和第一产业的增加值(GDP_{1t})、第二产业的增加值(GDP_{2t})、除房地产外第三产业的增加值(GDP_{3t})之间进行相关性检验,得到如下的相关系数:

$$r(F_t,GDP_{1t})=0.861\ 0$$
$$r(F_t,GDP_{2t})=0.955\ 1$$
$$r(F_t,GDP_{3t})=0.926\ 3$$

由相关系数可以看出,房地产开发投资完成额(F_t)和第一产业的增加值(GDP_{1t})、第二产业的增加值(GDP_{2t})、除房地产外第三产业的增加值(GDP_{3t})之间有较强的相关性,中国房地产业的增长对三次产业起到一定的推动作用,或者三次产业推动了房地产业的增长。

　　房地产业和三次产业产值之间存在一种长期均衡关系,从常识上理解是毋庸置疑的。实证结果显示,房地产业对三次产业带动效应的强度高低顺序依次为第二产业、第三产业、第一产业。另外,第三产业和房地产投资之间在短期内出现暂时失衡的可能性不大。房地产投资额和三次产业 GDP 之间存在着长期的均衡关系,这说明房地产业的发展情况与三次产业 GDP 的走势有着决定性的影响。从中国产业结构调整的历程来看,1978—2008 年,中国 GDP 中第一、二、三产业结构不断优化,具体表现为第一产业比重平稳下降,第二产业平稳波动,特别是 1998 年以来第三产业比重平稳增加,如图 8-2 所示,而房地产行业的增加值平均来说占第三产业增加值的 10.56%。最近十几年来,房地产行业的迅速增长是中国 GDP 快速发展的一个主要因素,房地产行业在中国经济的发展中占有主导地位。

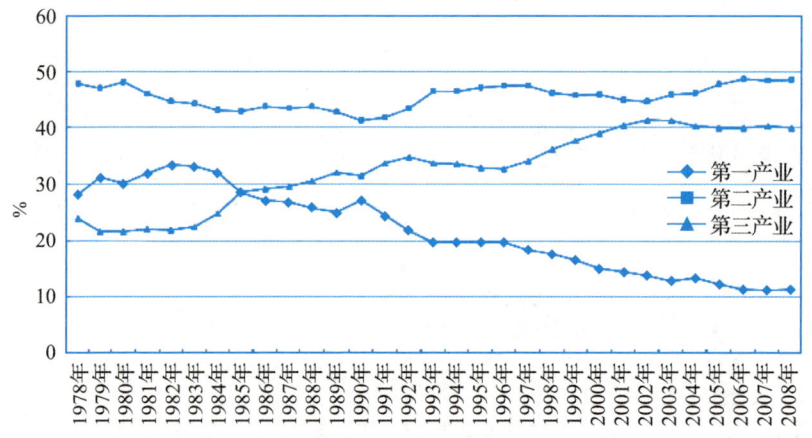

图 8-2　1978—2008 年三次产业比重
（数据来源:国家统计局数据库）

　　综上所述,房地产业一方面存在着对 GDP 增长的直接贡献,另一方面通过间接作用带动 GDP 增长。房地产业通过其关联产业产品和服务的投入,对其他产业产生需求拉动效应;通过房地产产品的供给为其他产业提供基础性服务,产生供给推动效应。由于这种巨大的带动效应,房地产业应作为国民经济的主导产业和支柱产业加以支持,以带动中国经济的持续增长。但同时也应该注意到,房地产业既可以拉动经济增长,也可能导致经济过热。

思考题

1. 房地产投资的定义是什么?
2. 如何理解经济增长?
3. 房地产市场的发展对城市经济会产生怎样的影响?
4. 城市化和郊区化是如何影响房地产市场的?
5. 阐述房地产市场对宏观经济增长的影响。

第9章

房地产产权与制度

本章导读

　　科斯定理表明,市场的真谛不是价格,而是产权。只要有了产权,人们自然会"议出"合理的价格来。在城市土地市场和房屋产权领域,科斯的产权理论都有应用。本章在简要介绍科斯产权理论的基础上,探讨了科斯产权理论在城市土地产权和房屋产权中的应用,并且对现行住房制度进行了客观评价。通过本章学习,学生可以掌握科斯的产权理论及其应用,了解现行住房制度存在的问题,并对其进行反思。

9.1　科斯的产权理论

　　1991 年,诺贝尔经济学奖得主科斯是现代产权理论的奠基者和主要代表,被西方经济学家认为是产权理论的创始人,他一生所致力考察的不是经济运行过程本身(这是正统微观经济学所研究的核心问题),而是经济运行背后的财产权利结构,即运行的制度基础。他的产权理论发端于对制度含义的界定,通过对产权的定义,对由此产生的成本及收益的论述,从法律和经济的双重角度阐明了产权理论的基本内涵。

9.1.1 科斯产权理论的主要内容

20 世纪 30 年代初,科斯接触到新古典学派经济思想,这一理论的基本信念是:经济体制是由价格机制来协调的一个有机体,它"自行运行",个人通过预测和选择,在价格机制的作用下直接参与交换。交换的范围受到市场的限制。随着市场的扩大,专业化程度不断提高,生产费用下降,经济效率不断提高。科斯发现,这一信条与现实经济过程存在矛盾:如果价格机制可以毫无成本地协调一切,企业就没有存在的理由,而事实上作为"自觉力量小岛"的企业广泛存在,与专业化并存的企业纵向一体化也不断发展。科斯决心寻找解决这一矛盾的途径。他在假定经济行为者的目标是产出最大化的前提下推断:企业和企业纵向一体化的存在,减少了市场交易量,企业是作为价格机制的替代物而出现的。人们之所以要通过建立企业和实行企业纵向一体化来代替价格机制,是因为利用价格机制是有费用的。这种利用价格机制的费用,科斯称之为"交易费用"。它大概包括:发现相对价格的费用和交易过程中谈判和签约的费用。企业和企业一体化的存在减少了市场交易量,从而降低了交易费用,提高了资源配置的效率。

科斯认为,"交易费用"不仅可以用来解释企业和企业一体化的存在,而且可以用来说明企业规模大小是如何决定的。这是因为,不仅市场交易存在费用,边际交易费用率有上升趋势,企业内部组织交易也是有费用的,这种费用称为企业组织费用,同时边际企业组织费用也具有上升趋势。原因是:①当企业扩大时,在企业内部组织追加交易的边际成本可能上升;②由于企业家的能力有限,当企业扩大时,决策失误的概率增加;③当企业扩大时,生产要素的供给价格可能会上升。这样企业的扩张就会在边际企业组织费用等于边际交易费用之点停下来,企业规模被确定。科斯提到,企业将倾向于扩张直到在企业内部组织一笔额外交易的费用等于通过公开市场上完成一笔交易的费用或在另一个企业中组织同样交易的费用为止。

科斯的产权理论被人们概括为"科斯定理",该定理的核心内容是:以财产权为基础和决定性内容的经济制度对经济运行的效率有着重大影响。科斯为了证明这一命题,依次提出了三个判断,并用具体案例来逐一检验它们。

科斯第一判断是:产权的清楚界定是经济正常运行的必要前提。科斯在《联邦通讯委员会》一文中写道:如果没有建立土地产权,任何人都可以占用同一片土地,如一个人用这块土地种庄稼,另一个人可以接着在种了庄稼的土地上建房,随后又来一人拆掉房子用作停车场,这就必将发生很大的混乱,这种混乱产生的根源在于产权不明,价格机制无法发挥作用,产权的转让受阻,经济运行无法正常进行。相反,如果产权得以明确,任何希望使用某一资源的人就必须向资源所有者付钱,出价最高的人就理所当然地获得这一资源的排他的使用权,混乱随之消失。另一个典型的例子是某工厂的烟尘给邻近的财产所有者带来有害影响。这里就存在一个权利界定问题:究竟是工厂有权"冒烟",还是邻近居民有权享受新鲜空气呢?如果权利界定不清,则不但居民会因烟尘污染而受到损害,而且居民会对工厂采取报复性行动而增加摩擦,造成更大的资源浪费。作为新古典学派代表人物之一的庇古,建议对这种"外在性"通过政府干预工厂(征税或令其迁址)来解决。科斯则认为,庇古的对策既是不必要的,也是不令人满意的。因为损害具有相互性,避免对乙的损害将会使甲遭到损害,世界上总得有工厂,必须决定的真正问题是:允许甲损害乙还是允许乙损害甲?关键在于避免较严重的损害,而这又以产权的清楚界定为前提。

科斯第二判断(也称为科斯第一定理):如果交易费用为零,则产权清楚界定是资源最优配置的充要条件。科斯认为,如果定价制度的运行毫无费用,最终的结果(产出最大化)是不受法律状况影响的。也就是说,只要权利界定是明确的,不管权利如何分配,均可实现资源的最优配置。我们还是用上面的例子来说明这一判断。假定某工厂附近的 5 户居民因工厂的烟尘而使晾晒的衣服受到了损坏,造成每户 75 元的损失,5 户居民损失的总额为 375 元。为了消除烟尘的污染,有两种可供选择的途径:其一是花 15 元为工厂烟囱安一个防烟装置;其二是每户花 50 元购买一台烘干机,共需花费 250 元;首先假定法律规定居民有享受新鲜空气权,那么他们就有权要求工厂不损害他们或对损害照价赔偿。工厂此时有三种选择:支付每户居民 75 元赔偿费,共需花 375 元;为每户居民买一台烘干机,共需花费 250 元,自己装一防烟装置,需花 150 元。很显然,如果工厂在了解上述三种可能性及作出决策方面毫无费用,它总是会做出第三种选择,这是一个费用最低的选择。相反,如果我们假定法院裁定工厂享有排烟权,居民所受到的损害必须由他们自己负担或设法消除,居民们也同样面临上述三种选择。这时,如果 5 户居民能清楚地了解上述三种可能,并且能毫无费用(交易费用为零)地充分协商,则居民们最终也会找到最经济的处理办法,即花 150 元合伙为工厂安装一个防烟装置。

科斯第三判断(也称科斯第二定理):如果交易费用大于零,则不同的产权配置会带来不同的资源配置效率。科斯认为,零交易费用是"很不现实的假定",在存在交易费用的情况下,合法权利的初始界定会对经济制度运行的效率产生影响。权利的一种调整会比其他安排产生更多的产值。还是看上面的例子:如果法律规定居民有享受新鲜空气的权利,工厂必须对污染负责,只要工厂能在花费不大的情况下发现解决问题的三种选择方案,就一定选择最经济的方案,从而资源仍能达到最优配置。反之,如果法律规定工厂有排烟权,居民必须承受其损失,则居民不但要在发现三种选择方案上有花费,而且还要在 5 户居民的联合协商上有花费,这两笔交易费用肯定大于工厂在作出选择时的花费。假设居民在选择、协商方面所花的交易费用为 120 元,这时,即使居民终于找到了最经济的办法——为工厂安装防烟装置,其总花费也已达到 270 元(150+120=270 元),为了避免出现这种情况,居民会干脆各自去买一台烘干机,共花费 250 元,从而不能达到最有效的结果。

因此,具体就这个例子的情况而言,考虑到工厂与居民之间交易费用的差别,为了达到资源的最优配置,法律应该规定居民拥有享受新鲜空气的权利而排斥工厂的污染权。因为这样可以导致交易费用的降低和资源的更为合理的配置。

科斯以交易费用概念为主线所进行的经济分析的基本内容是:经济运行的基本目标是资源最优配置(产出最大化),私有产权制度是实现这一目标的先决条件和根本保证。因为没有清楚界定的私有产权,就不存在市场交易,资源的流动因为既无动力又无可供选择的标准而成为不可能。同时,由于交易费用的广泛存在,不同的具体制度安排会有不同的资源配置效率。经济学的首要任务就是必须对各种不同的制度安排的成本和收益进行比较分析，以发现能导致资源最优配置的制度结构。科斯的梦想就是建立一种能使我们对生产的制度结构的决定性因素进行分析的理论。

9.1.2   科斯产权理论的形成

科斯产权理论的形成大致可分为两个阶段：

第一个阶段是在 20 世纪 30 年代对正统微观经济学进行批判性思考，指出市场机制运行中存在摩擦，克服这种摩擦的关键在于制度创新。这一阶段的代表作是科斯在 1937 年发表于伦敦经济学院学报《经济学家》上的著名论文《企业的性质》。

从科斯产权理论的形成来看，产权问题的考察从一开始就是与企业制度的分析相联系的。《企业的性质》一文的本意在于分析企业在市场机制中的地位，力图说明为什么企业成为市场活动中的基本组织单位。

为什么每种要素所有者不是以自己的产品直接参与市场交换，而是把各自的要素组合为企业，然后以企业作为产品的出售者参与市场交易？于是，科斯重新提出了一个简单的问题：为什么企业会出现？教科书的答案是：没有企业时，纯消费者都会饿死的。另外的答案是：社会上不同的人对风险有不同的喜好，那些不喜欢冒险的人会成为企业的雇员，而不怕风险的人会成为雇主。雇员拿没有风险的工资，雇主承担所有风险。但科斯反驳道，这只是说明我们需要一个买卖风险的市场，并不说明我们需要企业，保险的买卖完全可以满足对风险态度的人们的需要。有学者提出了一个好像可以接受的答案，由于有劳动分工，所以需要企业。科斯在他 1937 年的经典文章中争辩道，这个答案是错的，因为市场的功能就是组织分工，既然市场可以组织分工，为什么我们还要企业——这个问题才是真正企业理论的起点。科斯答道，市场和企业是两种不同的组织劳动分工的办法，企业的出现一定是企业的交易费用低于市场的交易费用，所以交易费用的差别是企业出现的原因。企业的边界是由企业内行政管理费用与市场费用相比较而决定的。当企业的规模扩大时，内部行政费用会上升，当增加的费用接近节省下来的市场费用时，企业的规模就不会扩大了。

20 世纪 30 年代，科斯之所以提出交易成本范畴，直接的目的是论证企业存在的必要性。这种必要性在于：如果没有企业制度，每一个要素所有者都用自己的要素来生产产品并直接参加交易，那么市场交易者的数目将非常之大，交易摩擦将极为剧烈，从而交易成本也会惊人地高，甚至使交易中止。企业作为一种参与交易的组织单位，其经济作用正在于把若干要素所有者组织成一个单位参加市场交换，从而减少市场当事者数目，减轻交易摩擦，降低交易成本。

科斯的上述分析隐含了一个更深刻的思想，即交易背后的产权界区问题。他实际上已经注意到在企业产权界区清晰的条件下，运用价格机制去实现企业间联系的摩擦就小，交易成本就低，反之，交易成本就高。正是在这个意义上，交易成本范畴成为现代产权理论的一个基本范畴。

第二个阶段是在 20 世纪 50 年代末至 60 年代中期,科斯正面论述了产权的经济作用,指出产权的经济功能在于克服外在性,降低社会成本,从而在制度上保证资源配置的有效性。这一阶段的代表作是科斯在 1960 年发表的《社会成本问题》。

20 世纪 50 年代末 60 年代初,科斯产权思想的一个显著特点是将交易成本概念进一步拓展为社会成本范畴,而社会成本范畴研究的核心又在于外在性问题:恰恰在外在性问题上,产权界区含混所造成的混乱和对资源配置有效性的损害表现得最为充分。

所谓外在性,是指某个人的效用函数的自变量中包含别人的行为。这是一个很抽象的定义,但这种外在性在现实生活中却是极为普遍的。通俗地说,外在性是指经济当事人之间在利益关系上存在这样的情况:一方对另一方或其他诸方的利益造成的损害或者提供的便利都不能通过市场加以确定,也难以通过市场价格进行补偿或支付。

1958 年,科斯写了一篇《联邦通讯协议》的论文(*The Federal Communications Commission*,《法学经济学》创刊号)。他在这篇文章中明确指出,只要产权不明确,由外在性带来的公害是不可避免的,只有明确产权,才能消除或降低这种外在性所带来的伤害。在明确产权的基础上,引入市场价格机制,就能有效地确认相互影响的程度以及相互负担的责任。他举了一个著名的案例(后来产权学派的三个分支就是由于对这一案例作出了三种不同的解释,从而表现出他们对科斯定理的独特的理解):当火车驶过一片种有树木和庄稼的土地时,机车排出的烟火经常引起周围的树木、庄稼着火,这是一种外在性。如何克服它呢?科斯认为关键在于明确产权。如果这块土地是属于有树木、庄稼的农场主的,农场主就有权禁止火车排放烟火,火车若要排烟,火车的所有者就必须向土地的主人赔偿一定的费用;反之,如果赋予火车主人具有自由释放烟火而又不负责任的权利,那么农场主若想避免火车释放烟火所导致的火灾造成的损害,进而要求火车不放烟火,就必须向火车主人支付一笔费用,以使火车主人愿意并能够不排烟火,甚至停止运行。科斯由此认为,更有效地消除外在性,用市场交易的方式实现赔偿,前提就在于明确产权。

两年之后,科斯发表了著名的《论社会成本问题》,将 1958 年形成的思想进一步理论化。在这篇文章中,科斯认为,只要交易界区清晰,交易成本就不存在,如果交易成本为零,那么传统微观经济学和标准福利经济学所描述的市场机制就是充分有效的,经济当事人相互间的纠纷便可以通过一般的市场交易得到有效解决,外在性也就根治了。这里隐含着这样一个思想:只要产权界区不清,交易成本不为零,市场机制就会由于外在性的存在而失灵。所以,经济学的任务首先是分析产权,资源配置的有效性取决于产权界区的清晰度。后来,G. 斯蒂格勒将科斯的上述思想概括为科斯定理,这一概括虽不是科斯本人作出的(甚至他至今仍不赞同"科斯定理"这一提法),却被许多经济学家承认,并将其与 19 世纪的萨伊定理相提并论。

9.1.3 科斯产权理论的发展

产权理论认为,私有企业的产权人享有剩余利润占有权,产权人有较强的激励动机去不断提高企业的效益。所以在利润激励上,私有企业比传统的国有企业强。

没有产权的社会是一个效率绝对低下、资源配置绝对无效的社会。能够保证经济高效率的产权应该具有以下的特征：

（1）明确性，即它是一个包括财产所有者的各种权利及对限制和破坏这些权利时的处罚的完整体系。

（2）专有性，它使因一种行为而产生的所有报酬和损失都可以直接与有权采取这一行动的人相联系。

（3）可转让性，这些权利可以被引到最有价值的用途上去。

（4）可操作性。

清晰的产权同样可以很好地解决外部不经济（指某项活动使得社会成本高于个体成本的情形，即某项事务或活动对周围环境造成不良影响，而行为人并未因此而付出任何补偿）。科斯提出的"确定产权法"认为在协议成本较小的情况下，无论最初的权利如何界定，都可以通过市场交易达到资源的最佳配置，因而在解决外部侵害问题时可以采用市场交易形式。科斯产权理论的核心是：一切经济交往活动的前提是制度安排，这种制度实质上是一种人们之间行使一定行为的权利。因此，经济分析的首要任务是界定产权，明确规定当事人可以做什么，然后通过权利的交易达到社会总产品的最大化。因此，完善产权制度，对人口、资源、环境、经济和协调与持续发展具有极其重要的意义，对水资源开发利用和保护具有重大的作用。市场经济需要完善水资源产权，在保证国家对水资源宏观调控、统筹规划的前提下，应尽可能扩大产权的流转范围，因此建立产权交易市场是产权制度的客观要求，产权交易的结果最终将引导水资源流向最有效率的地区或部门，流向能为社会创造更多财富的用户。

对正统微观经济学和标准福利经济学的这种基本观点，西方部分学者很早就开始了批判性考察，现代产权理论就是在这种批判性考察中形成的。20 世纪 30 年代以来的半个多世纪，现代西方产权理论的全部思考和研究是沿着下述思路展开的，即指出资本主义市场机制并非如标准福利经济学和传统微观经济学所描述的那样完美，实际的市场运行是有缺陷的，这一缺陷集中表现在外在性上。而外在性产生的根源在于企业产权界限含混，由此建成的交易过程存在摩擦和障碍，这种摩擦和障碍又会严重影响企业行为和企业资源配置的结果。因此，考察市场行为者的利润最大化行为时，必须把产权列入考察范围，而不能简单地作为既定前提排除在分析视野之外。对由于产权不清晰导致的市场缺陷的研究主要归功于科斯与威廉姆森、G.斯蒂格勒、G.布坎南、C.舒尔茨等人。20 世纪 60 年代以后，现代西方产权理论形成了三个不同的分支。

1. 以威廉姆森为代表的交易成本经济学

他们认为，市场运行及资源配置有效与否，关键取决于两个因素：一是交易的自由度大小，二是交易成本的高低。他们认为，交易成本有广义和狭义之分。狭义交易成本是为履行契约所付出的时间和努力。在某种条件下，这种交易成本可以非常高，以至阻碍市场交易的实现。广义交易成本是为谈判、履行合同和获得信息所需要运用的全部资源。威廉姆森在 1985 年出版的《资本主义经济制度》一书中对交易成本作了更明确的规定，并将其区分为"事先的"和"事后的"两类。事先的交易成本是指"起草、谈判、保证落实某种协议的成本"。在签订契约关系时,交易关系的当事人都会对未来的不确定性产生困扰,因此需要事先规定双方的权利、义务和责任,而在明确这些权利、义务和责任的过程中,是要花费代价的,这种代价的大小与某种产权结构的事先清晰度有关。事后的交易成本是在交易发生之后产生的,它可以有许多形式:

(1)当事人想退出某种契约关系所必须付出的费用。

(2)交易者发现事先确定的价格有误而需要改变原价格所必须付出的费用。

(3)交易当事人为政府解决他们之间的冲突所付出的费用。

(4)为确保交易关系的长期化和连续性所必须付出的费用。

按照威廉姆森的观点,科斯定理的核心是交易成本。由此,科斯定理可被定义为:只要交易成本为零,那么,初始的合法的权利配置对于资源配置的有效性是无关的。这就是说,只要交易界区是清晰的,资源配置就能有效。根据这种定义来解释上述科斯所举的案例,他们认为,纠纷解决的结果如何取决于火车主和农场主的交易成本比较,如果火车主是一个人,而铁路沿线的农场主有很多个,那么农场主之间达成协议的交易成本便会远远高于火车主进行谈判的交易成本,这样纠纷就难以得到合理的解决,外在性无解。相反,只有在农场主个数减少,使得双方的交易成本相当时,才可能有效地解决纠纷,克服外在性。在这里,产权界区的明确,法律的制定和实施,体制的完善与政策的推行等,都是以降低成本为目标的。换言之,产权界区的明确等措施是降低交易成本的基础,也是减少交易摩擦的润滑剂。基于这种认识,交易成本经济学自 20 世纪 80 年代以来转向了企业组织理论。G.斯蒂格勒等产权理论研究者对科斯定理的解释与威廉姆森一致,都属于交易成本经济学的解释。

2. 以 G. 布坎南为代表的公共选择学派

这个学派是由威克塞尔的契约理论发展而来的,他们不同意关于资源配置的帕累托准则,而强调所有权、法律制度对于制定和履行契约的重要作用。G. 布坎南认为,权利除了"所有"的含义之外,还有逃避灾难、要求赔偿,要求履行契约的权利,因此对资源进行交换,实际上是合法的权利间的交换。由此他认为,只要权利界区清晰,交易自愿,资源配置就必然有效。从这一点出发,G. 布坎南等人把科斯定理表述为:只要交易是自愿的,那么初始的合法权利的配置与资源配置有效性无关。换句话说,即使权利初始配置不合理或不公正,只要界区清楚,且产权可自由转让,资源配置的有效性便可保证,所以经济学研究的重心应是产权界区和产权转让。根据对科斯定理的这种解释,他们对科斯所举的案例给出了另一种解决方式:如果火车被赋予排烟火权(不讨论这种权利是否合理),只要这种权利明确,且可以转让,那么,农场主便可出价购买这种权利,使火车主同意不排烟火;相反,若农场主具有禁止火车排烟火的权利(不论这种权利的授予是否合理),只要这种权利明确,且可以转让,火车主便可购买这种权利,即以一定的赔偿取得继续排放烟火的权利。显然,只要产权明晰,且可自由转让,那么,初始权利配置即使不公正,结果也可实现资源配置有效性的重要条件。

3. 以 C. 舒尔茨为代表的自由竞争派

他们认为,交易成本经济学所刻画的外在性并非是市场机制的唯一缺陷,除此之外还有其他障碍破坏市场交易和资源的有效配置。比如，垄断减少了企业数目，从交易成本来说它会减少交易费用，从而成为提高资源配置有效性的有力方式。然而，这在经济现实中显然是荒谬的。事实上，垄断会造成资源配置效率递减，造成市场失灵。C. 舒尔茨认为，科斯定理强调的是一个自由竞争的条件问题。然而，在什么样的产权结构下才能保证自由竞争的市场状态得以维持？据此，他将科斯定理定义为：只要交易是在完全竞争的市场中发生的，那么初始的合法的配置与资源配置的有效性无关。换言之，只要在产权界区上保证完全竞争，资源配置的有效性便能得到充分保证。根据这种对科斯定理的理解，他们认为，在科斯所举的案例中，火车主处于垄断地位（只有一个），农场主则是分散的、众多的，这就违背了完全竞争的假定，因而他们相互之间不可能有效地解决纠纷，市场在此必然失灵。这就是说，产权界区清晰与完全竞争的市场环境是相互联系的，完全竞争离不开产权明晰，而产权明确之后还必须在完全竞争的市场条件下，才可能使资源实现有效配置。

9.1.4　马克思产权理论与科斯产权理论的联系与区别

1. 马克思产权理论与科斯产权理论的联系

（1）对产权中的权能结构的认识

在马克思和科斯看来，产权并非单一的财产权利，而是由与财产权利有关的一系列权利构成。《产权与经济理论：近期文献的一个综述》中指出，在马克思之后的以科斯为代表的现代西方产权理论研究者也都不约而同地认为，产权是"一束"或"一组"权利，之所以强调所有权的组合状态，是为了证明寻找组合的合理性这一研究本质。究其原因，产权既然作为可组合的权利束，那么这样或者那样的组合形成的结果就截然不同。所以，怎样达到组合最优效果，即符合合理性要求的问题也就理所应当地提了出来。科斯也认同这一观点。在此基础上，科斯还论述了每一项权利的法律含义与相互关系。然而，同马克思相比，其理论深度和广度论述还远远不及。他对产权以及产权的各项职能的阐述并没有触及内核层面，仅仅停留在产权的表面现象和法律条文层面。他的研究以如何提高经济效率来实现产权制度优化安排以及所有制结构组合等方面为主，从而淡化了对于其他产权权项的研究。

（2）清晰的产权制度是市场交易的基础

二者的产权理论都认为，明确的产权制度至关重要。马克思以产品为研究起点，认为商品不能自己到市场去，不能自己去交换……我们必须找寻它的监护人，商品占有者。在马克思看来，在市场经济交易活动中顺利进行的基本前提就是要保证商品所有者掌握独立的产品所有权，即必须要对产权进行清晰合理的界定。而关于产权清晰界定，马克思曾提出"重建个人所有制"的观点，"个人所有"这一范畴的界定，在马克思眼中既可以是自然人，也可以为法人代表（国家）、某一集体。同时，合理界定产权中的各项权能也被马克思所关注。在他看来，要达到资源的优化配置和自由流动，必须使各产权主体的行为在激励机制与约束机制的制约下与资产价值最大化相一致，这建立在产权主体的权责必须是明晰的,即产权的权能是否被清楚地界定这一出发点之上。

对此,科斯有同样的看法,但科斯从资源配置的角度对这一观点进行了论述。科斯将二者进行了有机的联系,仔细研究如何形成对生产资料即资源的最大化利用的条件。他认为,如果明确产权主体的归属,那么将会有效降低市场成本、提高经济效率。根据科斯第二定理,清晰合理的产权界定,应当是最强大的生产力。科斯指出,大幅度降低市场交易中内部谈判、政府调节等成本,最根本的处理方式就是明确个人之间的产权界定关系。

(3)对交易费用的认识

科斯的产权理论集中研究的一个核心即交易费用理论。科斯在《企业的性质》一文中详尽地分析了其与企业、市场以及如何影响企业的购买、生产和销售什么。他不认同"市场运行机制零成本假设"这一观点。他发现,利用价格机制是有成本的……它包括市场上每一笔交易的谈判费用、签订契约的费用、长期的契约所节约的签订一系列短期契约的费用,等等。对于在资本流通过程中出现的与生产费用相对的费用,马克思定义为流通费用。马克思将其划分为三种形式:一是纯粹流通费用(具体指买卖时间、簿记和货币);二是保管费用(既可以将消耗掉的物质资料价值转移到商品中去,还能创造新价值,即增值);三是运输费用(它同保管费用一样,使商品变贵,但增加的不是使用价值)。

马克思对商品流通费用的论述与科斯的交易费用理论有共识之处,即二者都肯定了在市场中进行交易需要花费资源,同样的制度也需要成本。但是二者的理论同样存在差别:首先,马克思对交易成本的理解更加广泛。交易费用是被包含在马克思研究的流通费用之中的,是其中的一部分。其次,马克思与科斯研究的是不同的主体。就交易成本而言,马克思研究的是非具体化的资本,而科斯考察的是具体的经济活动。最后,流通成本包含人与人以及人与物之间进行交换、流通及运输过程中产生的费用,而科斯认为的交易成本只是局限于主体之间的活动。

2. 马克思产权理论与科斯产权理论的区别

(1)马克思认为是生产力决定产权制度,科斯的观点是产权制度决定生产力。

马克思认为,财产关系或产权,只是生产关系的法律用语,而生产关系是由生产力决定的,生产力的发展要求与之相适应的生产关系,所以评价一种产权关系先进与否,不是由人们的主观愿望决定,而只能由生产力的发展状况来说明。而科斯认为,产权是效率(生产力发展)的决定因素,只要有一个清晰界定的产权,就能解决社会的激励问题,抹平社会成本与私人成本之间的差异。

(2)马克思认为,产权对生产力的促进作用是具体的、历史的。科斯认为存在一个超越历史的、普遍适用的、高效的产权制度。

马克思承认,产权制度对生产力有促进或阻碍作用,但这种作用是具体的、历史的,只有当这种制度适合生产力发展的要求时,产权才是有效率的,否则就要变革原有的产权形式,寻找新的产权形式。而科斯认为,存在一个超历史的、永恒的、适应于一切社会历史形态的产权形式,在任何情况下,一个清晰界定的产权总是有效率的,而这样的产权形式就是私有产权。

(3)马克思认为,资本主义私有制下的产权交易是一个剥夺过程。科斯认为,产权交易是一个公平的机制。

马克思认为,无论是资本之间的交换还是资本与劳动之间的交换,都是一个剥夺的过程,前者是大资本剥夺小资本,后者是资本剥夺劳动,资本主义再生产,本质上是资本主义生产关系的再生产。而科斯认为,产权交易是一个和蔼的过程,无论产权的初始界定如何,只要允许交易,总能实现资源的优化配置,初始分配中的不公平也就公平了。

(4)马克思认为,生产资料的社会所有代替私有产权是产权制度发展的必然趋势。科斯认为,私有产权是唯一有效率的产权形式。

马克思认为,资本主义生产力的社会化,必然要求资本主义财产关系的社会化,以此克服盲目竞争对生产力造成的破坏,而生产资料的社会化有多种形式,股份制就是其中的一种。而科斯认为,什么是最有效的产权形式,已经一劳永逸地得到了解决,这就是私有产权,此后社会的任务不是去寻找新的产权形式,而只要用法律保护这种产权制度的清晰度就可以了。

(5)马克思认为,一种产权制度是否有效率,在具体的生产过程中主要看对劳动者是否有较强的激励作用;而科斯认为,交易成本的大小是评价产权是否有效率的标准。

马克思认为,劳动者是生产力中最活跃的因素,劳动者的劳动是创造价值的源泉,一种产权制度只有能够调动劳动者的积极性和创造力,这种产权制度才算有效率,因为产权不是在流通中而是在生产过程增值的。而科斯认为,一项产权是否有效率,主要应由交易的难易程度决定,如果一种产权形式能够使交易成本降低,那么这种产权形式就是有效率的,而最清晰的产权形式就是交易费用最小的产权形式。

(6)马克思用唯物辩证法对产权的本质进行了抽象,科斯则是在特定制度,也就是资本所有权前提下,对产权的具体形式进行描述。

在研究方法上,马克思采用的是唯物辩证法和历史的、抽象的方法,因而归纳出的范畴是抽象的、历史的,同时又是具体的,反映的是对经济现实的本质抽象;而科斯主要是用资本关系中的具体案例来说明复杂的产权关系,对理论却没有深刻的抽象,因而别人对其理解也就各有不同,究竟谁对它的理解更为准确,似乎科斯本人也拿不准。

英国是世界上最早推行国有企业私有化的国家。英国在私有化过程中积累了很多丰富的经验和教训,以及与此相关的理论创新和发展。1997年,英国经济学家马丁和帕克对英国各类企业私有化后的经营成效进行了研究,经过大量实证调查检验和综合广泛比较后发现:在竞争比较充分的市场上,企业私有化后的平均效益有显著提高;在垄断市场上,企业私有化后的平均效益改善不明显。他们认为,企业效益与产权的归属变化没有必然关系,而与市场竞争程度有关系。市场竞争越激烈,企业提高效率的努力程度就越高。

同一时期(1996年),澳大利亚经济学教授泰腾郎分析了85篇有关产权与效益的经济文献后也发现:企业效益主要与市场结构有关,即与市场竞争程度有关。综合研究和实证表明,在产权从公有转为私有的过程中,企业激励机制得到了改善,效率也会得到提高,产权改革之所以有意义,就在于它改变了企业治理机制。但是,改变产权不等于企业治理机制就一定会往促使企业效益提高的方面转换,市场竞争才是企业治理机制往效益方面改善的根本保证条件。竞争会迫使企业改善机制,提高效益。

9.2 科斯产权理论在房地产市场中的应用

在房地产领域里,产权的安排、重组或变迁,不仅会带来资源效率,而且会促进房地产业的持续发展。具体来说,这类效率可划分为以下三个层次:一是初始效率。科斯指出,在法律裁决以后,经济当事人之间可以通过自由交易实现资源的最佳配置,其后果是,这种自由交易肯定没有损害任何一方,并且至少使一方受益。财产法的主要功能之一是创立、保护以及促进这个交易的结构。二是目标效率。房屋产权的重组是为动态地实现住房资源使用的"帕累托最优",或者说,是为使每一间功能齐全的房屋都实现物尽其用。科斯定理的实质是从产权的角度来分析市场通畅运作的条件,通过产权的清晰界定来保证市场机制充分发挥作用,以达到资源配置的目标效果。三是恒久效率。房地产领域产权的恒久效率意味着,资源特别是土地资源,并非仅仅永远根据价格进行配置,而是要实行人居与经济社会的可持续发展。正如德姆塞茨提出的:产权是一个工具,它的意义来自这个事实:它能够帮助一个人在与他人交易中形成一个合理的预期,这一预期不应仅是短期的,而且是恒久的。

9.2.1 科斯产权理论在我国土地产权中的应用

自从 1986 年《中华人民共和国土地管理法》(以下简称《土地管理法》)、1990 年《中华人民共和国城镇国有土地使用权出让和转让暂行条例》、1995 年《中华人民共和国城市房地产管理法》、2005 年《中华人民共和国土地管理法》和 2017 年《土地管理法实施条例》发布实施以来,城镇土地使用制度改革取得了丰硕的成果,城市土地市场逐渐得到培育和发展。作为土地法律制度核心的土地产权体系也逐步建立起来。

1998 年以来,我国土地使用权市场化进程不断深入,土地产权市场流转范围进一步扩大,行为日趋规范。与此同时,随着人们财产权利意识的不断增强,产生了对土地民事权利的强烈要求。

1998 年九届人大常务委员会第四次会议颁布了重新修订后的《土地管理法》,确立了四条基本原则:保护耕地原则、土地用途管制原则、国家对土地实行集中统一管理的原则、加强土地执法监察的原则。新《土地管理法》还完善了基本农田保护制度,确立了建设占用耕地"占一补一"的占补平衡制度以及以抑制建设占用耕地和加大补充耕地力度为目的的新增建设用地有偿使用费的征收制度等。这些制度,已成为我们今天保护耕地的基本制度。

1998 年,国家土地管理局颁布了《国有企业改革中划拨土地使用权管理暂行规定》,对国有企业实行公司制改造、组建企业集团、股份合作制改组、租赁经营和出售、兼并、合并、破产等改革涉及的划拨土地使用权,规定可根据企业改革的不同形式和具体情况,分别采取国有土地使用权出让、国有土地租赁、国家以土地使用权作价出资(入股)、授权经营和保留划拨用地方式予以处置,同时规定了处置程序和相关内容。

1999 年 8 月,《国务院办公厅转发外经贸部等部门关于当前进一步鼓励外商投资意见的通知》(国办发〔1999〕73 号文件)明确以出让方式取得土地使用权的外商投资企业,不再缴纳场地使用费,至此外商投资企业用地全面实行有偿使用。1999 年 11 月出台的《国土资源部关于加强土地资产管理促进国有企业改革和发展的若干意见》(国土资发(〔1999〕433 号)明确规定:完善和协调出让、租赁、作价出资(入股)、授权经营等不同处置方式之间的权责关系。并且要考虑划拨土地使用权的平均取得和开发投入成本,合理确定土地作价水平。

2001 年,国务院下发了《关于加强国有土地资产管理的通知》(国发〔2001〕15 号),有针对性地从严格控制建设用地供应总量、严格实行国有土地有偿使用制度、大力推行招标拍卖、加强土地使用权转让管理、加强地价管理和规范土地审批的行政行为等六个方面,提出了具体的要求。土地有形市场、土地基准地价、信息公开制度等,也开始在全国许多县(市)建立起来。2001 年发布的《划拨用地目录》(国土资源部第 9 号部长令)进一步明确规定:凡符合本目录的建设项目用地,经批准,均可以划拨方式提供。

2002 年 5 月,国土资源部发布了《招标拍卖挂牌出让国有土地使用权规定》,要求所有的经营性开发项目用地都必须通过招标、拍卖、挂牌方式进行公开交易,土地使用权出让方式进一步规范和透明。2003 年,国土资源部发布了《协议出让国有土地使用权规定》,为加强国有土地资产管理,优化土地资源配置,严格控制协议出让国有土地使用权的范围,规范协议出让土地使用权的行为提供了法律依据。

2004 年 10 月 21 日,国务院颁布《国务院关于深化改革严格土地管理的决定》(国发〔2004〕28 号),强调实行最严格的土地管理制度,加强土地利用总体规划、城市总体规划、村庄和集镇规划实施管理,完善征地补偿和安置制度,健全土地节约利用和收益分配机制,建立完善耕地保护和土地管理的责任制度。

2004 年修订的《中华人民共和国土地管理法》和 2017 年颁布的《土地管理法实施条例》中规定,农地转为城市用地,必须通过征收市场,实现土地所有权的转换。而农地征收市场的发展,又为城市土地出让市场发育准备了前提条件。

按照科斯的理论,只要产权清晰,交易成本就会很小。但这里需要注意的是,土地作为交易的商品不具有可替代性,因为交易土地的买方和卖方都是唯一的,尽管土地的产权十分清晰,但交易成本并不小,有时甚至是无穷大,屡见不鲜的"钉子户"事件说明了这一点。因此,科斯产权理论应用到土地产权时需要注意的是:(1)当土地作为商品具有可替代性时,产权界定越清晰,交易成本越小,市场配置效率越高。这种情形包括单宗的房地产和经营性农用地交易等。(2)当土地作为商品但不具有可替代性时,产权界定的清晰与否与交易成本的大小无关,市场配置也不一定有效率。这主要源于由于买、卖双方都具有唯一性,都可以凭借自己唯一性敲对方的"竹杠"乃至漫天要价。尤其是当对方是所谓"强势方"时,容易产生心理失衡,认为对方在欺压自己,产生对抗情绪。因此在土地开发过程中,需要政府采取一些强制性的措施,如土地征收或征购,这样才能提高土地的配置效率和利用效率。我国现行法律对于土地产权的规定恰好填补了科斯产权理论在这方面的制度缺陷。

9.2.2 科斯产权理论在城市房屋产权中的应用

1. 城镇住房产权私有

我国逐步加强了对公私产权的保护力度。《中共中央关于完善社会主义市场经济体制若干问题的决定》明确指出：产权是所有制的核心和主要内容，包括物权、债权、股权和知识产权等各类财产权。建立归属清晰、权责明确、保护严格、流转顺畅的现代产权制度，有利于维护公有财产权，巩固公有制经济的主体地位；有利于保护私有财产权，促进非公有制经济的发展；有利于各类资本的流动和重组，推动混合所有制经济发展。……要依法保护各类产权，健全产权交易规则和监管制度，推动产权有序流转，保障所有市场主体的平等法律地位和发展权利。

房屋产权又称房屋所有权，是指房屋所有人依法对自己所有的房屋享有的占有、使用、收益和处分的权利。房屋所有权是所有权的一种，它是以房屋为标的物的所有权。房屋所有权人在法律规定的范围内，对其享有所有权的房屋具有独占性和排他性的权利。

2. 保障性住房产权共有

面对保障性住房，诸如经济适用房和廉租房等，理论界提出了共有产权制度的设想。"共有产权"，也称"产权共有""租售并举"，是指政府与购房人共同拥有房屋产权。所谓"共有产权"，是将政府用于建设住房按各自投入资金和补贴（减免土地出让金和行政收费）转化为投资，按出资比例由政府与购房者共同拥有住房产权，政府则向购房者无偿让渡占用权和使用权，从而对中低收入和低收入家庭给予支持，保障其住房权的实现。保障对象与地方政府签订合同，约定双方的产权份额以及保障房将来上市交易的条件和所得价款的分配份额。即中低收入住房困难家庭购房时，可按个人与政府的出资比例，共同拥有房屋产权。房屋产权可由政府和市民平分，市民可向政府"赎回"产权。

共有产权房自2007年起在江苏省淮安市进行试点，该模式已在江苏省其他地区获得了推广。2012年1月，上海降低共有产权房的准入门槛，月收入达5000元的也可以申请。2013年10月，上海共有产权保障房开始摇号选房，共筹集约3万套房源。2017年7月，北京拟推"共有产权住房"，新北京人分配不少于30％。2017年9月30日，《北京市共有产权住房管理暂行办法》正式实施。

（1）占有与使用权

共有产权房主要的目的是保障居民的居住权。因此，从这一根本的意图和属性来看，共有产权房的使用权当然属于我们的住户，同时因为使用而占有，也即拥有了对房屋的占有权。在共有产权房的定价中，考虑了土地的出让价格，只是这种价格转化为政府的出资，使得政府因为出资而享有了其他方面的权利。因此，共有产权房的房屋与以往的经济适用住房和廉租房不同的一点就在于，该房产的土地使用权是出让土地使用权，而不再是划拨土地使用权，从而使得共有产权房的产权具有了一定程度的一致性，吸取了商品房的优点。

共有产权房更加贴近我国《物权法》制度。我国《物权法》规定，居民住宅的土地使用年限是70年。以往的保障性住房的土地使用权是以无期限的土地划拨形式的使用权，这也是该类房产产权模糊之所在。而共有产权房的做法,与普通商品更为一致,对于土地的使用权年限有了一个明显的规定,使得土地使用权更为清晰,更加有利于权利的流转和房产的销售。

(2)收益权

对于住户没有租赁权,如果购房者将经济适用房出租,显然不符合经济适用房的目的,意味着自己已有能力解决住房问题,国家的优惠政策就不应该享有,经济适用房应该及时由国家回购。对于政府,放弃收益权,不计利息,不收租金。因此,在让渡部分权利的同时免除相应义务,如免除相应的房屋交易税费、公共维修基金和物业管理费的分摊等。

首先,从产权的主体出发,房屋处于住户和政府共有的状态下。作为共有人,有着以其出资资本为比例的收益分享的权利,故此时的房屋因增值所带来的收益是因出资比例政府和住户共有享有的。其次,共有产权房就会是以普通商品房的身份在市场中存在。那么,这种房屋产权属性的转变,自然会存在一定的价格差,显然如果不对该部分价格差作出明确的规定,那么就会有一些寻租者贪图长远的利益,进行寻租活动,挤占正常的保障性住房市场。因此,有必要对此进行一定的规定和制度安排。从价格差异的实质来看,主要是房屋的属性不同,利润率的差异造成的。那么,很显然,这种利润率的差异是政府的政策指导而形成的。如果是开发商以低利润开发保障性住房,那么一定会在政府的政策中获得其他收益来补偿。那么,从这方面看来,这部分差异应当主要由政府收回。价格差异的计算方式,要考虑保障性住房项目周边类似项目同期的价格,并综合考虑一定的园区配套差异和住户偏好等问题,综合计算普通商品房和共有产权房的价格差异,与总的房产价值进行对比,最后在房屋上市的价格中由政府回收一定的比例。

(3)处分权与政府的优先回购权

科斯第二定理的实质在于揭示产权界定的重要性,即当存在交易费用时,可交易权利的初始配置将影响交易效率。

科斯第三定理在《社会成本问题》中,很难找到科斯第三定理的直接表述,但在产权经济学各个理论领域的分析中,又能看到该定理的广泛运用。概括地说,科斯第三定理是指,在交易成本大于零的情况下,由政府选择某个最优的初始产权安排,就可能使福利在原有的基础上得以改善;并且这种改善可能优于其他初始权利安排下通过交易所实现的福利改善。即产权的清晰界定是市场交易的前提。这就是"科斯第三定理"。

正因如此,人们在怎样的法律规定的权利结构下进行交易,对交易费用有极大的影响,进而对资源配置的有效性具有巨大作用。因此,交易是有成本的,不同的制度下,交易的费用不同,进而对资源配置的效率有不同影响。所以,为了优化资源配置,制度的选择是必要的。

在一定年限内,共有产权房不得上市交易,即这样的转让权受到了政府政策的限制,隐性地将这种转让权和处分权被政府所拥有,政府用其三分之一以上的所有权控制了共有产权房交易后若干年内的处分权。

(4)他项权利

①抵押权

房屋抵押是原债权债务关系的担保,原债权债务关系是主合同,房屋抵押是从合同,它以原主合同的合法有效存在为前提条件，本身不能独立存在。抵押的房屋可以由抵押权人保管，也可以由抵押人保管，通常情况下由抵押人保管。保管人应谨慎保养所抵押房屋。负有清偿债务义务的一方不履行义务时，房屋抵押人可以直接行使房屋抵押权，不依靠债务人的行为即可实现其权利。从这一点上来看，房地产的抵押权仅限定于购买经济适用房，不可以拿经济适用房作为其他贷款的担保物。因为，从政府的角度来看，对于银行贷款，如果住户不能清偿债务，可以对房屋进行拍卖，拍卖的剩余价值将会返还给共有权人。因此一般而言，政府不在拥有回购权的情形下，不会造成自身的太大的财产和资本损失。但是，如果房屋抵押人对房屋进行二次抵押，就可能由于信息的不对称，造成抵押权人和政府的损失，而使抵押人（住户）从中得利。同时，此时共有产权房可能会流转到其他人的手中，使得保障性房源流失。因此，房地产的抵押权仅限定于购买经济适用房，不可以拿经济适用房作为其他贷款的担保物。

②典权

所谓典权，是指房屋所有权拥有者有将其房屋典当给他人以获得利益的权利。房屋典当是指承典人用价款从房屋所有人手中取得使用房屋的权利的行为。承典人与出典人（房屋所有人）要订典契，约定回赎期限（存续期），一般期限是 3 年到 10 年不等。到期由出典人还清典价，赎回房屋。典价无利息，房屋无租金。典契中一般规定，到期不赎的，由承典人改典为买，也可经双方协商，续期再典。承典人除占有房屋供自己使用外，在典权存续期内，还可以将房屋转典，或出租给他人，并且可以以典权作为抵押权的标的物。从典权的特性来看，更加容易流失保障性住房的房源，同时使政府的利益受到损失。因此，共有产权房屋上不应设置典权。

③继承权与赠予权

共有产权房，作为一种财产，具有一定的可继承性。因此，当住户的子女符合共有产权房的购买条件时，共有产权房可以直接作为房产继承，即继承其被继承人拥有的相应权利。但是，当住户的继承人不具备这样的条件时，被继承人可以继承共有产权房中被继承人共有的份额。共有产权房可以继承，但是不可以赠予。

思考题

1.阐述科斯产权理论的主要内容。
2.阐述科斯产权理论在土地产权中的应用。
3.阐述科斯产权理论在城市房屋产权中的应用。

第 10 章

房地产税收体系与税制设计

本章导读

　　税收是国家财政收入的主要形式,为国家行使公共职能提供物质保证。这一职能在任何历史条件和经济条件下都不可或缺。本章首先阐述房地产税的相关概念,然后阐述房地产税的特点和作用,在此基础上介绍我国现行房地产税收体系,最后提出我国房地产税改革的关键点设计。通过本章的学习,学生可以掌握房地产税的相关概念、特点和作用,熟悉我国现行房地产税收体系,了解我国房地产税制的具体设计。

10.1 房地产税的相关概念

　　不动产税、房产税、物业税、财产税这些意思接近的税种在众多的论文中使用较多,然而,在不同国家,房产税的定义并不相同,因此所使用的名字也各不相同。在大多数国家中,固定资产的房产税的英文为 Property Tax 或 Real Estate Tax,如美洲国家、部分西欧国家,Rates 在南非、东南亚等国家和地区则受欢迎。Local Council Rates 在南半球的大洋洲使用较多。Property Tax 在韩国、新加坡使用较多。英国人则喜欢用较长的词语 Council Tax and Business Rates 来表示。

10.1.1 房产税

西方大多数发达国家和地区基本上都是针对房地产的保有环节进行课税,只不过是称谓上有所不同,国外和中国香港地区称"财产税""不动产税""物业税"或"房地产税"等,但由于各国在计税依据、征收方式、税基宽窄等方面都不尽相同,因而理论界、学术界也没对其相关概念作统一标准界定。

房产税,是我们通常所指的国务院在 1986 年发布的《中华人民共和国房产税暂行条例》中所规定的房产税,是以房产为征税对象①,依照房产原值或房屋出租收入向房产所有者或经营者征收的一种财产税②。

中华人民共和国成立之后,我国一直对房产征税,但各个时期的税种称谓和征收制度是不同的。政务院于 1950 年 1 月颁布《全国税政实施要则》(简称《要则》),在《要则》中确定设立房产税和地产税两种相互独立的税种。1951 年 8 月又颁布了《中华人民共和国城市房地产税暂行条例》,它又将房产税和地产税合并为一个税种,统称为城市房地产税,在核定的城市范围之内征收。税制在 1973 年进行改革,企业、商业、工业缴纳的城市房地产税被纳入工商税的范围,使得房地产税征税范围仅限于城市相关部门和有房地产的个人和海外华侨。

1978 年开始,中央政府又将个人自有房屋是否继续征税权授权省级人民政府作决定,依照这种规定,一部分地区就停止对个人自用房屋征收房地产税。自从 1984 年第二步"利改税"之后,开始在全国范围恢复和开征房产税。由于我国城市的土地属国家所有,使用者是没有土地所有权的,所以又将城市房地产分为土地税与房产税,且国务院在 10 月 1 日实施了在 1986 年 9 月颁布的《中华人民共和国房产税暂行条例》。此后,对国内的单位及个人进行全面征收房产税。然而,城市房地产税只是对外商投资企业、外国企业以及外籍人员征收。

2008 年 12 月 31 日,国务院令 2008 年第 546 号文即《国务院关于废止〈城市房地产税暂行条例〉、〈长江干线航道养护费征收办法〉、〈内河航道养护费征收和使用办法〉》规定,从 2009 年 1 月 1 起,废止《城市房地产税暂行条例》,个人、外资企业、外商投资与外国企业缴纳房地产税都要根据《城市房地产税暂行条例》来进行缴纳。房产税和城市房地产税从而合并为一个税种。《城市房地产税暂行条例》废除,接下来将外籍人员、外国企业、外资企业的房产税征收统一,这是我国为进一步深化改革开放和完善体制机制所作的重大决策,这是进一步简化税制、统一税政、公平税负的迫切要求,也是进一步适应我国社会主

---

① 不在开征地区范围之内的工厂、仓库、不应征收房产税。对农林牧渔业用地和农民居住用房屋及土地不征收房产税和土地使用税国家税务总局《关于调整房产税和土地使用税具体征税范围解释规定的通知》国税发〔1999〕44 号,1999.3.12。

② 所谓房地产,是指有屋面和围护结构(有墙或两边有柱),能够遮风避雨,可供人们在其中生产、学习、工作、娱乐、居住或贮藏物资的场所。独立于房屋之外的建筑物,如围墙、烟囱、水塔、变电塔、油池、油柜、酒窖、菜窖、酒精池、糖蜜池、室外游泳池、玻璃暖房、砖瓦石灰窑以及各种油气罐等,不属于房地产。财政部国家税务总局:《关于房产税和车船使用税几个业务问题的解释与规定》,财税地〔1987〕3 号,1987.3.23。

义市场经济发展的要求。

(1)旧房产税

《中华人民共和国房产税暂行条例》(以下简称《房产税暂行条例》)于1986年9月15日由国务院颁布,并定于当年的10月1日开始推行。房产税是涉及多个领域,以房产原值或租金收入为课税依据,课税对象就是房产。它有两种征收方式:一种是以房产原值的70%～90%计征,税率为1.2%;另一种是以租金收入来计征,税率为12%。房产税与城镇土地使用税都是在房地产保有环节征收。

(2)重庆与上海试点的房产税

2011年1月28日,我国在重庆与上海两个直辖市开始房产税的试点,这标志着我国物业税的开征。其主要的征收对象为保有环节的房产拥有者,还包括其他开发商、承包商等。

1. 房产税的纳税人、课税对象及征税范围

(1)纳税人

依照《中华人民共和国房产税暂行条例》的规定:房产税的纳税人是指房屋产权的所有人。《城市房地产税暂行条例》废除后,有房屋产权的外国、外资企业和外籍人员的情况也能依据上面所说的《房产税暂行条例》。

(2)课税对象

房产税的课税对象是指房产。房产是指有屋面和围护结构或能遮风挡雨,可以供人们在其中工作、学习、居住或者储藏物资的场所。房产是包括与房屋不可分割的各种附属设备。

(3)征税范围

房产税的征税范围是:城市、县城、建制镇及工矿区。城市通常是指由国务院批准设立的市;县城是指县人民政府所在地,建制镇是经省级人民政府批准建立的镇;工矿区是指工商业都比较发达、人口比较集中、符合建制镇的标准,但尚未建立的工矿企业所在地。但房产税征税范围不包括农村,是基于减轻农民负担。

2. 房产税的税率、计税依据

(1)税率

房产税税率是采用比例税率。纳税人自用的房产,其税率为房产价值的1.2%。纳税人用于出租的房产,其税率为房产租金收入的12%,而对于个人,根据市场价格所出租的民住房,目前是根据4%的税率来计征的。

(2)计税依据

房产税的计税依据是指房产的计税价值或房产出租的租金收入。从价计税,是指按房产原值计征的;从租计税,是指按房产出租的租金收入计征的。

①从价计征

《房产税暂行条例》规定,对于自有自营的房屋,其房产税的计税依据是房产原值一次减除10%～30%后的剩值。其扣除比例由当地省级政府确定。

②从租计征

如房屋出租是将它的租金收入作为计税的凭据。租金收入是指房屋产权所有者出租

房产使用权取得的报酬,它包括货币收入和实物收入。

3.房产税的减免

房产税的减免是根据国家有关政策的需要和纳税人的实际负担能力制定的。因为房产税属于地方税,所以给予地方一定的减免税权限,这样有利于地方政府灵活处理问题。目前,房产税的减免主要有如下几点:

(1)国家机关、人民团体以及军队自用的房产免征房产税。

(2)由财政部门直接拨付事业经营的单位,比如医疗卫生部门,学校、托儿所、幼儿园、敬老院等,自身业务范围的房产免征的房产税。

(3)名胜古迹、寺庙、宗教和公园自己所用的房产免征房产税。

(4)个人有的不是用作经营用的房产免征房产税。

(5)中国人民银行所属机构、自身业务范围内使用的房产减征房产税。

10.1.2 房地产税

房地产税,是指以房地产或者与房地产有关的行为和收益作为征税对象的税种。涉及房地产开发、建设、经营整个过程中,房地产开发商和购买房产者所需要缴纳的税种。房地产,就其本身的物质形态来看,有三种形式:房产、地产和房地合一的房地产。与此相联系的是,房地产税收已包括仅以房产价值或收益为课税对象的税收,也是就各种类型的房屋税;仅以土地的价值或收益为课税对象的税收,也就是各种类型的土地税,依照房地产价值或房产收益作为课税对象的各种房地产税。

广义的土地税收往往是房地产税收,不仅包含对土地和它所提供的服务课税,也包括对土地之上的附属物课税。总而言之,房地产税收是一个税收体系,不是一个具体的税种。

狭义的房地产税是指房产税、土地增值税、城镇土地使用税、耕地占用税以及契税。这些税的特征是直接以房屋和土地为课税对象。

广义的房地产税是涉及房地产行业所缴纳的各种税收,是狭义的房地产税加上与涉及房地产行业的营业税、企业所得税、个人所得税、印花税等,其征税范围比狭义的房地产税大得多。狭义的房地产税属于地方税种,其征管权归各级地方税务机关;广义的房地产税既有中央的共享税,也有地方税。

10.1.3 物 业 税

物业税这一名词最早是在我国香港地区流行的说法,是对房产拥有者征收的一种税收。该税收对象除了房产外,还有城镇使用土地及其之上的建筑设施。该建筑通常是以商业为用途,其他用途的则免征。物业税通常是按照物业价格的80%为计税依据(其他20%的为维修费和保养费),再以17%的年征收税率开征。物业税不但具有通常意义上的固定资产所产生的效益,还具有个人资产所得的收益,具有两者复合的性质。而我国内地与香港所征收的物业税侧重点不同:内地主要针对不动产保有环节征收的税,香港主要针对不动产出租环节征收的税。

在我国,最早是在 2003 年 10 月中共中央第十六届三中全会《关于完善社会主义市场经济体制若干问题的决定》当中提到过物业税。物业税的概念,目前有两种观点。一是我国财政部相关负责人将其定性为房产保有环节的一个税种,把现行的房产税、城市房地产税、城镇土地使用税合并而成;二是有关学者将其定义为在税收体系中与所得税、资源税和流转税等税种并行的一类税种的总称,也就是对纳税人拥有或者支配的,而且税法又明确规定的应税财产就其数量或价值征收的一种类税收的总称[①]。

10.1.4　财产税

纳税人拥有的以及能够支配的财产就是财产的课税对象。因为财产包括自然资源(如土地、矿藏、森林等)、发明创作的特许权、一切积累的劳动产品(生产资料和生活资料)、各种科学技术等。对某些财产的课税来说,国家是可以进行选择的。财产税,相对于商品税来说,主要指对社会财富存量税的征收,其中主要有遗产税、赠与税、财产税、房产税等。

1. 房地产税和房产税的区别和联系

从字面意义上就可以看出,相对于房地产税,房产税的含义较窄,只是单一的税种;房地产税的含义相对较宽,里面包含很多税种,其中五税包括房产税、城镇土地使用税、土地增值税、耕地占用税、契税,加上营业税、个人收入所得税、印花税等,还有与房地产直接和间接相关的所有税种。

2. 房地产税与财产税之间的区别和联系

房地产税针对的税收对象是纳税人名下的所有或其可进行支配的所有房地产。其课税的对象不但包括土地,也包含土地上所有的配套设施等。由于存在国家、地区差异,其叫法各不相同,主要包括"物业税""不动产税"和"房地产税"等,其包含房产税、地产税以及土地相关等主要税种。

财产税和房地产税之间既有联系又有区别。房地产税收是由于财富存量而引起的课税,所以其实际是属于财产税。课税的基本条件就是土地的使用权,在我国社会主义的公有制体制下,房屋以及土地的使用权一般是指所有人的财产权利,所以,房地产税在我国也被划到财产税之中。房地产税共有四种类型:房地产商品税、房地产所得税,房地产财产税以及房地产其他税。具体包含印花税、城镇土地使用税、土地增值税、城市维护建设税、契税、营业税、个人收入所得税、企业所得税以及与房地产业密切相关的税种。

---

① 物业税是以不动产为课税对象,在不动产保有环节主要针对土地、房屋等不动产的所有者或使用者每年按不动产评估值的一定比率征收一定的税款,款随房产的升值而提高。

10.2 房地产税的特点和作用

10.2.1 房地产税的特点

作为税赋的一种,房地产税除具备一般税的基本特征,如固定性、强制性和无偿性外,还有区别于其他税的特征。

房地产税是财产税种类之一,其包含财产税的特点。现在国家能够通过对财产税的调节来缩小贫富差距,主要是因为财产税是一类以自然人、法人和归其支配的财产为对象所征收的税。因此,调节财产税中的房地产税也能起到合理优化资源,缩小贫富差距的作用。

(1)房地产税是一项基于财产财富的税收。房地产税是财产财富税收之一,所以它遗留了财产财富税收的特别之处。财产财富税收是对所有合法征税对象所持有的可以行使使用权利的财富来收取的一种税。从国家的大视角出发,对财富拥有者收取不同额度的税费,可以在一定程度上削弱较富裕的纳税人的财富积累,保护社会底层收入低的阶层,使整个社会的收入差距变小,使社会资源分配更加平衡。

(2)房地产税是一种有较为稳定收入来源的税。在世界发达国家,社会 GDP 统计中,将关于房屋的支出剔除在外的原因在于购买或者修建房屋也是一种投资理财的行为。相对于普通的商品,房屋的修建购买花的费用多,而且一旦修建工作无法完成,位置就无法移动,也基本不会 3~5 年就拆掉重修,可以使用的时间很长,但是每一年都会折旧,有折旧成本。随着我国城市城镇日新月异的发展变化,更多的人选择留在城市城镇,尤其是一线大城市的人日益增多,他们放弃农村,在城市城镇中购买商品房,这种刚性需求不断增加。由此可见,房地产税是作为固定税存在的。

(3)房地产税既是直接的也是间接的税收。房屋对于人们来说,既是一种生活必需品,又是一种生产必需品,这就让它同时拥有了直接税收和间接税收的特质。对于个人来说,房屋属于自己居住,房屋收取房产税就是个人自己承担,是直接税收的特质。但对于将房屋出租出去的个人或者房产企业,收取的税费相当于从租房子的人或者购买房屋的人收取,是间接税的特质。可以通过对不同收入阶层收取不同程度的房产税,减轻收入差距带来的社会不良影响。

(4)房地产税是非常繁杂的,具有系统性。房地产税不是单一的税种,而是由很多相关税种汇集而成的一个系统统称。

10.2.2 房地产税的作用

房地产税是地方税收体系的一个重要组成部分,对优化地方税制结构、增加地方财政收入、调节收入分配、加强房地产市场调控具有重要功能作用。

房地产税收具有如下功能：

1. 有利于增加地方财政收入

房地产税属于地方税收体系，其税收收入归地方政府统一支配。房地产行业规模较大，发展迅猛。近年来，房地产业已经成为国民经济的重要产业，其税基较宽，而且税源比较稳定，能较好地激发地方政府征收房地产税的积极性，从而不断地增加地方政府的财政收入，进一步增强地方政府为社会提供公共产品和公共服务均等化的能力。

2. 有利于调节收入分配

房地产税改革的核心是完善地方税收体系，促进房地产市场健康、稳定发展，调节收入分配，促进社会公平。要通过房地产税调节收入分配，使财富分配公平，特别是要对高收入人群发挥调节作用，充分发挥房地产税作为财产税收入优化的调节作用，进一步缩小贫富差距，更好地促进经济社会的可持续发展。

3. 有利于加强房地产市场的宏观调控，抑制房地产过热投资需求

房地产税不仅具有理顺分配关系，保障土地收益合理分配的功能，而且还具有进一步抑制房价过快上涨、打击房地产投资投机行为、规范房地产市场、优化配置房地产资源、促进房地产市场健康有序发展的独特功能。房地产市场出现有钱的富人疯狂购房，中低收入人群大部分是观楼而却步、买不起房子的现象。开征房地产税，可以在一定范围内控制房价的不合理涨幅，进一步抑制房地产过热投机行为，增加房地产持有成本，能够引导购房者比较理性地选择适当面积的住房，从而进一步优化房屋土地资源。

4. 有利于优化地方税制结构

通过房地产税改革与完善，构建以房地产税为主体的税种，有稳固税源的地方税收体系，既有利于减少政府对土地财政收入的依赖，又能够平衡各税种之间的关系，达到优化地方税制的作用。

10.3　我国现行房地产税收体系

目前，我国房地产税收体系是在 1994 年的税制改革之后，不断完善和统一起来的。经过 10 多年的实践，房地产税收在为地方政府取得稳定的财政收入、调节收入分配、调控房地产市场等方面都具有十分重要的意义。

10.3.1　开发环节税种：耕地占用税

房地产税收在开发环节征收的税种主要是耕地占用税。耕地占用税指的是对占用耕地建造房屋或者从事其他非农建设征收的一种税，是一种行为税，同时又兼有资源税的性质。耕地占用税是以纳税人占用耕地的实际面积为计税依据，以每平方米为计算单位。

耕地占用税采用的是定额税率。由于我国各地人均占有耕地的数量和经济发展水平不同,全国不实行一个固定税率征收,而是实行地区差别税率。

(1)耕地占用税的特征

①兼有特定行为税与资源税的性质。

②通常是在占有耕地环节一次性课征。

③实行地区差别税率。

④耕地占用税收入专用于耕地开发和改良。

耕地占用税是由地方税务机关负责征收的。

(2)耕地占用税的作用

①有利于保护耕地,促进耕地合理有效利用。

②有利于进一步加强土地管理。

③有利于地方政府筹集财政资金,更好地用于改善农业生产条件。

20 世纪 80 年代末期,我国开始对耕地占用税进行统一的规定,并相应地推出了具体的征税办法,耕地占用税的暂行条例也应运而生。在《中华人民共和国房产税暂行条例》里,我国规定了耕地占用税必须由地方税务机关进行征收。

《中华人民共和国房产税暂行条例》中也详细规定了具体的耕地占用税的纳税对象,包括我国境内的对国有的耕地或建房的、对集体的耕地和建房进行占用的或者是一些非农业从事者进行的土地占用的企事业单位、集体和个人。在我国范围内,耕地占用税并不是全国统一的,其征收标准是根据不同地区的经济发展状况的不同来定的。当然,全国范围内的这种标准也没有特别大的不同。

我国的耕地占用税自开征以来,收入的增长速度较快,在第二年则出现了可观的形势,但自此之后的三年则没有保持持续上涨的趋势,反而出现了小幅下降。直到 20 世纪 90 年代初期和 21 世纪初期,税费才开始出现回转的迹象。我国的耕地占用税出现大幅度上升是在 21 世纪初期,这在很大程度上是受我国经济快速发展的影响。

10.3.2　保有环节税种:房产税与城镇土地使用税

房地产在保有环节只征两种税:房产税和城镇土地使用税。房产税已在上节介绍,在这里仅介绍城镇土地使用税。

1. 城镇土地使用税概述

城镇土地使用税即征税对象是土地,是对于那些有土地使用权的单位和有土地使用权的个人征收的。我国针对城镇土地征税始于 1928 年,首先在广州市开征土地税,国民政府早在 1930 年就制定了土地法,根据此法在部分城市和地区开始征收土地增值税和地价税,一直延续到中华人民共和国成立。

1950 年,政务院颁布的《全国税收实施要则》明确规定,全国统一征收地产税。同年 6 月将房产税、地产税协调成了房地产税。1951 年颁发《中华人民共和国城市房地产税暂行条例》后,开始在全国范围内执行。

1973年简化合并税制时,将房地产税合并到工商税中统一征收。1988年,国务院颁布《中华人民共和国城镇土地使用税暂行条例》,正式地把土地课税从城市房地产中划出来,设立一个单独的新税种,就是城镇土地使用税。

2006年国务院公布全部重新修订之后的《中华人民共和国城镇土地使用税暂行条例》,并于2007年1月1日起执行。这个新条例的出台,有利于进一步合理利用城镇土地,调节土地级差收入,提高土地使用效率,也有利于统一税制、保证税负公平和增加地方财政收入。

伴随着社会的进步和发展,国务院在1988年颁布了《城镇土地使用税暂行条例》,实施之日也就是发布之日。城镇土地使用税是地方性税种,征收对象是已经被占用的城镇里的土地。这个税种是为了提醒人类对土地进行合理使用,节约和集约用地,提高土地利用率。此税种也由地方税务机关进行征收,收入归地方政府所有,计税方式是按年来计算,缴纳方式是分期进行。

在我国的各个省和工矿区、建制镇、县城、城市都会使用土地,而这些土地的个人、单位都是这个税的正式纳税人,但是外商的投资企业和外国的企业以及外国人是排除在纳税对象范围内的。对土地使用税进行征收的衡量方式是按照纳税人实际上能够占用的土地面积来计算的,国家规定是征收准则,各地根据经济发展水平来决定税率标准。

城镇土地使用税则是代表有偿使用土地的其中一项制度,存在着出租的性质,除此之外,它是对内资企业来征收的,对外国投资企业减免收税,但是对外资企业征收土地使用费。征收内资企业税收的依据是该企业的实际土地使用面积,采用的方式是从量计征。

2. 城镇土地使用税的特征

(1)课税对象为国有土地。

(2)对使用地或者占用土地的行为课税。

(3)执行差别幅度税额。

(4)征税范围比较广。

3. 城镇土地使用税的作用

(1)有利于地方政府筹集稳固的财政收入,为建立和完善地方税收体系创造良好的条件。

(2)有利于调节土地级差收入,为企业公平竞争创造良好条件。

(3)有利于进一步促进土地资源的合理利用,提高土地使用效率。

4. 城镇土地使用税的纳税人、课税范围和税率

(1)纳税人。城镇土地使用税的纳税人即在县城、城市和建制镇以及工矿区内使用土地的单位、个人。

(2)课税范围。城镇土地使用税的课税范围即在县城、城市和建制镇以及工矿区国家、集体所拥有的土地。

(3)税率。城镇土地使用税采用的是定额税率,采用有幅度的差别税额,按照大、中、小城市和县城建制镇和工矿区,分别规定每平方米土地使用税年应纳税额。

(4)计税依据。城镇土地使用税的计税依据是指纳税人实际占有的土地面积。

10.3.3 流转环节的两个税种：土地增值税和契税

1.土地增值税

（1）土地增值税的含义

土地增值税即转让国有土地使用权和它的地上建筑物以及其他附属物的产权,并且取得增值性收入的单位和个人所课征的一种税。1993 年 12 月,国务院颁布了《中华人民共和国土地增值税暂行条例》;1995 年 1 月,财政部颁布了《中华人民共和国土地增值税暂行条例实施细则》,自 1994 年 1 月 1 日在全国范围内开征土地增值税,这是我国第一个对土地增值额或土地收益课征的税种。开征当年,全国只有 6 个省、自治区课征土地增值税,到了 1997 年,土地增值税才真正在全国范围内普遍推开。

耕地占用税出台后,20 世纪 90 年代初期,国务院也对土地增值税出台了新的政策,对土地增值税的基本情况和暂行办法进行了颁布,自条例实施细则颁布后,土地增值税从 1994 年开始正式征收,此费用的征收仍由财政部负责。随着这一政策的出台,国务院财政部也为了防止炒买炒卖等牟取暴利的行为产生,进而出台了实施细则。这极大地保障了我国土地增值税的收益,同时也对开发商的利益进行了最大限度的保障,为房地产业的健康、蓬勃发展提供了良好的环境。

土地增值税主要是由地方税务机关对转让房地产及其建筑物的群体或者个人进行征税,所有的土地增值税都由地方税务机关在房地产合同签订一周内进行一次性征收,只有征收对象将税款缴纳清楚,才予以国有土地的使用权。税务机关对不同的纳税人的税率还有所不同,特别是在居民个人拥有的住宅在转让时,不将土地增值税考虑在内,这极大限度地促进了土地增值税的征收流程,为二手房市场的发展提供了丰富的沃土。

（2）土地增值税的特点

①一般以转让房地产取得的增值额作为计税依据。

②执行超率累进税率。

③课税面比较广。

④征收方式是按次征收。

（3）土地增值税的作用

①有利于加强房地产市场的宏观调控。

②有利于遏制炒买炒卖土地的投机行为,更好地促进房地产市场健康、稳定发展。

③有利于进一步规范国家参与土地增值收益的分配方式,为国家财政开辟新的财源,增加政府的财政收入。

2.契税

（1）契税概述

契税指的是在土地使用权、房屋所有权属转移过程中,向取得土地使用权、房屋所有权的单位和个人所征收的一种税。我国契税的历史悠久,民国时期的契税开征于 1914 年,此后又经历了两次调整。

1950年3月,政务院颁布了《中华人民共和国契税暂行条例》。1997年7月,国务院发布了《中华人民共和国契税暂行条例细则》,这新的条例及细则一直使用至今。

契税是地方税种,可以使得地方政府的财产收入得到增加,而且契税还可以使房地产市场交易行为得到规范,进一步保障产权人的合法权益,从而减少产权纠纷。

当企业和个人在得到土地和房屋的拥有权时,需要向国家缴纳契税。1997年10月1日开始实施了《中华人民共和国契税暂行条例实施细则》,其中规定了企业和个人取得土地和房屋权利的几种形式:①国有形式的土地发生出售、赠与和交换等形式的使用权的转让;②房屋之间的合法买卖;③土地的赠与和交换。

当房屋权利的转让存在以下几种情况的时候,房屋权的转让被默认为土地使用权的转让:①房屋买卖或者赠予过程中收取契税的情况。②以房屋或者土地进行投资以谋取某种利益的。③用房屋或者土地来抵债或者以奖励的形式来赠予房屋或者土地。④预先集资来进行房屋的建设和土地的使用。[1]

契税与土地增值税一样,也是由地方税务机关进行征收,同时税款由地方政府统一支配。我国的契税收入自征收以来,一直保持低缓增长趋势,到了1994年才开始进入快速增长阶段,并呈现客观的税收数目。

(2)契税的纳税人与征税范围

①纳税人。凡在我国境内转移土地和房屋权属的,将承受的单位和承受的个人当作契税的纳税人。

②征税范围。契税归属财产税类,是对承受的财产征税,但又归属于行为税类,其课税对象是土地、房屋权属的转移行为,具体包括:a.国有土地使用权出让;b.土地使用权转让;c.房屋买卖;d.房屋赠予;e.房屋交换。

(3)契税的税率与计税依据

①契税规定为3%～5%的幅度比例税率,具体的税率是根据各省、各自治区人民政府在所规定的幅度内,仍然根据本地区的具体的情况所确定。

②契税的计税依据为土地、房屋的成交价或者市场价格。[2]

10.4　我国房地产税制设计

10.4.1　我国房地产税制改革的目标

(1)使地方各级政府机关的财政收入稳定增长,也就是说,改革要使中央财政与地方

---

[1] 所称土地、房屋权属,是指土地使用权、房屋所有权,依此规定,国有土地使用出让、土地使用权转让、房屋买卖、房屋赠与、房屋交换、承受国有土地使用权支付土地出让金、与房屋开发商/双包代建。房屋等行为,均属于契税征税范围。

[2] 契税税率为3%～5%.契税的适用税率,由省、自治区、直辖市人民政府根据其经济发展的实际情况,在规定的3%～5%的税率幅度内确定,封二报财政部和国家税务总局备案。

财政之间关系更为清晰明了，从而能够使得地方政府的财政收入更加可持续、透明、稳定。

（2）提高对土地资源配置效率，也就是说，改革要使房地产市场和土地之间的关系更为清晰明了，更加有序地进行房地产资源的各个环节，即开发、流转、利用等，从而提高房地产资源的利用率。

（3）调节财产的贫富差距以及调节社会收入，使老百姓认为不合理、不满意的各种状况得到缓解，促进社会公平正义。改革是一项十分复杂的系统工程，牵一发而动全身，要想取得成功，政府必须要进行顶层设计，制定和完善各项相关的配套措施。

10.4.2 我国房地产税制改革的总体思路

1. 坚持"简税制、宽税基、低税率、严征管"的基本原则

我国在 2003 年提出新一轮税制改革，《中共中央关于完善社会主义市场经济体制若干问题的决定》中提出了"简税制、宽税基、低税率、严征管，稳步推进税收改革"的基本原则。

所谓的"简税制"，是指税收优惠政策缩减，税种设置减少，税率档次缩小，税制体系一并尽量简化。

所谓的"宽税基"，是指将不合理的税收优惠政策最大限度减少，同时将所有的课税的对象最大限度纳入课税范围之内。

所谓的"低税率"，是指尽可能地合理降低法定税率，尽可能使其与实际税率水平接近。

"简税制、宽税基、低税率"是多数国家遵循的基本原则。

"简税制"要求在房地产税制结构中针对不合理之处，可以考虑取消一些税种，改革和完善一些税种，真正做到"有减、有并、有增"。

"宽税基"要求在普遍课税原则下尽量使税收优惠减少，同时课税范围之内最大限度地把全部类型的房地产纳入其中，实现普遍课税。

"低税率"要求最大限度地在房地产领域使得纳税人税收负担能够降低，整体下调税负水平，使得房地产领域和其他领域实现公平。

为实现普遍课征纳入所有应当纳税对象中，减少因税种安排设置不合理引起的重复课税，减少因税制设计不科学带来的不合理现象，就要求税制改革中坚持"简税制、宽税基、低税率、严征管"的基本原则。为了提高税收的征管效率和实现税收公平，在保证房地产领域的税收不会在很大程度上影响政府税收的基础上，要求基于广泛税基设置实行低税率，使得房地产纳税人能够尽量减少税收负担。

2. 建立合理规范的税费制度

"清费、明租、正税"是今后我国房地产税制改革进行顶层设计、合理调整的大方向，要求"租、税、费"合理进行、合理征收，是顺应民意的举措。

在实际操作中，房地产行业调控的主要途径就是税收。为了使税负合理，房地产在各个环节之间的流转分配，要求将课税范围扩大，尽可能地减少课税重复，房地产税制体系

重新构建。坚持土地批租制原则,土地出让金的性质必须明确;规费项目中合并一切可以合并的,行政性收费中最大限度地减少收费项目,不合理的收费坚决取消,费用制度在房地产领域中必须进一步规范。

3. 完善房地产税制结构

我国目前的房地产税制结构还有待完善,税负多在房地产开发、取得与交易项目方面,而房地产保有项目却几乎无税负。这种结构易使房地产交易以及开发的税负过重,生产成本自然也就提高了。由于不足的保有环节课税,财富存量无法通过税收的方式再分配,从而影响税收公平的功能,进而扩大了贫富差距。房地产税制改革关注点应以保有环节的课税替代流转环节,在一定程度上降低房地产税负,并相应地降低法定税率水平。为缩小贫富差距以及保障税收调节作用,通过房地产保有环节税负的增加,以社会收入的形式再分配财富存量课税。

思考题

1. 对房产税、房地产税、物业税和财产税进行解释。
2. 房地产税的特征是什么?
3. 房地产税的作用有哪些?
4. 阐述我国现行的房地产税收体系。
5. 结合实际,谈谈我国房地产的税制设计。

第11章

房地产经济周期与泡沫

本章导读

　　房地产市场与其他宏观经济运行一样,其运行呈现出周期性。本章首先对房地产市场经济周期进行理论解释,在此基础上探讨房地产经济周期的形成过程及其具体的监测方法。此外,本章还对房地产市场泡沫的测定和预警方法进行了分析。通过本章的学习,学生可以掌握房地产经济周期的理论及其具体监测,熟悉房地产泡沫的实证检测。

11.1 　房地产经济周期的理论解释

11.1.1 　房地产经济周期的概念

　　周期分析是认识事物变化规律的重要方法,被广泛应用于宏观经济的诸多领域。房地产市场的运行呈现出周期特征,它和其他宏观经济运行一样,时而高涨,时而收缩,呈现出一定的规律性。英国皇家特许测量师协会在 1994 年提出了"房地产周期(周期)循环"的概念:房地产经济周期是指所有类型房地产的总收益率的重复性但不规则的波动。从该定义中可以看出,英国皇家特许测量师协会主要从房地产总收益率的角度来定义房地产经济周期,但在实践中,重复性但不规则的波动在其他许多房地产活动指标(例如租金、价格、吸纳率、空置率、建设量)中也很明显,只是它们的变动落后或领先于房地产总收益率周期。因此,房地产经济周期可以一般地定义为房地产活动或其投入与产出围绕着其长期趋势的周期性但并非定期的波动。也就是说,从短期来看,房地产经济周期呈现波动性,但在一个足够长的发展时期内,这种波动又会体现出周期性循环的特征。一个完整的循环从起点到终点(或紧接着下一次循环起点)之间的时点跨度就是周期,也就是相邻的两次周期循环间隔的时间长度。

与循环相对应的概念是波动。波动可分为周期波动和随机波动。周期波动是围绕市场趋势的循环变化;随机波动是指反复出现但没有固定的周期跨度的变化。从运动轨迹来看,我国内地的房地产周期波动时间是 4~5 年一次,是介于基钦周期(2~3 年)和朱格拉周期(6~7 年)之间的一种新周期,具有独特的波长。

11.1.2　房地产经济周期阶段划分

房地产经济周期是由于供给和需求协调不一致产生的。经济活动具有周期性,对空间的需求也呈周期性变动。而供给由于建造时滞等,往往落后于需求的变化,因此空置率和价格/租金就会产生波动。

房地产经济周期可以分为四个阶段:复苏(Recovery)、扩张(Expansion)、收缩(Contraction)、萧条(Recession)。

1. 复苏阶段

通常,最低点是在上一阶段的过剩建设停止时出现的。在循环的最低点,空置率达到最高值,然后进入复苏阶段。由于前一阶段的新增建设或者是需求的负增长率,市场处于供给过剩。最低点过后,需求开始增长,来慢慢吸收现存的过剩供给,但这时的供给增长是不存在的,或者相当低。随着过剩供给的吸收,空置率下降,使得市场的租金率开始稳定。随着复苏阶段的继续,对市场前景的看好使租赁者开始小步提升租金率(通常和通货膨胀率相等或低于通货膨胀率)。最后,地区市场达到其长期的平均空置率水平,这时租金增长率和通货膨胀率相等。

2. 扩张阶段

第二阶段是扩张阶段,需求继续增长。当空置率下降到长期空置率之下时,表示供给开始紧张,租金开始快速上涨,直到达到使收益足以刺激新的建设。在供给紧张、租金上涨的阶段,开发商投入建设,但是由于建设时滞,需求的增长还是比供给增长快。历史上的房地产景气循环也表明,扩张阶段往往是很长的过程。只要需求的增长率比供给的增长率高,空置率就一直下降。当需求和供给的增长率相同(平衡点)的时候,循环达到顶峰。在平衡点之前,需求的增长比供给的增长快,在平衡点之后,供给的增长比需求的增长快。

3. 收缩阶段

在平衡点之后,循环进入收缩阶段。这时很多的房地产市场参与者并不了解循环的顶峰(空置率最低点)已经过去,仍然热衷于进行建设。在收缩阶段,供给的增长率比需求的增长率高,于是空置率又开始上升,逐渐接近长期平衡空置率。由于这时的供给过剩还不是太严重,租金仍在上升。当新的供给越来越多的时候,租金的增长速度变得缓慢。最后,市场参与者发现市场已经下滑,于是停止新的建设。但是由于建设时滞,供给仍在上升,于是空置率上升到长期平均空置率之上,进入第四阶段。

4. 萧条阶段

刚进入此阶段时,空置率低于长期自然空置率,供给的增长率很高,而需求增长率较低或者是负增长。新的建设逐渐减少,当新建设的增量供给停止的时候,市场达到最低点。市场下滑过程的时间长短,取决于市场供给超出市场需求数量的大小。在该阶段,如果物业租金缺乏竞争力,又不及时下调租金的话,就可能很快失去市场份额,租金收入甚至会降到只能支付物业运营费用的水平。物业的市场流动性在这个阶段很低甚至不存在,房地产交易很少或有价无市。

11.1.3 房地产经济周期的基本特征

根据美国经济学者在其经典论文《房地产景气循环及其在全球经济中对投资者和资产组合管理者的意义》中的论述,房地产经济周期的基本特征是:

(1)在一个增长型的经济体系中,循环的上升和经济阶段占主导地位,它们要比下滑和谷底持续的时间长。

(2)在增长型的经济体系中,供给和需求的长期趋势是呈正斜率上升的,新一轮循环的峰顶总是比上一次高,在衰退经济中恰恰相反。

(3)供给的波动往往比需求的波动更剧烈。在房地产景气阶段,开发商、贷款银行的过度乐观往往使供给的上升速度快于需求的上升速度;在不景气阶段,开发商、贷款银行的过度悲观又往往使供给过度下滑而低于需求的下滑速度。

(4)需求循环往往领先于供给循环一段时间。规划设计、融资和建造的时间(时滞效应)往往使开发跟不上需求的变化。

(5)最好的循环指标是空置率。在循环的顶峰,空置率达到最低点,然后慢慢上升;在循环的谷底,空置率也达到顶峰,随后又慢慢下降。

11.1.4 房地产经济周期与宏观经济周期的关系

从整体来说,一个国家房地产周期和宏观经济周期是一种正相关关系、波长大体一致。如在我国,两者的周期是 4~5 年。但复苏、扩张、收缩、萧条四个阶段在时间上不一致。一般来说,房地产的复苏、萧条期滞后,而扩张、收缩期超前。研究这种差别,不仅有理论意义,更重要的是在实践中,投资者和国家宏观调控可通过两者波动的时差进行决策,即可根据房地产的波动来分析预示宏观经济的走势,亦可根据宏观经济的走势预测房地产的发展趋势。

(1)从复苏阶段看,尽管房地产是基础性和先导性产业,但由于产品价值大,耗用资金多,生产周期长,并且是非工厂化单件设计单件生产,故当经济开始复苏时,房地产开发商需要经过较长时间的筹备、计划才能投入生产。因此,房地产业的复苏要稍微滞后于宏观经济,但很短暂。

(2)从繁荣期看,房地产业的繁荣期要比宏观经济繁荣期来得迅速。因为房地产业经过复苏阶段的准备,其先导性产业的作用要充分显现出来。首先是有市场,由于经济高速发展,居民收入水平提高,全社会对各种商业用房、工业用房、写字楼、各类住宅别墅等的需求扩张,拉动房地产业迅速发展。其次是有较充足的资金,在高速发展并有市场的情况下,房地产开发商不仅可以加速自有资金的周转,同时还可以取得更多的贷款,使房地产业得到更快的发展。再次是价格刺激,房地产产品开发周期较长,一般需要 1～2 年,有的时间更长,当需求扩张时会引起楼价上涨,楼宇的供给价格弹性较小,从而加剧了楼价的进一步上扬,势必刺激楼宇投资,进一步加速房地产发展。

(3)从衰退期看,房地产要早于和快于宏观经济。房地产之所以提前衰退,一方面是房地产作为基础和先导性产业,其"超高涨"或"超前发展"可以满足宏观经济继续高涨的需要,而提前进入衰退期。另一方面是房地产业的发展应以社会经济各部门的发展为基础。如果房地产业长期一枝独秀,必然导致与其他部门的脱节,最终也会使房地产业难于维持较长时间的高速发展而逐步降下来,进入衰退期。从房地产业自身发展的局限性来看,它要先于宏观经济进入衰退期,而宏观经济的衰退则进一步加速了房地产业的衰退步伐。

(4)从萧条阶段看,房地产应当滞后于宏观经济。因为当宏观经济出现萧条时,各行各业的发展都处于停滞不前的状态,失业率、通货膨胀率较高。但由于房地产本身具有保值增值的功能,所以在其他行业都萧条的时候,人们会放弃其他投资,转向房地产开发投资或直接购买房地产,从而维持房地产市场一定的供给和需求,推迟房地产市场的萧条。

11.2　房地产经济周期的形成

房地产经济周期波动是由房地产经济体系的内生因素和外生因素相互共同作用形成的。内生因素形成房地产经济周期波动的内在传导机制和基础结构,外生因素形成房地产经济周期波动的外在影响机制。

11.2.1　房地产经济周期的形成机制

1.房地产经济周期波动的内在传导机制

所谓内在机制,是指经济体系中的主要内生因素,依其自身规律发生周期性变化而又相互作用,从而使经济波动呈现出周期性变化的逻辑必然性。经济体系的内在因素成为房地产经济周期波动的自我推动力量,每一次扩张阶段给衰退和收缩创造条件,而每一次收缩又为复苏和扩张创造条件。

　　房地产需求的增长或房地产的短期供给不足,将引起房地产开发活动的增加和房地产行业收益率的上升,而需求的增加和收益率的提高,使企业自我累积的投资需求增加,同时吸引其他行业资本的投入,从而导致房地产开发规模的进一步扩大。然而,这种投资的扩张并不是无止境的。在投资扩张过程中,一方面,房地产的供给由短期不足到短期过剩,造成供给和需求的比例和结构失调,从而导致房地产开发活动和秩序的混乱甚至开发过程的中断;另一方面,扩张活动受到社会资源(如资金、建材和劳动力等)供给的约束,特别是土地资源有限性的约束,形成房地产扩张的"瓶颈",导致房地产经济扩张活动的中断,进而转向收缩。

　　收缩阶段的作用机制与上述过程类似。在收缩过程中,一方面,由于开发规模的下降,资源供给由过度紧张转为宽松,资源供给"瓶颈"的制约逐步得以缓解;另一方面,经过收缩阶段的调整,开发活动逐步走向有序性,混乱状态恢复正常。随着不动产供给的逐步消化与需求水平的增长,房地产经济活动又开始逐步走向扩张。这样,周而复始形成了房地产的周期波动过程。

　　需要注意的是,与宏观经济周期波动的作用机制不同,房地产经济周期波动引发因素主要是房地产需求因素,它更多地受经济发展水平和宏观经济运行环境的影响,而不仅仅是房地产经济体系内部作用的结果。房地产供给因素主要受房地产经济体系内部因素(如房地产投资)的影响,而受宏观经济运行状况的影响相对较小。这样,需求因素和供给因素综合作用的结果,可能使房地产经济周期波动具有与国民经济周期不同的表现。

2. 房地产经济周期波动的外在影响机制

　　房地产经济周期波动既有自己独立的运行体系,同时,它的运动也不可避免地要受到外部因素的扰动和制约。外生因素一般通过内生因素的作用实现对房地产经济活动的影响。外生因素的变动,会引起相关的房地产经济体系的内部因素即周期波动的内生因素的变动,而某项内生因素的变动,又会通过乘数作用和加速作用,造成整个房地产经济体系的变动,从而对房地产经济周期波动造成影响。而且,有些外生因素如技术革命、产业结构的变化等,与其说是通过影响内在机制的变化而发生作用,还不如说它更多的是通过改变内在机制的基础而发挥作用。对于地震、洪水、战争、政治风波等随机因素,它们直接给整个宏观经济的运行环境带来巨大的影响,改变房地产等各行业的发展环境,给房地产经济周期带来了不规则变动的影响。

　　当然,外生因素不可能取代内生因素的作用,它只会改变房地产经济周期波动的形式,由它引起的周期的特殊性是次要的,由内生因素决定的周期规律性才是主要的。

11.2.2 房地产经济周期的形成理论

　　影响房地产经济周期波动的因素包括收益率、投资、利率、通货膨胀率等内生因素,以及政策、经济增长方式的转变、产业结构的演进、城市化等外生因素。这些内生和外生因素分别形成房地产经济周期的内在传导机制和外在影响机制,从而导致房地产经济周期的产生。而由于对这些影响房地产经济周期的因素重要程度的强调不同,又产生了不同的房地产经济周期成因理论。较有影响的有金融货币论、心理预期论、蛛网理论和综合因素理论等①。

1. 金融货币论

在市场经济比较发达的国家或地区,房地产业的活动与政府的金融货币政策关系密切。根据货币供应决定论,货币供应量的变化导致经济周期波动。并且,由于货币供给有紧松的不同,房地产市场景气也就有兴衰的循环,而货币供应量不易控制正是房地产经济周期波动的主要原因。进一步,政府可以采取相应的货币政策,调节货币的供应量来控制房地产市场的景气状况。

值得注意的是,货币因素对房地产经济周期波动的影响是有地域性的。房地产市场的结构和发育程度不同,货币因素对房地产市场景气状况的影响程度也不同,政府采用货币政策的效果也就有所不同。探讨房地产经济周期波动的成因,还应该配合相应的社会现状和传统背景。

2. 心理预期论

这种观点认为,在房地产市场繁荣扩张阶段,投资者受经济环境的感染,产生乐观的心理预期,对未来的投资收益作出过高估计,投资意愿大增,导致了投资的过度增长,进一步推动了扩张;而一旦经济事实与预期状况发生背离,投资者的心理则转向悲观预期,投资意愿随即锐减,反而加速经济"向下摆动"的趋势,也加大了房地产经济周期波动的幅度。

心理因素与影响房地产经济周期波动的其他因素是相容的,心理预期因素加剧了投资意愿的强度,从而变成对市场的"超常"反应,导致"乐观估计错误"或"悲观估计错误"。投资决策与产生的后果之间的平均期间落差越长(而这正是房地产业本身的特性),预测错误的概率越可能失调,严重性也随之扩大。一旦整个市场趋于动态化,预期造成的错误将成为周期波动的主要原因。

3. 蛛网理论

在充分竞争的市场条件下,房地产市场价格最终取决于由买卖双方所形成的供求关系。但由于房地产市场本身的特性,房地产市场实际上很少能达到完全均衡的状态。蛛网理论采用动态分析的方法,探讨在房地产市场中,当需求或供给发生变动时,从旧均衡点转向新均衡点变动的动态过程。

由于房地产的生产周期较长,房地产供给存在时滞,房地产开发商从产品生产到产品上市之间有一段相当长的时间差距;同时,需求变动一般不存在时滞。此外,房地产市场信息不完全,生产者只能以目前的景气状况作为决定产量的依据。这样,由于房地产无法在短时间作弹性的调整,因而导致供给与需求失调,市场产生"摆动"现象。根据需求弹性与供求弹性大小的不同,这种摆动可分为收敛式摆动、扩散式摆动和循环式摆动。当需求价格弹性大于供给价格弹性时,房地产价格和产量的变动幅度越来越小,呈现出收敛式摆动现象;当需求价格弹性小于供给价格弹性时,房地产价格和产量的变动幅度越来越大,

---

① 刘新华,戚瑞双.房地产经济学[M].上海:上海财经大学出版社,2008.

呈现出扩散式摆动现象;当需求价格弹性等于供给价格弹性时,房地产市场呈现不稳定状态,呈现出循环式摆动现象。但不论是哪一种摆动,都会使土地开发商或房地产发展商遭受一定的损失,并导致市场不断在均衡与不均衡之间摆动,因此从长期来看,产生了房地产经济的周期波动。

4. 综合因素理论

许多学者认为,房地产经济周期是一个复杂的经济现象,因而房地产经济周期波动的理论不应是"唯一"的,而可能是上述各种学说的综合。房地产市场是由多种因素综合作用形成的,房地产经济周期是在宏观经济周期影响下,由参与房地产业各种社会经济要素相互作用而形成的价格平衡点围绕价值波动的轨迹。美国学者提出了影响房地产经济周期波动的五种相互作用力:

① 经济结构调整,即由经济活动热点及政策倾斜所引起的宏观经济结构的调整。

② 房地产的供给水平,即房地产的供给规模和类型对宏观经济活动水平的支持程度。

③ 房地产的需求水平,即房地产市场对物业提供的需求量。

④ 资本流向,即由于投资者对不同地区、不同地段及不同类型的物业的投资抉择所形成的资金流向。

⑤ 投资特征,即由经济活动水平、资金流向、市场供求关系所决定的房地产市场的投资收益、投资风险及投资价值特征。

正是这五种相互作用力的综合作用,影响了房地产经济周期的波动。

11.3　房地产经济周期的监测

11.3.1　选取监测指标的原则

从大量的房地产经济指标中,选择反映房地产经济周期的具有代表意义的指标,以构成房地产经济周期的监测体系。选取指标体系应遵循以下原则:

1. 经济显著性

经济显著性主要是判断某项经济指标是否属于主要经济指标,即对宏观经济或某行业经济活动的反映具有一定广度和深度的指标。例如,可以将经济意义分为三级,以百分制评分划分等级:90～100 分为高级;80～90 分为中级;70～80 分为低级。低于 70 分的指标则不能被列为主要经济指标。

2. 统计数据的充分性

判断某项指标统计数据充分性的主要依据有:

① 充分、直接的统计报告体制。

② 统计方法的全面性。

③ 统计时间间隔,密度越充分越好。

④误差估计要尽量准确。

⑤统计数据修订的次数。

⑥时间数列的起始时间越早、越充分。

⑦不同时期数据的可比性。

⑧其他因素。

3. 对周期长度的要求

一般来说，一个周期长度至少要 15 个月，其扩张期和收缩期不得短于 6 个月。

4. 方向的一致性

当某项时间序列指标在宏观经济的扩张期是上升的，在宏观经济的收缩期是下降的，则这个时间序列指标与同期变动方向是一致的；反之，则是不一致的。

5. 序列的平滑性

在其他条件相同的情况下，平滑的数列比不规则的数列更易于进行经济分析和预测。由于很多时间数列是不规则的，即使经过季节性调整也是如此，所以通常的解决办法是用适当间隔的月度数据，来观察时间序列的周期运动。

6. 数据的时效性

判断指标数据的时效性一般考虑两个因素，即数据发布的频率和数据公布的滞后时间。及时获得一定时期的数据，对当期的经济分析和预测是非常重要的。

11.3.2　监测指标体系的构成

房地产经济周期指标的变化体现了房地产经济活动的变化。按照其与房地产（基准）周期循环波动的先后关系，可以分为先行指标、同步指标和滞后指标三类。至于各个具体指标的选取，则应根据不同的目的、不同的地区具体选择。

1. 先行指标

先于房地产经济基准周期循环而变化的指标称为先行指标，可以用于预测房地产经济周期的波峰和波谷。具体处理时，将选取的各项指标变动的波峰和波谷出现的日期与基准循环的基准日期比较，如果平均较为领先，则为先行指标。

这些指标包括：①全社会固定资产投资；②房地产开发活动的资金来源合计；③房地产投资实际完成额；④土地购置面积；⑤完成土地开发面积；⑥基本建设贷款利率；⑦建筑安装工程价格指数；⑧商品房新开工面积；⑨商品房施工面积；⑩沪深房地产综合指数。

2. 同步指标

同步指标是与房地产经济周期波动大体一致的指标，反映当前房地产业的发展形势。具体处理时将选取的各项指标变动的波峰和波谷出现的日期与基准循环的基准日期比较，如果平均同步，则为同步指标。

这些指标包括：①国内生产总值；②商品房实际销售面积；③预售面积；④出租面积；⑤商品房实际销售额；⑥商品房销售均价。

3. 滞后指标

滞后指标是滞后于房地产周期波动的一类指标，用于认定经济周期循环的波峰和波谷是否确已出现。具体处理时,将选取的各项指标变动的波峰和波谷出现的日期与基准日期比较,如果平均较为滞后,则为滞后指标。这些指标包括:①商品房竣工面积;②竣工房屋价值;③商品房空置面积;④租金。

11.3.3 监测指标的筛选

1. 基准循环和基准日期

在介绍房地产经济周期指标的筛选方法之前,有必要了解两个基本概念,即基准循环和基准日期。因为基准循环和基准日期不仅是选择房地产经济周期指标和确定指标体系的依据,而且是观察房地产经济周期的最主要条件。

所谓基准循环,又称基准周期。房地产经济周期波动的复苏、扩张、收缩和萧条都不是在一个月发生的,而是通过许多经济变量在不同的经济过程中的不断变化而展开的。我们可以依据不同的经济变量参与房地产经济周期波动各个阶段的先后顺序来确定基准点,最后再根据专家建议来确定各阶段,特别是波峰和波谷的转折点日期。波峰和波谷的转折点日期就构成了基准循环。基准循环是进行房地产经济周期分析的基础,基准日期是基准循环转折点的位置,即房地产经济周期中的峰谷点的时间。确定基准循环和基准日期,一般采用 HDI(历史扩散指数)法,即初选几项重要的经济指标计算历史扩散指数。

2. 指标的筛选方法

确定了基准循环和基准日期后,以此为参照系,选择若干与基准日期相比超前、同步、滞后的三类指标。循环指标的挑选将数学方法和人为判断相结合,挑选的三条准则是:①与基准日期比较,指标的时间相关性比较好,即在时差分布上,先行、滞后关系稳定,在各个循环时期内差异基本一致;②与基准日期比较,循环指标次数基本相同,不规则变动次数少,幅度小;③循环指标不能选得过多,同时要考虑指标对宏观经济的覆盖面。

11.3.4 具体测定方法

虽然不同类型的房地产周期有许多共同特征,但每个房地产周期都有其特殊性。为了比较各个房地产周期的区别和差异,可以采用以下几种计算方法和指标:

1. 房地产周期频度

房地产周期频度,是指在一段历史时间内波动所经历的周期次数,用以衡量房地产增长的稳定程度。周期频度越高,说明这一时期经济发展越不稳定;反之,则表明这一时期经济增长较为稳定。

2. 房地产周期平均长度

房地产周期平均长度是指在一定时间内每个房地产周期平均持续或经历的时间长度,以反映房地产行业运行的稳定程度。周期平均长度越长,说明这一时期的房地产经济运行越不稳定;反之,周期平均长度越短,表明这一时期的房地产经济运行越稳定。

3. 房地产波动系数

房地产波动系数,是指一段时期内房地产实际增长状况对长期增长趋势的变动值,衡量在特定时期内房地产增长的波动状态。房地产波动系数高,说明这一时期的房地产实际增长偏离长期增长趋势的程度较高,房地产经济运行稳定程度较低;房地产波动系数低,表明这一时期的房地产实际增长偏离长期增长趋势的程度较低,房地产经济运行稳定程度较高。

4. 房地产周期波动振幅

房地产周期波动振幅,可用同一周期内波峰到波谷之间的指标差额来表示,是衡量和反映房地产周期波动程度的重要指标。振幅越大,说明房地产业运行越不稳定;相反,振幅越小,则说明房地产业运行越稳定。

5. 房地产周期平均涨落比

房地产周期平均涨落比是指房地产周期波动中扩张和收缩对于产业增长趋势线偏离程度的对比,可用扩张阶段的波动振幅平均长度与收缩阶段的波动幅度平均长度之比来计算。在波动振幅确定的情况下,房地产周期平均涨落比反映了房地产经济中扩张性因素和收缩性因素的力量对比,可用来说明房地产经济的总体发展趋势。平均涨落比越大,说明房地产经济中扩张因素的弹性大于收缩因素的弹性,因而房地产经济总体趋于上升;相反,平均涨落比越小,表明房地产经济中收缩因素的弹性大于扩张因素的弹性,因而房地产经济总体趋于下降。

6. 房地产周期阶段长度比

房地产周期阶段长度比是指同一房地产周期内,从波谷到波峰的扩张时间,与从波峰到波谷的收缩时间之比。阶段长度比越大,说明扩张期持续的时间大于收缩期持续的时间,从而反映房地产经济状况越好;相反,阶段长度比越小,表明房地产经济状况越差。

7. 房地产景气指数

在选定一揽子指标之后,先按环比增长率给出各单项指标的周期指数,利用扩散指数的方法,得出房地产景气指数。

此外,还有许多学者通过空置率、通货膨胀率、房地产价值及价格和租金等不同指标来描述房地产周期。

11.3.5 房地产经济周期综合指标

对房地产经济周期进行测度的指标一般有单项指标和综合指标两大类。用单项指标(一般为房地产价格指数)反映房地产市场的变化,形式简单明了,能够较好地反映出指标的前后关系、变动状况以及市场的活跃程度等。综合指标能全面反映房地产经济周期的状况,比单项指标更准确。

1. 扩散指数

扩散指数是一个能反映和衡量各经济部门波动的集中趋势和偏离趋势之间关系的指标,它以扩张的经济指标占全部选用的经济指标的百分比来表示经济变动的指标。扩散指数类似于总量的变化率或一阶导数,它趋于在总量变动改变方向之前先行变动。因此,它对预测具有较重要的意义。

2. 合成指数

合成指数是由一类特征指标以各自的变化幅度为权数的综合加权平均数。它是将各种不同计量单位计算的景气指标转变为无量纲的增长率指标,然后经过一系列标准化处理,综合成的一个定基指数。合成指数除了能描述经济波动及其转折点外,还能较好地反映市场经济波动的幅度。

合成指数制作的一般步骤为:首先,对剔除了季节因素、不规则变动因素影响的各种不同单位的指标求对称变化率。这种变化率不是以本期或上期为基数,而是以两者的平均为基数求得,这种处理可以消除基数的影响,使指标的上升或下降在数量上有同等的反映。其次,求领先、同步、滞后三组指标的组内、组间平均变化率,使三类指数可比。最后,以某年为基期,计算其余各月(季)的动态相对数,即合成指数。

11.4 房地产泡沫的测定与预警

11.4.1 房地产泡沫的测定方法

1. 基础价值模型

基础价值模型可以用下式表示:

$$AP_t = EP_t + B_t \tag{11-1}$$

其中,AP_t 表示房地产市场的当前价格,B_t 表示房地产市场的泡沫成分,EP_t 表示基础价格,通常可以用预期的未来各期房地产资产收益的折现值来表示,即

$$EP_t = \sum_{i=0}^{n}(1+d_r)^{-1}E(Y_{t+i}/I_t) \tag{11-2}$$

其中,d_r 为折现率(discount rat),Y_t 为 t 期的资产收益(常以租金扣除税费及维护费用替代),I_t 为 t 期的信息组合。

显然,如果 $AP_t > EP_t$,那么 $B_t > 0$,那么可以判断已经有泡沫出现,同理,如果 $AP_t < EP_t$,那么 $B_t \leq 0$,就没有理由认为存在泡沫。

结合式(11-2)可以理解为,如果资产产生的收益不变,那么当资产价格的实际上涨率高于基本贷款利率时,就可以认为出现了泡沫现象。

或者,EP_t 也可以用相关因素变动率乘以各自的系数来表示:

$$EP_t = \alpha + k_1 x_1 + k_2 x_2 + \cdots + k_t x_t \tag{11-3}$$

x 可以为相应的因素变动率,具体可以包括 GDP、失业率、抵押贷款利率、CPI、股价、收入的变动情况等。

假定在房地产市场上,某一房地产的基础价格等于这个房地产存在期间所有预期租金的折现值,则它可以表示为:

$$EP_t = \frac{EF_t}{d_r} - \Delta EF_t \qquad\qquad (11\text{-}4)$$

其中,EF_t 为预期租金,ΔEF_t 为租金预期增长率,d_r 依然表示折现率。式(11-4)表明,房地产的基础价格和租金成正比关系,与折现率和租金预期增长率之差成反比关系。如果投资者预期某房产期末获利较高,则这个房产的基础价格就会越高。如果房产预期增长率 ΔEF_t 越接近折现率 d_r,则该房产的基础价值就越高。

基础价值模型清晰地描述了对房地产泡沫的衡量,不仅严格地遵循了经济学对房地产泡沫的定义,而且公式简洁,对房地产泡沫度量的量化发展起到很重要的传承作用。但是我们也应该发现,这个理论模型存在着不容忽视的缺陷。一是房地产价格中存在泡沫并不一定就是坏事,任何快速发展的经济都会存在一定的泡沫。对于房地产市场来讲,适当的理性价格泡沫能够促进房地产行业的快速发展,进而带动宏观经济的良好运行。真正影响和损害房地产行业和整体经济的是群体非理性所带来的那部分价格泡沫。所以对泡沫的衡量有必要区分和分别度量理性和非理性的部分。而在基础价值模型上,没有很好地体现这方面的要求。二是房地产作为虚拟资产的属性,使得它的收益不会如一般实体经济下的资产那样符合边际资产效率递减的规律,而极有可能因为价格与预期的正反馈而不断增高,从而也就没有像一般商品的价格波动。

2. 收益还原法

收益还原法是日本的经济学家首先采用的方法,这个方法并不精细,但是却更为简便。收益还原法往往被用来计算资产的理论价格(由市场基础价值决定的资产价格)。日本 1993 年的经济白皮书中,采用的理论价格模型舍弃了企业的成长性(决定未来的持续股息)与地租的预期增长率及风险补偿,股票的理论价格为每股收益除以国债长期利率。现实股价与理论股价之比为"用利率修正的股价收益率 PRE",如果理论股价等于现实股价,则 PRE=1,当 PRE 大幅度上升时,便意味着现实股价远远脱离了企业收益与长期利率等基础条件,从而产生了泡沫。日本的经验表明:用长期利率修正的股价收益率超过 2.5 会形成全部市场规模的泡沫经济。日本泡沫经济高峰期,PRE 的数值曾经接近于 5。住宅用地的理论价格是将房租用住宅贷款利率折现求得,商业用地的理论价格是将办公楼租金用长期利率贴现而得。

$$\text{不动产价格}=\text{纯收益}/(\text{安全资产利率}+\text{风险补偿率}-\text{租金预期上涨率}) \quad (11\text{-}5)$$

$$\text{合理低价}=\text{合理租金}+\text{合理风险补偿} \qquad\qquad (11\text{-}6)$$

房地产泡沫是市场交易后果的反映,是实际交易价格对于其真实内在价值的偏离,但整个房地产体系的价值偏离不是单个交易价格偏离的简单加总。换句话说,泡沫程度的把握需要从房地产市场交易的整体状况中去衡量。对每一宗房地产交易,其泡沫程度可以根据其成交价格与同类型房地产的正常市场交易的一般价格水平之差来分别衡量,但房地产市场泡沫程度的估量则不能用单项交易泡沫加总的简单方法得到,这是因为资产体系的紧密联系和互动机制使特定地域的泡沫状况与个别资产交易的原有状况发生了性质上的改变。可以说,采用收益还原法评估资产泡沫的合理基础仅仅建立在单个资产交易的特定环境之中。对房地产泡沫的整体度量,还必须从反映市场整体价格水平的各种指标和影响市场价格水平变化的各种基本因素入手。

3. 市场修正法

市场修正法是用市场比较法评估资产价格的思路来评估房地产泡沫,以反映市场供求差异的物业空置率为计量基础,然后考虑宏观经济状况、房地产业状况和市场交易状况进行修正,从而估算出房地产泡沫的数值,与一般采用的收益还原法相对比(洪开荣,2001)。这种方法可以被称为房地产泡沫评估的"市场修正法"。市场修正法的基本计算公式如下:

$$年度房地产泡沫系数＝物业总空置率×经济增长修正系数×产业贡献修正系数×$$
$$交易状况修正系数 \tag{11-7}$$

其中:经济增长修正系数＝(1＋上年度 GDP 增长率)/(1＋本年度 GDP 增长率);产业贡献修正系数＝(1＋上年度房地产业增长率)/(1＋本年度房地产业增长率);交易状况修正系数＝(1＋上年度个人购房比率)/(1＋本年度个人购房比率)。

如果要计算某个特定城市或者地区的房地产泡沫系数,则还要在上述基础上考虑一个区域经济贡献率,这时候,式(11-7)式即变为:

$$区域年度房地产泡沫系数＝物业总空置率×经济增长修正系数×$$
$$产业贡献修正系数×交易状况修正系数×$$
$$区域经济贡献率修正系数 \tag{11-8}$$

这里,区域经济贡献率修正系数:(1＋上年度区域经济贡献率)/(1＋本年度区域经济贡献率),其中的区域经济贡献率,常用区域经济增长率/全国平均经济增长率来计算。

空置率作为房地产泡沫评估基准的原因是,空置率反映了市场供求的差异,特定时期特定地域的空置率指标反映了各种市场力量和非市场力量的市场后果,一般意义的空置率是市场失衡状况的具体表现。可以说,房地产泡沫和物业空置率是对市场失衡的不同角度的描述,但它们的实质内涵是一致的。特别在房地产市场主要由非市场力量主导的情况下,用空置率来描述房地产泡沫程度的高低,更具有合理性,以其作为基准来估量出的房地产泡沫值能得到较为合理的经济解释。

11.4.2 房地产泡沫预警的主要方法

房地产泡沫预警的主要方法大致有三类:景气指数法、景气警告指数法和经济计量模型法。

1. 景气指数法

景气指数法是依据综合性的循环扩散指数和综合指数所提供的预带信号进行预警的方法。它以周期分析为基础,将房地产价格运行过程分为景气区和非景气区,预报经济活动何时进入景气区或不景气区。

景气指数法的预警信号通常是由先行综合指数和扩散指数提供的。循环扩散指数是指一定时间长度内扩张序列个数占组内全部有效序列个数的百分比。在房地产预警中,要先对先行指标、同步指标和滞后指标分别编制扩散指数。综合指数是根据同类指数中各序列循环波动程度,并考虑各序列在总体经济活动中的重要性,综合加权编制而成,以反映总体经济循环波动程度。可分别编制先行、同步和滞后综合指数,或者将宏观经济、区域经济及产业内生指标分别赋予不同的权重,再结合成一个景气指数。

2. 景气警告指数法

它用一组具有代表性的监测指标,来反映当前房地产经济运行景气状况和在未来可能的变化趋势,其具体步骤是:首先,选择一些具有代表性的指标组成指标体系,来准确地描述当前房地产市场的运行状况。其次,将房地产经济划分为几个波动区间,各个区间的临界点就是判断综合景气值状态的数量标准,如可以划分为低迷、正常、过热、饱和与滞涨,然后进行预警判断。最后,将所有的监测指标综合成一个数量评价,看它的数值落在哪个区间,就表示该时期房地产运行状态,或者以落入某个区间的指标个数占所有指标数的比例来进行判断。

3. 经济计量模型法

经济计量模型法是运用计量经济学的方法,利用反映房地产景气状态特征变量的历史记录,来预测特征变量的未来值,并对其进行系统分析,以判断预测经济运行将处于什么状态。它能直接反映预测期经济运行状态的有关性质特征。特别是随着近年来计量经济学的飞速发展,各种计量模型的提出为房地产泡沫的预警方法提供了可靠的计量分析依据。

由于经济计量模型法具有对经济系统运行的精确模拟能力,同时又仅需借助相对较少的经济变量,因此将其应用于我国房地产泡沫预警模型的建立具有很高的应用价值。

思考题

1. 如何划分房地产经济周期?
2. 阐述房地产经济周期的基本特征。
3. 阐述选取房地产经济周期监测指标的原则。
4. 阐述房地产经济周期的测定方法。
5. 阐述房地产泡沫的测定方法。
6. 阐述房地产预警的主要方法。

第 12 章

住房保障的制度安排与经济抉择

本章导读

　　保障性住房是解决中低收入人群住房问题的主要途径。保障性住房的制度安排一直受到中央和各级人民政府的关注。本章首先对住房保障的理论基础进行介绍,然后对住房保障供给政策和需求政策进行经济分析,最后对典型国家保障性住房进行了经验借鉴。通过本章的学习,学生可以掌握住房保障的理论基础,熟悉住房保障供给政策和需求政策的经济分析,了解典型国家保障性住房的制度经验。

12.1　住房保障的理论基础

12.1.1　公平分配理论

　　公平和效率之间的辩证统一是公平分配理论的研究想要实现的目标。合理的收入分配避免了社会资源的浪费,能够增加劳动者的积极性,提高整个社会生产力的效率。此外,公平分配理论[1]可以解释现今贫富差距拉大的社会现实并寻求解决途径,对社会生产

---

① 林增杰,吕萍,余翔,等.公房入市政策研究[M].北京:中国人民大学出版社,1999:187.

的参与者起到与经济走势相一致的激励作用,发动全体社会成员的积极性,从而带动经济的繁荣稳定发展。

公平分配理论中,涉及住房公平现实意义比较多的是黑迪(1978)[1]研究的"垂直公平"和"水平公平"理论。在其理论中运用了"垂直公平"与"水平公平"两个标准,这两种标准被用来比较国家之间保障性住房政策内容上的差异。垂直公平指的是不同家庭在不同收入预期的情况下能够达到的收入计划分配程度。垂直公平主要包括积极计划、消极计划和中立计划。积极与消极计划的主要区别在于计划实施后的受益群体的不同。积极计划是指能够使低收入家庭获得额外利益的计划,消极计划则是那些能够给富裕家庭带来额外利益的计划,中立计划是能够给社会各阶层带来相同的额外利益的计划。而所谓的"水平公平",是家庭收入分配在计划中能够得到平等的对待。

所以,"垂直公平"要通过特定的财富再分配机制实现社会公平目标,是在承认存在不平等事实的基础上,通过采取相应的社会保障措施,对社会财富进行再分配,使处于相对劣势的社会成员能够通过这种制度安排,最终逐渐达到与其他社会成员有平等权利的状态。

社会财富的不公平分配阻碍了住房公平的实现。随着工业化进程的加快,我国农村大量剩余劳动力迁徙到城镇,近几年城镇居民数量大幅上升,进一步增加了城镇保障性住房的供求困难问题。伴随着这种人口单向流动的是城镇由于发展需要,外扩带来的保障性住房需求人群的增加。城镇郊区的农业用地被改造成为城镇的商业用地之后,大量的失地农民虽然得到了征地的补偿款,但仍不足以有能力购买城镇房产市场上的住房,原因是补偿款的标准与商品住房的价格之间的差距近年来有增大的趋势,原来农民居住地的房屋价格超出了他们的可承受范围。越来越多的失地农民变成城镇中新的面临居住困难的群体,这增加了城镇保障性住房的供给压力。这种问题的出现正是由社会收入分配不公平引起的,运用公平分配理论引导收入公平分配才能从根源上解决这些问题。

12.1.2 住房"过滤"理论

居民对住房的消费能力与其收入水平呈正相关关系。我国购房主要以家庭为单位,随着家庭收入水平的提高,居民对住房的质量要求也随之提高。房屋质量随着时间推移不可避免地下降,老化的房屋的结构设计及其外部的居住环境已经不能满足房屋所有者的居住需求,所以高收入者会选择卖掉以前的房屋,购买新的适合自己消费水平的住房。原本用过的住房将投入更低端的市场中去,被相对低收入群体购买,并依照此规律直到房产市场的底端,这个向下的过程被称作是住房的过滤。这种现象在各国房地产市场上都非常普遍。

住房"过滤"理论对研究住房政策的制定和修改方面有着重要的意义,能够用于评价保障性住房制度的合理性,对社会保障部门住房政策具有很大的参考价值。依据住房"过

---

① Heady B. Housing Policy in the Developed Economy. London:Croomhelm. 1978

滤"理论的观点,保障性住房制度的实践过程也表明保障性住房的供应模式不应仅局限于新房的修建,还应该充分利用当前房产市场中的住房存量。这是由住房本身的耐久性和商品性所决定的。不同价值的住房在房产市场上出现了结构分层的明显现象,导致旧房的利用对保障中低收入者的住房权益方面甚至超过了新建住房的效果。

因此,在保障性住房制度改革的进程中,政府作为施政主体,首要任务是确保低收入者的房屋租用权利的实现,不能一味追求新建住房产权的出售。同时,要对不同阶层的目标群体进行细分,根据购房者的收入水平来调整保障性住房的供应方式。

12.1.3　住房的商品性和福利性理论

在以往的保障性住房制度设计中,有一种观点认为,住房的商品性和福利性是对称的,其至有的学者指出,福利性可以被商品性所替代,对这种观点一直存在争议。从社会保障的角度来看,住房的商品性与福利性是不应该对称的,二者的属性不同。研究商品性关注的是住房建造和交易的过程,侧重于经济领域。研究福利性更注重社会收入分配对住房的倾斜,属于社会学领域的范畴。

这种理论要求政府调节社会收入分配机制,以更正社会福利函数的偏离,强调政府的责任,指出保障性住房政策法规的制定要在遵循住房商品性的同时,不能够忽视对其福利性特点的重视。该理论主要从住房行为的社会性、市场失灵等反方面分析出住房在全社会福利建设中占据的重要地位。

住宅建造和出售过程中体现出的商品性与住宅再分配时体现的福利性是世界各国住房保障政策的重要理论基础,对有关政策的制定具有很高的参考价值。

12.1.4　住房保障水平倒 U 型曲线发展假说

褚超孚(2005)[①]提出了住房保障水平发展倒 U 型曲线模型。该模型指出,城镇居民住房保障发展曲线呈现倒 U 型特征。

这一假说的适用条件是:

第一,社会阶层分布为两头小中间大,即各社会阶层中,中产阶级逐渐扩大,贫富阶层差距逐渐缩小。

第二,随着社会经济的不断发展,居民用于住房方面的消费不断提高。

该假说认为,在工业革命之前的农业社会,人们多自建住房,没有真正意义上的住房保障,这一阶段称为"前住房保障时期"。工业革命后,随着工业化和城市化,大量农民聚居城市,成为收入低下的产业工人,于是产生了现代意义上的住房保障时期,特别是第二次世界大战以后,许多大中型城市成为废墟,大量平民无家可归,为市民提供保障性住房成为政府工作的重点之一。随着政府投入的不断加大,住房保障水平逐渐提高,这一阶段

---

① 褚超孚.城镇住房保障模式及其在浙江省的应用研究[D].杭州:浙江大学,2005:80-81.

称为"住房保障形成和保障水平上升时期"。随着经济发展和社会进步,当社会阶层分布呈现两头小中间大的格局时,贫困人口逐渐减少,政府对住房保障的投入亦逐渐下降,这一阶段成为"住房保障水平回落时期"。住房保障水平提高到临界点后回落,就形成了"住房保障水平倒 U 型曲线"发展轨迹,如图 12-1 所示。

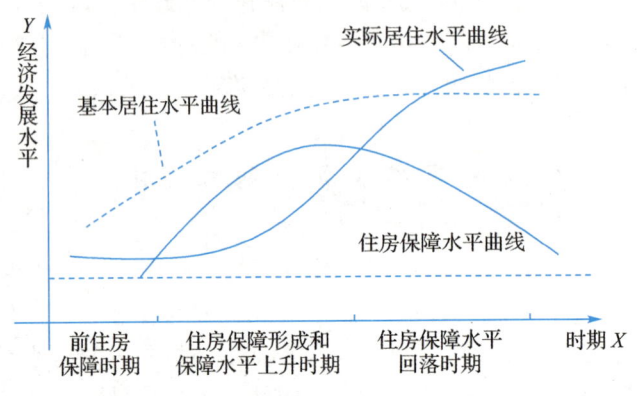

图 12-1   住房保障水平倒 U 型发展曲线

上图中,X 轴代表时间,Y 轴代表经济发展水平。城镇居民居住曲线可细分为三条:第一,基本居住水平曲线:代表能够满足城镇居民基本居住需要的平均水平曲线,其总体趋势是平缓的;第二,实际居住水平曲线:代表城镇居民实际居住的平均水平曲线,其总体趋势是随着经济发展而迅速提升;第三,住房保障水平曲线:代表保证中低收入家庭住房需求而设立的城镇住房保障的平均水平曲线,其总体呈现倒 U 型特征。

这一假说揭示了住房保障水平发展的动态性:首先,从长期来看(从前住房保障时期一直到住房保障水平回落时期),居民基本居住水平和实际居住水平与经济发展水平呈现明显的正相关,随着经济水平的发展,居民实际居住水平增速更快一些。其次,在住房保障形成和保障水平上升时期,居民基本居住水平与实际居住水平差距较大,此时仅仅靠居民家庭自身积累无法满足其基本居住需要,城镇居民需要得到住房保障,因此这一时期,住房保障水平上升速度最快,保障性住房需求量最大,政府在这方面的投入也最大。最后,在住房保障水平回落时期,由于城镇居民家庭收入的增加,实际居住水平曲线超过住房保障水平曲线,接近并超越基本居住水平曲线,需要得到住房保障的城镇居民越来越少,政府在这方面的投入逐渐减少。

12.2   住房保障供给政策的经济分析

从西方国家的经验来看,住房保障首先是以政府直接建设公房并以低租金提供给居民的方式出现的。例如,英国在第一次世界大战后就开始采取这种方式提供住房保障,直到 20 世纪 80 年代初,它在英国的主导地位都未受到影响,居住政府公房的居民,一度高达 40%。

我国旧体制下实行的福利住房制度也属于这种方式。政府房管部门的直管房如此，单位建房亦是如此(如旧体制下的全民所有制单位，其住房建设资金由上级拨给)。旧体制下的福利住房租金很低，连管理费和日常维修费水平都达不到。

20 世纪 80 年代以来，这种方式受到挑战，许多国家采取将公房以优惠价格出售给原承租户，出现私有化。

政府直接介入住房供给并相应投入财政补贴，这种方式最大的特点是能够直接、有效地刺激和促进住房的生产，能在较短的时间里提供较多的住房。这种政策的通常做法：一是政府自己直接建造大量低租金或低价格的公共住房，供住房困难的中低收入阶层家庭居住，直接增加住房供给，如我国的廉租房政策；二是由政府向房地产开发企业提供财政补贴，减少投资者的成本，间接增加住房供给，类似我国的经济适用房政策。

12.2.1　公共住房对住房消费的影响

公共住房项目不一定必然会使住房消费增加，其也可能降低住房消费。

1. 公共住房增加住房消费

图 12-2 显示了公共住房对接受者的住房消费的影响，横坐标为住房消费(以住房提供的服务数量来表示)，纵坐标为所有其他商品的月消费额(以美元表示)。对初始预算线有如下假定：①月收入为 500 美元；②住房价格为每月每单位住房服务 25 美分。给定家庭对住房的偏好(以向下倾斜的无差异曲线表示)，家庭选择点 B，在住房上花费 150 美元(居住 600 单位的住房)，而在其他商品上花费 350 美元。

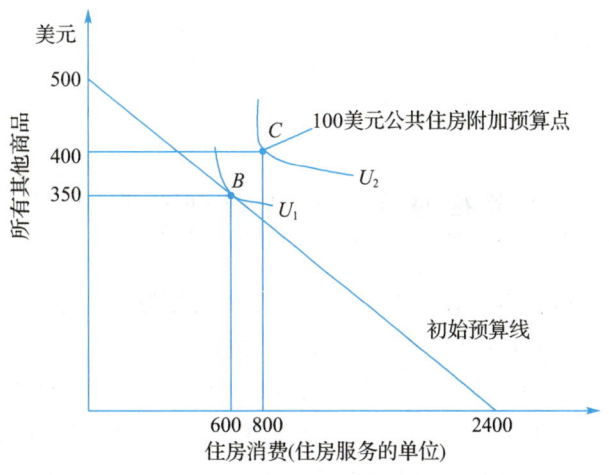

图 12-2　公共住房增加住房消费

假定典型的公共住房是一所公寓，提供 800 单位的住房服务，以 100 美元的价格提供给贫困家庭。公共住房使家庭预算增加到点 C，所以家庭搬进公共住房。公共住房项目使住房消费增加 200 单位(从 600 单位增加到 800 单位),使住房成本减少 50 美元(从 150 美元降到 100 美元)。

2. 公共住房降低住房消费

图 12-3 说明了公共住房如何减少住房消费。图 12-3 中的家庭与图 12-2 中的家庭有相同的收入,但是他们对住房的偏好不同。不存在公共住房时,家庭居住在提供 1 000 单位服务的公寓里(点 D)。家庭为住宅支出 25 美元(1 000 单位服务数量乘以每单位 25 美分的价格),在其他商品上支出 250 美元。如果家庭搬进了公共住房,享受较少的住房服务(800 单位)并且在其他商品上增加 150 美元的支出。

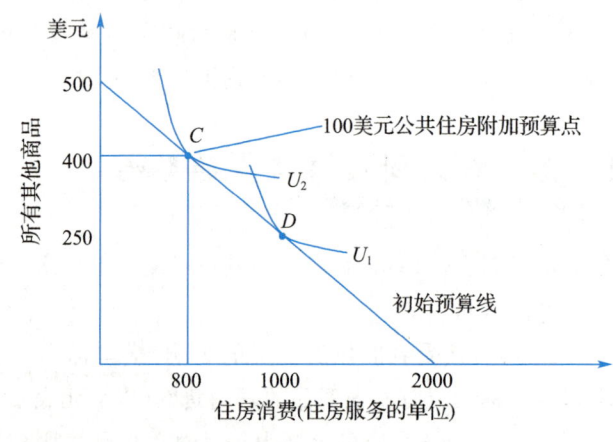

图 12-3 公共住房减少住房消费

如果在非住房商品上多支出 150 美元足以补偿减少的 200 单位住房服务,那么选择居住公共住房使家庭效用增加。在图 12-3 中,给定无差异曲线,点 C 的效用比点 D 更高,所以家庭接受公共住房从而减少住房消费,公共住房使住房消费减少。

在通常情况下,政府为居民提供公共住房会优先考虑住房困难的家庭。因此,政府通过提供公共住房,通常会增加住房消费。

12.2.2 公共住房对接受者福利的影响

通过为家庭提供接受补贴的公共住房与直接支付家庭现金这两种方式对比,看哪种方式接受家庭的效用更大,以分析公共住房政策的效率。

首先假定公共住房的成本与私人住房成本(每单位 25 美分)相同。政府建造和维护一所 800 单位公寓的成本是 200 美元,所以每套住房的补贴是 100 美元(200 美元减去对承租人收取的 100 美元),公共住房的替代品(800 美元的住房服务价格为 100 美元而非 200 美元)是支付给家庭 100 美元的现金。如图 12-4 所示,在公共住房政策下,消费者选择点 C。100 美元的现金支付使接受者的预算线向上移动 100 美元的距离。家庭选择点 E,并获得更高的效用水平。因为与公共住房政策相比,现金支付为消费者提供了更多的消费选择,现金允许家庭选择点 C(公共住房点)或新预算线上的其他任意点。如果家庭选择 C 之外的任意点(也就是如果它不在住房上正好花费 200 美元),持有现金会使家庭状况变得更好。

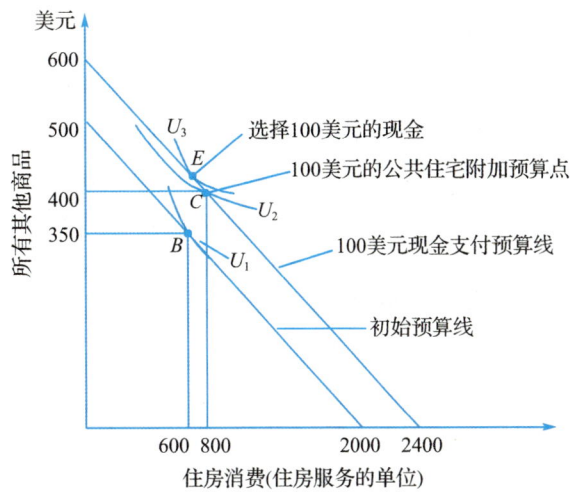

图 12-4　公共住房与现金支付的效用比较

因此,在消费者需求函数既定的条件下,达到相同的满足程度,现金补贴的效应更高一些(E 点效用>C 点效用)。但与现金补贴相比,公共住房政策能促使消费者最大限度地消费住房(E 点住房消费<C 点住房消费)。因此,当住房短缺严重时,公共住房政策有助于快速缓解房屋短缺问题。但随着住房存量的增加,为提高财政补贴支出的效用,对住房的补贴也应逐渐由"砖头补贴"变为"人头补贴"。当今世界各国住房严重短缺现象已基本消除,为提高住房补贴效率,各国纷纷实现了由"砖头"补贴向"人头"补贴的转变。

在此基础上,西方学者进一步分析了公共住房对于承租人价值的多少,即什么样的现金支付使家庭觉得现金和 100 美元住房补贴是无差异的或效用相等的。巴顿和奥尔森(1976 年)指出,承租人从花费在公共住房上的每一美元中获得 75 美分的收益[1]。据斯密丁估计,每美元的收益为 80 美分。梅奥的研究指出,美国的公有住房的消费效率大约是 86%(收益与成本之比),生产效率只有 43%(价值与成本之比)[2]。

从图 12-4 亦可看出,住房消费政策更易于满足消费者的综合消费偏好,住房供给政策只有在消费者牺牲其他消费品需求的前提下,才实现与住房消费政策同样的收入效应和满足消费偏好。这意味着公共住房作为一项产业政策,它的实现是以危害其他产业市场为代价的。

---

①　Barton,David M. ,and Edgar O. Olsen. "The Benefits and Costs Public Housing in New York city. " Institutefor Research of Poverty Discussion Paper 373－376,University of Wisconsin,Madison,1976. Estimates the welfareloss from public housing (relative to cash transfers) as 25 percent of program cost.

②　Mayo S. K. Sources of inefficiency in subsidized housing programs:a comparison of U. S. and German experience[J]. Journal of Urban Economics,1986,20:229-249.

12.2.3　公共住房的市场效应

1. 公共住房的短期市场效应

如图 12-5 所示,短期内,来自私人部门的住房供给完全无弹性:不管价格如何变化,只有 500 套住房供应。在最初的均衡点(点 B)每套住房每月的价格为 250 美元。如果地方政府建造了 200 套新公共住房,私人住房的需求曲线向左移动 200 单位(200 户住在公共住房的家庭离开私人住房市场)。当低收入家庭搬进公共住房时,他们腾空了私人住房,引起私人住房的过度供给,使住房价格从 250 美元降到 150 美元(点 C)。

短期内,所有住房消费者从公共住房项目中获益:一些家庭住进被补贴的公共住房,这部分家庭接受了租金更低的公共住房;另一些家庭为私人住房支付的价格由 250 美元下降到 150 美元。

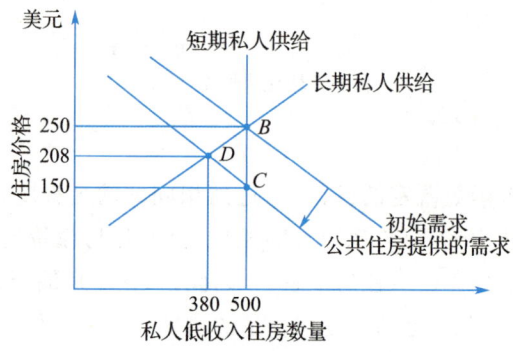

图 12-5　公共住房的短期和长期市场效应

2. 公共住房的长期市场效应

短期内,私人部门的住房供给是无弹性的。但在图 12-5 中,中长期供给曲线是向上倾斜的。公共住房引起的住房价格下跌降低了私人住房的盈利能力,所以只有极少的低质量住房供给。供给的变化表现有两种:

(1)更多住房退出市场。对于一些住房来说,由于维护费用的存在,低质量住房价格的下降会导致其经济利润为负,所以更多住房从市场退出。退出的住房或者转向其他用途或者放弃。

(2)逐渐向下过滤。当低质量住房价格相对于中等质量住房价格来说下降时,业主在较长时期内把其住房放在中等质量子市场。

也就是说,更多住房退出低质量子市场,少量住宅向下过滤到低质量子市场。当低质量住宅数量减少时,市场价格上升。退出过程一直持续到住宅价格升高足以恢复零经济利润(正常会计利润)。在图 12-5 中,120 套私人住宅从市场退出,价格从 150 美元升至 208 美元。

因为公共住宅取代了私人住宅,住宅供给只净增 80 套。奥尔斯(1975 年)运用住房市场的计算机模型探讨了公共住房对过滤过程的影响[①]。他把住房储备分为 60 个质量等级,并把每一个等级上的住房都分配到城市家庭中:质量最高的住宅被富人占据,质量最低的住宅给穷人居住。在公共住房政策下,等级排在最后的人口离开住宅市场,导致了下列变化:

(1)新建私人住房数量减少:对低质量旧住宅的需求数量减少,使人们建造新住房的动机减弱。如墨里(1983)发现,在 20 世纪 70 年代,美国每建造 100 套公有出租房,私人住房建设大约减少 85 套。

(2)向下过滤到低质量子市场的住房更少:低质量市场盈利能力降低,所以过滤率降低。

(3)退出率上升:对低质量住房的需求减少,使低质量住房保留在市场的动机减弱,所以退出率上升。

总之,对于政府实施的公共住房政策,私人市场的反应是建造更少的住房、减缓过滤过程和增加退出率,即公共住房政策对私人市场存在"挤出"效应。

12.2.4 供给方政策的优缺点

住房供给政策一般分为两种方式:一是政府直接投资建设公共住房,然后以低租金提供给中低收入阶层;二是对开发商建设公共住房进行补助,鼓励他们建造居住标准和租售价格适中的住房。

1.政府直接增加住房供给

政府直接增加住房供给时,如图 12-6 所示,住房供给曲线向右下方移动,与住房需求曲线相交于 E' 点,在较低的价格水平上使供给和需求达到均衡。政府直接提供住房的优点是充分发挥了政府动员资源的优势,能够在较短的时间内增加住房总量,缓解住房短缺,提高低收入居民的住房福利。但其弊端也很明显,如政府财政压力过大,损害出租方利益[②]等。而且政府直接提供住房的方式在相当程度上抑制了私人开发商的作用,不利于发挥私人开发商投资的积极性,使市场出现停滞,

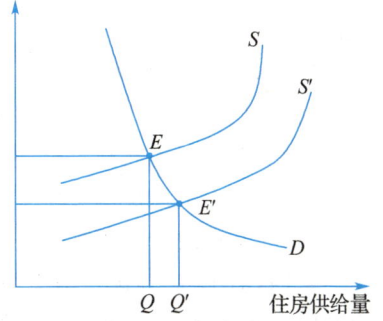

图 12-6　政府直接介入住房供给的效应

降低了整个住房市场运行效率,不利于提升社会其他各阶层的住房消费水平[③]。因此,政府直接提供住房仅限于在住房供求矛盾尖锐、低等级住房严重短缺的情况下采取,是一种暂时的应急政策。

---

① Ohls,James C. "Public Policy toward Low—Income Housing and Filtering in Housing Markets." Journal of Urban Economics 2 (1975),pp. 144—171. Uses a computer model to simulate the effects of public housing on thefiltering process.

② 刘颖.城市贫困群体住房保障政策的经济效应分析[J].经济体制改革,2004(5):47.

③ 宋博通.三种典型住房补贴政策的"过滤"研究[J].城乡建设,2002(8):28.

2. 政府间接介入住房供给

目前,世界上大多数国家都避免采取政府直接建房的政策,而是通过提供优惠贷款、减免税收、降低土地成本和简化管理程序等形式减少私人投资成本,间接地增加住房供给①,我国将这种方式简称为"补砖头"。政府采取这些措施的目的是减少修建住房投入要素的成本,降低住房平均成本和边际成本。如图 12-7 所示,投资者的住房建设成本由于各种政策而下降,住房平均成本曲线和边际成本曲线从 AC 和 MC 下降到 $A'C'$ 和 $M'C'$,成本减少使住房供给量增加。

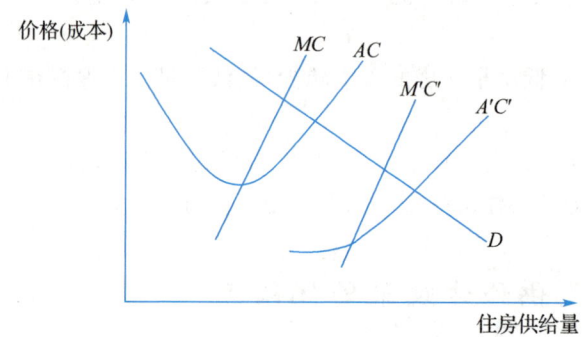

图 12-7　政府间接介入住房供给的效应

开发商接受补贴兴建低等级住房是一种市场行为,政策实施后,低等级市场的住房供应增加,租金水平下降,可弥补低收入阶层住房短缺。因此,减少投资者的成本,间接地在更大范围内增加住房供给,已成为大多数国家干预住房市场的方法,其成效是显而易见的。

但这种方法也有缺陷:

第一,低息贷款不仅需要国家财力的不断支持,而且这种金融制度与整个国家的资本市场分割,不利于提高国家金融体系的运行效率。

第二,减少土地成本会使正常的土地投资者处于一种不公平的竞争状态。

第三,减税政策扭曲了市场信号,降低了微观经济效率。

第四,对中、高等级住房市场来说,与政府直接提供公共住房政策类似,都将因低等级市场租金下降,住房不能正常"过滤"给下一阶层,使本等级住房供应量增大和租金下降。加之本收入阶层也无法通过转让旧房回笼资金,购房能力减弱,租金水平进一步下降,从而导致发展商建房热情减弱,住房建设出现停滞现象。

12.2.5　存量住房的更新和维修

在特定的时间内,新的供给在总住房供给中所占比例很小。住房总供给不仅靠新的

---

① 在 20 世纪 70～80 年代,美国政府曾制定了鼓励私人投资增加住房建设资金的政策,具体做法是:对于建造廉价住房的开发商,政府提供一对一的免税优惠。建成后的房屋归开发商经营,但要求所提供的廉价住房不得少于总开发面积的 20%,同时,租期不得少于 15 年。

住房而得到调整,也靠现在存量的改进和变更用途以及现有存量的降价而得到调整[①]。前面所讲的是政府通过新建住房增加住房供给,而对于城市存量住房,政府一般采取两种政策:一是更新,二是整修。

住房状况的逐渐恶化会导致城市的衰退。由于外部性的存在,衰退一旦开始,住宅小区中的任何一位住房所有者都缺乏独立改善自己住房质量的动力。因此,与衰退斗争需要集体的行动,一般由政府进行干预。

城市更新是指拆除原有危旧房屋,修建新的住房;整修就是维修和改善损坏的不合标准的住房。如果住房位于受外部不经济因素影响较少的地区,用较低的成本就可以使之一新。整修一般比更新更为有利。因为:

(1)整修并不需要拆迁和安置住户,因此整修比更新提供了更多的住房使用年限。

(2)一定的政府预算可以完成更多的整修,却只能完成较少的更新重建。

(3)整修比更新有更多的选择余地。当中等质量住房与低质量住房混在一起时,更新往往必须把适宜居住的住房也加以拆除。

但有时住房所有者并不一定愿意自己整修房屋,只有政府的更新规划才能改变衰退,因此政府常面临着把有限的资金用于某个居住小区的更新或是整修的决策。

下面用图 12-8 来分析比较城市更新与整修的效应。假设住房市场处于衰退阶段,A 点(R_0,Q_0) 达到了长期均衡,S_{lr} 为长期供给曲线,长期均衡租金为 R_0,均衡数量为 Q_0,S_{ns} 为短期私人住房供给曲线,由于处于衰退阶段的住宅区面临房税拖欠、基础设施损耗等影响,开发商认为由此会使得成本提高,因此 S_{ns} 较为陡峭。

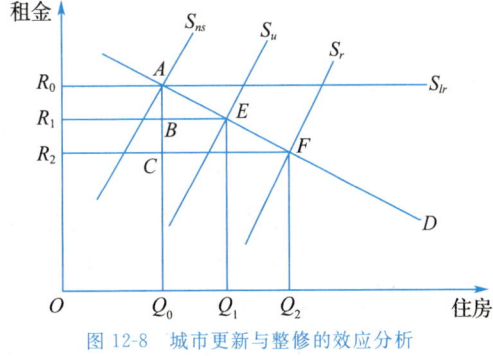

图 12-8 城市更新与整修的效应分析

如果政府实施城市更新方案,拆除全部不合标准的住房,代之重建适宜居住的房屋。城市更新的效果用短期总供给曲线 S_u,使适宜居住的住房从 Q_0 增加到 Q_1,新的均衡租金为 R_1。

如果采用整修方案,对达不到标准的住房进行修缮,则整修效果可用短期总供给曲线 S_r 表示。由于整修不必拆除旧房屋,在整修期间大部分住户不必搬迁。因此,一定量的政府资金可以整修更多的住房,短期住房供给比更新方案要多。

利用消费者剩余理论可以进行福利效果的比较,△ABE 表示城市更新带来的消费者剩余;△ACF 表示城市整修带来的消费者剩余。显然,整修比更新能带来更多的消费者剩余。

总之,整修比更新更为有利。除了房屋损坏到没有维修价值或规划需要更大的密度外,整修比城市更新更能增加消费者剩余。这给予我们的借鉴是,在进行旧城改造时,不能一概采取推倒重来的方式,而应尽可能考虑利用好现有的存量,否则会使城市住房需求刚性增加,增加政府和居民的住房负担,降低财政资金的利用效率。

① [英]保罗·切希尔.区域和城市经济学手册:第 3 卷[M].经济科学出版社,2003:212.

12.3 ╪ 需求政策的经济分析

住房供给政策通过建造低收入者住房来帮助中低收入家庭解决住房困难问题。而在需求方政策下,中低收入家庭收到住房补贴,可以利用补贴自由地到住房市场上购买或租赁住房。与居住公共住房相比,住房补贴能够使中低收入家庭根据自身需要作出自己的消费选择,具有更多的比较优势。

12.3.1 租金补贴的经济分析

租金补贴帮助贫困家庭支付私人拥有的住房的租金,大多数租金补贴被发放给收入非常低的家庭。如在美国,家庭收入为所在地区家庭平均收入的80%以下者,均可申请住房补贴。

补贴接受者选择住房要受到两方面的限制:第一,供出租的住房在大小和质量方面必须符合最低自然标准;第二,家庭支付的租金不能比公平市场租金更高,公平市场租金一般为由政府有关管理部门为标准低收入住房所规定的合理租金。符合标准的家庭对住房支付其收入的30%[①],并收到一份租金补贴以弥补它的支出与实际租金之间的差额:补贴=实际租金-0.30×收入

例如:假设公平市场租金是400美元,家庭收入是600美元,家庭支出为180美元,补贴等于实际租金(达到最大值400美元)和180美元之间的差额。如果实际租金只有350美元,则补贴是170美元。

图12-9表明了在租金补贴计划下家庭在住房和其他商品之间的选择。家庭收入为每月600美元,公平市场租金是400美元。初始预算线 AB 给出了在购买住房和其他商品之间的最初权衡:每花在住房上1美元,在其他商品上的花费减少1美元。补贴计划把 C 与 D 之间的点加在预算线上:家庭收到的补贴弥补了它在住房上的实际花费(它的月租金)和其收入的30%之间的差额。因而它能够购买价值420美元的非住房商品和价值在180美元到400美元的住房。如果家庭租住了一所公寓,租金为181美元,它得到1美元的补贴;如果它租到租金为400美元的公寓,它得到220美元的补贴。因为政府支付实际租金和180美元之间的差额,只要租金少于公平市场租金,住宅消费的增加不会使其他商品的消费减少。如果家庭支付的租金高于公平市场租金(400美元),那么它没有资格享受补贴计划,所以也就停留在初始预算线上。

现在我们考虑搬迁成本对消费者住房消费的影响。在不存在搬迁成本时,从点 E 移

[①] 30%只是一个假定比例,不同政府可能采取不同的比例。如美国政府曾规定享受租金补贴的低收入家庭必须租住符合政府规定要求的住房,同时拿出家庭收入的25%支付租金,超过部分则由政府补给。即按美国政府的规定这个"比例"为25%。

到点 D 增加效用。直接到达点 D 是明智的，因为在点 C 和点 D 之间消费更多住宅的机会成本为零：承租人的租金固定在 180 美元，任何数量的租金上涨都由政府来支付。然而，若搬迁成本相对高，家庭会从点 E 垂直移动到点 F。在这种情况下，效用的增加不足以抵消搬迁成本，所以家庭仍住在原来的住房里，把所有补贴花费在其他商品上。

从美国租金补贴方式的实践中发现，补贴计划令人意想不到的效应之一是相当少的家庭搬迁到以公平市场租金承租的房子里。在图 12-9 中，大部分家庭从点 E 移动到点 F，而

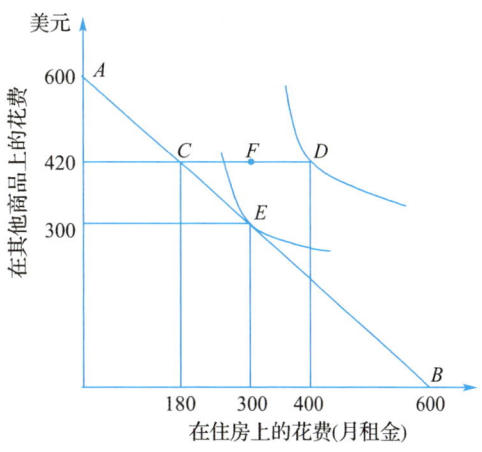

图 12-9 租金补贴对住房消费的影响

不是从点 E 到点 D。尽管补贴能够弥补所有增加的租金，这种效应也会发生。大多数家庭居住在现有的住房里，用补贴来降低住宅成本，这个结果表明搬迁成本是相当高的。要使人们愿意将住房补贴更多地用于住房方面，那么就需要降低居民家庭的搬迁成本。

12.3.2 需求补贴的市场效应

为了说明需求补贴的市场效应，假定城市具有下列特征：

(1)城市中有贫困家庭和中等收入家庭；

(2)有资格领到住房补贴的穷困家庭，必须占有普通质量的住宅（至少能够提供 800 单位的住房服务）；

(3)贫困家庭最初居住在低质量住宅里（只能提供 600 单位的住房服务）；

(4)中等收入家庭居住在普通质量住宅（800 单位住房服务）和中等质量住宅里（1 000 单位的住房服务）。

1. 短期市场效应

图 12-10 展示了需求方补贴对普通质量住宅子市场的短期效应。补贴使需求曲线向外移动，把市场价格从 250 美元（点 B）提高到 350 美元（点 E）。因为普通质量住房的供给在短期内是固定的，补贴只是把住房价格抬高了。短期内谁得益谁受损？尽管补贴的接受者为住宅支出更多，他们同时也有更多的钱可以花在住房上。相反，补贴的非接受者（中等收入家庭）在未享受住房补贴的好处的情况下，要为住房支付更高的价格。即从短期市场效应来看，由于租金提高，作为补贴非接受者的中等收入家庭的利益因需求方补贴而受到损害。

2. 长期市场效应

由于普通质量住房的供应在长期是具有弹性的，图 12-10 给出了中长期供给曲线。通过图 12-10 我们发现，价格上升使普通质量住房的可营利性增加，供给量提高，这基于以下三点理由：

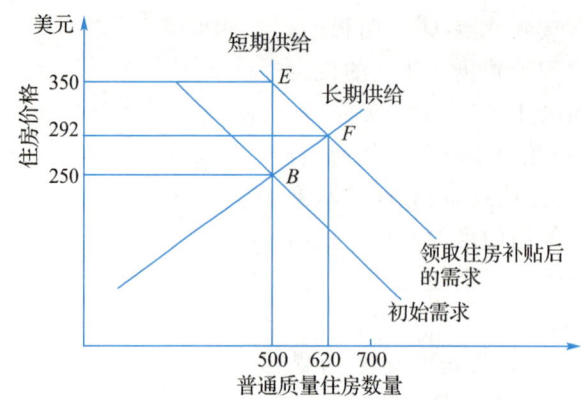

图 12-10　需求方补贴的短期和长期效应

(1)向下过滤。住房从中等质量子市场向更有利可图的普通质量子市场过滤的速度更快。

(2)维护增多。普通质量住宅的所有者在维护和维修上花费更多,以使他们的住宅在市场上存在更长时间——向下过滤的速度放慢。

(3)向上过滤。低质量子市场的住房升级,以服务于更有利可图的普通质量子市场。

因为这些原因的存在,普通质量住房的供给数量随价格上升而上升。在均衡点 F,普通质量住房的价格为 292 美元,住宅数量为 620。

3. 需求补贴对中等质量子市场的影响

由于住房市场上存在需求效应和供给效应,普通质量住房价格的上升导致中等质量住房价格上升。首先是需求效应:普通质量住房相对价格的上升使一些消费者转向中等质量子市场,对中等质量住房的需求增加,从而导致市场价格上升。其次是供给效应:普通质量住房相对价格的上升加快了中等质量住房向下过滤到普通质量子市场的速度。两个效应结合起来,需求增加和供给减少共同推动中等质量住房价格上升。因为住房子市场之间的相互作用,需求补贴提高了所有类型住房的价格。

12.4　典型国家保障性住房经验借鉴

12.4.1　典型国家保障性住房制度

1. 德国的保障性住房制度

德国的保障性住房总体上包括居民自建住房和开发商建房两类住房。在此以前,保障性住房的提供者主要是私人开发商,德国政府为了保障中低收入者的住房权益,每年给予私人开发商提供高额的政府财政补贴,支持其提供大量的满足中低收入者的保障性住房。整体而言,德国政府采取了以下措施来解决中低收入者的保障性住房问题。

第一,由财政直接出资建设保障性住房。按照该国的相关规定,由于民族、疾病、年老丧失劳动能力等因素造成家庭经济状况困难的住户,政府有义务提供保障性住房。为了满足中低收入家庭的住房需求,德国联邦政府还让地方政府建设了一定数量的低租金住房,由联邦政府给地方政府提供相应资金资助。

第二,建立并实施房租补贴制度。该制度主要是解决当前城市低收入家庭住房问题而采取的主要措施。该制度由政府根据城市低收入家庭的人口数量、经济状况以及房租负担情况,发放给居民一定的补贴,以此来解决困难家庭无力支付房租的难题。减轻其房租支付压力,减轻其房租支付负担。

第三,私人开发商建设并提供公共保障性住房,由政府向其提供资金补助。政府为了鼓励和支持私人开发商积极进行保障性住房建设,向他们提供很多优惠的政策,比如低息贷款、税收优惠等措施,使他们按照政府制定的价格出售或者出租,以此来满足低收入家庭的住房需求,解决低收入家庭的住房的问题。

第四,支持私人建设或购买住房。为满足居民住房的多元化需求,德国政府向其提供了税收优惠、无息贷款等措施,以此来支持私人建房。

第五,实行住房租金管制政策。在保障性住房租赁市场中,德国政府制定了房租租金的指导价或是相应的限价政策。为了减轻中低收入家庭因房租上涨带来的支付压力,德国政府按照各地区的不同区位、住房质量等因素分别制定了相应的租金指导线,以此来确定出租人的收取租金标准。

第六,明确公共保障性住房退出规定。德国政府规定,进行保障性住房承租的家庭,按照相关规定,在规定时间内要向政府住房部门递交家庭收入状况,以核实其是否具备享受保障性住房的资格条件。凡收入状况未满足享受保障性住房条件的家庭应退出保障性住房,否则以市场租金标准向其征收住房租金。

2. 美国的保障性住房制度

美国是世界上经济发展水平较高的国家,对于该国的住房保障制度,基于其没有丰富的社会实践,只能从英法等国的成功做法上汲取经验,进而使得本国的住房保障制度不断充实和完善。但是该国拥有雄厚的经济基础作后盾,其住房建设效果良好,发展速度较快。迄今为止,已基本上健全了一套相对完整规范的住房保障制度,有效解决了住房建设中存在的一系列问题,住房质量也得到了极大改善。整体而言,美国的住房保障制度有以下特点:

(1)健全了住房保障立法

到现在为止,美国已经陆续颁布实施了《住房法》《城市重建法》《住宅法》《住房与城市发展法》,对国民的住房保障都作了严格的规定,为该国的住房保障提供了法律保障。

(2)政府给住房保障提供了充裕的资金支持

美国政府每年都从财政收入中给住房保障专项拨款,且该项专项拨款在财政收入中的比例逐年增加。2008 年,美国政府对保障住房建设的支持占到财政收入的七分之一,而在 2009 年这一比例就增加了一个百分点。

(3)发达的住房消费信贷

在美国,政府为国民提供住房质押贷款担保,从事保障住房建设的开发商进行住房建设,可享受政府的低息贷款和税收优惠政策。该国的中低收入群体可向银行申请中长期贷款,政府对其进行利息补贴。美国的住房质押贷款突出表现了数额大、期限长等特点。美国的住房贷款存在较大风险的是:所申请贷款数额与不动产价值比过高的情况和中低收入全体所申请的住房贷款。为了减少美国银行业因国民购房贷款带来的风险,一方面,美国联邦住房管理局为社会中低收入群体提供担保,以此来解除美国银行业对此类贷款的后顾之忧。同时,联邦储蓄保险公司为从事购房贷款业务的金融机构提供存款保险,使居民储蓄有了安全保障,从而保障更多的资金进入住宅抵押市场。另一方面,在该国相应制度政策支持下成立的私人住宅抵押保险公司发展迅速,为美国保障住房建设也起到了积极的作用。

(4)保障中低收入家庭居住权益

美国建立住房保障制度的目标是保障中低收入群体的住房权利,提高这些群体的自有率,而不是为这些群体建设住房。该国政府所建造的公共住房只占全国住房的1％左右,在这方面美国与其他发达国家相比,还存在着相当大的差距。在美国保障住房建设过程中,该国发达的金融体系为保障居民的住房,满足其住房需求起到了举足轻重的作用。20世纪,美国政府已通过制定实施有利于中低收入群体的住房保障政策,整体地提高了该国国民的住房质量和水平,基本实现了预期制定的住房保障目标。

3.日本的保障性住房制度

日本作为亚洲经济发展水平较高的国家之一,其社会保障水平相对于亚洲其他国家也较高,其中住房保障是其社会保障体系的重要组成部分。日本保障性住房制度的实施主要通过三种方式来实现:

第一种方式:住宅金融公库。住宅金融公库在20世纪50年代成立,是完全由政府财政出资建立的政策性金融机构,成立目的就是为中低收入家庭提供低息购房贷款,其所用于贷款资金大部分来自国家财政,并且该机构还每年制订相应计划,确定向中低收入家庭的贷款总额和最高户数。

第二种方式:住宅公团。为解决保障性住房在运行中存在的问题,日本政府在20世纪50年代还制定了相应的法律,成立了所谓的住宅公团。该机构是由日本政府财政提供资金支持的特殊法人,是不以营利为目的的组织机构,其中中央政府出资占到75％,其他的剩余部分由地方政府负责。住宅公团所建造的住宅则主要是以城市的中低收入者为提供对象。

第三种方式:公营住宅。公营住宅是日本政府为保障公民最基本的居住权而专门建造的。其主要是以出租的方式出租给中低收入者。

4.新加坡的保障性住房制度

新加坡在历史上曾经由于经济形势恶化出现过严重的住房短缺问题。在危机之后,新加坡政府总结危机中的经验教训,创建了公共组屋制度,稳定了国内的房地产市场。公共组屋制度作为保障性住房制度成功的案例,为世界各国建立类似制度树立了榜样。新加坡的公共组屋制度的基本内容如下:

(1)建屋发展局的设立

建屋发展局是新加坡主要负责保障性住房制度的政府部门。此部门的主要工作有两个方面:第一是保障贫困人口的住房需求,第二是管理全新加坡的新建住宅、旧城改造、住宅配套设施建设,公共租屋的租赁等。建屋发展局在新加坡政府中的地位比较特殊,此机构拥有自主制定政策的权力,现在是东南亚地区最大的房地产市场主体之一。建屋发展局可以在执行政府决策管理公共住房的同时自由投资房产市场。建屋发展局投资于公共住房的经费主要来自新加坡的国家财政收入和利息非常低的国家贷款。国家财政提供的贷款几乎占到建屋发展局经费的一半。

(2)完善的公积金制度

20 世纪 50 年代,新加坡在全国范围内对全体国民推行一种储蓄机制,公司与个人必须一起缴纳一定数额的养老金,用于支付居民退休后的养老保障,具有强制性的特点。后来,新加坡制定法规,规定这部分公积金能够用来缴纳商品房的首付款,剩余的房款可以做成分期,定期在居民的公积金余额中支付。此项规定活跃了新加坡的房产市场,尤其是当地政府在 20 世纪 70 年代把受益人群范围从最贫困家庭扩充到全体国民以后,更是拉动了新加坡的经济腾飞。现在新加坡公民的人均居住面积已经达到国际领先水平,公积金制度为新加坡保障性住房制度的发展作出了巨大贡献,同时也成为其他国家竞相学习的对象。

(3)先进的分配方式

新加坡住宅管理部门分配住宅遵循的原则是按顺序进行服务。每个申请住房保障的公民在住宅分配流程中会得到唯一的号码,此号码通用于房屋的售卖和租赁这两个相互独立的队列之中。居民申请公共住房,首先在建屋发展局的系统中做好登记工作,提出想在某地申请住房。然后按照轮候的排序等待抽签分配住房。整个过程都有政府部门的全程监督。近年来,自选房屋的模式被应用到房屋分配中来,申请条件满足法规规定的相同地段的居民可以按照号码排序依次选择公共住房。公共住房的买主与建屋发展局签订正式的购房合同,至此保障性住房的分配结束。

(4)住房分配后的跟踪服务

公共组屋的分配有严格的名额限制,新加坡规定,租屋购买后在 5 年内不得随意出售和出租,以家庭为基本单位分配租屋,每个家庭只能拥有一套租屋,违者会受到法律的惩处。新加坡建立了一整套住房分配后的后续管理体系,时刻监控住房申请者的收入变化情况并据此作出调整,保证了公共组屋制度的健康运行。

12.4.2 国外保障性住房体系的共同特征

在保障性住房建设与管理方面,世界各国政府都进行了积极有效的探索实践,虽然各国政府做法不同,但是有以下几个共同的成功经验。

1. 政府直接或间接提供保障性住房

政府直接提供保障性住房的做法是政府在不同程度上直接出资建设保障性住房,也就是公有住房,然后将这些住房以出售或者出租的形式让没有能力购买住房的中低收入家庭居住;根据年度经济以及居民生活状况,由中央政府委托地方政府每年建设一批公共保障性住房,然后将这些住房提供给贫困家庭。

政府间接提供保障性住房的做法是政府不直接负责保障性住房的建设,而是委托社会上的专业组织(非营利组织)负责公有住房的建设与管理,政府在住房建设资金上以低息或者无息的方式给予税收优惠;政府不参与住房建设,而是给予财政支持,通过财政拨款、贷款等方式支持公有住房的建设。

2. 综合运用政府和市场力量保障公民的居住权

在市场环境下,市场机制在资源配置过程中发挥着重要的基础性作用,同理,也需要充分发挥市场机制在住房资源配置过程中的重要作用。鉴于保障性住房的特殊性,在强调遵从市场规律发挥市场机制的同时,还应该充分发挥国家的积极引导支持以及计划的重要作用,由此充分体现出保障性住房对于中低收入者的社会性和福利性的要求。由于每个国家的国情存在差异,各国政府对有保障性住房的认识、提供等做法存在很大的差异,但是总体而言,各国都十分重视市场机制与政府主导的有机结合。

3. 健全相关立法,增强保障性住房政策实施的严肃性

法律的健全与完整对于某项制度的推行意义重大。针对保障性住房建立完善的相关法律法规对于保障性住房制度的建设有着重要作用,为保障性住房建设的顺利开展提供了完善的法制保障。由于保障性住房涉及多面利益关系,并且涉及经济、社会、文化、法律等维度,因此必须通过制定完善的法律法规来对保障性住房制度的顺利实施提供保障。

4. 建立多元化住房补助制度,提高居民租房或购房能力

不管是政府通过直接建设的方式提供保障性住房,还是间接通过社会力量建设公有住房满足居民居住需求,都应该根据本国国情,建立与本国实际相联系的多元化住房补助制度,为需要购房或者租房的中低收入家庭提供必要的经济补贴,增加困难国民的可支配收入,提高其消费能力,多渠道解决保障性住房问题。

12.4.3　我国保障房制度建设的历程

1. 福利分房阶段(新中国成立至 20 世纪 70 年代末)

住房需求主要依靠政府的福利化分配解决,这一阶段的住房保障一直由国家和单位共同承担,国家针对人民群众的住房需要,统一进行计划建设,由单位组织分配,是一种完全福利化的分房,其典型特征是"等国家建房,靠组织分房,要单位给房"。

这种住房分配制度具有"低租金、加补贴、实物配给制"的特征,但由于当时住房建设资金严重不足,住房供给总量远远不能满足同期快速增加的城镇人口的住房需求,并且在分配过程中,不同单位以及同一单位内部之间的差异很大,从而形成了苦乐不均的局面。总体而言,这一阶段居民总体的居住水平仍然普遍较低。

2. 住房商品化改革试点阶段(20 世纪 90 年代初至 2003 年)

针对城市住房供给严重不足以及国家财政较为紧张的现实状况,为了解决城市住房问题,1978 年 9 月,邓小平指出,解决住房问题能不能路子宽些,譬如允许私人建房或者私建公助,分期付款,把个人手中的钱动员出来,国家解决材料,这方面潜力不小。1980年,邓小平又一次就住房问题发表重要讲话,提出"出售公房,调整租金,提倡建议个人建房买房"的设想,第一次把房子定义为商品。由此,中国房地产正式成为一个产业,开始了缓慢的种子发芽阶段。①

此后,国家正式允许实行住房商品化政策,但当时的住房市场化改革,受城镇居民认识以及支付能力等多方面的限制,主要停留在试点阶段,进展较为缓慢,主要的保障制度仍然是低租金和福利分房制度。20 世纪 90 年代初,随着市场经济建设进程的加速,房地产业出现了快速的发展,较之以前,住房商品化也得到更大范围的认可。

但是这一时期,原有的住房保障制度并没有打破。随后,1994 年 7 月,《国务院关于深化城镇住房制度改革的决定》提出了城镇住房制度改革的根本目标和基本内容,开始了城镇住房制度的正式改革,提出实施市场供应和政府保障双重体系的政策,公积金制度和经济适用房制度成为住房保障制度的重要内容。1998 年,中央提出,停止住房福利分配,逐步实行住房分配货币化;建立和完善以经济适用住房为主的多层次城镇住房供应体系;发展住房金融,培育和规范住房交易市场;进一步明确提出"对最低收入家庭由政府或单位提供廉租住房,中低收入家庭购买经济适用住房,其他收入高的家庭购买、租赁市场价商品住房"。但当时的商品住房价格尚没有达到过高的水平,且住房也没有完全商品化,中低收入家庭住房保障方面的问题并没有凸显。

3. 住房商品化全面实施阶段(2003 年至 2007 年)

随着房地产逐步成为我国新的经济增长点,住房消费成为扩大内需的重要组成部分,我国全面过渡到以商品住房为主的住房供给阶段。2003 年 8 月颁布的《国务院关于促进房地产市场持续健康发展的通知》提出,调整住房供应结构,逐步实现多数家庭购买或承租普通商品住房;弱化经济适用住房和廉租住房的功能,将经济适用住房的定位由"住房供应体系的主体"调整为"具有保障性质的政策性商品住房",提出"最低收入家庭住房保障原则上以发放租赁补贴为主,实物配租和租金核减为辅"。另外,强调坚持住房市场化的基本方向,并第一次明确了房地产成为国民经济支柱产业的提法。

从总体上看,尽管居民的住房条件有了明显的改善,但是不同收入水平的住房条件差异也逐渐扩大,一些中低收入家庭因商品住房价格的迅速上涨,居住条件明显下降,出现了高房价下的"房奴""蜗居""蚁族"等问题,直接影响到其生活质量。

4. 住房保障制度逐渐完善阶段(2007 年以后)

2007 年以后,在继续坚持通过市场化供给方式解决居住需求的同时,开始加大对低收入住房困难家庭的住房保障力度。为了解决高房价下低收入家庭的住房问题,2007 年 7 月,国务院出台了《关于解决城市低收入家庭住房困难的若干意见》,把对城市低收入家庭的住房保障正式提升为住房政策的主要内容和要求,加快建立健全以廉租住房制度为重点、多渠道解决城市低收入家庭住房困难的政策体系;改进完善经济适用住房制度和住房公积金制度,向低收入群体倾斜;探索建立面向农民工等困难群体的支持政策,积极改善棚户区、旧住宅区低收入家庭住房条件。2008 年 11 月,中央政府决定 3 年投资 9 000 亿元建设廉租房和经济适用房等保障性住房,各地区、各部门也制定了大力支持保障房建设等细化的支持政策。据统计,2013—2016 年,我国共建成城镇保障性安居工程住房、棚户区

---

① 新中国成立 75 周年:书写温暖人心的"住房答卷". 中国房地产报,2024-10-01.

改造住房和公租房 2 485 万套。这些举措对于解决低收入家庭的居住条件起到了明显作用。

12.4.4　我国保障房制度的改革方向

1. 坚持"房子是用来住的、不是用来炒的"定位

强化房子的居住属性,实现住有所居。随着近十几年来房地产市场价格急剧上涨的走势,长期形成的房产价格上涨的预期一直没有得到扭转,房地产市场的投资投机性需求较为强劲,导致价格大大超过支付能力。在这一过程中,单纯以市场化为取向的住房供给制度所固有的片面性与局限性逐步暴露出来。房屋需求者,不管是保障居住的刚性需求,还是具有市场化的投资性需求,都只能通过市场解决住房问题。随着房地产价格的不断上涨,房子成为高收入者赚钱的工具,而中低收入人群改善住房条件的意愿越来越难以满足,导致贫富差距被进一步拉大。为了改变这一格局,党的十九大报告已明确提出,坚持"房子是用来住的、不是用来炒的"定位,建立多主体供给、多渠道保障、租购并举的住房制度,让全体人民住有所居。住有所居具体应包含:有购房能力的居民可以根据需求买得起房,无购房能力的居民可以通过住房保障体系实现租得起房或住得上房。未来,应更加强化房屋的居住属性,必须明确房子的首要功能是满足人民居住的需要,而不能过度发展成为高收入者炒作赚钱的工具,通过多种方式强化对于全体人民特别是中低收入人群的住房保障,真正实现住有所居。

2. 厘清政府与市场的职能定位

不断完善政府与市场相结合的住房供应与保障体系,针对目前在住房保障中存在的政府保障功能发挥不足,以及市场不规范严重影响市场机制在解决住房需求方面的问题,在住房保障体系的构建中应正确处理好政府与市场的关系,既要强化政府在保障中低收入家庭以及一些特殊住房困难群体的住房需求方面的责任,同时也应规范住房买卖与租赁市场发展,以发挥市场机制在满足大多数家庭住房需求方面的作用。

一方面,必须明确实施住房保障是政府的基本责任,同时完善政府考核体系,将住房保障列为更加重要的考核指标,并通过法律规章等方式进一步细化住房保障方面的政府责任清单及相应的财力保障举措,从而督促地方政府通过多种方式更好地保障中低收入及其他住房困难人群的居住需求。另一方面,加强商品住房买卖与租赁市场的控制与管理,通过提高房地产保有环节的成本、加强住房信息联网、加大差别化信贷税收政策、严格对于房地产企业开发销售的监管等多种手段,严厉打击各种投机炒作现象,保障房地产市场的健康发展,更好地发挥买卖与租赁市场在满足住房需求方面的作用。

3. 建立多元化的保障体系

应充分借鉴其他国家根据不同住房供应特点侧重不同保障方式的做法,针对各个城市在住房保障方面面临的形势差异较大的现实状况,本着从更好发挥政策实施效果的角度,在明确政府保障责任的前提下,更加强化对于保障结果的考核,给予地方政府更大的决策自主权,灵活选择合理的保障方式,避免"一刀切"政策带来的资金使用效果较低的问

题。坚持的基本原则应是因城施策、租售并举,根据不同的城市住房形势,采取不同的住房保障政策,同时改变以前过于强调出售房屋的保障方式,更加强调以房屋租赁的方式加以保障,增强政策的可持续性。

具体而言,在一些商品住房价格不高、住房供给较为宽松的城市,可以考虑针对不同收入标准的家庭,通过发放租购商品住房补贴或者优化购房税收及金融信贷政策等货币化补贴的方式,对其购买或租赁的房屋进行补助,既可以提升资金使用效率,也可以进一步优化本地房屋资源。针对一些房价较高的特大城市,应不断扩大保障范围,对于收入水平低于一定标准的,政府可以规划建设一部分公共租赁住房,通过房屋租赁的方式,以较低的租金出租给中低收入家庭,满足这些家庭的居住需要。

4. 提升住房保障的覆盖范围

为了实现全体人民住有所居的目标,必须不断扩大住房保障的范围,强化对于住房困难人群的及时筛查,使所有住房困难人群得到及时的保障。一是加强对于流动人口的住房保障,特别是在一些大中城市,由于租赁房屋价格较高,很多流动人口依靠本身的收入难以满足基本的居住需求。因此,对于在城市稳定就业一段时间且持续缴纳各种保险的流动人口,可以根据城市的发展现状,将其纳入住房保障中,对于一些其他的流动人口,建议可在廉租房、公租房政策的设计中加以考虑,使这些人群能够以可承受的价格得到一定的住房保障。二是对于一些房价较高的一线大城市,在关注低收入人群的同时,应适当扩大住房保障范围,可以通过建设公租房等方式,建立对处于住房保障"夹心层"的中等收入群体的住房保障机制。三是加快对于一些棚户区等住房条件较差地区的改造投入,根据不同人群需要,采取实物安置与货币化安置相结合的方式,及时改善这些人的住房条件。四是加强对于一些经济收入较低或者出现重大变故的住房特别困难家庭的财政救济,保障其基本居住需求。

思考题

1. 阐述住房"过滤"理论。
2. 阐述公共住房对经济消费的影响。
3. 阐述租金补贴的经济分析。
4. 阐述需求补贴的经济分析。
5. 结合实际,谈谈国外保障性住房制度的经验借鉴。

第13章

房地产市场的失灵与政府干预

本章导读

　　市场失灵普遍存在于各个领域，房地产市场也不例外。房地产市场的健康稳健发展，离不开国家及各级政府对房地产领域进行政府干预。本章首先介绍房地产市场失灵的主要表现，其次对我国房地产市场政府干预的政策进行分类总结，最后分析我国房地产市场政府干预失灵的原因所在。通过本章学习，学生掌握房地产市场失灵的主要表现，熟悉房地产市场政府干预的各种政策，了解房地产市场政府干预失灵的原因。

13.1　房地产市场失灵的主要表现

　　与一般商品市场相比较，房地产的某些特殊属性，如区位独占性、不可移动性、价值虚构性和土地的不可生产性等，使房地产市场失灵的表现更为明显。

13.1.1　房地产市场垄断

　　完全竞争市场在现实经济生活中只是理想化的，现实的世界是一个不完全竞争的世界。不完全竞争的主要类型有垄断、寡头和垄断竞争等，其中垄断是不完全竞争的一种极端形式。房地产具有的不能移动的特征,导致每一个产品都占据着独一无二的位置。房地产空间上的排他性和位置上的独占性,使房地产市场上不可能存在完全同质的可以互相替代的产品,这使得开发商每建成一个小区或一幢大厦,都实质上成为该物业的垄断者。

房地产的不可移动性,使它不可能像其他可以自由流动的产品一样,能够从一地转移到另一地,买卖双方可以在更大范围内进行竞争。在更大程度上它只能与其相邻的产品进行竞争,对于这种竞争,空间经济学将之称为环形竞争(Competition on the Circle)。况伟大(2003)通过研究得出:开发商之间的这种环形竞争容易形成寡占型的市场结构。按照新古典经济学有关理论,当寡头能够相互勾结,使他们的共同利润达到最大时,它们就会以垄断者的价格和产量,来赢得垄断者的利益,即勾结的寡头与垄断并无二致。房地产空间上的排他性和位置上的独占性,使房地产市场上不可能存在完全同质的可以互相替代的产品,这使得区位不仅成为开发商的产品"生产基地",也使其成为开发商相互间产品差异的一个最重要的决定因素,而产品的差别会导致更加不完全的竞争。

在开发商之间进行竞争的寡占型市场结构中,竞争者的数量有限,借鉴王诚庆、况伟大对开发商竞争组合的分析框架,假设市场上有两家开发商在相近的区位条件开发房子,则他们的竞争策略各有两种:一是价格竞争;二是非价格竞争。

由此存在四种组合,假设各种组合下 A、B 两开发商可能的盈利组合状况为(P_A, P_B),具体见表 13-1 所示。

表 13-1　　　　　　　　　　　　开发商之间的竞争组合

类别		开发商 B	
		价格竞争	非价格竞争
开发商 A	价格竞争	(1 000,1 000)	(1 200,1 000)
	非价格竞争	(1 000,1 200)	(3 000,3 000)

保罗·萨缪尔森指出,现实中存在阻碍寡头进行有效勾结的因素,诸如勾结是非法的,企业可能通过对所选择的顾客降低价格以增加其市场份额来"欺骗"协议中的其他成员等。按照人们熟知的囚徒博弈,正是由于囚徒事先不能串通,其结果是大家都选择招认,选择的结果在整体上看是对他们最不利的决策,在这里相当于都选择打价格战。但对房地产市场中为何不存在上述"囚徒博弈",王诚庆、况伟大没有展开论述。囚徒博弈中不能串通的假设在开发商之间不能成立的原因其实主要在于房地产市场的以下几点特殊属性:一是开发商的竞争大多是在相邻的、有限的几家之间展开,在数量上和空间上为合谋创造了相对容易的条件;二是房地产市场在产品出售时很难做到价格保密,某一成员通过秘密降低价格以大幅度增加市场份额来欺骗其他成员的可能性很小;三是由于房地产的经验品性质[①],在

---

① 从对商品质量的掌握情况来看,商品一般可以分为两类:搜索品和经验品。前者是指消费者在购买前,可以通过查看、触摸等感官手段而大体检测出其质量的商品;后者则是指消费者只有在购买之后的连续消费过程中才能逐步认识和了解其质量的商品。显然房地产是一种经验品,这使消费者对开发商折价出售的产品质量会产生一定的怀疑。

正常的市场运行情况下①需求者对于降低价格出售的产品会持一定的怀疑态度,从而使欲通过秘密降价出售来增加市场份额而增加盈利的开发商难以取得较为明显的效果。基于以上几点原因,在开发商之间很有可能会达成某种默契或者共识,即为避免对每方都不利的结果,都选择不打价格战。

而开发商之间不选择价格竞争,同时意味着他们会有很大的积极性使产品差异最大化。房地产的区位独占性,又可以使开发商在开发产品的差异化上具有先天的优势,从而更加强化了开发商选择房地产市场的差异化竞争。在正常的市场运行情况下,开发商 A、B 之间选择的竞争组合(P_A, P_B)会是(3 000,3 000),在这种情况下,开发商的利润最大,而房价最高。

一般而言,在厂商进出自由的竞争市场,超额利润会吸引新的厂商进入竞争,直至收益下降,维持在社会平均的收益水平,这种情况下超额利润是难以持续长久的。形成寡占型市场的一个基本前提是较高的市场准入门槛限制了厂商的自由进出,从而为寡头相互合谋获得垄断收益创造了条件。房地产市场由于必须在取得土地开发权的前提下,开发商才能提供产品,在政府以行政配置土地(平常所说的协议出让)为主的情况下,显然并不是所有想参与的开发商都可以取得土地,此时的房地产市场一般只为某些拥有特殊资源的开发商而洞开,这为开发商之间的合谋取得超额利润创造了很好的制度环境。

在政府通过市场机制来配置土地(平常所称的招标、拍卖或挂牌出让)的情况下,由于土地不是可以生产的劳动产品,在某一特定区域的供给缺乏弹性,即便有众多的开发商参与竞争,但取得土地的仍然只有政府供应土地数量相应的几家,显然仍不能防范他们之间的合谋,只不过在这种情况下,竞争促使开发商取得土地的成本是基于未来房屋销售收益(当然包括合谋形成的超额收益)扣除建安成本和正常利润而确定的,因而开发商合谋形成的超额收益大部分归入了政府的口袋,而寡头合谋形成高房价的状况并没有因此得以改变。

在一般的市场垄断情况下,垄断者通过控制产量使自己的边际收益等于边际成本,从而达到利润的最大化。而在我国房地产市场中,无论是整个城市的房地产市场供应总量,还是具体到某一地块可开发的建筑面积,实际上都是由地方政府控制。在这种情况下,在房地产一级市场中已经取得地块开发权的开发商,会选择错时开盘销售、惜售和分期开发的形式,控制某一特定区域房地产二级市场的供应量,在定价上采取"价格领袖制"(王诚庆,2003)的合谋方式,也就是由第一家在该区域开发的开发商(领导者)首先定价,后来者跟随领导者的价格,从而追求边际收益等于边际成本时的利润最大化点。在这一点上的房价,显然将高于完全竞争情况下形成的市场均衡价格。

13.1.2 房地产市场信息不对称

市场机制有效率的另一个前提理论假设是:市场交易双方对交易的商品和服务都有

---

① 本文所称的在正常的市场运行情况下,是指不存在政府干预、经济景气周期等房地产市场外在环境不变的情况,同时不包括房地产泡沫破灭的情况下开发商迫不得已的降价销售。

充分的信息集合。显然,这种假设前提与现实世界是相差甚远的,现实中在不同的经济个体之间对有关信息的掌握常常呈现不均匀、不对称的状态。实践表明,在某些信息不对称的情况下,效率的损失是很轻微的,但在严重的时候,就可能导致市场难以对经济资源进行有效配置,在极端严重的时候甚至会导致整个市场的不存在。

市场交易双方对交易的商品和服务都有充分的信息,意味着对于买方而言,需知道商品的质量、商品本身的基础价值以及市场的供求状况。购买者只有在拥有上述信息的情况下,才能根据自己的效用来确定买方价格或接受卖方价格,房地产市场同样也是如此。下面就房地产市场开发商和购房者之间就该三方面信息的掌握展开分析。

1. 房地产的质量

对房地产质量信息掌握不完全、不对称的表现有:

(1)由于房地产商品本身的复杂性和差别性,使购买者很难根据自己的能力对商品的质材品种、地基处理、管线埋设、房屋特性、配套设施和功能效用等等做出客观准确的判断,而开发商对此了如指掌。

(2)由于房地产的经验品性质,以及在房地产二级市场开发商主要采取的是商品房预售的形式,使购买者在交易过程时不能先行体验,难以判断未来所建房屋的状况,一旦交易完成后,开发商将在很大程度上决定未来所建房屋的状况。

2. 房地产本身的基础价值

房地产是由土地及其附着建筑物构成的。建筑物是人类劳动产品,其价格是由成本、利润、税金来确定的,这相对比较稳定,较易判别,而土地并不是人类劳动的产物,其市场基础价值是土地利用效益的资本化,所以房屋的价值不能通过一般的成本、利润、税金加和来确定,其价值体现主要有两点:一是在于未来占有的收益,二是居住的效用。假设在房地产市场中,住房的存在如果仅仅在于满足消费者的居住需求,此时租房和购房是可以完全相互替代的,那么对于消费者而言,如果购买一套住房所支付资金的未来各期的期望收益率大于租用同一套住房所付出的租金,消费者便会选择租房而不是购房,因此在这种情况下,房屋的租赁价格和购买价格之比将会形成一种均衡:

$$房屋的购买价格\ P = 租金/未来资产的收益率 \tag{13-1}$$

按照上述公式,如果可以准确预测未来房屋的租金以及资金的收益率,也就可以推算或近似得出住房本身的市场基础价值。然而,由于对未来租金是涨是落、未来资产的收益如何都只是人们的一种预期,这种预期跟经济发展状况、人们掌握的信息量有很大的相关性。按照这种推算方法,对于物质结构相对稳定的房屋,即使同一套房在不同经济景气和级差地租的变动下,其结果也会大相径庭。

从人们心理的角度分析,住房的存在也并不仅仅在于满足居住的功能。对住房的拥有不仅意味着居住,同时还可能意味着社会地位、个人安全感甚至人的虚荣心等。美国哈特·蒂特的一份住房调查报告显示,人们对拥有一处住宅看得很重,以至于为了获得住宅愿意付出更多作为交换,其中 39% 的人认为住宅所有权给人以持久的安全感,3% 的人认为拥有住宅会产生不可能被逐出的自信。基于上述原因,从效用的角度来看,房屋的价值 P 构成为:

$$P = P_1 + P_2 \tag{13-2}$$

式中：P_1 表示居住功能的基本价值体现，相当于前面一条公式中的 P；P_2 表示社会地位、个人安全感、虚荣心等非金钱效用的价值体现。在追逐某一稀缺资源时，P_2 的这种价值体现会使买房人在消费决策中与"经济人"假定相偏离，出于这种理念的购买行为，奉行的是"我看好就值"的信条，因而对于 P_2，很难通过经济方法进行分析和计算。通过上述分析可知：房地产本身的基础价值，很难像普通商品一样去判断。在这种情况下，交易双方都难以掌握这种可以作为衡量交易价格是否偏离基准的关键信息。

3. 市场供求状况

由于房地产二级市场的交易方式是独特的一对多的交易方式，即控制某一区域房地产供应量的寡头和众多的购买者进行交易，开发商所掌控的供求信息毫无疑问要比购买者要多。另外，由于我国原先在土地一级市场上，政府主要采用私下协议出让的方式供应房地产开发用地，招标、拍卖或挂牌等公开出让的土地比例太小，这导致开发商和购房者很难掌握房地产开发土地供应量，当然也就无法掌握房地产的供应量。

通过上述房地产市场交易双方对商品质量、商品本身价值以及市场的供求状况所掌握的信息情况进行分析，可以得出房地产市场中的开发商和购房者都存在较为严重的信息不完全，同时在开发商和购房者之间，存在着较为严重的信息不对称，开发商无疑占据信息优势地位。一方面，在这种信息不对称下的谈判和交易，受利益驱动，会导致开发商操纵市场供求信息和价格信息，制造供不应求的假象和存在"以次充好"的道德风险，从而抬高交易价格，损害购买者的福利，而使市场所要求的等价交换原则很难得到实现；另一方面，掌握信息的不完全，又可能会导致购买者在交易过程中产生诸如"从众效应"的集体非理性行为。

市场自身机制缓解信息不对称主要是通过信誉机制。信誉是信息占有优势方向信息占有劣势方所作出的不欺骗的承诺。买者之所以相信这种承诺，是因为如果卖方企业不履行这种承诺就要失去买者的光顾，受到市场机制的惩罚，而且惩罚要远高于其欺骗所可能得到的收益。房地产作为一种耐用品，消费者一般不太可能重复多次购买，因而也就不能通过下次的不购买来惩罚欺骗的出售方。可见，在房地产市场中，信誉机制的作用范围和绩效都是有限的。

13.1.3　房地产市场投机

投机指的是从市场价格的波动中获利的活动。通常，一个投机者买入一种商品，是为了在将来这种商品价格上涨时卖出以获得利润，投机者并不对商品本身的使用或赢利能力感兴趣。保罗·萨缪尔森指出：通过空间运送和时间分摊，投机者将商品从数量丰盛的时期或地区转移到数量稀缺的时期或地区，在商品价格和边际效用低的市场买进，又在商品价格和边际效用高的市场卖出，从而拉平不同地区和不同时期商品的供应量，有效缓解商品的价格波动，促进价格和配置形式的改善，提高公共经济的福利。

实际上，上述投机行为所起到的作用有一个前提条件，那就是投机者可以收集到不同地区或不同时期的市场供需和价格信息，且收集信息的成本要低于投机所获得的利润，此时投机者在市场供大于求价格下跌的时候买入,再在供小于求价格上升时卖出,确实能够熨平市场波动(图 13-1)。但是,当市场中存在信息不完全或收集信息成本太高时,投机者对未来的预期就可能会与实际发生的情况相偏离,此时如果投机者在供小于求价格上升的时候买入,则反而会加剧市场供需失衡,刺激价格进一步上扬,从而放大了经济的波动。

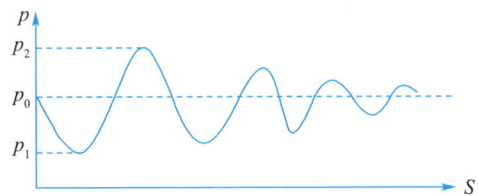

图 13-1 理性投机行为推动价格向心运动

注:当投机者可以掌握商品供需平衡时的市场价格 P_0(在厂商进出不受限制的完全竞争市场下,$P_0 = MC = AC$,现实中可以从该商品的成本进行近似推算)和某一时点或某一区域供需状况时,他就可以在 $P_0 \to P_1$ 过程中买入,缓解供大于求。同理,在 $P_0 \to P_2$ 过程中卖出,缓解供小于求,从而推动曲线向心运动,趋向 P_0。

所以,在市场信息不完全的情况下,投机者的群体预期将决定投机对市场的稳定或不稳定作用。前面已经述及,房地产市场供求双方存在较为严重的信息不完全和信息不对称,房地产投机者对市场的预期很难基于不同时期市场的真实供求状况和房地产基础价值的高低。根据心理学研究,投机者在难以获取市场真实信息的情况下,容易产生"跟风"的从众行为。而理性预期学派研究指出,预期往往与经历的以往经验有关,在数学模型中,这种经验回顾被描述为线性自相关过程,对预期起到正反馈作用。因此,一旦对房地产的需求增加,由于建设周期的时滞效应,房地产的短期供给是无弹性的,此时房地产价格就会进入上升通道,当上涨所造成的价差大于交易成本时,就会发生套利。当投机者发现市场交易存在这种套利时,他们就会跟进买入,此时投机需求将进一步放大市场需求,导致供需更加失衡,从而刺激房地产价格的进一步上扬。而价格上涨起到了对预期的正反馈作用,又进一步刺激投机需求,如此反复循环。在这种情况下,投机者的预期明显背离了市场机制的根本原则,价格上升,需求反而上升,投机行为并不遵照市场经济的基本运行机制。可见,房地产市场投机是一种集体行为非理性引发并加剧市场波动和不稳定的市场失灵。

投机引起价格偏离其市场基础价值,是由于错误的信息或者信息的错误运用,受信息流通规律的支配,这种偏离会在市场的自我调节作用下归于均衡。对于一些普通商品,价格的上扬将很快刺激供给增加,同时促使投机者重新梳理信息,从而使市场重新趋向均衡。而房地产市场短期供给无弹性和中期供给缺乏弹性,导致价格的上扬难以刺激开发商在较短时期内通过扩大供给来调节市场供需,从而抑制这种投机行为,而投机者又不能根据房地产市场基础价值的基准点来判断房价的高低,从而自行调整投机策略。因此,除非市场所处环境(如政府干预或金融政策改变)发生变化,通过房地产市场的自我调节,是不能抑制投机的。

显然,投机促使价格的上涨不可能是无限期的,投机者也明白这一点。然而,投机者往往持有这样的心理:只要市场还存在以更高价格接受自己手中的投机品,那么自己就可以继续买入,这是一种典型的"搏傻"心理。这导致房地产价格的继续上涨,直到投机者要改变预期的临界点,如果在这个临界点前,投机者大量运用了金融资本(由于房地产价格是一个庞大的经济单位,很多购买者需要金融资本),那么预期的改变并不仅仅使市场供求逆转(此时投机需求方全都转为供给方),形成一个新的市场均衡,而且将会导致整个市场的崩溃、银行出现大量坏账呆账,进而出现金融动荡(图 13-2)。

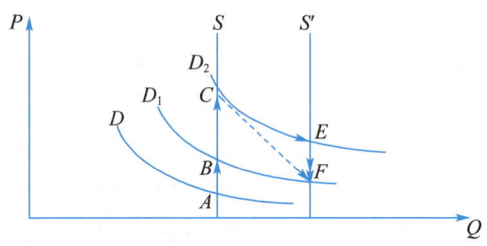

图 13-2   房地产市场投机成因及后果演变过程

注:由于政府的土地供应能力和供应控制,房地产市场短期供给是无弹性的。假设房地产市场初始的均衡点为 A 点,由于居民购买力上升,需求曲线右移,正常情况下 D_1 与 S 相交于 B 点,然而在 $A \rightarrow B$ 的过程中介入了投机者,放大了需求,需求曲线继续大幅度右移,此时 D_2 与 S 相交于 C 点,房价大幅度上升。尽管短期供给无弹性,但在持续上涨的时间过程中,政府会根据市场需求增加而放大土地供应量(按现行制度,采取公开竞价方式出让),由于房地产开发建设周期的时滞效应,供给曲线滞后一段时期右移,然而开发商仍是根据 C 点的房价来确定土地购买价格,此时开发商的 $MC = P_C$,由于供应量的放大和投机者预期的改变导致价格回落,此时投机需求趋向于零,房价不是从 $P_C \rightarrow P_E$ 移动,而是直接由 $P_C \rightarrow P_F$,下跌的幅度更大。在这种情况下,对于 $MC = P_C$ 进行开发建设房屋的开发商而言,其销售收入可能不足以弥补该项目的成本和金融债务,而对于也是通过银行融资以 P_C 的价格买入房屋的投机者,P_F 可能也跌破其贷款额,从而就会有引发金融动荡的可能。

通过上述分析可以得出,房地产市场投机的成因及后果主要是由房地产本身及其市场的一些特殊属性所决定的,概括起来有以下几点:一是供给无弹性,二是基础价值无解,三是供需信息不完全,四是预期反馈正效应,五是房地产的金融品属性。在这五大因素的作用下,在我国目前人民生活水平提高和城市化的加速发展阶段,房地产需求正呈现迅速增长状态的情况下,政府若不采取有力的措施来干预房地产市场投机行为,将很可能会引发严重的后果。

13.1.4   房地产市场不能提供"公共住宅"

相对于其他一些普通商品,房地产无疑属于高价品,即便是在完全竞争市场,此时房屋价格 $P = AC$(平均成本)$= MC$(边际成本),也会有一部分中低收入阶层接受不起购买甚至租赁需支付的费用,更何况房地产市场还存在着垄断导致的高房价。而且对于住房这类耐用品的生产,厂商从其追求最大利润空间的角度,会更倾向于先生产高价品,以满足高收入阶层的需要;而在高价品市场饱和后再生产低价品,以满足低收入消费者的需要。基于上述分析,市场机制可以解决中、高收入阶层的住房需求,但对低收入阶层提供廉价住宅,是市场机制的盲区。但是住房作为一种人类生存所依赖的必需品,低收入阶层不可能因为支付不起费用而住在露天下。因而为低收入阶层提供廉价住宅属于社会保障范畴,这也是调节收入分配、保障社会公平的需要。从这个角度来看,对低收入阶层提供的廉价住宅具有公共品①的特性。

"公共住宅"的提供不直接受市场力量的影响,比如我国现存的廉租房以至经济适用房的供给,就不为市场价格所决定,它不受房地产市场一般的最高利润动机的支配,不能直接运用供给需求曲线去分析。但由于市场的不可分割性,公共住宅的供给量和出售(出租)价格的高低又会在一定程度上影响整个房地产市场的资源配置。据国内外有关学者研究,在一个由高、中、低档住房组成的房地产市场,对中、低档次的住房建设予以补贴,会引发过滤效应,即不但使受补贴的中低档住房消费者群体受益,也会使补贴外溢到中高档的非补贴消费者。②

13.1.5　房地产市场失灵的其他表现

房地产市场失灵除了上述四种表现形式外,还会由于现代城市房屋产权的关联性和房屋建造结构的连体性,使得房地产在使用过程中外部性非常明显,即一方行为很可能会给他方行为带来很大的影响。比如,邻居行为带来不必要的干扰,租用住宅区房屋用于办公影响邻居的平静生活,底层房屋开饭馆使临层房屋的价格大打折扣,住户装修时私拆乱改损害整座楼体的寿命,等等。此时行为人不能承担自身行为的全部成本,个人成本与社会成本不一致,产生了外部效应。由于房地产的外部性主要影响的是房地产在使用上的效率,对市场交易效率则基本上没有影响,因而对房地产市场的整体运行也产生不了多大的影响,故在此不再展开论述。

13.2　我国房地产市场政府干预政策归类

房地产市场政府干预政策主要包括经济政策、行政政策和启发引导政策。经济政策主要是指货币、财政等政策,行政政策主要是指规划、计划等政策,启发引导政策主要是指信息与宣传等手段。

房地产宏观调控主要政策如图 13-2 所示。

13.2.1　经济政策

经济政策是指通过货币、财政、土地等经济机制引导房地产市场健康运转,促进房地

---

① 按照公共品非排他性和非竞争性的属性,对低收入阶层提供的廉价住宅应该不属于严格意义上的纯公共品。考虑到约定俗成,本书引用"公共住宅"这一概念来特指为低收入阶层提供的廉价住宅。

② 钱瑛瑛.房地产经济学[M].上海:同济大学出版社,2004.

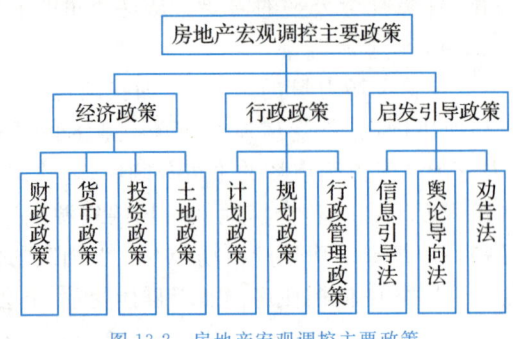

图 13-2　房地产宏观调控主要政策

产市场供需平衡,使之与城市建设和国民经济发展相协调的各种手段。经济政策对房地产市场的作用主要通过对市场中每个开发商和购房者的心理活动的影响,然后影响整个市场房地产开发和购房的行动,最终影响整个房地产市场的供求关系,由供求关系引起房价变动。

1. 财政政策

财政政策一般包括财政收入和财政支出两个方面的政策,房地产市场中的财政政策主要是指房地产税收政策。目前,我国房地产税费主要体现在开发流通和保有阶段两个环节。具体而言,开发流通环节的税费包括:①前期税费:土地出让金、土地使用税(费)、土地开发费、市政配套设施费、契税等;②报建阶段税费:建设工程许可费、建设工程备案费、施工许可报建费(包括安检费、质检费、试桩费、造价审核费、墙体基金、水泥基金等);③建设阶段税费:营业税、城建税及教育费附加、印花税、质检费和工程管理费等;④销售阶段税费:营业税、城建税及教育费附加、转移登记费、印花税、土地增值税、契税等。保有阶段环节的税费包括:城镇土地使用税、房产税或城市房地产税(外资)。

在房地产调控政策中,房地产税收政策被经常性使用,通常的做法是根据房地产市场的变化反映周期的调节税种和税率,通过影响房地产市场中的生产者和消费者的成本和收益来对房地产市场进行政府干预。

在历次的房地产政府干预中,房地产税收政策都扮演着重要的角色,契税、个人所得税、印花税、土地增值税等税种的增减和税率的升降都是调控房地产市场的重要手段。

2. 货币政策

货币政策是指一个国家的中央银行通过调节货币供应量来对货币的供给和需求产生影响,进而达到调节国民总产出水平的目的。

货币政策主要通过以下三个手段对房地产市场进行调节:①控制货币发行量;②控制投资规模;③控制信贷总规模。利率、公开市场业务、法定存款准备金率、再贴现率等政策的变化都可以成为调控房地产市场的有力措施。

以利率为例,利率的高低会对供给和需求同时产生影响。因为房地产市场是典型的资金密集型行业,房地产开发商在投入生产时需要大量的资金,这就需要广泛的融资渠道。无论房地产开发商的投入资金来自哪里,利率的上涨与下降都直接影响着房地产企业的生产成本。所以,房地产开发商对利率的升降十分敏感,对消费者而言也是一样。对于普通居民来说,购买房屋的款项有一部分也要通过银行贷款来实现,贷款利率的高低直接影响消费者的购房成本,因此消费者对利率的调整也非常敏感。

调整利率和法定存款准备金率在房地产市场的政府干预中出现的频率最为频繁。当房地产市场发展缓慢的时候,中国人民银行就会下调利率和法定存款准备金率,目的是减少房地产开发商的经营成本和消费者的购买成本,促进房地产市场的供求两旺;当房地产市场发展过快的时候,中国人民银行又会上调利率和法定存款准备金率,抑制房地产市场的开发数量和购房者的需求。

当房地产市场处于特殊时期的时候,中国人民银行会连续调整利率和法定存款准备金率。

另外,控制贷款的数量和规模也成为房地产政府干预的手段之一,通过限制对房地产公司发放贷款的数量来抑制房地产市场的过快发展。对于消费者来说,则通过调整个人住房贷款的首付款和利率来影响消费者的需求。

3. 投资政策

投资政策是指通过财政、金融、计划等手段对投资主体的投资总量和结构进行调节的各种政策。目前,我国房地产市场政府干预中常用的投资政策包括:

(1)规范房地产市场外资进入条件及其管理。

(2)控制房地产投资规模。

(3)规定房地产市场投资结构。

投资政策在我国房地产市场政府干预中经常使用的是对投资结构的限制。

投资政策有时还通过限制投资主体来抑制房地产市场的开发数量。

4. 土地政策

房子是依附于土地之上的。因此,土地对于房地产来说是生命之源。我国现行的土地制度规定,城市的土地归国家所有,这在一定程度上使政府对房地产市场的调控更为容易。政府可以通过控制土地供应总量、土地供给结构来影响房地产商品的价格,对房地产市场进行政府干预。

土地政策还可以通过增加房地产企业的开发成本来限制土地的供应量。

13.2.2 行政政策

行政政策,是国家采取带强制性的行政命令、指示、规定等措施,通过行政机构来调节和管理经济的各项政策的总称。行政政策主要包括计划政策、规划政策和行政管理政策三个方面。

1. 计划政策

计划可分为中长期计划和年度计划。对于房地产市场来说,中长期计划是指整个房地产行业的长远战略计划,年度计划则主要包括年度建设用地计划和年度信贷投放计划。房地产各时期计划如图 13-3 所示。

2003 年 8 月,国务院颁布《关于促进房地产市场持续健康发展的通知》(简称"18 号文件")将房地产业确立为国民经济的支柱产业就是房地产市场长期计划的一个具体体现。"18号文件"中首次明确指出,房地产业关联度高,带动力强,已经成为国民经济的支柱产业,并提出为了保持国民经济持续快速健康发展,房地产市场的持续健康发展是其有力保障。

计划政策对房地产市场的调控更多地体现在年度计划的制订上。

2. 规划政策

规划政策可以分为国土规划、区域规划、土地利用总体规划和城市规划四个层次。其中对房地产市场作用最直接、最具体的是城市规划。城市规划对房地产市场调控起主要作用的包括:用地使用控制、建筑控制、环境容量控制、设施配套控制、形体景观控制。

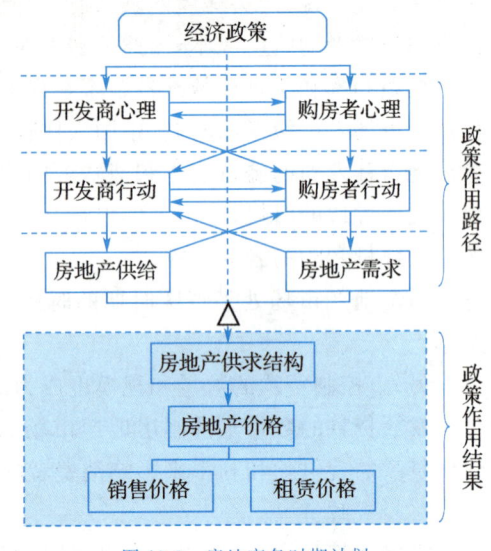

图 13-3　房地产各时期计划

房地产市场具有非常强的地域性,城市之间的情况千差万别,一般来说,政府不会通过全国性的规划政策来对房地产市场进行政府干预。必要时,国家会出台一些诸如对用地使用的限制来调控房地产市场。

3. 行政管理政策

行政管理政策包括常规性管理和非常规性管理。对房地产市场的常规性管理包括土地管理和房地产行政管理。比如,对房地产产权产籍的管理就是一个典型的房地产市场常规性管理。另外,常规性管理还包括企业资质审查、投资程序审批、经纪人资格审查、估价师考试与注册管理等其他工作。

非常规性管理是某一时期对房地产市场要素的直接干预。比如,在特殊时期对消费者的购房资格和房地产的价格作出限制。非常规性管理不是日常管理,在房地产市场的政府干预中很少使用。

13.2.3　启发引导政策

启发引导政策是指对房地产市场主体行为施加影响,以达到房地产市场政府干预的目的,一般运用信息、社会舆论、说服教育等方式来进行。具体方法包括:信息引导法、舆论导向法和劝告法。

1. 信息引导法

通过定期发布一些信息来影响房地产市场参与者的心理预期,进而影响房地产市场参与者的具体决策,从而达到房地产市场政府干预的目的。比如,可以定期公告基准地价、房地产交易价格、房地产销售量、房地产竣工量等信息,缓解房地产市场中的信息不对称现象,防止房地产开发商利用虚假信息制造房地产市场的恐慌气氛,这对房地产市场参与者,尤其是消费者的购买行为产生重大影响。

2. 舆论导向法

政府运用舆论工具,不仅可以通过社会舆论压力来影响房地产开发商的行为,还可以通过舆论来引导消费者的行为,以免出现"集体无理性"的行为,从而对房地产市场进行政府干预。

3. 劝告法

在必要的时候,政府可以凭借国家权力对房地产市场主体尤其是房地产开发商的不规范行为进行说服教育,达到房地产市场政府干预的目的。

思考题

1. 什么是市场失灵?
2. 房地产市场失灵主要有哪些表现?
3. 房地产市场政府干预的经济政策主要有哪些?

参考文献

[1]　中央编译局.马克思恩格斯全集(23卷)[M].北京:人民出版社,2002.

[2]　[英]马歇尔.经济学原理(上卷)[M].北京:商务印书馆,1965.

[3]　[美]伊利,莫尔豪斯.土地经济学原理[M].北京:商务印书馆,1982.

[4]　亚当·斯密.国民财富的性质及其原因的研究[M].北京:商务印书馆,1972.

[5]　[英]保罗·切希尔.区域和城市经济学手册:第3卷[M].北京:经济科学出版社,2003.

[6]　[美]阿瑟·奥沙利文.城市经济学[M].4版.北京:中信出版社,2003.

[7]　刘洪玉,等.城市与房地产经济学[M].北京:中国建筑工业出版社,2008.

[8]　项英辉.城市经济学[M].大连:大连理工大学出版社,2011.

[9]　李培林.中国社会巨变和治理[M].北京:中国社会科学出版社,2014.

[10]　仲维庆.区域交通与区域经济的适应程度研究[M].北京:经济科技出版社,2013.

[11]　张永和,尹舜.城市蔓延和中国[J].建筑学报,2017(8):1-7.

[12]　邓卫等.住宅经济学[M].北京:清华大学出版社,2008.

[13]　王艳.住房需求问题研究的进展及趋势[J].中央财经大学学报,2010(11):57-62.

[14]　宋春兰.房地产税制改革与税基评估体系的构建[J].经济研究导刊.2013(8).

[15]　向晶.人口结构调整对我国城镇居民消费的影响[J].经济理论与经济管理,2013(12):14-22.

[16]　刘亚臣,杜冰.房地产经济学[M].大连:大连理工大学出版社,2012.